KB270890

주식투자 오늘부터 1일

주식
투자
오늘부터 1일

1쇄 발행 2018년 5월 12일
5쇄 발행 2021년 2월 5일

지은이 강준혁
펴낸이 유해룡
펴낸곳 (주)스마트북스
출판등록 2010년 3월 5일 | 제2011-000044호
주소 서울시 마포구 월드컵북로 12길 20, 3층
편집전화 02)337-7800 | **영업전화** 02)337-7810 | **팩스** 02)337-7811
원고투고 www.smartbooks21.com/about/publication
홈페이지 www.smartbooks21.com

ISBN 979-11-85541-75-4 13320

스마트북스

주식투자

강준혁 지음

오늘부터 1일

스마트북스

주식투자의 왕도는
잘 쌓은 '기본기'

지금은 한화증권에 인수되어 없어진 푸르덴셜증권에서 임직원 강의를 할 때였습니다. 강의를 마치고 얼마 후 한 직원이 예전에 강의를 들었다며, 최근 주식 분석의 기초를 다지기 위해 노량진에 있는 회계학원에 강의를 신청했다고 전해왔습니다.

이에 대해 여러분의 생각은 어떤가요? 물론 회계공부가 경제활동에 도움이 되겠지만, 주식투자를 위해서는 필요한 정도의 지식만 가지고 있어도 충분합니다.

한편 주식의 기술적 분석을 위해 봉차트를 공부해보면, 양봉, 음봉, 갭 상승 등 개념 설명은 많지만, 정작 이런 지식을 매매에 어떻게 활용하라는 것인지 답을 찾기가 쉽지 않습니다.

이렇듯 대부분의 주식책에 담긴 내용들은 이론상으로는 의미가 있을지 모르지만, 실제 투자에 어떻게 활용해야 할지에 대한 답은 담지 못한 경우가 많습니다. 모든 일이 처음에 방향을 잘못 잡으면, 아무리 노력하고 열과 성의를 다해도 목적지에 도달하기 어렵습니다.

저도 초보 시절 수많은 책 속에서도 헤맸던 기억이 납니다. 그래서 여러

분만은 헤매지 않고 올바른 방향으로 갔으면 하는 바람으로 이 책을 썼습니다. 그럼, 그 한 발을 저와 함께 내딛어볼까요?

가치를 모르면 보석도 그냥 돌덩이일 뿐

여러분이 등산을 하다 길가에 핀 꽃들을 보았다고 치죠. 자연보호를 생각하면 꽃을 꺾거나 뿌리째 가져가면 안 되겠지만, 만약 그럴 수 있다면 다음 중 어떤 것을 집에 가져가고 싶은가요?

하나는 꽃이 붉고 탐스러워 시선을 끕니다. 두 번째는 흰색의 꽃이 활짝 피어 나름 분위기가 있습니다. 마지막은 꽃도 작고 볼품이 없어 보입니다.

아마 대부분 첫 번째나 두 번째 꽃을 선택할 것입니다. 하지만 이름을 알면 선택이 달라질 수도 있습니다.

첫 번째 꽃은 바로 장미입니다. 두 번째는 산딸기 꽃, 세 번째는 산삼 꽃입니다. 어떤가요? 나중에 무슨 꽃인지 알고 한밤중이라도 다시 산으로 뛰어갈 수도 있겠죠?

투자의 시작은 제대로 된 공부부터

저는 강의를 할 때, "주식투자를 하는 것은 산삼을 캐는 것과 무척 비슷합니다"라는 이야기를 자주 합니다. 산삼을 캐려면 그것이 어디에서 주로 자라는지, 꽃과 줄기, 잎은 어떻게 생겼는지부터 알아야겠죠? 마찬가지로 성공적인 주식투자를 위해서는 우량기업의 재무제표는 어떤 특징을 보이는지, 주가가 오를 가능성이 높은 주식의 차트는 어떤 모습인지를 알아야 합니다.

그럼, 산삼이 어떻게 생겼고 어디에서 주로 자라는지를 열심히 공부해서, 실제로 산에서 발견했다고 해보죠. 그냥 손으로 뽑아도 될까요? 당연히 안 되겠죠? 산삼의 뿌리가 다치지 않도록 조심조심 캐야 할 것이고, 어떻게 보관하는지도 알아야 합니다.

마찬가지로 주식투자 역시 수익이 날 가능성이 높은 종목을 찾았다면, 그에 맞는 매매 방법을 알아야 합니다. 산삼을 발견했지만 잘못 캐면 가치가 뚝 떨어지듯, 아무리 좋은 종목이라도 매매를 잘못하면 수익이 날 수 없기 때문입니다. 얼마를 투자하고, 어떤 뉴스를 체크하고, 어느 정도 수익이 났을 때 어떻게 팔 것인지 등을 제대로 고민하고 계획해야 원하는 수익을 올릴 수 있습니다.

산삼을 캐고는 싶은데 공부는 하기 싫어 솔깃한 정보에만 심취해 있는 사람들도 있습니다. 바람에 실려온 "어디에 산삼이 있더라" 하는 소문에 이산 저산 뛰어 다닙니다. 하지만 대개 이런 소문들은 이미 모두에게 알려진 터라, 그곳에 갔을 땐 이미 다 캐어가고 헛수고만 했을 가능성이 높습니다. 심지어 주식은 가격이 크게 오른 다음에는 내려가거나 조정을 받는 속성이 있기 때문에 손실을 볼 가능성도 있습니다.

처음부터 뛸 수 있는 사람은 없다

저는 학부에서 경제학이나 회계학이 아닌 중어중문학을 전공했습니다. 아

이러니하게도, 주식에 전혀 관심이 없다가 학점을 잘 준다는 소문을 듣고 신청한 과목이 바로 '증권투자의 이해'였습니다. 그렇게 처음으로 주식을 접했습니다.

후에 증권회사에 들어가 동기들과 스터디를 할 때면 항상 끝은 "강준혁 씨는 이해가 가나요?"였습니다. 그 스터디 그룹에서 인문학 전공자는 저뿐이었기에, 저만 이해하면 다들 이해했을 거라 생각했기 때문입니다.

주식의 기술적 분석을 처음 접할 때는 경제학과를 나온 동기에게 "어떻게 추세선을 그렇게 그을 생각을 하느냐"는 이야기를 듣기도 했습니다. 하지만 이제는 그 기술적 분석이 저의 가장 강력한 무기 중 하나가 되었죠. 어떻게 이렇게 변할 수 있을까요? '나는 인문학 전공자니까 이런 건 해봤자 못 할 거야' 하면서 포기하지 않았기 때문입니다.

우리나라 사람들은 젓가락으로 콩도 쉽게 집어먹지만, 서양인들은 젓가락질을 어려워하죠. 하지만 주변을 살펴보면 서양인임에도 젓가락질을 한국인보다 더 잘하는 경우도 있습니다. 이렇듯 노력으로 안 되는 것은 없습니다. 처음에는 잘되지 않더라도 정석대로 꾸준히 하다 보면, 어느새 누가 봐도 훌륭할 정도가 되어 있을 것입니다.

실수를 이겨내면 수익을 내는 습관만 남는다

주식투자 역시 마찬가지입니다. 이 책으로 주식투자에 대한 지식을 쌓고, '이제 됐다'고 생각하기보다는 자신의 처지—직장인인지, 주부인지, 아니면 퇴직 이후 제2의 인생을 준비하는 중인지—에 맞는 투자전략을 세우고, 그

것이 습관화될 수 있도록 노력해야 합니다. 처음부터 잘되지 않는다고 좌절하지 마세요. 저 역시 주식을 처음 만났을 때 어느 누구보다 생소하고 어려웠습니다.

자신만의 투자기법을 쌓으려면, 노트 한 권을 사서 매매일지를 적어보세요. 그런데 단순히 어떤 종목을 얼마에 몇 주 샀는지, 이익과 손실이 얼마인지를 기록하는 것은 소용이 없습니다.

그럼, 매매일지에는 무엇을 적어야 할까요? 공부를 잘하는 아이들은 오답 노트를 만듭니다. 틀린 문제를 오답노트에 적고 몇 번이고 보다 보면, 자신이 몰랐거나 자주 실수했던 부분이 줄어들고 결국 만점을 받을 확률이 높아집니다.

마찬가지로 매매일지에도 매매에 실패한 이유를 자꾸 적어보는 것이 좋습니다. 정확히는 〈투자실수노트〉라고 하는 것이 맞겠네요. 내가 어떤 지점에서 왜 실수를 했는지 파악하고, 손실을 낸 원인을 줄여나가다 보면 수익을 내는 습관만 남게 됩니다.

같은 것을 배워도 사람마다 그것을 실행하는 방식이 다르지요. 투자에서 실수하는 이유도 제각각입니다. 어떤 사람은 유망종목을 제대로 뽑아놓고도 너무 빨리 사서, 어떤 사람은 너무 늦게 사서 실패합니다. 또 어떤 이는 좋은 종목을 적절한 타이밍에 샀음에도 불구하고 너무 빨리 팔아서 수익을 거두지 못하기도 합니다. 그러므로 성공적인 매매를 원한다면 반드시 〈투자실수노트〉를 작성하여 시행착오를 줄여나가보세요.

"주식에는 왕도가 없다"고들 하지만, 저는 왕도는 있되 올바른 방향으로 제대로 공부하는 사람이 없다고 생각합니다. 이 책이 여러분들이 주식투자에 제대로 입문하고, 주식시장에서 산삼을 캐는 데 도움이 되길 기원합니다. 마지막으로 주식투자 20년 동안, 생각이 정리되지 않을 때마다 같이 산책을 하면서 도와준 제 딸 강탱이와 탱이 엄마에게 감사와 사랑을 전합니다.

2018년 4월 20일

강준혁

1 왕초보 동건 씨의 주식 팔로업

사회초년생 동건 씨(30세)가 주식투자에 도전합니다. 초보자 입장에서 궁금할 수 있는 사항들을 점검하고, 앞으로 무엇을 배울지 미리 파악할 수 있는 코너입니다.

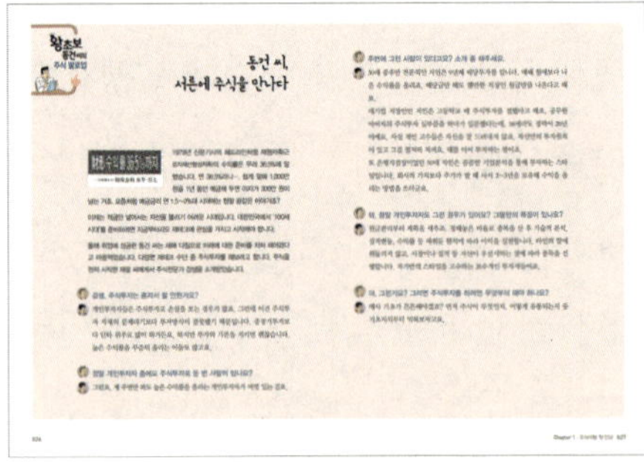

2 Q&A 투자처방

실제 사례를 문제로 제시하여, 실전감각을 키워주는 코너입니다. 다양한 투자상황과 그에 대한 모범 가이드를 제공합니다.

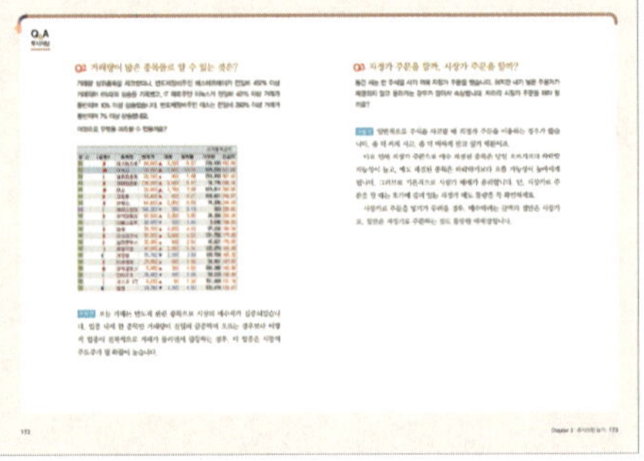

3 강샘의 투자원칙 멘토링

주식투자의 기본은 자신만의 확고한 투자원칙을 세우는 것입니다. 멘토링을 통해 나만의 주식투자 원칙을 잡는 방법을 제시합니다.

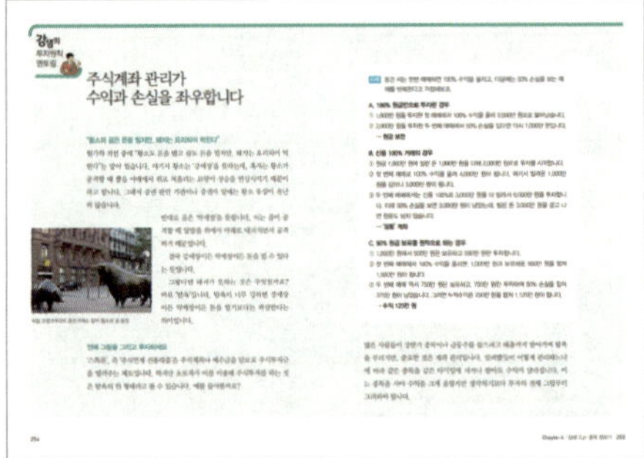

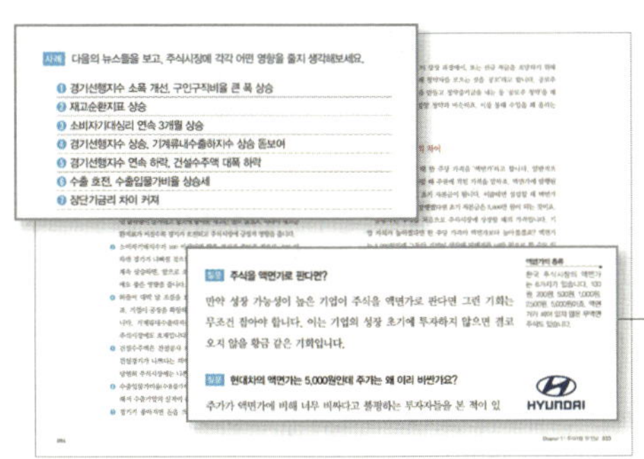

4 사례와 질문

주제와 관련된 실제 사례를 들어 설명하여 상황을 파악하는 방법과 분석하는 힘을 길러줍니다. 더불어, 독자가 의아해할 만한 내용을 질문으로 삽입하여 궁금증을 바로바로 해결할 수 있습니다.

5 주식용어 설명

어려운 주식용어들을 쉽게 풀이하였으며, 질문에서 못 다룬 내용들을 확인할 수 있습니다.

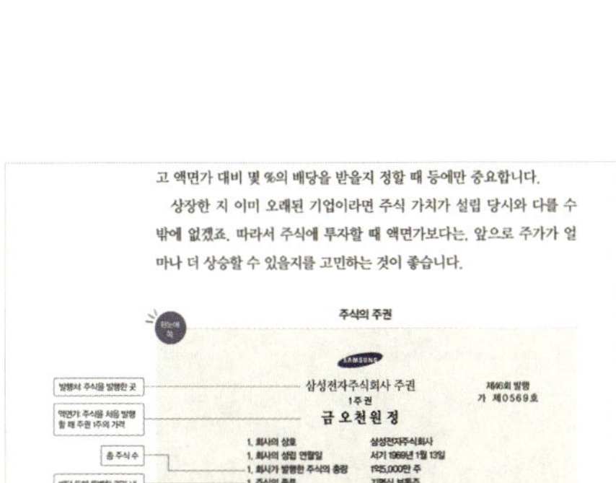

6 한눈에 쏙

한번만 쓱 봐도 이해가 되도록 복잡한 수치나 과정 등을 표와 그림으로 보기 쉽게 제시한 코너입니다.

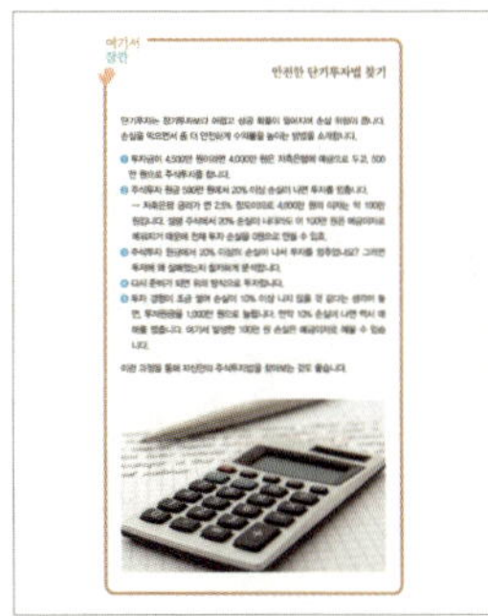

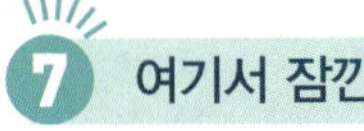

7 여기서 잠깐

앞에서 다룬 내용과 관련하여 주의할 점, 추가로 알아야 되는 사항들을 정리하였습니다.

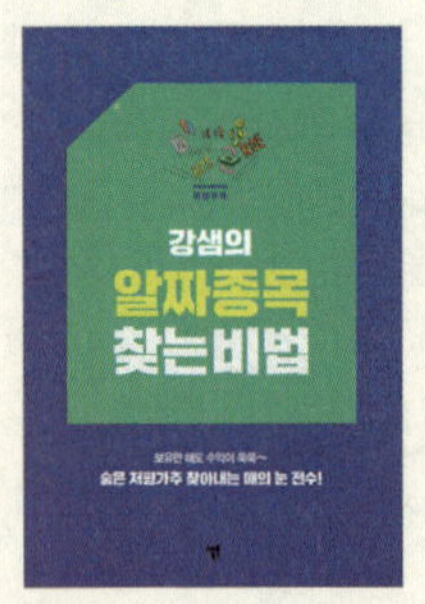

특별부록 1 | 강샘의 알짜종목 찾는 비법

책 뒤편에 '강샘의 알짜종목 찾는 비법'을 별책으로 제공합니다. 보유만 해도 수익 내는 알짜종목, 즉 저평가된 종목들을 찾아내는 필살기를 여러분에게만 공개합니다.

노트에는 투자 실수를 정리할 수 있는 매매일지도 실려 있습니다.

특별부록 2 | 주식 특강 DVD

저자 특강 DVD는 총 15강(4시간 20분)으로 구성되어 있으며, 복습과 심화학습이 가능합니다. 20년 경력, 주식만렙의 실전 노하우를 전수받으세요.

 **1강**

- 주식으로 돈을 번 부자들
- 주식투자 어떻게 해야 할까?
- 주식의 기원과 유통 원리
- 주식투자에 임하는 자세

 **3강**

- 수수료가 증권사 선택의 기준은 아니다
- 증권사 특징에 따른 선택
- 증권사 직원 100% 활용하기

 **2강**

경기 순환 주기에 따른 투자전략
- 불황기–정부 부양책과 배당투자,
  주식 투자자의 휴가
- 회복기–유동성 장세와 수혜업종
- 호황기–수익을 지키는 자세

4강

- HTS의 '현재가' 창 보는 법
- 주가는 무엇으로 움직일까?
- 시장가 주문과 현재가 주문
- 지지선과 저항선
- 거래원 분석

주식이랑 첫 만남

1
Chapter

주식이랑 밀당하기

2
Chapter

주식이랑 놀기 _실전매매 A to Z

3 Chapter

맘에 드는 종목 찜하기 가치투자를 위한 기업 분석 **4** Chapter

초보딱지 완전 떼기 — 선물, 옵션 등 파생상품 **7** Chapter

1

주식이랑 첫 만남

강샘의 DVD특강 포인트

제1강

- 주식으로 돈을 번 부자들
- 주식투자 어떻게 해야 할까?
- 주식의 기원과 유통 원리
- 주식투자에 임하는 자세

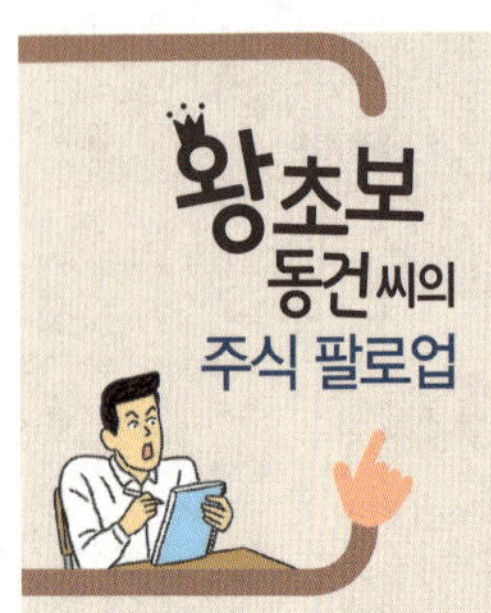

동건 씨,
서른에 주식을 만나다

재형저축 금리 36.5%

1·12 후속조치 특수금리 모두 인상

1979년 신문기사의 헤드라인처럼 재형저축(근로자재산형성저축)의 수익률은 무려 36.5%에 달했습니다. 연 36.5%라니…. 쉽게 말해 1,000만 원을 1년 동안 예금해 두면 이자가 300만 원이 넘는 거죠. 요즘처럼 예금금리 연 1.5~2%대 시대에는 정말 꿈같은 이야기죠?

이제는 적금만 넣어서는 자산을 불리기 어려운 시대입니다. 대한민국에서 '100세 시대'를 준비하려면 지금부터라도 재테크에 관심을 가지고 시작해야 합니다.

올해 취업에 성공한 동건 씨는 새해 다짐으로 미래에 대한 준비를 차차 해야겠다고 마음먹었습니다. 다양한 재테크 수단 중 주식투자를 해보려고 합니다. 주식을 먼저 시작한 재팔 씨에게서 주식전문가 강샘을 소개받았습니다.

강샘, 주식투자는 혼자서 할 만한가요?

개인투자자들은 주식투자로 손실을 보는 경우가 많죠. 그런데 이건 주식투자 자체의 문제라기보다 투자방식이 잘못됐기 때문입니다. 중장기투자보다 단타 위주로 많이 하거든요. 하지만 투자의 기본을 지키면 괜찮습니다. 의외로 높은 수익률을 꾸준히 올리는 이들도 많고요.

정말 개인투자자 중에도 주식투자로 돈 번 사람이 있나요?

그럼요. 제 주변만 봐도 높은 수익률을 올리는 개인투자자가 여럿 있는 걸요.

주변에 그런 사람이 있다고요? 소개 좀 해주세요.

30대 중후반 전문직인 지인은 9년째 배당투자를 합니다. 매해 월세보다 나은 수익률을 올리죠. 배당금만 해도 웬만한 직장인 월급만큼 나온다고 해요. 대기업 직장인인 지인은 고등학교 때 주식투자를 접했다고 해요. 공무원 아버지의 주식투자 심부름을 하다가 입문했다는데, 38세라도 경력이 20년이에요. 사실 개인 고수들은 자신을 잘 드러내지 않죠. 자신만의 투자원칙이 있고 그걸 철저히 지켜요. 대를 이어 투자하는 셈이죠.

또 은행지점장이었던 50대 지인은 꼼꼼한 기업분석을 통해 투자하는 스타일입니다. 회사의 가치보다 주가가 쌀 때 사서 2~3년을 보유해 수익을 올리는 방법을 쓰더군요.

와, 정말 개인투자자도 그런 경우가 있어요? 그들만의 특징이 있나요?

원금관리부터 계획을 세우죠. 정해놓은 비율로 종목을 산 후 기술적 분석, 실적변동, 수익률 등 세워둔 원칙에 따라 이익을 실현합니다. 타인의 말에 휘둘리지 않고, 시장이나 실적 등 자신이 우선시하는 것에 따라 종목을 선별합니다. 자기만의 스타일을 고수하는 보수적인 투자자들이죠.

아, 그런가요? 그러면 주식투자를 하려면 무엇부터 해야 하나요?

매사 기초가 튼튼해야겠죠? 먼저 주식이 무엇인지, 어떻게 유통되는지 등 기초지식부터 익혀보자고요.

01 >>> 주식은 뭘까?

서우 씨, 주식회사를 차리다

서우 씨는 캠핑카 공유회사를 만들려고 합니다. 회사명은 '위비캠'으로 정했고, 이왕이면 주식회사로 차리려고 합니다. 초기 자본금으로 1억 원이 필요했고 1주 금액을 1,000원으로 정했습니다. 그러면 이 회사의 주식은 모두 10만 주가 되겠죠(1억 원÷1,000원=10만 주).

서우 씨는 초기 자본금이 부족할 것 같아 사업개요를 인터넷에 공개하고 일반인의 투자를 받기로 했습니다. 캠핑카 공유회사란 창업 아이템과 사업개요가 좋았는지 투자자가 500명이 모였습니다. 개중에는 10만 원을 투자한 이도 있고 1,000만 원을 투자한 이도 있습니다. 10만 원을 투자한

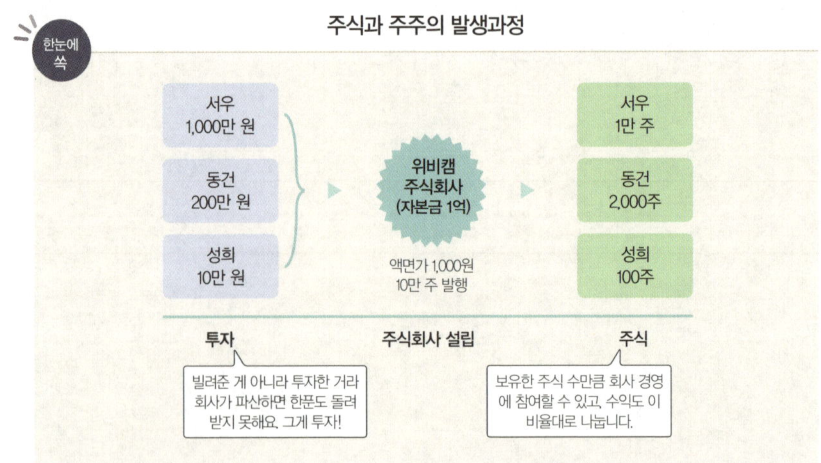

다면 위비캠 1주의 금액이 1,000원이므로 100주를 산 셈이죠. 이때 회사에서 투자액에 대해 발행하는 증서가 바로 '주식'입니다.

동시에, 투자한 사람들은 위비캠의 주주가 됩니다. 한 주를 가지고 있든 1만 주를 가지고 있든 상관없습니다. 다만 투자지분에 따라 책임과 권리가 차이 나죠.

 주주들은 어떤 권한을 가지나요?

위비캠의 경영자 선출 등 주요 의사결정에서 투자지분에 따라 권리를 행사할 수 있습니다. 또 위비캠이 이익을 남기면 투자한 금액 비중에 따라 배당을 받을 수 있습니다. 한편 매출이 저조해서 위비캠이 과도한 부채를 안고 부도가 난다고 해서 주주가 책임을 지지는 않습니다. 다만 내가 산 주식은 아무런 가치가 없어지게 됩니다.

최초의 주식회사, 80배 수익을 올리다

시곗바늘을 400여 년 전으로 돌려서, 역사적으로 주식회사가 왜 필요하게 됐는지부터 살펴볼까요? 그러면 주식회사와 주식의 개념이 머리에 쏙쏙 들어올 것입니다.

과거 동서양의 실크로드 무역은 큰 이익을 얻을 수 있는 기회였죠. 중국 도자기, 인도 향신료 등을 주로 거래했는데 수익률이 무려 1만%에 달했다고 해요. 굉장하죠? 그런데 16세기 오스만제국이 지중해 지역의 반을 영향권 아래 두자, 유럽 여러 나라들은 해상무역을 시도하게 됩니다. 하지만 아프리카 희망봉을 돌아 인도까지 가는 비용이 엄청났고 리스크도 컸기에, 에스파냐, 포르투갈, 영국 등 왕가의 재정 지원을 등에 업는 경우가 많았습니다.

한편, 근대 자본주의에 가장 먼저 눈뜬 네덜란드 상인들이 이런 기회를 놓칠 리 없죠. 그런데 상인 한 명이 큰돈을 투자하고 모든 리스크를 지기는 힘들었습니다. 그래서 생각해낸 것이 바로 십시일반(十匙一飯), 여러 사람이 돈을 내서 자금을 모은 것입니다.

네덜란드 동인도회사의 무역선 4척은 1598년 3월에 출발해 이듬해 10월, 향신료를 가득 싣고 암스테르담에 돌아왔습니다. 첫 번째 항해만으로 선박 건조 비용을 모두 회수했으며, 이익의 16.5%를 투자자들에게 배당했습니다.

그런데 장거리 항해라서 투자자들이 급전이 필요한 경우 투자자금을 회수하기 어려웠습니다. 이에 동인도회사는 1606년 얼마를 투자했는지 증명해주는 주식 영수증을 발행했는데, 이것이 오늘날의 주식으로 발전했습니다. 3년 뒤인 1609년에는 주식을 다른 투자자에게 파는 것도 인정했으며, 최초의 증권거래소인 암스테르담 증권거래소가 탄생하게 됩니다.

그렇다면 네덜란드 동인도회사의 투자자들은 과연 얼마의 수익을 올렸을까요? 창업자 디르크 바스를 포함한 거액 주주 17명은 무려 80배가 넘는 수익을 올렸다고 전해집니다.

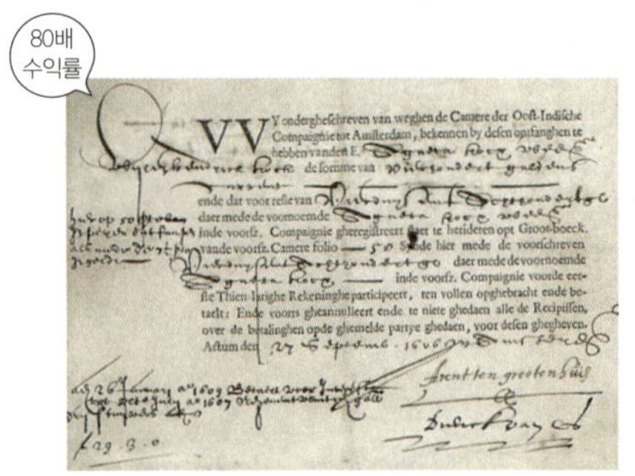

네덜란드 동인도회사의 주식 영수증. 최초의 주식 증권의 모습

주식회사는 무엇이 좋을까요?

최초의 주식회사인 동인도회사를 통해 주식회사의 장점을 살펴보죠. 이것은 주식투자의 장점과도 일맥상통합니다.

첫째, 주식회사는 위험을 분산합니다. 아시아와의 해상무역은 잘되면 '대박'이지만 배가 좌초되면 투자금을 모두 날리게 됩니다. 당시 네덜란드 상선은 화물을 더 많이 싣기 위해 무장을 전혀 하지 않았기에 해적을 만나면 속수무책이었죠. 반면 주식회사인 동인도회사는 투자자가 자신이 투자한 몫만큼만 피해를 보므로 '쪽박'의 위험이 분산되었습니다.

둘째, 주식회사는 적은 돈으로도 투자할 수 있습니다. 동인도회사 투자자들이 모두 부자는 아니었습니다. 장갑을 만드는 장인, 약간의 유산을 받은 미망인, 동인도회사 총독의 하녀 등 평범한 사람도 있었습니다. 장거리 교역이 돈이 된다는 것을 알아도 하녀의 봉급만으로 무역을 할 수는 없었겠죠. 하지만 주식회사였기에 적은 돈으로도 투자할 수 있었습니다. 이처럼 주식은 부의 형평성을 맞추는 데도 효과적입니다. "돈이 많지 않다는 생각이 들면 주식투자를 시작하라"는 말은 이런 의미에서 나온 거죠.

주식은 이렇게 유통됩니다

라면을 만드는 제조회사가 있다면, 그 라면을 소비자들이 살 수 있도록 해주는 유통회사도 있죠. 주식시장도 마찬가지입니다.

새로운 주식이나 회사채 등 증권을 발행하는 모든 시장을 '발행시장'이라고 합니다. 기업이 자금을 모으기 위해 신규 상장이나 공모주 청약을 통해 주식을 새로 발행하여 투자자들에게 최초로 파는 시장이죠.

한편 우리가 증권회사를 통해 주식을 사고파는 시장은 '유통시장'이라고 합니다. 이미 발행된 주식을 사고파는 시장이죠.

우리나라의 주식 유통시장에는 삼성전자, 현대자동차 등 대형 우량주가 거래되는 코스피시장, 그리고 셀트리온헬스케어, CJ E&M 등 벤처기업 주식을 거래하는 코스닥시장이 있습니다. 이밖에 장외시장도 있습니다. 코스닥시장에 상장할 정도는 아니지만, 대기업 계열사나 유망 중소기업의 주식이 거래되는 시장입니다. 이런 주식들은 개별, 또는 증권사 창구를 중개인으로 하여 거래됩니다.

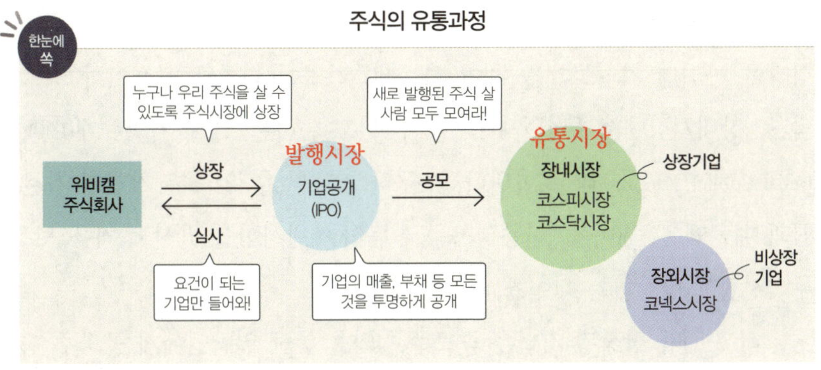

 LG CNS의 주식은 왜 살 수 없나요?

LG CNS는 스마트팩토리, 신재생·친환경에너지 발전소, 빅데이터 관련 사업을 하는 주식회사입니다. LG그룹에서 4차 산업혁명과 관련된 모든 일을 꾸려가는 기업이므로 투자자 입장에서 매우 매력적이라고 할 수 있습니다.

그런데 LG CNS는 주식회사지만 우리가 주식을 살 수 없습니다. 아직 상장이 안 되어 있기 때문입니다. 이런 비상장 주식회사가 기업공개 제도를 통해 증권시장에 들어오는 것이 '상장'이죠. 만약 LG CNS가 기업공개를 하고 상장한다면 관심을 가져봐야겠죠?

상장이란?

모든 주식이 증권시장에서 거래되는 것은 아니고, 보통은 주식시장에 '상장'된 주식만 거래할 수 있습니다. 즉 일반인들이 주식을 사고팔 수 있으려면 우선 주식을 주식시장에 '상장'해야 합니다.

상장이란 '올릴 상(上), 시장 장(場), 즉 일반인들이 그 기업의 주식을 사고팔 수 있게 '시장에 상품을 올린다'는 뜻입니다.

그런데 앞에서 서우 씨가 설립한 캠핑카 공유회사인 위비캠도 상장을 할 수 있을까요? 그렇지는 않습니다. 한국거래소에서 자격 심사를 하여 요건을 갖춘 기업만 상장할 수 있습니다. 아무 기업이나 상장한다면 자칫 그 기업의 주식을 산 투자자가 큰 손해를 볼 수 있으니까요.

기업공개, 공모주 청약

상장을 하려면 기업공개를 해야 하는데, 기업이 최초로 코스피나 코스닥 등 장내시장에서 주식을 거래할 수 있도록 하는 것을 '기업공개(IPO, Initial Public Offering)'라고 합니다. 누구나 거래할 수 있도록 기업의 자본금과 매출액, 부채비율, 신용평가등급 등의 제반사항을 밝히고 처음으로 주식시장에 상장하는 것이죠.

그리고 신규 상장된 기업은 공모주 청약을 통해 일반인에게 공모주 청약을 받습니다. 기업이 상장 과정에서, 또는 신규 자금을 조달하기 위해 새로운 주식을 발행해 청약자를 모으는 것을 '공모'라고 합니다. 공모주를 사려면 청약서류를 만들고 청약증거금을 내는 등 '공모주 청약'을 해야 합니다. 아파트 분양 청약과 비슷하죠. 이를 통해 수입을 꽤 올리는 투자자도 있답니다.

액면가와 발행가의 차이

주식회사가 설립될 때 한 주당 가격을 '액면가'라고 합니다. 일반적으로 주식을 처음 발행할 때 주권에 적힌 가격을 말하죠. 액면가에 발행된 주식의 수를 곱하면 초기 자본금이 됩니다. 이를테면 설립할 때 액면가 5,000원에 1만 주를 발행했다면 초기 자본금은 5,000만 원이 되는 것이죠.

'발행가'는 주식을 처음으로 주식시장에 상장할 때의 가격입니다. 기업 가치가 높아졌다면 한 주당 가격이 액면가보다 높아졌겠죠? 액면가는 5,000원인데 그동안 기업이 성장해 발행가를 10만 원으로 할 수도 있습니다. 따라서 주식의 액면가와 발행가는 다르며, 보통 발행가가 액면가보다 높습니다.

액면가는 예전에는 5,000원이 흔했으나 요즘은 거의 500원입니다. 액면가가 100만 원 식으로 너무 비싸면 살 수 있는 사람이 별로 없으므로, 액면가는 낮게 발행됩니다.

액면가의 종류

한국 주식시장의 액면가는 6가지가 있습니다. 100원, 200원, 500원, 1,000원, 2,500원, 5,000원이죠. 액면가가 씌어 있지 않은 무액면 주식도 있습니다.

질문 주식을 액면가로 판다면?

만약 성장 가능성이 높은 기업이 주식을 액면가로 판다면 그런 기회는 무조건 잡아야 합니다. 이는 기업의 성장 초기에 투자하지 않으면 결코 오지 않을 황금 같은 기회입니다.

 현대차의 액면가는 5,000원인데 주가는 왜 이리 비싼가요?

주가가 액면가에 비해 너무 비싸다고 불평하는 투자자들을 본 적이 있습니다. 현대차의 액면가는 5,000원인데 2018년 2월 기준 주가는 15만 원이 넘었으니 무려 30배인 셈이죠.

다른 예로, SK텔레콤의 액면가는 500원인데 2018년 2월 기준 주가는 24만 원으로 479배 비싸게 거래됐습니다. 이렇다 보니 주가가 액면가에 비해 너무 높아 보이는 것도 무리가 아닙니다.

하지만 대부분의 투자자들은 액면가가 얼마인지 관심이 없습니다. 사실 액면가는 설립 당시 투자를 받을 때와 상장 전인 주식에 투자할 때, 그리고 액면가 대비 몇 %의 배당을 받을지 정할 때 등에만 중요합니다.

상장한 지 이미 오래된 기업이라면 주식 가치가 설립 당시와 다를 수밖에 없겠죠. 따라서 주식에 투자할 때는 액면가보다 앞으로 주가가 얼마나 더 상승할 수 있을지를 고민하는 것이 좋습니다.

주식의 주권

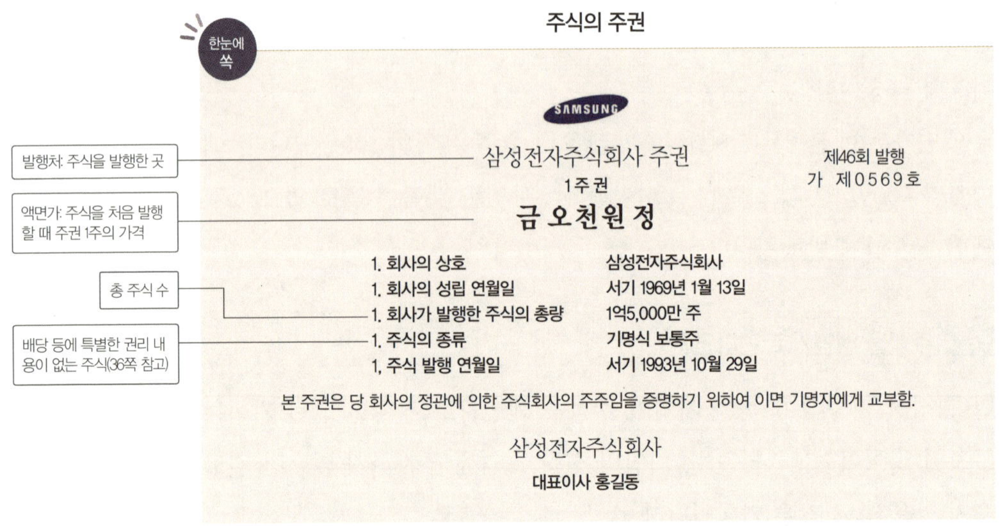

SK텔레콤은 왜 액면분할을 했을까요?
- 액면분할과 액면병합

요즘은 대부분의 투자자들이 유통시장에서 주식을 사고 팝니다. 그런데 주가가 너무 높으면 일반투자자들이 선뜻 사기 힘들죠.

2000년 3월 SK텔레콤의 주가는 한 주에 400만 원이 넘었습니다. 그런데 같은 해 4월, 원래 액면가 5,000원에서 500원으로 '액면분할'을 했습니다. 액면분할은 말 그대로 주식의 액면가를 일정 비율로 분할하는 것입니다. 즉, 내가 액면가 5,000원짜리 주식 10주를 갖고 있다면 500원짜리 100주로 바꿔주는 식입니다.

이때 주식 수만 늘어날 뿐 자본금이 늘거나 줄지는 않습니다. 그러므로 액면분할을 하면 주가는 늘어난 주식의 비율만큼 하락합니다. 동건 씨가 당시 SK텔레콤 주식을 400만 원에 가지고 있었다면, 주가는 10분의 1로 액면분할을 했으므로 40만 원 정도로 떨어지겠죠. 투자자들 입장에선 주당 400만 원보다 40만 원이 좀 만만해 보이겠죠? 그래서 액면분할을 하면 주식을 사려는 사람들이 늘어나 단기적으로 주가가 오르는 경향이 있습니다.

어떤 경우에 액면분할을 할까요?
첫째, 발행된 주식 수가 너무 적으면 매매가 어려우므로 주식을 좀 더 쉽게 사고팔기 위해서 합니다.

둘째, 여러 회사가 하나의 회사로 합쳐질 때 주식 교환을 공정하고 원활하게 하기 위해서도 합니다. 단, 액면가 100원인 주식은 그것이 최소 액면가이므로 액면분할을 할 수 없습니다.

액면병합은 어떨 때 할까요?
'액면병합'이란 자본금의 변동 없이 주식의 액면을 일정 비율로 합치는 것입니다. 이를테면 액면가 100원인 주식 10주를 합쳐서 액면가 1,000원인 1주로 만드는 것이죠. 시장에서는 주가가 갑자기 많이 오른 것으로 보여 일시적으로 팔려는 사람이 늘어나므로, 주가가 떨어지는 경향이 있습니다.

02 >>> 주주의 권리부터 증자와 감자까지

주주에게 주어지는 '의결권'과 '배당'

대기업 재벌가의 권력 싸움을 그린 드라마를 보면, 자주 등장하는 장면이 있죠. 주인공이 기업의 주도권을 쥐게 되느냐 아니냐 하는 긴박한 순간, 항상 주주총회를 통해 주주들의 투표로 그 방향이 결정됩니다.

이처럼 한 기업의 주주가 되면 자신이 보유한 주식의 비중만큼 '의결권'을 가지게 됩니다. 주주총회에 출석해 기업 경영에 참가할 수 있는 권리죠. 대표이사를 누구로 정할지, 이익의 몇 %를 주주에게 배당할지, 합병이나 분할 등 기업 운영의 주요 사항은 주주총회를 통해 주주의 승인을 받아야 합니다. 그래서 주식을 많이 산 경우 경영권 참여 여부가 이슈가 되기도 합니다.

주주는 '배당'을 받을 권리도 있습니다. 개인 회사가 벌어들인 이익은 모두 사장 것이지만, 주식회사의 경우 주주가 기업이 일정기간(1년) 벌어들인 순이익의 일부를 배당받게 됩니다.

보통주·우선주의 차이

'보통주'란 의결권과 배당을 받을 권리가 있는 주식입니다. 주식은 대부분 보통주로 발행되며, 우선주보다 주가가 높은 편입니다.

한편 투자자 중에는 의결권 같은 경영참여 권한을 포기하는 대신 배당금을 더 많이 받기를 원하는 경우도 있습니다. 이런 투자자들을 위해 특별히 발행된 주식이 바로 '우선주'입니다. 우선주는 의결권은 없는 대신 상대적으로 배당에서 더 유리합니다.

	보통주	우선주
의결권	○	×
배당	○	더 높은 배당

사례 현대차와 대신증권의 보통주/우선주

보통주와 우선주의 주당배당금

종목	현대차		대신증권	
사업연도	2017년	2018년	2017년	2018년
보통주	4,000원	4,000원	550원	610원
우선주	4,100원	4,100원	600원	660원

2016~17년 주당배당금을 비교해보면, 현대차의 경우 보통주/우선주의 배당금이 주당 100원, 대신증권은 50원이 차이 납니다. 이처럼 우선주는 보통주와 달리 주주의 의결권을 포기하는 대신 배당을 더 많이 받는 주식입니다.

유상증자란 무엇일까요?

기업이 새로운 사업에 투자자금이 필요하거나, 경영이 어려워져 운영자금이 필요한 경우 어떻게 할까요?

은행에서 빌려도 되지만, 신용이 좋다면 증권시장에서 채권을 발행합니다(채권은 쉽게 말하면 돈을 빌리고 주는 차용증서입니다). 기업은 채권을 발행하는 것을 선호하는데 이자가 싸기 때문입니다. 그런데 그 기업이 어렵다면 채권을 사려는 사람이 별로 없겠죠. 이 경우 '유상증자'의 길을 선택합니다.

유상증자란 말 그대로 '주식을 신규로 더 발행해서 돈을 받고 팔아 자본금을 늘리는 것'입니다. 이처럼 자본금을 늘리는 것을 '증자', 줄이는 것을 '감자'라고 합니다.

흔히 투자자들은 유상증자를 부정적으로 봅니다. 주식 수가 늘어나면 아무래도 주가가 상승하기가 더 힘드니까요. 특히 증자의 목적이 운영자금 조달인 경우 더욱 부정적으로 봅니다. 사업 아이템이 사양길로 접어들었거나 돈이 부족해 유상증자를 한다는데 좋은 뉴스라고 보기 힘들겠죠.

그런데 증자의 목적이 사업확장을 위한 투자라면 성장 가능성을 고려해 긍정적으로 볼 수도 있습니다. 물론 실제로 기업가치가 올라갈지를 따져봐야겠지만요.

질문 **부도위기를 겪던 STX의 유상증자는 왜 긍정적이었을까요?**

2013년 부도위기를 겪은 STX 그룹은 유상증자를 실시했습니다. 제3자 배정방식으로 산업은행, 우리은행, 농협, 신한은행, 한국정책공사가 유상증자에 참여했습니다.

당시 한국기업평가는 STX가 강도 높은 구조조정을 통해 경영 정상화가 이뤄지고 있어서 부도나 채무불이행으로 갈 가능성은 적다고 판단했습니다.

당시 STX의 유상증자는 기업회생을 위한 선택이었으니 무조건 부정적으로 볼 것은 아니었습니다. 결과적으로 유상증자 소식 후 STX 그룹주는 일제히 동반 상승을 했습니다. 이처럼 모든 유상증자가 100% 부정적이거나 긍정적인 것은 아니라는 점을 꼭 기억해두세요.

호재만은 아닌 무상증자

무상증자는 '무상으로, 즉 돈을 받지 않고 주식을 나눠주는 것'입니다. 기업의 여웃돈(유보금) 중 일부로 그만큼 주식을 발행한 다음, 주주들에게 무상으로 주는 것이죠. 그래서 주식 수가 늘더라도 자본금이 늘지는 않습니다(이것이 유상증자와 다른 점이죠).

예전에는 무상증자를 한다는 공시가 뜨면, 주주로서는 주식을 공짜로 받은 것이므로 호재라고들 했습니다. 하지만 무상증자는 결과적으로 주식 수가 늘어나는 것이므로 호재만은 아닙니다. 그래서 요즘은 무상증자 공시가 떠도, 예전보다는 주가의 상승 여력이 적은 편입니다.

유상감자와 무상감자

증자와 반대로 '감자'는 기업이 자본금을 줄이는 것입니다. 이때 시장에서 긍정적으로 보는 경우도 있고, 부정적으로 보는 경우도 있습니다.

만약 A 기업이 계속 적자를 내고 자본금이 잠식될 상태가 되어 감자를 하게 되었다면 어떨까요? 이미 주가가 크게 떨어졌다면, 차라리 주식 수가 줄어드는 게 주가에 긍정적일 수도 있습니다.

그런데 그나마 '유상감자'는 주주에게 현금을 주고 주식 수를 줄이는 것이지만, '무상감자'는 아무런 대가 없이 줄여버립니다. 10대 1로 무상감자를 하면, 100주를 보유했던 주주는 10주만 보유하게 됩니다. 그럼 주주들은 무상감자 비율만큼 손해를 보게 되겠죠.

주주의 권리부터 증자와 감자까지 살펴보았으니, 이제 우리 주식시장의 대표 지수를 만나러 가보죠.

넥슨은 왜 엔씨소프트의
주식을 샀을까요?

국내의 대표적인 게임회사인 넥슨과 엔씨소프트. 넥슨은 2012년 6월 엔씨소프트의 지분을 대량으로 샀습니다. 일본 법인을 통해 엔씨소프트 김택진 대표로부터 무려 14.69%를 인수한 것입니다.

넥슨은 '단순 투자 목적'이라고 발표했지만, 2015년 1월 '경영 참가 목적'으로 변경, 공시했습니다. 이 소식은 시장에서 큰 화제를 모았죠. 넥슨이 엔씨소프트의 최대주주가 되어 운영에 영향력을 행사할 가능성이 높아졌기 때문입니다.

이처럼 경영에 영향력을 행사하기 위해 주식을 사는 경우도 있습니다. 이런 경우에는 주가가 오르는 경향이 있습니다.

유상증자의 다양한 방식

유상증자는 신주를 누가 가지냐에 따라 다음과 같이 나뉩니다.

주주배정방식 주주에게 돈을 내고 신주를 살 권리를 배정해줍니다. 즉, 기존 주주들에게 신주인수권(신규 주식을 받을 권리)을 주는 것이죠. 그런데 유상증자에 참여하지 않는 주주도 있겠죠? 그렇게 잔여 주식이 발생하면, 이사회는 이 '실권주(주주가 배당받은 신주인수권을 포기한 주식)'를 기존 주주에게 배정할지, 일반인에게 공모할지 결정합니다. 그래도 주식이 남으면 유상증자를 추진한 증권회사(주관사)에서 인수합니다.

주주우선공모방식 기존 주주들이 유상증자에 별로 참여하지 않을 것 같으면 주주우선공모방식을 쓰기도 합니다. 기존 주주와 우리사주조합에 우선적으로 공모 참여 기회를 주지만, 주관사가 신주인수권을 100% 보장하지는 않습니다.

일반공모방식 일반 투자자들도 신주를 살 수 있는 방식으로, 기존 주주도 공모에 참여할 수 있지만 신주인수권의 특혜는 주지 않습니다.

제3자배정방식 기존 주주를 완전 배제하고, 특정 기업 등 제3자에게 비공개로 주식을 배정하는 방식입니다. 부도 및 파산위기로 법정관리에 들어간 회사들이 채권단을 대상으로 유상증자를 실시할 때 사용합니다.

주식시장 대표지수는 나야 나!

시장이라고 하면 흔히 물건을 사고파는 장소를 떠올리죠. 마찬가지로 주식시장은 주식을 사고팔 수 있는 곳입니다. 우리가 흔히 "주식시장이 상승했다", "하락했다"라고 할 때는 코스피시장이나 코스닥시장을 가리키는 경우가 많습니다. 또한 "미국 증시가 상승했다"고 할 때는 미국의 뉴욕증권거래소를 가리키는 경우가 많습니다.

우리나라의 증권거래소는 한국거래소(KRX)입니다. 한국거래소의 주식시장은 앞에서 배웠듯, 장내시장인 코스피시장과 코스닥시장 그리고 장외시장이 있습니다.

그럼, 이 시장의 전체 움직임을 보여주는 주가지수들을 살펴보죠. 먼저 코스피지수를 알아볼까요?

코스피지수	▲ 유가증권	MK머니마켓지수	12165.62	코스닥지수	▲ 코스닥	거래량	8억1304만주
2436.37		예탁금	27조6984억원	865.99		거래대금	5조1596억원
+17.08(0.71%)		거래량	3억3335만주	+15.02(1.77%)		상승▲	729개(↑ 2)
		거래대금	7조2567억원			하락▼	408개(↓ 0)
		코스피PER	27.27배				

코스피시장을 '유가증권시장'이라고 하며, 여기에는 우리나라 대표기업 777개사, 905개 종목이 상장되어 있습니다(2018년 3월 기준).

기업 수와 종목 수가 일치하지 않는 것은 1개 기업이 보통주, 우선주를 발행할 수 있기 때문입니다.

코스피지수는 왜 중요할까요?

코스피(KOSPI)지수는 우리나라 주식시장의 대표 지수로, 코스피시장의 움직임을 보여줍니다. 국내 대표 기업들은 거의 대부분 코스피시장에 상장되어 있으므로, 코스피지수를 '종합주가지수'라고도 합니다.

그렇다면 코스피지수는 어떻게 만들었을까요?

1980년 1월 4일을 기준시점으로 하여 이날의 코스피시장 시가총액을 기준지수 100으로 잡고, 비교시점의 코스피 시가총액이 얼마나 변했는지를 비교하여 산출합니다. 이를테면 2020년 1월 4일의 코스피지수가 3,000이라면, 코스피시장의 시가총액이

1980년 1월 4일보다 30배나 상승했다는 것이죠.

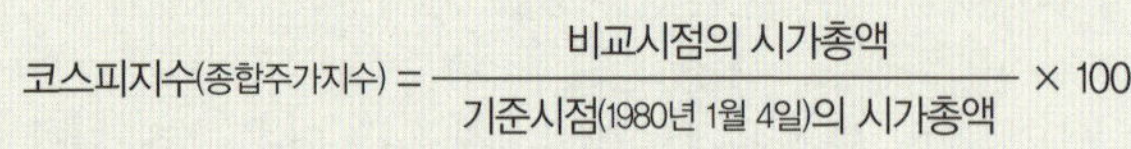

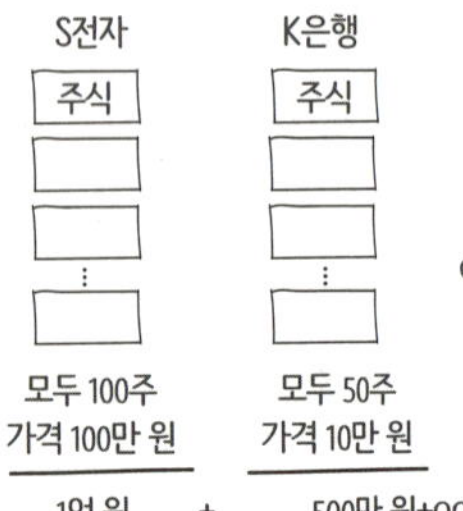

시가총액에서 시가란 '시장가격'을 말합니다. 시가총액은 주식시장에 상장된 모든 주식의 시가를 더한 것이죠. 시가총액은 주식시장 전체 규모 및 상승/하락 흐름을 파악하고, 다른 나라의 주식시장과 비교할 때도 사용합니다.

그럼 코스피 지수에 주목해야 되는 가장 큰 이유는 무엇일까요?

내가 아무리 좋은 종목을 가지고 있어도 시장 분위기에 휩쓸려 주가가 덩달아 하락하는 경우가 있습니다. 반면 시장 분위기가 너무 좋으면 내가 보유한 주식의 악재가 묻히며 주가가 같이 오르는 경우도 있습니다. 그러므로 주가의 흐름을 예측하려면 전체 시장의 분위기를 파악하는 것이 필수입니다.

그런데 관심종목을 지켜보는 것만으론 시장의 분위기가 상승인지 하락인지 판단하기 어렵겠죠. 코스피지수는 코스피시장에 상장되어 거래되는 모든 주식을 대상으로 산출한 지수이므로, 전체 시장의 동향을 가장 잘 나타냅니다.

질문 **코스피지수가 상승하면 내 주식도 오르나요?**

코스피지수가 상승하는 시기라고 해서 모든 주식이 오르는 것은 아닙니

다. 하지만 일반적으로 코스피시장이 상승하는 시기에는 상장종목 중 약 70%가 오르는 경향이 있습니다. 반면 코스피지수가 하락하면 70% 종목의 주가가 떨어지는 경향이 있습니다.

다시 말해 코스피시장이 상승하는 시기에 주식을 사면 단기수익이 날 확률이 높은 반면, 하락기에는 종목을 주의깊게 선택해도 단기적으로는 손실이 날 확률이 높습니다. 따라서 단기매매를 위해서는 코스피시장의 방향성에 주목하는 것이 매우 중요합니다.

벤처와 중소기업의 코스닥지수

우량 벤처기업이나 중소기업은 코스피시장에 상장하기에는 제약조건이 많습니다. 그래서 문턱을 조금 낮춘 코스닥시장에 상장해 자금을 조달하고 있습니다. 코스닥시장은 기술주가 주인 미국의 나스닥시장을 모방해 만든 것입니다.

코스닥지수는 1996년 7월 1일의 시가총액을 기준지수 100으로 하여 산출했으나, 2000년대 초 IT버블 붕괴 이후 2004년 1월에 1,000으로 상향했습니다. 만약 2020년 코스닥지수가 2,000이라면 예전 지수보다 2배 오른 셈이죠.

코스닥시장은 우량기업 중심의 코스피시장보다 주가가 대체로 낮습니다. 리스크가 크며 등락도 심해 변동성이 큽니다. 실제로 코스닥지수는 2000년 초반 IT 열풍을 타고 한때 2,900포인트를 넘기도 했으나, IT버블이 꺼지자 300 내외까지 떨어졌습니다. 변동성이 매우 큰 시장이죠. 현재 코스닥지수는 667.90포인트(2020년 2월 21일 기준) 정도입니다.

코스피지수와 코스닥지수는 별개의 지수이므로 여러분이 산 종목이나 관심 종목이 코스피와 코스닥 중 어느 시장에 속하는지 반드시 체크해두세요. 그리고 지수의 흐름을 하루 한 번이라도 체크하는 습관을 가지는 것이 좋습니다.

펀드투자자가 코스피200지수에 주목하는 이유

코스피200지수는 코스피시장에 상장되어 있는 종목 중에서 우량종목 200개를 기준으로 만든 지수입니다.

대부분의 투자자들은 코스피지수나 코스닥지수만 보지만, 코스피200지수도 무척 중요합니다. 선물, 옵션 등 주가지수를 기초로 하는 파생상품의 기준이 될 뿐만 아니라, 인덱스펀드의 벤치마크 지수이기 때문입니다.

인덱스펀드는 하나의 주식시장 전체에 투자하려는 목적으로, 특정 목표지수와 동일한 수익률을 올릴 수 있도록 설계됩니다. 예를 들어 코스피200 기준 인덱스펀드는 그 지수의 상승 또는 하락 만큼의 수익률을 올리게 설계되었습니다. 또한 벤치마크란 펀드의 수익률을 비교하는 기준 수익률을 뜻합니다.

코스피와 코스닥 종목을 통합한 KRX300지수

KRX300지수는 코스피와 코스닥 종목을 합쳐 총 300개 종목으로 구성되었습니다. 코스피200지수가 코스닥시장을 반영하지 못하는 단점을 개선하기 위해, 즉 코스닥시장 활성화를 위해 만들어졌습니다.

두 시장을 동시에 포함한 지수라는 데 의미가 있으며, 한국 양대 주식시장의 흐름을 한눈에 볼 수 있습니다. 2018년 2월에 출범되었으며, 구성 종목은 매년 6월과 12월에 조정됩니다.

우리나라 대표 주가지수

한눈에 쏙	코스피지수	코스닥지수	코스피200지수	KRX300지수
주식시장	코스피시장	코스닥시장	코스피시장	코스피시장 + 코스닥시장
편입종목	전체 종목	전체 종목	200개	305개
기준시점	1980년 1월 4일	1996년 7월 1일	1990년 1월 3일	2010년 1월 4일
기준지수	100	1,000	100	1,000

기사에 자주 등장하는
세계 대표 주가지수

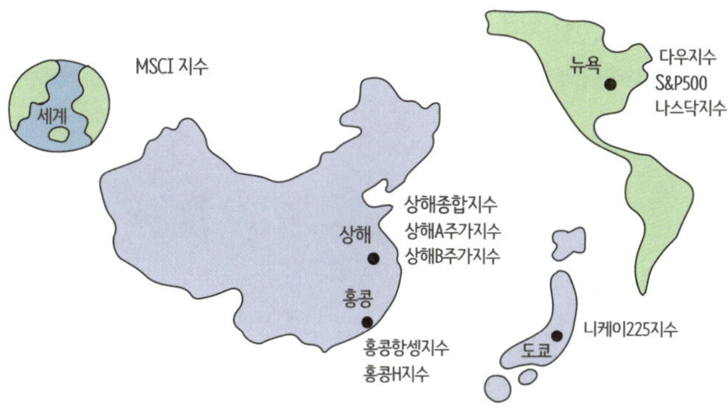

다우지수 미국 주식시장의 대표지수로서, '다우존스산업평균지수'라고 합니다. 뉴욕 증권거래소에 상장된 최우량기업 30개의 주가지수입니다. 편입 종목이 30개에 불과해 미국 시장의 전체 흐름을 판단하기에는 한계가 있습니다.

S&P500지수 다우지수와 함께 미국의 대표적인 대형주 주가지수입니다. 뉴욕 증권거래소에 상장된 우량기업 500개의 주가지수로 공업주 400종목, 운송 관련주 20종목, 유틸리티 관련주 40종목, 금융주 40종목으로 구성되어 있습니다.

나스닥지수 미국 나스닥 주식시장에 상장된 5,000개 이상의 벤처기업과 중소기업의 주가지수입니다.

상해주가지수 중국 상해증권거래소(SSE)의 주가지수로, 상해A주가지수(내국인 전용, 위안으로 투자)와 상해B주가지수(외국인 전용, 달러로 투자)가 있습니다.

홍콩항셍지수 홍콩증권거래소에 상장된 우량기업 50개의 주가지수입니다. 홍콩H지수는 홍콩증권거래소에 상장된 중국 기업 40개의 주가지수입니다.

니케이225지수 도쿄증권거래소에 상장된 우량기업 225개의 주가지수입니다.

MSCI지수 미국의 모건스탠리캐피털인터내셔널(Morgan Stanley Capital International) 사가 산출해 발표하는 세계 종합주가지수입니다. 미국, 유럽 등 선진국 23개국 MSCI선진지수, 우리나라를 포함한 아시아, 중남미 등 이머징마켓 28개국의 MSCI이머징지수가 있습니다.

04 >>>
직접투자를 할까, 간접투자를 할까?

주식투자의 장점

예금금리가 연 1.5~2%대인 요즘 저축만으로는 재테크를 해서 돈을 불리기 어렵습니다. 주식이든 금이든 부동산이든 다른 재테크도 병행해야 합니다. 그렇다면 다양한 수단 중 주식투자의 장점은 무엇일까요?

적은 금액으로 투자할 수 있습니다

부동산에 투자하려면 시작 단계부터 꽤 큰 단위의 목돈이 필요합니다. 이에 비해 주식은 월급의 몇 %씩이라도 장기적으로 투자할 수 있습니다. 혹은 쌈짓돈이 생길 때마다 주식을 살 수도 있겠죠. 부동산은 목돈이 묶여 단기간 내에 팔아 바꾸기 어렵지만, 주식은 그때그때 필요한 만큼만 팔 수 있습니다.

투자방식을 상황에 맞춰 정할 수 있습니다

옐로칩

'옐로칩(yellow chip)'은 흔히 대형 우량주에는 속하지 못하지만 실적이 양호하여 주가상승의 기회가 있는 종목을 말합니다. 주로 업종대표주, 중견기업의 주식 등이 이에 속하며, 가격이 저렴한 만큼 유통물량이 많아서 시장 주도주로 불립니다.

직접투자를 할 시간과 여력이 없다면, 주식펀드에 가입하여 펀드매니저에게 맡겨도 됩니다. 안정적인 투자를 원한다면, 배당투자로 매년 수익을 올릴 수도 있죠. 좀 더 적극적인 투자 스타일이라면, 자신만의 투자 사이클에 따라 주식을 매매해도 됩니다. 1~3년 정도 투자하고 싶다면 옐로칩 이상의 경기민감주에 투자할 수도 있습니다. 이렇듯 주식투자는 마치 카멜레온처럼 다채롭고 변화무쌍한 재테크 수단입니다.

시대에 뒤처지지 않게 해줍니다

주식시장에서 주목받는 회사는 흔히 '인류의 삶을 혁명적으로 변화시킬 가능성이 높은' 회사들입니다. 스마트폰, 사물인터넷(IoT), 원격진료, 스마트카, 전기차, 인공지능(AI) 등 주식투자자라면 다양한 신기술 정보를 접하게 됩니다. 엔터테인먼트 종목에 투자하려면 요즘 잘나가는 연예인이 누구인지도 알아야 합니다. 그래서 주식투자자는 나이가 들어도 언제나 가장 핫한 뉴스를 선점하는 트렌드세터(trendsetter)가 되어야 합니다.

주식투자에는 정년이 없습니다

"마우스 클릭할 힘만 있으면 주식투자를 할 수 있다"는 말처럼 장년층은 물론이고, 노년층까지 주식 강연회에서 자주 볼 수 있습니다. 이들 중에는 수십 년 동안 자신만의 투자기법으로 주식을 매매해온 사람도 있고, 월세처럼 꼬박꼬박 들어오는 수입을 원하는 사람도 있습니다.

간접투자의 장점은 뭘까요?

처음 요리하는 사람이 수준 높은 음식을 만들어낼 수 없듯이, 주식투자도 처음부터 큰 수익을 꾸준히 올리기는 힘듭니다. 요리에 서툴고 일도 너무 바쁘다면 식당에서 사먹는 방법을 쓰면 되죠. 마찬가지로 아직 주식투자를 잘 모르고 시간도 없다면 간접투자를 하는 것도 좋은 방법입니다. 즉 '펀드(fund)'에 투자하는 거죠.

펀드를 통한 간접투자

펀드란 자산운용사에서 자금을 모아 주식이나 채권 등에 투자하는 금융상품입니다. 펀드매니저들은 자산운용에 특화된 사람들입니다. 당연히 개인투자자보다 더 많은 지식과 경험이 있으므로, 자산을 더 안전하게 투자할 수 있습니다. 또 직접 종목을 선택하고 매매 타이밍을 잡는 등의 수고로움을 덜 수 있겠죠? 그럼 펀드의 기본적인 종류만 설명하겠습니다.

주식형펀드

코스피나 코스닥시장에 상장된 주식에 60% 이상 투자합니다. 그러므로 주식시장이 상승할 것으로 보이는 시기에 투자하면 유리하겠죠. 세부적으로는 가치주펀드, 성장주펀드, 배당주펀드 등이 있다는 것만 알아두세요.

채권형펀드

정부나 지방자치단체 등이 발행하는 국공채나 회사채에 60% 이상을 투자하는 펀드입니다. 따라서 발행 주체의 신용도가 높을수록 위험이 낮고, 대신 수익률도 낮은 편입니다.

'가치투자의 아버지' 벤저민 그레이엄은 경기가 좋으면 주식에 투자하고 안 좋으면 채권의 비중을 높이라고 했습니다. 이처럼 채권형펀드는 경기불황으로 금리가 떨어지는 시기에 관심을 가질 만합니다.

혼합형펀드

주식과 채권에 분산투자하는 혼합형펀드입니다. 흔히들 짜장면도 먹고 싶고 짬뽕도 먹고 싶을 땐 짬짜면을 시키죠? 마찬가지로 수익성 높은 주식형펀드에 가입하자니 원금 손실의 부담이 크고, 안정성 높은 채권에 투자하자니 수익성이 아쉬울 때는 혼합형펀드가 대안이 될 수 있습니다.

배당주펀드

기업은 벌어들인 수익의 일부분을 배당을 통해 주주들에게 나눠줍니다. 배당주펀드는 배당주에 우선적으로 투자합니다. 주식시장의 등락에 관계없이 노후자금을 목적으로 장기적인 관점에서 유용합니다.

인덱스펀드

특정 지수의 흐름과 동일하게 움직이도록 만들어진 펀드입니다. 예를 들어, '코스피200인덱스펀드'는 코스피200지수가 10% 상승하면 수익이 10% 나도록 만들어져 있습니다. 그러므로 인덱스펀드는 특정 주식시장이 상승할 것 같은데 종목 선택이 고민될 때 가입하면 좋습니다.

참고로 '레버리지인덱스펀드'는 지수의 2배만큼 수익이 나는 펀드이며, '인버스펀드'는 지수가 하락하는 만큼 수익이 납니다. 이밖에 부동산펀드와 혼합자산펀드, 금, 미술품 등에 투자하는 특별자산펀드 등도 있습니다.

그래도 직접투자를 많이 하는 이유는?

말 그대로, 여러분이 직접 종목을 선택해 매매하는 것입니다. 많은 투자자들이 직접투자 방식을 선호합니다. 그 이유가 뭘까요?

나만의 투자전략으로 높은 수익률을 노릴 수 있습니다

요리를 잘하고 시간도 많으면 굳이 음식을 사먹을 필요가 없겠죠? 직접 요리하면 돈도 아끼고 식재료의 질도 스스로 챙기고 내 입맛에 딱 맞는 음식을 먹을 수 있을 테니까요.

주식투자도 요리와 마찬가지입니다. 물론 특정 종목을 선택해 투자하는 것이 리스크가 더 크긴 합니다. 하지만 주식을 보는 시각과 마인드가 확실히 잡혀 있고, 자기만의 투자전략을 세워서 제대로 다룰 줄 안다면 직접투자의 수익률이 더 클 수도 있습니다. 이것이 많은 주식투자자들이 직접투자를 하는 가장 큰 이유입니다.

간접투자보다 비용이 더 저렴합니다

단타로 주식을 너무 자주 팔고사지만 않으면 간접투자보다 비용이 덜 듭니다. 직접 주식을 살 경우 매매수수료와 세금을 내야 하니까요.

환금성이 좋습니다

펀드는 환매하려면 며칠이 걸리고, 어떤 펀드는 일정기간 동안 환매할 수 없는 경우도 있죠. 하지만 주식은 거래일 당일에도 팔 수 있습니다.

증권사별 수수료는 어디서 확인할까?

금융투자협회(http://dis. kofia.or.kr)에 접속한 다음, 상단 메뉴에서 [금융투자회사공시]를 누른 후 '금융투자회사 수수료 비교' 항목의 '주식거래수수료'를 누르면, 증권사별 수수료를 확인할 수 있습니다.

내가 원하는 펀드 정보 찾기

펀드는 종류가 워낙 많고 특성이 조금씩 다릅니다. 예전에는 증권사에서 상품 설명을 듣고 가입하는 경우가 많았지만, 요즘은 포털사이트에서 자신에게 맞는 펀드를 찾아 투자하는 것이 더 유리합니다. 왜 그럴까요?

첫째, '펀드매니저가 알아서 잘해주겠지' 생각하기보다 내 투자 스타일에 잘 맞는 펀드를 찾는 것이 성공적인 펀드투자의 첫걸음입니다.

둘째, 원하는 펀드를 찾았다면, 그에 대한 상세한 정보를 확인해야 합니다. 가령 앞으로의 물부족현상으로 물 관련 주식이 성장할 것 같아 '물펀드'에 투자하기로 했다면, 포털사이트에서 '물펀드'라는 단어를 검색해보세요. 그럼 '삼성글로벌(Water)증권자투자신탁1호(주식–재간접형)' 펀드에 대한 자세한 설명을 볼 수 있습니다.

수익률 좋은 펀드를 고르는 방법

펀드를 선택할 때 '큰 증권사의 펀드니까 수익이 많이 날 것'이라고 여기는 것은 '큰 음식점은 무조건 맛있을 것'이라고 생각하는 것과 같습니다. 그럼 수익성 좋은 펀드는 어떻게 고를까요?

첫째, 과거의 수익 동향을 확인합니다. 포털사이트에서 펀드를 검색하면 유형별, 테마별, 운용사별 상품의 종류와 수익률을 자세히 볼 수 있습니다.

둘째, 지금 수익률이 가장 높다고 해서 무조건 좋은 펀드는 아닙니다. 최근 수익률보다 과거 몇 년간의 수익률을 따져보는 것이 더욱 중요합니다.

셋째, 막연히 주식시장의 상황이 좋다고 해서 주식펀드에 가입하면 실패할 확률이 높습니다. 시장이 좋을 때와 나쁠 때의 수익률을 모두 체크하세요.

넷째, 같은 주식펀드라도 어떤 업종, 어떤 종목에 투자하는지 살펴봅니다. 성장 가능성이 높은 성장주에 투자하는지, 기업의 실제 가치보다 저평가되어 있어 상대적으로 주가가 낮은 가치주에 투자하는지도 확인해보세요.

다섯째, 해외펀드는 어느 나라에 투자하면 좋을지 고민한 후, 성장주에 투자할지 가치주에 투자할지 등으로 선택 범위를 줄여나가는 것이 좋습니다.

05 >>> 단기투자가 좋을까, 장기투자가 좋을까?

사람들은 흔히 '부동산은 투자, 주식은 도박'이라고 오해합니다. 대학교 산하 평생교육원을 봐도 부동산 경매를 가르치는 곳은 많지만, 주식투자를 가르치는 곳은 별로 없죠. 주식투자가 경매보다 위험하다고 생각하기 때문일 것입니다.

하지만 '주식투자는 죄가 없습니다.' 문제는 주식투자 자체에 있는 것이 아니라, 주식을 바라보는 투자자의 관점입니다. 아울러 투자의 함정에 빠지기 쉬운 인간 본성의 탓이기도 합니다.

우리나라 투자자들은 단기간에 주식을 사고팔아 시세차익을 노리는 경우가 많습니다. 특히 초단타매매인 '데이트레이딩'(day trading)을 하는 투자자들도 꽤 있습니다. 기업 실적이나 가치에 주목하기보다 단기적인 주가의 등락만을 분석해 수익을 챙기려 하죠. 그런데 초단타매매도 하루에 2%, 한 달이면 40% 수익률을 올릴 수 있다는 식으로 주식투자를 하다가는, 돈도 직장도 잃을 가능성이 높습니다. 과욕이 패망을 부르는 것은 어떤 투자든 마찬가지입니다.

투자 기간이 중요한 이유

투자 기간에 대한 고려 없이 주식투자를 하는 경우도 망하는 지름길입니다. 1년 뒤에 쓸 대학등록금으로 경기민감주에 투자했다고 가정하죠. 이 경우 돈을 불리기는커녕 울며 겨자먹기로 손실을 보고 주식을 팔거나,

투자금이 묶여 학자금 대출을 받을 가능성이 높습니다. 경기민감주의 매매 사이클은 대부분 2년 이상인데, 주가가 하락했을 때 돈이 급해 손해보고 파는 불상사가 생기는 거죠.

또한 수익에 눈이 멀어 기초적인 공부조차 하지 않고 무작정 투자에 나서는 사람들도 있습니다. 돈을 안 건 게임을 할 때도 최소한의 룰은 알고 시작하는데 말입니다. 이 경우 손실을 볼 가능성이 많죠.

많은 사람들이 주식투자를 위험하게만 봅니다. 하지만 기본부터 제대로 다지고 정보와 지식을 바탕으로 올바른 투자습관을 만들어간다면, 주식투자를 무조건 위험하다고만은 할 수 없겠죠.

주식투자의 기본은 장기투자

주식은 원래 기업의 성장 가능성을 보고 투자하는 것입니다. 기업이 하루이틀 만에 성장하지 않듯이, 자연히 주가도 기업 실적이 성장함에 따라 투자 수익을 누릴 수 있는 것이죠.

하지만 기업이 장기적으로 성장한다고 해서 주가가 계속 오르기만 하는 것은 아닙니다. 오르고 내리고를 반복하며 꾸준히 저점과 고점이 높아지면서 상승하게 됩니다. 이때 생각보다 등락폭이 큽니다. 장기적으로 상승추세라고 하더라도 적게는 30%p, 많게는 50%p 이상 떨어지는 구간도 있습니다.

질문 기업의 주가는 정말 큰 폭으로 등락하며 오르나요?

다음은 롯데케미칼의 2015~18년 3월의 주가입니다. 그간 약 3배 올랐습니다. 2015년 1월에 100만 원을 투자했다면 3년 만에 300만 원이 된 셈이죠. 하지만 그동안 주가는 2015년 6월부터 12월까지 약 30%p, 2016년 3월부터 6월까지도 30%p 떨어졌습니다. 이처럼 주가는 등락을 거듭하며 오르는 경향이 있습니다.

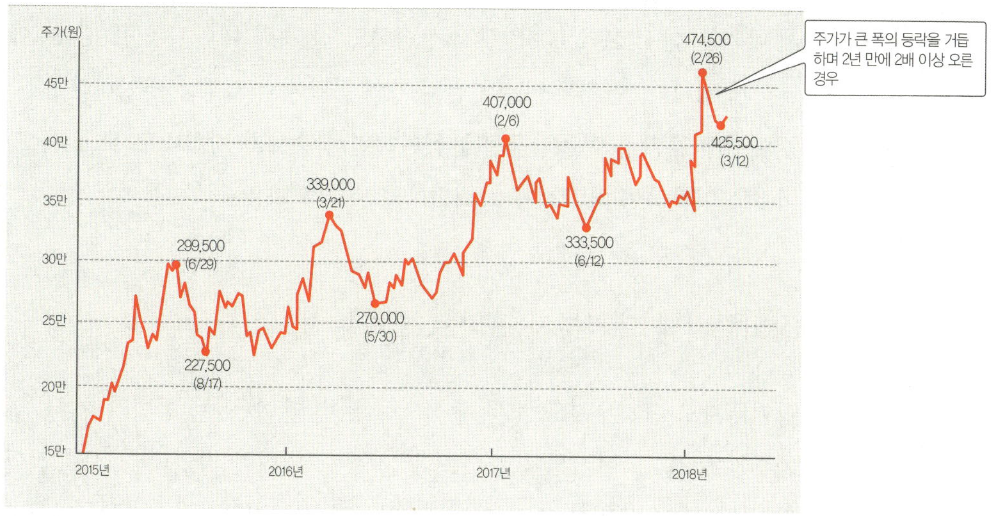

롯데케미칼의 주가(2015년 1월~2018년 3월)

장기투자자들은 주로 기업의 펀더멘털에 비해 저평가된 주식을 찾습니다. 이때 주식의 내재가치를 분석해 주가 흐름을 예측하는 '기본적 분석'으로 이런 종목을 찾습니다. 예를 들어 기본적 분석 결과 A사의 적정 주가가 1만 원인데, 현재 5,000원이라면 앞으로 두 배 상승할 가능성을 보고 투자하는 것이죠.

장기투자는 주가가 오르락내리락해도 회사의 펀더멘털에만 문제 없으면 주가 변동과 관계없이 계속 보유하는 것이 정석이며, 그래야 수익률도 높습니다. 그래서 장기투자에서는 주가가 수일간 큰 폭으로 떨어져도 흔들리지 않는 평상심이 중요합니다.

펀더멘털

펀더멘털(fundamental)은 산업, 기업, 종목 등의 경제적 가치나 매력 혹은 잠재적 성장성을 말합니다.

단기투자자는 무엇이 다를까요?

단기투자자들은 '기술적 분석'을 기반으로 종목을 선택해 투자합니다. 기술적 분석은 주가나 거래량 등 과거 데이터의 흐름을 분석해 향후 시세를 예측합니다.

어떤 회사의 주가가 1만 원에서 2만 원까지 상승하다가 1만5,000원으로 하락했다면, 고점대비 수익률이 25%나 하락한 것입니다. 그런데 여기서 주가가 다시 2만5,000원까지 상승하면 전 저점 대비 수익률이 66%에 달하게 됩니다. 단기투자는 이런 주가의 등락에 투자하는 것입니다.

예컨대 주가가 이동평균선을 돌파하면 상승세가 강하다고 보고 사고, 이것을 이탈하면 하락세가 강해진다고 판단해 파는 식이죠.

장기투자와 단기투자 올바르게 하는 법

장기투자도 단기투자도 모두 주식으로 돈을 벌 수 있는 방법입니다. "장기투자는 옳고, 단기투자는 나쁘다"는 것도 편협한 말입니다. 대표적인 장기투자자로 유명한 워런 버핏도, 전설적인 단기투자자인 제시 리버모어도 틀리지 않았습니다.

단, 주의해야 할 점이 있습니다. 장기와 단기투자법을 함께 쓰는 것은 자제해야 합니다.

장기투자 종목은 하루 이틀이나 한두 달 만에 목표 주가에 이르지 않습니다. 1, 2년이 걸릴 수도 있고, 그 이상 걸릴 수도 있습니다. 그러므로 장기투자자는 기업의 펀더멘털에 문제가 없다면 2년이든 3년이든 보유하는 경향이 있습니다. 장기투자자라면 기업 펀더멘털이 괜찮은데도, 주가가 떨어졌다고 앞뒤 안 가리고 허겁지겁 팔아서는 안 된다는 거죠. 또는 기업 분석을 통해 목표 주가를 정했다면 신중하게 기다릴 줄도 알아야 합니다. 주가가 좀 올랐다고 급하게 팔면 안 됩니다.

실제로 개인투자자들이 가장 많이 실수하는 부분이죠. 기업의 경제적 가치나 매력, 성장 잠재력이 좋음에도 불구하고 허겁지겁 팔아버립니다. 한마디로 상승세에서는 제대로 못 먹고 하락세일 때는 손실이 아까워 무조건 쥐고 있고, 그러니 수익률이 안 좋을 수밖에 없습니다.

반면, 단기투자자들은 주식을 길게 보유하지 않습니다. 주식을 사면 짧게는 하루, 길어도 한 달 내에는 주가가 올라야 한다고 생각하죠.

주식시장에는 "단기투자에서 성공하기 위해서는 최소한 두 번은 깡통을 차야 한다"는 말이 있습니다. 배당주나 경기민감주에 투자하는 것보다 훨씬 어렵고 성공 확률이 떨어진다는 말이죠.

어떤 이는 "주식투자는 없어도 되는 돈으로 투자하는 것"이라고 하죠. 하지만 세상에 '없어도 되는 돈'은 없습니다. 충분히 공부하고 연습한 후, 나만의 주식투자법이 생겼을 때 본격적으로 투자해도 늦지 않습니다. 단기투자를 하기 위해서는 이 책의 모든 부분을 섭렵하는 동시에 특히 5장(주가차트 분석하기)을 집중해서 봐야 합니다.

투자원칙이 없으면 주식투자에서 결코 성공할 수 없습니다. 다만 꾸준한 공부와 경험을 통해 자신만의 투자법을 찾는다면, 성공적인 주식투자의 길로 나가는 것도 그리 어렵지만은 않을 것입니다.

단기매매의 3가지 방법

단기투자자들은 보통 다음의 3가지 방법을 씁니다. 바로 정보를 이용하는 방법, 수요와 공급을 이용하는 방법, 차트를 이용하는 방법입니다. 그럼 차례대로 살펴볼까요?

정보를 이용한 단기매매법

사례 2017년에 일어난 사건들입니다. 단기투자자들은 이것을 어떻게 활용할까요?

❶ 매년 2월 세계 최대의 모바일산업 박람회인 '모바일 월드 콩그레스(Mobile World Congress)' 개최

❷ 구제역, 조류독감 발생

❸ 7월, 정부는 탈원전 정책의 일환으로 신재생에너지 육성 발표
절대농지에 태양광발전을 할 수 있도록 규제를 풀어주는 방안 검토 중

3가지 정보를 습득한 단기투자자들은 다음과 같은 판단을 하고 발 빠르게 움직입니다.

❶ 매년 2월에 열리는 '모바일 월드 콩그레스'에서는 애플이나 삼성, LG 같은 글로벌 모바일기업의 신형 스마트폰 등이 소개됩니다. 이들 제품에 어떤 사양이 들어가는지에 따라 수혜를 보는 종목을 미리 사면 단기수익을 얻을 수 있습니다.

❷ 구제역, 조류독감이 발생했을 때는 관련 백신을 만드는 기업의 주가가 오르겠죠. 또한 전염병 때문에 돼지고기와 닭고기 수요가 줄어듦에 따라 수산물의 수요가 늘어나서 수산물 관련 기업의 수익이 상승할 수도 있습니다.

❸ 정부의 신재생에너지 육성 기사가 나오자, 태양광발전시스템 관련 기업인 SDN의 주가는 2주 만에 14% 급등했으며, 태양전지 및 태양광 시공·설치 관련 기업인 웅진에너지의 주가는 27% 급등했습니다. 단기투자자들이 그전에 어떻게 했을지 예측이 되죠?

이처럼 정보를 이용한 단기매매를 하기 위해서는 많은 정보를 남보다 발 빠르게 수집하고, 그에 따른 유망종목을 발굴하는 부지런함이 필요합니다.

수요와 공급을 이용하는 단기매매법

기관투자자 또는 외국인 투자자들이 사는 종목을 찾아 투자에 활용하는 방법입니다. 기관들이 몇 개월 동안 계속 사들이는 종목보다, 새로 일주일 정도 매집하기 시작하는 종목의 경우 단기매매의 기회가 되기도 합니다. 왜 그럴까요?

일반적으로 기관들이 사는 종목은 펀드 편입 종목들이 많습니다. 기관들은 이런 종목들을 수개월간 계속 사들이는 경향이 있습니다. 그럼 당연히 주가가 상승하겠죠. 참고로 펀드 수익률은 보통 분기별, 반기별, 연별로 체크합니다. 그러므로 각 분기의 시작인 1월, 4월, 7월, 10월 첫째 주에 매수세가 처음 시작된 종목들은 주의 깊게 살펴볼 필요가 있습니다.

매 분기말 또는 월말에는 펀드매니저들이 보유하고 있는 종목 중 어떤 종목은 팔고 어떤 종목은 사는 등 포트폴리오를 재편합니다. 이때 새 종목을 사기 시작했다면, 이번 분기부터 그 종목의 주가 상승이 시작된다고 볼 수 있습니다. 수급을 이용한 단기매매를 원하는 투자자라면 이 점을 꼭 기억해두세요.

차트를 이용한 단기매매법

추세, 이동평균선, 패턴 등의 기술적 분석을 활용해 매매하는 방식입니다. 흔히 주가가 오르면 '이제는 떨어지지 않을까?' 하는 공포감으로 팔까 말까를 고려하는 투자자가 많아집니다. 그 결과 주가가 하락하면, 이번에는 '이제 곧 상승하겠지' 하는 기대감으로 살지를 고려하는 투자자가 많아지면서 주가는 상승하게 됩니다.

기술적 분석을 통한 단기매매에서 투자자들의 마음이 공포에서 욕심으로, 혹은 욕심에서 공포로 바뀌는 타이밍을 잡는 것에 매수, 매도의 포인트가 있습니다. 이를 위해서는 차트를 보면서 그 주식을 살 생각이 있는 투자자, 현재 보유 중인 투자자, 그리고 투자를 할지 말지 고민하는 투자자들의 심리상태를 읽어내는 기술이 반드시 필요합니다.

영국의 경제학자 존 메이너드 케인스는 "주가는 대중심리에 의해 결정된다"라는 투자 명언을 남겼습니다. 그는 단기매매를 '미인 콘테스트'에 비유했습니다. 100명의 사진 중 가장 미인인 6명을 고르는 콘테스트에서 당선자를 맞추려면, 내 판단이 아니라 평균적인 의견, 즉 다른 심사위원들이 많이 꼽을 미인을 골라야 합니다.

주식투자에서도 마찬가지입니다. 자신이 선호하는 종목이 아니라 시장이 선호하는 종목을 선택하라는 이야기입니다.

20세기 영국의 대표 경제학자 존 메이너드 케인스. 그는 단기매매를 미인 콘테스트에 비유했습니다.

안전한 단기투자법 찾기

단기투자는 장기투자보다 어렵고 성공 확률이 떨어지며 손실 위험이 큽니다.
손실을 막으면서 좀 더 안전하게 수익률을 높이는 방법을 소개합니다.

❶ 투자금이 4,500만 원이라면 4,000만 원은 저축은행에 예금으로 두고, 500
만 원으로 주식투자를 합니다.

❷ 주식투자 원금 500만 원에서 20% 이상 손실이 나면 투자를 멈춥니다.

→ 저축은행 금리가 연 2.5% 정도이므로 4,000만 원의 이자는 약 100만 원입니다. 설령
주식에서 20% 손실이 나더라도 이 100만 원은 예금이자로 메워지기 때문에 전체 투
자 손실을 0원으로 만들 수 있죠.

❸ 주식투자 원금에서 20% 이상의 손실이 나서 투자를 멈추었나요? 그러면
투자에 왜 실패했는지 철저하게 분석합니다.

❹ 다시 준비가 되면 위의 방식으로 투자합니다.

❺ 투자 경험이 조금 쌓여 손실이 10% 이상 나지 않을 것 같다는 생각이 들
면, 투자원금을 1,000만 원으로 늘립니다. 만약 10% 손실이 나면 역시 매
매를 멈춥니다. 여기서 발생한 100만 원 손실은 예금이자로 메울 수 있습
니다.

이런 과정을 통해 자신만의 주식투자법을 찾아보는 것도 좋습니다.

Q1 우리 사주, 살까 말까?

동건 씨의 회사에서 사원들에게 주식을 나눠준다고 합니다. 상장회사는 아니지만, 동건 씨가 볼 때 성장성이 있습니다. 액면가로 판다는데 사야할지 고민됩니다. 어떻게 해야 할까요?

처방전 자신이 다니는 회사를 객관적으로 평가하기는 쉽지 않습니다. 만약 액면가로 주식을 받은 다음, 회사가 이익을 계속 내고 상장에 성공한다면 큰돈을 벌 수 있습니다. 하지만 상장은 그렇게 쉬운 것이 아닙니다. 다음의 것들을 살펴보고 판단하세요.

❶ 먼저 기업의 상황부터 살펴봐야 됩니다. 'DART−전자공시시스템(http:// dart.fss.or.kr)'에서 회사 이름을 검색해보세요. 여기에서 상장사 외에도 많은 기업들의 객관적인 정보를 살펴볼 수 있습니다.

DART 전자공시시스템 메인 화면   출처: DART

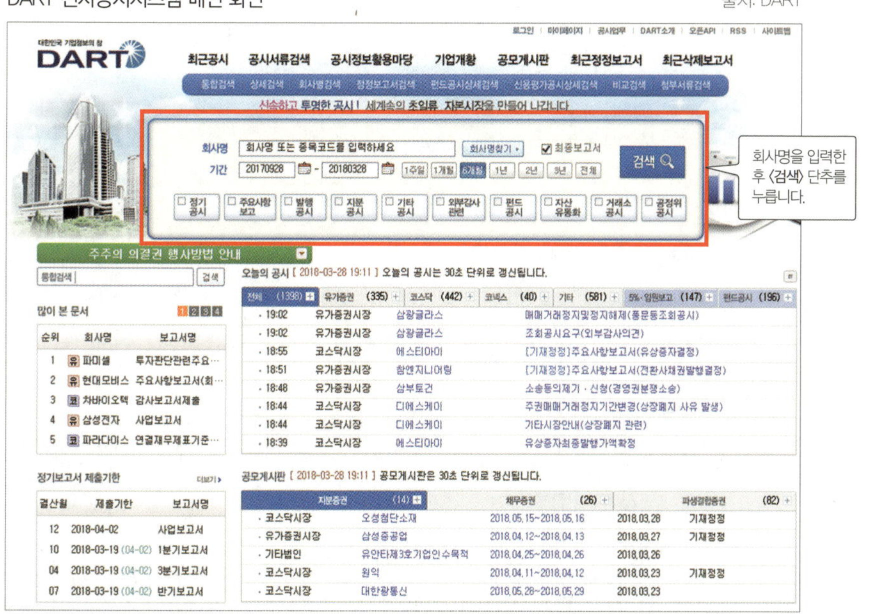

❷ 우리 회사가 상장요건에 도달할 수 있을지도 고민해봐야겠죠? 한국거래소(www.krx.co.kr)에서 제공하는 코스닥시장 상장요건표를 살펴보세요. 상장하려면 주식 분산, 경영성과 및 시장평가 등의 항목에 있는 조건을 만족해야 합니다. 예를 들어 일반기업의 경우, 법인세차감전 이익이 20억원 이상이며 시가총액이 90억원 이상이어야 합니다. 물론 표에서 제시한 몇 가지 조건들 중 하나만 만족하면 됩니다.

출처: 한국거래소

코스닥시장 상장요건

구분	일반기업(벤처 포함)		기술성장기업	
	수익성·매출액 기준	시장평가·성장성 기준	기술평가 특례	성장성 추천
주식분산 (택일)	❶ 소액주주 500명 & 25% 이상, 청구 후 공모 5% 이상(소액주주 25% 미만시 공모 10% 이상) ❷ 자기자본 500억 이상, 소액주주 500명 이상, 청구 후 공모 10% 이상 & 규모별 일정 주식수 이상 ❸ 공모 25% 이상 & 소액주주 500명			
경영성과 및 시장평가 등 (택일)	❶ 법인세차감전계속사업이익 20억원[벤처: 10억원] & 시총 90억원 ❷ 법인세차감전계속사업이익 20억원[벤처: 10억원] & 자기자본 30억원[벤처: 15억원] ❸ 법인세차감전계속사업이익 있을 것 & 시총 200억원 & 매출액 100억원[벤처: 50억원] ❹ 법인세차감전계속사업이익 50억원	❶ 시총 500억 & 매출 30억 & 최근 2사업연도 평균 매출증가율 20% 이상 ❷ 시총 300억 & 매출액 100억원 이상[벤처 50억원] ❸ 시총 500억원 & PBR 200% ❹ 시총 1,000억원 ❺ 자기자본 250억원	❶ 자기자본 10억원 ❷ 시가총액 90억원 전문평가기관의 기술 등에 대한 평가를 받고 평가결과가 A등급 이상일 것	상장 주선인이 성장성을 평가하여 추천한 중소기업일 것
감사의견	최근 사업연도 적정			
경영투명성 (지배구조)	사외이사, 상근감사 충족			
기타 요건	주식 양도 제한이 없을 것 등			

* 기술성장기업 : 전문기관 기술평가(복수) 결과 A & BBB 등급 이상인 기업

어떤가요? 여러분이 다니는 회사, 또는 관심을 가지고 있는 회사는 상장이 될 것 같은가요?

어떤 투자 명인은 "자신이 다니고 있는 회사의 주식은 사지 말라"고 합니다. 회사가 잘못될 경우, 직장, 주식 실패 등 리스크가 이중으로 커지기 때

문입니다.

한편 회사는 직원들에게 주식을 매도할 때 온갖 장밋빛 전망을 펼쳐놓는 경우가 많습니다. 이럴 때 주식을 받지 않으면 왠지 기회를 놓치는 것 같은 불안감이 엄습할 수 있겠죠. 하지만 그럴 때일수록 객관적인 시각을 유지하는 것이 중요합니다. 그리고 상장은 생각보다 쉽지 않다는 것을 꼭 기억해두세요.

Q2 알짜 투자정보를 발 빠르게 얻는 방법은?

동건 씨는 주식투자에서 '개인투자자들이 기관이나 외국인투자자에 비해 너무 불리한 것 같다'는 생각이 듭니다. 기업정보를 얻기 위해 경제매체를 열심히 봐도 정보가 늦어 타이밍을 놓치는 느낌이죠. 달리 어떤 방법을 써야 될까요?

처방전 대부분의 개인투자자들은 신문이나 TV, 혹은 증권사에서 제공하는 정보를 토대로 단기매매에 나서는 경우가 많습니다. 빠른 정보를 위해 돈을 쓰는 경우도 많죠. 한 투자 명인은 "정보를 취득하기 위해 돈을 쓰는 것만큼 바보같은 일은 없다"고 했답니다.

그럼 어떻게 하면 좀 더 일찍 정보를 취득할 수 있을까요? 원론적으로 생각해보죠. 신문 기사는 어떻게 만들어질까요? 급하게 일어난 사건·사고는 어쩔 수 없지만, 정부 정책의 경우에는 정부의 보도자료나 경제지표를 바탕으로 기사를 쓸 수밖에 없습니다. 따라서 정부에서 발표하는 보도자료를 보는 습관을 들이는 것이 정부 정책에 신속히 다가서는 지름길입니다. 그러려면 기사의 원 출처기관이 어디인지 확인하고 그 사이트에 들어가 보도자료나 통계 등을 읽는 훈련이 필요합니다.

예를 들어 기준금리나 수출입 관련 기사가 나왔다면 한국은행(www.bok.or.kr→[보도·참여마당]→보도자료)이나 관세청 홈페이지(www.customs.go.kr→[뉴스/소식]→보도자료)에서 그 소스를 얻을 수 있습니다. 대개 보도자료 게시판이 따로 마련되어 있으니 다운받아 읽으면 많은 정보를 얻을 수 있습니다.

그리고 신문은 종합지보다 전문지를 보는 것이 구체적인 정보를 취합하는 데 도움이 됩니다. 예를 들어 IT와 산업, 경제 중심의 '전자신문(www.etnews.com)', 건설산업 동향과 부동산, 경제 기사를 주로 다룬 '건설경제(www.cnews.co.kr)', 철강산업 중심의 '스틸데일리(www.steeldaily.co.kr)' 등이 있습니다.

Q3 단기매매 타이밍은?

예전 기사와 종목을 보며 공부하던 동건 씨, 2017년 1월 '제약·바이오 업종에서 유전
자 치료제의 성장성이 두드러질 수 있다'는 헤드라인을 보게 됩니다. 당시 이 기사를
접하고 단기매매를 고려했다면 어떻게 했어야 할까요?

처방전 우선 관련 종목을 찾아봐야 했겠죠. 증권사 HTS에서 볼 수도 있지
만, 요즘은 포털사이트에서 업종별 종목을 쉽게 검색할 수 있습니다.

❶ 네이버의 상단 메뉴 중 [증권]으로 들어가 국내증시 메뉴를 누르면, 왼쪽
에 보이는 항목 중 업종으로 들어가세요. 상장된 모든 업종별 종목 정보
를 얻을 수 있습니다. 또 그때그때 이슈가 되는 분야는 업종 항목에서 테
마를 누르면 볼 수 있으니 기억하세요.

❷ 당시 유전자 치료제 종목은 신라젠, 코오롱생명과학, 인트론바이오, 바
이로메드 등이었습니다. 단기매매 후보로 이 종목들에 관심이 생겼다면
우선 자신만의 유망종목 리스트에 올리고 시장의 관심이 쏠리는 시기를
기다려야 했을 것입니다.

정보를 얻었다고 해도, 남들보다 빨리 사고팔아야 한다는 조급함에 계획 없
이 매매를 해버리면 큰 수익을 놓칠 수도 있습니다. 실제로 신라젠은 2017
년 1월 초와 비교했을 때 주가가 2월 하순까지 약 168% 올랐고, 코오롱생명
과학은 67.43% 상승했으니까요.

시장에 처음 정보가 공개된 후, 실제로 주가가 움직이기까지 시간이 꽤
걸리는 경우도 있습니다. 이런 때는 투자자들의 관심이 몰릴 때까지 상세한
정보를 모으며 기다리는 것이 좋습니다. 처음에는 움직이지 않다가 두 번째
호재에 상승하는 종목도 있기 때문이죠.

항상 시장의 반응을 살펴보는 것이 먼저입니다. 주가는 모든 정보에 반응
하지는 않는다는 것을 명심하세요.

초보자가 꼭 지켜야 할 7가지 투자원칙

1. 주식투자를 사업처럼 생각하세요

많은 사람들이 주식투자에 대해 말할 때 한방의 요행을 꿈꿉니다. 로또처럼 '대박 나면 단번에 팔자를 고칠 수 있다'고 생각하는 모양입니다. 자신을 투기꾼이 아닌 투자자라고 하는 사람들도 내면에는 이런 심리가 어느 정도 있는 듯합니다. 하지만 주식투자는 엄연한 사업영역으로 봐야 합니다. 붕어빵 장사를 한다고 해도 입지는 어디가 좋을지와 맛있게 만드는 방법을 고민하고 수없이 연습합니다.

그런데 주식은 생면부지의 누군가가 "이 종목 사면 두 배는 갈 걸요" 하는 말에, 무턱대고 투자하는 경우가 있습니다. 주식을 살 때는 장사를 시작할 때나 최소한 피자를 고를 때만큼이라도 고민하는 습관을 들여야 합니다.

2. 자주 매매하면 오히려 기회를 놓칩니다

지역마다 편차는 있지만, 부동산 시장이 활황이면 대부분의 아파트 가격이 오릅니다. 마찬가지로 주식시장이 오르면 대형주들이 대체로 상승합니다. 이럴 때 부동산이든 주식이든, 상승하면 더 오를 것 같다는 생각에 팔지 못하는 경우가 많습니다.

한편 아파트는 가격이 일시적으로 하락하면, 매수세가 사라지고 급매 물건만 가끔 거래되죠. 나중에 가격이 오르면 그때 팔려고 지긋하게 견디는 것입니다. 그래서 부동산은 오래 가지고 있다가 큰 수익을 보는 경우가 제법 많습니다.

반면 주식은 가격이 하락하더라도 팔려고 들면 언제든지 팔아버릴 수 있죠. 그래서 조급하게 팔다 보니 수익을 적게 보거나 손실을 내는 경우가 많습니다.

3. 매매 비용을 무시하지 마세요

또 주식은 매매할 때마다 비용이 듭니다. 살 때는 세금은 없지만 증권사에 약 0.015%의 매매수수료를 내야 하죠. 팔 때는 매매수수료 외에 증권거래세와 농어촌특별세 등의 세금도 내야 합니다. 코스피 시장은 거래세 0.1%, 농어촌특별세가 0.15%이고, 코스닥 시장은 농특세없이 거래세만 0.25%입니다. 주식을 10번 매매하면 2.5%, 100번 매매하면 무려 25%를 내야 하죠. 게다가 손실을 본 경우에도 내야 합니다. 매매를 적게 할수록 비용이 적게 든다는 점, 그리고 비용을 최소화하는 것이 성공하는 사업의 기본이라는 점을 반드시 기억하세요.

4. 자금이 넉넉하게 모였을 때 투자하세요

주식투자는 여윳돈으로 해야 합니다. 2년 뒤에 쓸 자녀의 대학 등록금은 여유자금이 아닙니다. 주식투자에서 여유자금이란 최고 옵션의 중형세단을 사려다 경차를 사면서 아낀 돈 같은 것입니다. 여윳돈이 아니거나 빌린 돈으로 투자하면 시간문제일 뿐 실패할 가능성이 높습니다.

그리고 은퇴 이후라면 모르겠지만, 직장을 그만두고 전업투자자로 나서는 것은 결코 해서는 안 될 일입니다. 주식투자로 틈틈이 용돈 정도를 버는 직장인 중에는 투자에만 집중하면 더 많은 수익을 올릴 수 있다고 생각하는 이들이 꽤 있습니다. 하지만 전업투자자로 나서는 순간, 용돈 정도의 수익도 못 올리는 경우가 다반사입니다. 주식투자는 매매기술이나 경제 전반에 대한 지식도 중요하지만, 투자할 때의 심리상태가 무엇보다 중요하기 때문입니다.

직장인일 때는 월급이 계속 들어오지만, 전업투자자가 되면 열이면 열, 다음과 같은 현실에 직면합니다. 이를테면 성장주를 골라 여윳돈을 투자했는데 갑자기 큰돈을 쓸 데가 생깁니다. 그럴 땐 주가가 아직 목표가만큼 못 올랐거나, 심지어 지금 팔면 손실을 보더라도 팔아야 하죠. 또 목돈을 투자하면 심리적 압박도 큽니다. 100만 원을 투자해 손실이 10% 정도 나면 아무 것도 아니지만, 1억 원을 투자했다면 손실이 1,000만 원인데 과연 원칙을 지키며 매매할 수 있을까요? 그러므로 최소한 2년 정도의 생활비를 마련해두고, 그 외의 투자자금이 모였을 때 하는 것이 좋습니다.

직장을 그만두고 주식투자에 집중하면 월급보다 더 많은 수익을 올릴 수 있을 것이라는 막연한 기대감으로 전업투자를 꿈꾼다면 다시 한 번 심사숙고하기 바랍니다.

5. 내가 알면 남들도 다 압니다

요즘은 인터넷에서도 주식정보를 쉽게 얻을 수 있고 경제TV 채널도 많아졌죠. 예전에는 투자 노하우가 중요했다면, 이제는 쏟아지는 정보를 어떻게 취사선택하느냐가 만만찮게 중요합니다.

초보투자자들은 흔히 경제TV나 경제신문의 추천주에 관심이 많습니다. 하지만 나만을 위한 정보가 아니라는 점을 기억해야 합니다. 어쩌면 이미 수많은 투자자들이 아는 정보이고, 내가 제일 마지막에 접한 것일 수도 있습니다. 내가 그 주식을 산 다음에는 또 누가 사줄까요? 매수자가 없으면 이후 아무리 좋은 뉴스가 나와도 상승보다는 하락할 가능성이 높습니다.

6. 매수한 주식을 너무 쳐다보지 마세요

자신이 산 주식을 계속 쳐다보는 이들이 있습니다. 당장 팔 것도 아니면서 말이죠. 그리고 주가의 오르내림에 따라 일희일비합니다. 회사에서도 틈틈이 주가를 보고, 가족여행을 가서도 스마트폰으로 시세를 살펴보죠. 그러다보면 직장에서는 일의 효율이 떨어지고 집에서는 가족과의 관계가 소원해집니다.

시세를 계속 지켜본다고 주식이 오르는 건 아니잖아요? 사람도 빤히 바

라보면 민망해서 고개를 돌려버립니다. 시세도 주야장천 보면 아래로 숨어
버립니다. 매매할 것이 아니라면, 하루에도 몇 번씩 보유한 주식의 시세를
들여다보는 것은 시간낭비일 뿐입니다.

7. '투자실수노트'를 쓰세요

주식매매일지를 쓰라고 하면 보통 종목명, 매수 날짜, 매수 단가, 매수 수
량, 총 매수금액, 수익 또는 손실액 등을 적습니다. 초보투자자에게는 이런
일반적인 매매일지가 아니라 '투자실수노트'가 필요합니다. 특정 주식을 어
떤 원칙으로 샀는데 실제로는 어떻게 되었는지, 왜 주가가 떨어지기 전에
팔지 않았는지, 어떤 부분에서 실수했는지 등을 상세히 기록해두세요.

실패 원인에 대한 깨달음은 남이 줄 수 있는 것이 아닙니다. 투자 실수만
따로 적어두고 다음에는 같은 실수를 반복하지 않으면, 결국 수익을 내는 습
관만이 남습니다. 이런 사소한 노력이 성공투자의 길로 이끌어줄 것입니다.

2
Chapter

주식이랑 밀당하기

강샘의 DVD특강 포인트

 제2강

경기 순환 주기에 따른 투자전략
- 불황기–정부 부양책과 배당투자
  주식 투자자의 휴가
- 회복기–유동성 장세와 수혜업종
- 호황기–수익을 지키는 자세

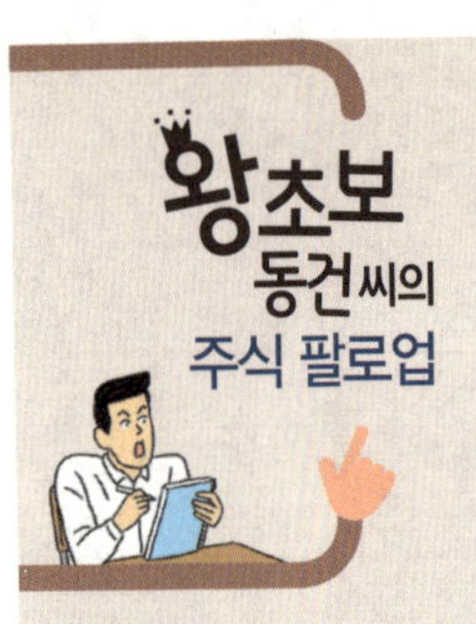

밀물, 썰물과 닮은 주식시장

동건 씨는 주식투자를 맘먹고 난 후 기분이 좋아졌습니다. 예전에는 결혼과 내 집 마련이 까마득하게 느껴졌지만, 지금은 왠지 잘할 수 있을 것 같다는 막연한 희망이 생긴 것입니다.

그래서 모처럼 얻은 마음의 여유를 만끽할 겸, TV 갯벌 체험 프로그램을 보고 서해안으로 떠났습니다. 조개도 잡고 맛집도 찾아갈 생각에 마냥 들떴습니다. 동건 씨는 갯벌에 도착하자마자 호미와 바구니를 들고 조개를 캐기 시작했습니다.

그런데 아무 생각 없이 조개를 캐며 멀리까지 왔는데, 어느새 물이 발목까지 차올

랐습니다. 조급한 마음에 빨리 나가려고 했지만 갯벌 때문에 걸음은 더디기만 합니다. 가까스로 뭍에 올라 한숨을 돌리고 뒤돌아보니 온통 아찔한 바닷물뿐이네요.

동건 씨는 문득 '주식시장에서도 이럴 수 있겠구나' 하는 생각이 들었습니다. 눈앞의 수익만 생각하고 매매하다가 밀물과 썰물 같은 큰 흐름을 놓쳐버린다면, '주식시장이 나를 집어삼킬 수도 있겠구나' 하고 깨달은 것이죠.

하지만 벌써부터 기죽을 필요는 없습니다. 밀물과 썰물의 원리와 때를 알면 위험을 피할 수 있듯이, 주식시장을 장기적인 상승 또는 하락으로 이끌어가는 것이 무엇인지 알면 투자에 성공할 확률은 높아질 것입니다.

동건 씨는 주식과 친해지기 위해 우선 시장을 제대로 파악하고 '경제를 보는 안목'을 길러야겠다고 결심했습니다.

경기에 따른 주가

주식시장은 날씨다?

산책에 나선 강아지는 주인보다 앞서거니 뒤서거니 걷지만, 결국 주인이 걸어가는 방향을 따라갑니다. 주식시장도 단기적으로는 상승과 하락을 반복하며 위로 갈지 아래로 갈지 갈팡질팡하는 것처럼 보여도, 결국에는 경기에 따라 움직입니다. 그래서 "주식시장과 실물 경기는 강아지와 주인의 관계와 비슷하다"는 말이 있습니다.

경기가 좋아지고 있다면 주식시장은 상승할 가능성이 크고, 좋지 않다면 하락할 가능성이 크죠. 하지만 간단하지만은 않습니다. "주식투자는 일기예보와 같다"는 말도 있듯이, 그만큼 정확하게 예측하기가 어렵다는 거죠.

기상청은 슈퍼컴퓨터를 가지고도 내일 비올 확률을 못 맞추는 일이 흔하잖아요? 하지만 3월 4일과 7월 4일 중 어느 날의 정오 기온이 더 높을지는 쉽게 알 수 있죠. 사계절의 변화를 알기에 예측이 쉬운 것입니다.

경기의 사계절

경기에도 사계절이 있습니다. 바로 경기 '회복기'와 '호황기', '후퇴기', '침체기'입니다. 각 국면별 특징을 알면 주식투자 타이밍을 좀 더 정확히 판단할 수 있습니다. 우선 불황기(후퇴기와 침체기)부터 알아보겠습니다.

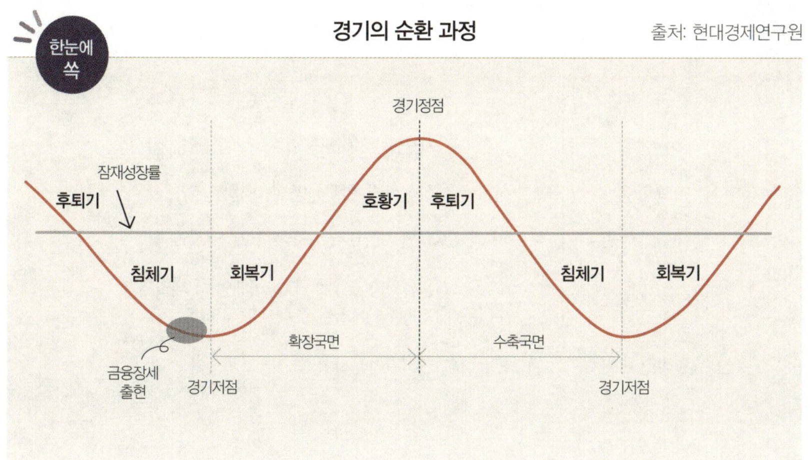

불황기에는 경기방어주에 주목

불황기에는 집집마다 가처분소득이 줄어들어 소비가 감소하고, 이에 따라 매출이 줄어든 기업은 생산과 투자를 줄입니다. 고용이 감소하고 실업자가 더 많이 생기겠죠. 당연히 소비는 더욱 감소합니다. 악순환이 계속되는 것이죠. 불황이 지속되면 일반적으로 시중에 돌아다니는 돈이 줄어들고, 기업 실적도 나빠져 주식시장도 침체하게 되며, 주식투자자들이 손실을 입을 가능성이 높아집니다.

가처분소득

개인소득에서 소비와 저축을 자유롭게 할 수 있는 소득. 세금, 공과금, 대출이자 등을 제외하고 실제로 사용할 수 있는 나머지 돈.

질문 **경기방어주에는 어떤 게 있나요?**

경기방어주란 경기가 호황이든 아니든 영향을 별로 받지 않고 업황의 변화 폭도 그리 크지 않습니다. 그래서 불황기에는 '경기방어주'에 관심을 가지는 것이 좋습니다.

경기방어주는 보통 수출보다는 국내 위주로, 생활필수품이나 생활에 꼭 필요한 서비스를 하는 업종이 많습니다. 대표 업종은 음식료업, 통신업, 전기·가스업, 제약업 등입니다. 경기가 안 좋아도 밥은 먹어야 하고 아프면 약도 먹고 휴대폰도 써야 하니까요. 그래서 불황기에도 기업의 실적이 큰 폭으로 하락하지 않고 주가가 출렁일 가능성 또한 적습니다.

경기방어 업종과 종목

구분	대표 종목
은행주	신한지주, KB금융, 하나금융지주, 우리은행, 기업은행
보험주	삼성생명, 삼성화재, 한화생명, 현대해상
통신·인터넷주	NAVER, KT, 엔씨소프트, LG유플러스, SK텔레콤
음식료·생필품주	KT&G, LG생활건강, 코웨이, BGF리테일, CJ제일제당, 오리온, GS리테일, 에스원, 롯데제과, 이마트
유틸리티 관련주	한국전력, 한국가스공사

불황기에 주의할 점

하지만 주의할 점이 있습니다. 경기방어주라고 해서 불황기에 모두 주가가 떨어지지 않거나 상승하는 것은 결코 아닙니다. 왜일까요?

경기방어주가 불황기에 상대적으로 인기를 끄는 것은 영익이익률이 경기에 민감하게 반응하지 않기 때문입니다. 그런데 경기방어주임에도 영업이익률이 크게 떨어질 수도 있습니다. 그러므로 경기방어주를 고를 때, 무엇보다 영업이익흐름이 좋은지는 꼭 살펴봐야 됩니다.

그런데 침체기에는 이들 종목의 주가 하락 폭이 경기민감주인 자동차, 석유화학, 반도체 등의 종목보다 적다는 것이지, 큰 수익을 기대하기는 어렵습니다.

농부들은 겨울에 내년에는 무얼 심을까를 고민하죠. 마찬가지로 침체기에는 공격적인 투자를 하기보다는, 회복기에 투자할 종목을 공부하는 시간을 가지는 것도 한 방법입니다.

금융장세 출현! 은행주, 건설주, 증권주에 주목

경기불황이 심해지면 정부와 한국은행은 경기를 살리기 위해 공공투자를 늘리고 기준금리를 내려 시장에 돈을 풀기 위해 안감힘을 씁니다. 그러면 경기가 아직 살아나지 않았는데도 돈의 힘으로 주식시장이 상승하기도 합니다. 이를 '금융장세'라고 합니다. 이렇게 실물경기와 상관없이, 금리 하락으로 주식시세가 전반적으로 오르는 현상을 말합니다. 이런 상황에는 어떤 주식이 오를까요?

첫째, '은행주'를 주목하세요. 기준금리가 내리면 대출을 받으려는 사람들이 늘어나고, 은행은 좀 더 싼 금리로 돈을 조달할 수 있기에 예대차(예금금리와 대출금리 차이)가 커집니다. 이에 따라 은행의 수익성이 좋아지므로 은행주의 주가가 높아집니다.

둘째, '건설주'가 상승합니다. 정부는 경기를 활성화하려고 공공부문의 토목공사를 늘리고 부동산 규제를 풀어줌으로써 자금이 시장에서 돌수 있도록 숨통을 틔워줍니다. 이에 따라 건설주가 강세를 띱니다.

셋째, '증권주'가 상승합니다. 시장에 돈이 많이 풀리면 금리가 낮아지는데, 그러면 투자자들이 은행을 떠나서 주식시장으로 이동할 것이라는 기대감이 커지기 때문입니다.

이 시기에는 금리가 인하되었으므로, 가계는 대출이자 부담이 줄어들어 가처분소득이 많아지고 차차 소비성향이 조금씩 높아집니다. 또는 당장 소비를 크게 늘리지는 않더라도, 저금리로 인해 은행을 떠나서 다른 재테크 수단을 찾게 되고, 그중 일부는 MMF나 펀드로 유입되어 증시에 자금이 풍부해집니다. 그래서 기업의 실적이 부진하더라도 향후 기대감으로 인해 주식시장이 상승하는 경향이 나타나는 것입니다.

금융장세에 체크해야 할 3가지

금융장세에는 기업의 실적보다는 주식시장으로의 자금 이동을 체크해야 합니다. 돈의 힘으로 상승하는 시장이니까요. 다음의 3가지를 체크하면 됩니다.

1. 투자자예탁금과 신용융자 추이를 체크합니다.
2. 기관투자자의 자금이 증가하는지 체크합니다.
3. 특히 금융장세의 초기에는 외국인투자자의 자금이 증가하는지를 체크합니다.

MMF

'Money Market Fund(머니마켓펀드)'의 줄임말. 공사채를 중심으로 투자하는 단기금융상품입니다.

투자자예탁금은 어디에서 확인할까?

증권사 HTS에서도 확인할 수 있지만, 가장 최근 자료는 금융투자협회(www.kofia.or.kr) 사이트에 들어가면 하단 바로가기 텝 중 [종합통계서비스]가 있습니다. 이것을 클릭하면 나오는 상단 메뉴 중 [주식]을 누른 후, 항목 중에 '증시자금추이'를 선택하면 볼 수 있습니다.

회복기에는 소재 관련주가 강세

정부의 노력에 따라 시중에 돈이 돌며 소비가 활발해지면, 드디어 경기가 회복 단계에 들어섭니다. 하지만 정부는 여전히 저금리 기조를 유지하려고 합니다. 잘못하면 경기의 불씨가 다시 꺼질 수도 있으니까요. 이에 따라 소비가 유지되면 기업은 생산과 고용을 늘리기 시작합니다.

만약 경기가 저점을 지나 회복기에 진입하고 있다면 중·장기적 관점에서 우량주 중심으로 투자하는 것이 좋습니다. 이때 가장 주목해야 하는 종목들은 경기민감 소재주들입니다.

경기민감주에는 어떤 것들이 있을까요?

경기민감주란 주가와 실적이 경기에 영향을 많이 받는 주식입니다. '경기주도주', '경기수혜주'라고도 합니다. 주로 자동차주, 철강주, 화학주, 건설주, 은행주 등이 이에 속합니다.

경기민감주는 경기가 변동할 때마다 주가가 큰 폭으로 오르내립니다. 그런데 경기에 따라 업종들이 어떻게 움직이는지 볼까요? 예를 들어 경기가 좋아질 것으로 보이면 자동차, 건설 등과 같은 경기민감 업종의 기업들은 생산을 늘려 재고를 채우기 시작합니다. 향후 늘어나는 소비를 맞추기 위해서입니다.

하지만 이들 기업보다 먼저 실적이 좋아지는 업종이 있습니다. 바로 소재 업종들입니다. 예를 들어 현대차의 경우 자동차의 생산대수를 늘려 재고가 증가하더라도, 실제로 그 자동차들이 소비자에게 판매되기 전까지는 기업 실적이 좋아지진 않습니다.

반면, 자동차 강판을 공급하는 철강업체들은 현대차보다 먼저 실적이 좋아지겠죠. 또한 강판의 원자재인 철광석은 호주나 캐나다 등에서 수입하므로, 철광석을 운반하는 벌크선 관련 해운주들이 그보다 먼저 실적이 좋아지겠죠? 이처럼 경기회복기에는 먼저 소재주, 해운주에 관심을 가지는 것이 좋습니다.

경기민감 업종과 종목

구분	대표 종목
자동차주	현대차, 기아차, KR모터스, 쌍용차, 엘브이엠씨홀딩스
화학주	한화케미칼, SK케미칼, 롯데케미칼, OCI, 태광산업
건설주	금호산업, 현대건설, GS건설, KCC건설, 두산건설
은행주	KB금융, 우리은행, 기업은행, 하나금융지주, 신한지주

호황기에는 소비 관련주가 강세

경기가 점차 살아나면서 본격적인 활황으로 접어들면 모든 영역으로 투자가 확대됩니다. 자본재와 소비재의 생산이 증가하며 고용이 활성화되고, 가계의 가처분소득이 늘어나고 소비가 활발해지면서 자연스럽게 공급 부족이 나타나게 되죠. 이로 인해 물가가 상승하고 한국은행은 인플레이션을 우려해 금리를 인상하게 됩니다.

보통 금리가 오르면 기업의 이자 부담이 증가해 기업 실적이 악화될 가능성이 커져 주식의 매수보다는 매도 가능성이 높아집니다. 가계 역시 가처분 소득이 줄어들어 투자 감소 가능성이 높아집니다. 이로 인해 주식시장에 들어오는 돈이 줄어들 수 있으므로 부정적인 신호로 봅니다. 하지만, 호황기 초반의 금리 인상은 경기가 살아나는 신호로 받아들여져 악재로 작용하지 않는 경우도 많습니다.

호황기에는 소비가 늘어나므로 홈쇼핑, 백화점 등 유통업체의 실적이 좋아지기 시작합니다. 또한 여행사나 항공사들의 실적이 좋아지면서, 이들 업종의 주가 역시 상승할 가능성이 높습니다. 그외 소비주로 화장품, 의류, 호텔주 등이 있습니다.

소비 관련 업종과 종목

구분	대표 종목
유통주	롯데쇼핑, 신세계, 현대백화점, 이마트, GS리테일
항공주	대한항공, 아시아나항공, 제주항공, 진에어
호텔, 레스토랑, 레저	파라다이스, 하나투어, 호텔신라, 강원랜드, 신세계푸드
화장품	LG생활건강, 코리아나, 아모레퍼시픽, 아모레G, 한국화장품

여기서 잠깐

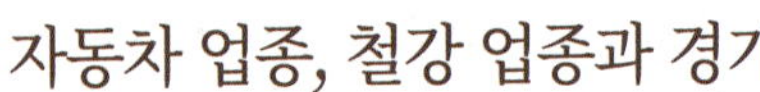

자동차 업종, 철강 업종과 경기

현대자동차/기아차 등 자동차 업종과 경기는?

경기가 안 좋으면 차를 바꾸는 사람이 적으므로 실적이 안 좋아지고 주가가 하락할 가능성이 높습니다. 하지만 경기가 회복되면 가처분소득이 높아지고 수요가 늘어나 주가가 상승할 가능성이 높죠.

POSCO/현대제철 등 철강 업종과 경기는?

불황이 계속되면 부동산 가격이 떨어지며 주택건설이 지지부진하며 자동차 수요가 줄어듭니다. 이에 따라 건설, 자동차 강판에 쓰이는 재료의 수요가 감소하며 이들 기업의 실적이 둔화되고 주가가 하락할 가능성이 높아지죠. 반면 경기가 좋아지면 자동차와 주택 수요가 늘어나 철강재 수요도 증가하고, 이에 철강주들의 실적이 좋아지고 주가도 상승합니다.

02 >>> 주식시장의 대세 상승, 어떻게 알까?

"숲을 보고 나무를 보라." 이 말을 투자시장에 빗대면 숲은 대세이고, 나무는 종목이라 할 수 있습니다. 부동산 대세 상승기에는 강남의 아파트뿐만 아니라 강북, 수도권, 지방의 아파트 가격도 오르고, 연립이나 빌라도 오르는 경향이 있습니다. 반면 대세 하락기에는 알짜배기 부동산을 제외하고는 대체로 내립니다. 주식도 마찬가지입니다.

투자에서 대세를 파악하는 것은 매우 중요합니다. 부동산시장처럼 주식시장도 대세 상승기에는 수익을 내기가 쉽지만, 대세 하락기에는 기업 실적이 웬만큼 괜찮아도 주가가 내리므로 전문가도 손실을 보는 경우가 많습니다. 그러므로 초보자라면 주식시장의 상승기가 올 것 같으면 거기에 올라타고, 하락기에는 투자를 쉬는 것이 좋습니다.

주식시장의 대세는 어떻게 알 수 있을까요?

앞에서 주식시장은 경기 흐름을 탄다고 했죠? 그래서 지금 경기가 어떤 상태인지, 앞으로 경기가 어떻게 될지 파악하는 것은 매우 중요합니다. 그런데 내 주머니 사정이 좋다고 호황기라 할 수 없고, 내가 차를 살 돈이 없다고 불황기도 아니겠죠.

그럼, 현재의 경기 국면을 어떻게 알 수 있을까요? 여기서는 주식투자 시기를 예측할 수 있는 경기 파악법을 간단히 알아보겠습니다.

경제성장률로 파악하기

주식투자에서 기업이든 업종이든 투자 여부를 판단할 때, 반드시 체크해야 하는 것이 '성장' 여부입니다. 기업이익이 증가하면 주가가 오를 가능성이 높고, 산업 또는 업종의 이익이 증가하면 그 업종 지수가 오를 것이며, 국가의 이익이 증가하면 그 나라의 주식지수가 상승하겠죠.

그렇다면 국가의 경제가 성장하고 있는지 아닌지는 무엇으로 판단할까요? 바로 GDP(국내총생산량=경제성장률)입니다. GDP가 늘어나는지 줄어드는지 보면 경기가 좋은지 나쁜지 알 수 있습니다.

잠재성장률로 파악하기

미국은 경제성장률이 3%가 넘으면 대단한 호황이지만, 중국의 경우 7% 내외입니다. 경제성장률은 경제발전 단계에 따라 수준이 다릅니다. 그래서 단순히 경제성장률만으로는 그 나라가 잘 성장하고 있는지 가늠하기 힘들고, '잠재성장률'과 비교해봐야 합니다.

잠재성장률이란 한 나라의 생산요소를 모두 활용했을 때의 성장률을 말합니다. 만약 경제성장률이 4%라도 잠재성장률이 5%라면 성장을 잘하고 있다고 볼 수 없겠죠. 그래서 다음처럼 볼 수 있습니다.

> 경제성장률 > 잠재성장률 → 경기가 좋다
> 경제성장률 = 잠재성장률 → 경기가 나쁘지 않다
> 경제성장률 < 잠재성장률 → 경기가 나쁘다

우리나라의 잠재성장률은 흔히 3%로 봅니다. 그러므로 경제성장률이 3% 이상이면 경기가 호황이고, 3%가 되지 않으면 불황기로 봅니다.

❶ 올해 경제성장률, 작년보다 높은 3%

우리나라의 올해 경제성장률이 3%대라면 좋은 수치입니다. 경기가 호황기에 진입해 있다는 의미입니다. 이런 시기에는 '소비주'에 관심을 가져야 합니다.

❷ OECD, 한국 경제성장률 향후 3년 연속 3%대 예상

앞으로 경제성장률이 높아질 것으로 예상됩니다. 낮은 수준의 경제성장률을 지속하다 향후 경제성장률이 높아질 것으로 예상되는 시기에는 정부 정책이나 한국은행의 금리에 주목해야 합니다.

그리고 일반적으로 '금융주'와 '건설주'에 주목해야 하죠. 또한 정부가 경제를 살리기 위해 실시하는 '정책주'(예를 들어, 2018년에는 미세먼지 관련주)에 대한 관심도 필요합니다.

❸ 올해 경제성장률, 작년보다 낮은 2.6%

현재 경제성장률이 낮은 상태입니다. 경제성장률이 상당 기간 낮은 경우, 장기투자자와 배당투자자에게 기회가 됩니다.

"밀짚모자는 겨울에 사라"는 증시 격언이 있죠. 한여름에는 밀짚모자를 찾는 사람들이 많아 가격이 비싸지만, 겨울에는 상대적으로 가격이 낮을 수밖에 없죠. 하지만 겨울이 지나 다시 여름이 오면 밀짚모자의 가격은 높아집니다.

경제성장률이 상당 기간 낮아서 경제가 침체되면, 우량주도 실적이 좋지 않아 주가가 많이 하락한 상태가 지속됩니다. 하지만 장차 경기가 회복되면 이들 주식의 가격이 크게 오르겠죠? 그러므로 이 시기는 우량주를 가장 싸게 살 수 있는 기회입니다.

❹ 정부, 내년 경제성장률 하락 전망

내년에도 경제성장률이 하락하는군요. 이런 시기에는 투자를 쉬어야 합니다. 방송에서는 우량주를 싸게 살 수 있는 기회라는 말을 많이 하지만, 경기가 앞으로 계속 안 좋고, 실적이 지속적으로 하락하면서 큰 손실을 입을 수 있습니다. 이때는 쉬는 것이 최상입니다.

경기선행지수 주목하기

그런데 경제성장률은 잠정치가 발표된 후 2년 후에 확정치가 공개됩니다. 발표가 너무 느려서 주식투자에 활용하기는 늦습니다. 그래서 많은 투자자들이 경기지수에 주목합니다.

통계청은 매월 말에 지난달의 산업활동 동향을 발표하면서 경기종합지수를 함께 발표합니다. 여기에는 경지선행지수, 경기동행지수, 경기후행지수가 있는데, 이중에서 특히 주목해야 하는 것이 '경기선행지수'입니다.

경기선행지수는 앞으로 경기가 좋아질지 나빠질지를 보여줍니다. 물론 단순히 지수만 보고 경기가 좋다 나쁘다 할 수는 없고, 과거에 비해 얼마나 증가했고 감소했는지, 경기의 흐름을 보는 것이 중요합니다.

경기선행지수는 2015년을 기준지수 100으로 잡고, 매월 발표합니다. 이 선행지수가 연속적으로 상승추세이면 앞으로 경기가 좋아질 것으로 예상합니다. 우리나라의 경기선행지수는 경기에 약 8~15개월 선행한다고들 합니다. 이를테면 2018년 중반기에 경기선행지수가 매월 계속 높아지면 내년 경기가 좋아질 가능성이 높다고 봅니다.

경기선행지수에는 구인구직비율, 재고순환지표, 소비자기대지수 등 8개의 세부지표가 있습니다. 이 세부지표는 경제뉴스에도 자주 등장합니다.

고용	생산	소비	투자	대외	금융
구인구직 비율	재고 순환지표	소비자 기대지수	기계류내수출하지수 (선박 제외) 건설수주액(실질)	수출입물가 비율	코스피지수 장단기금리차 (5년물)

경기동행지수는 현재의 경기가 좋은지, 나쁜지를 보여줍니다. 경제뉴스에도 주로 경기동행지수 순환변동치가 자주 나옵니다. 경기의 등락을 잘 보여주기 위해 0.1이나 0.2 등을 10, 20식으로 바꾸어 조정 작업을 한 것입니다. 경기동행지수 순환변동치가 100을 넘으면 현재 경기가 좋다는 의미입니다.

보통 경기선행지수가 먼저 오르고, 시차를 두고 경기동행지수 순환변동치가 따라 오르는 경향이 있습니다.

경기선행지수와 경기동행지수 순환변동치

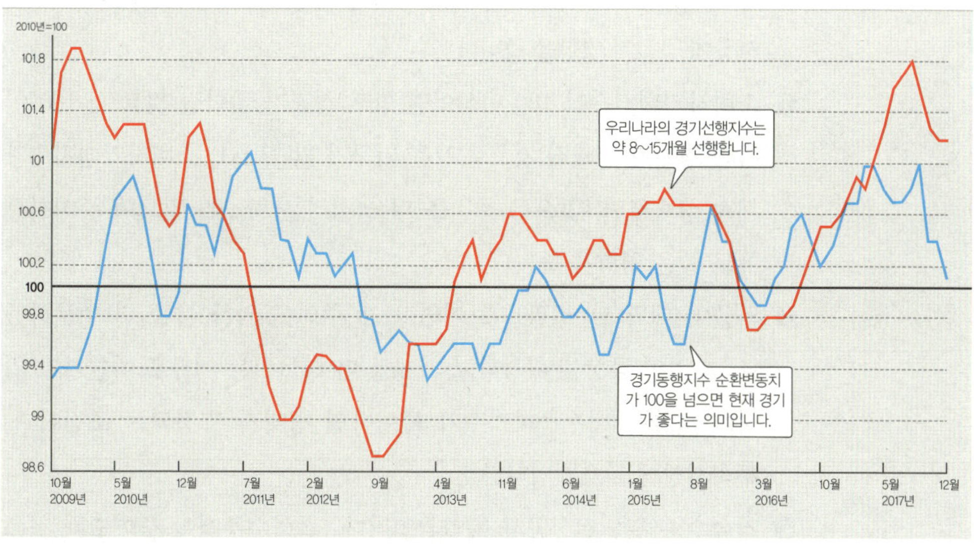

❶ 구인구직비율은 일자리를 찾는 사람 중 취업한 구직자의 비율입니다. 구인구직비율이 높아지면 취업이 잘되고 있다는 의미죠. 그러면 소비가 증가할 것이고, 주식시장에도 좋은 영향을 줄 가능성이 높습니다.

❷ 재고순환지표는 재고증가율(전년동월비)과 출하증가율(전년동월비)을 비교한 지표입니다. 경기가 좋아지면 출하량이 증가하고 창고에 쌓아둔 재고는 줄어들겠죠. 따라서 재고순환지표가 커질수록 경기가 호전되고 주식시장에 긍정적 영향을 줍니다.

❸ 소비자기대지수가 100 이상이면 향후 경기가 좋아질 것으로, 100 이하면 경기가 나빠질 것으로 보는 가구가 많습니다. 소비자기대지수가 계속 상승하면, 앞으로 소비를 더 늘리려는 가구가 많으며 주식시장에도 좋은 영향을 줍니다.

❹ 와플이 대박 날 조짐을 보이면 가게 주인은 와플 틀을 더 주문하겠죠. 기업이 공장을 확장하고 기계를 더 사들이는 이유도 마찬가지 입니다. 기계류내수출하지수가 늘어나면 경기가 호전되는 조짐이며, 주식시장에도 호재입니다.

❺ 건설수주액은 건설공사 계약금입니다. 건설수주액이 줄어드는 것은 건설경기가 나쁘다는 의미이며, 경기불황이 심화된다는 의미입니다. 당연히 주식시장에는 나쁜 소식입니다.

❻ 수출입물가비율(수출물가지수/수입물가지수)'이 높아지면 원자재를 수입 가공해 수출하는 기업의 실적이 좋아지고, 주식시장에도 호재입니다.

❼ 경기가 좋아지면 돈을 쓰는 사람들이 늘어나면서 금리도 오릅니다. 이에 따라 단기금리와 장기금리의 차이도 커집니다. 그러므로 장단기 금리차가 매우 큰 경우 앞으로 경기 호황일 가능성이 높고, 반면 금리차가 거의 없거나 마이너스라면 불황을 예고하는 신호로 봅니다.

미국과 중국 시장 참고하기

매일 아침 뉴스에는 전날 미국이나 중국, 유럽 주식시장에 대한 뉴스가 나옵니다. 이유가 뭘까요?

나라마다 GDP를 구성하는 요소들의 비중이 각기 다릅니다. 우리나라는 아래 그래프와 같이 GDP에서 수출의 비중이 월등히 높습니다. 그래서 경기가 다른 나라의 경기에 큰 영향을 받습니다.

우리나라의 국가별 수출 비중
단위: 100만 달러   출처: 한국무역협회

2000년			2019년		
국가	수출액	비중(%)	국가	수출액	비중(%)
미국	37,611	21.8%	중국	136,203	25.1%
일본	20,466	11.9%	미국	73,344	13.5%
중국	18,455	10.7%	베트남	48,178	8.9%
홍콩	10,708	6.2%	홍콩	31,913	5.9%
대만	8,027	4.7%	일본	28,420	5.2%
싱가포르	5,648	3.3%	대만	15,666	2.9%
영국	5,380	3.1%	인도	15,096	2.8%
독일	5,154	3.0%	싱가포르	12,768	2.4%
말레이시아	3,515	2.0%	멕시코	10,927	2.0%
인도네시아	3,504	2.0%	말레이시아	8,843	1.6%
기타	53,800	31.2%	기타	160,875	29.7%

특히 우리나라의 수출 비중은 특정 국가에 집중되어 있습니다. 예전에는 미국과 일본에 수출의존도가 높았는데, 현재는 미국과 중국으로의 수출 비중이 압도적으로 크며, 동남아시아국가의 비중도 높아지고 있습니다. 그래서 이들 국가의 경기 동향이 우리 경기와 증시에 영향을 줄 수밖에

없죠. 그럼 가장 큰 영향을 주는 미국과 중국의 무엇을 살펴봐야 하는지 알아보겠습니다.

미국은 소비, 중국은 정책

우리나라는 GDP에서 수출 비중이 월등히 높지만, 미국은 소비 비중이 70%나 됩니다. 특히 주택가격이나 주가가 오르면 소비성향이 더욱 높아집니다. 경기가 살아나면 고기능, 고가격의 IT제품 소비가 크게 증가합니다. 이 경우 삼성전자나 LG전자의 주가가 오를 가능성이 큽니다.

미국의 경기가 살아나면, 우리 수출도 늘어나 주식시장이 상승할 가능성이 큽니다. 그래서 국내 증시는 미국의 금리 인상/인하, 한국에 대한 미국 대통령의 태도 변화 등에 민감하게 반응합니다.

주식투자를 할 때는 미국은 소비, 중국은 정책에 중심을 두고 봐야 합니다. 중국은 사회주의 국가라 정부 정책의 힘이 크거든요. 쉽게 말해 미국발 정치·경제 뉴스는 '미국의 소비에 어떤 영향을 주는데?', 그리고 중국 뉴스는 '중국의 정부정책이 우리나라 수출에 어떤 영향을 줄까?'를 생각하면 됩니다.

2년 정도의 경기 사이클을 보며 중기적인 투자전략을 짤 때는 외국인 자금을 주시해야 합니다. 금융감독원 사이트(www.fss.or.kr)에서 [알림·소식] 항목의 보도자료를 클릭해 검색란에 '외국인'만 쳐도 '외국인 증권투자 동향' 보고서를 다운받을 수 있습니다.

미국 시장을 중시하는 또 하나의 이유

다음 쪽의 '국가별 우리 주식 보유 현황'을 보면 미국, 영국, 룩셈부르크, 싱가포르, 아일랜드 순입니다. 특히 미국은 전체 외국인투자자의 보유액 중 42.3%로 비중이 가장 큽니다. 우리 시장에서 외국인 보유 비중이 약 30%라는 점을 감안하면, 우리 주식의 약 13%를 가진 셈이죠.

미국 자금이 급격히 빠져나가면 우리 증시도 크게 하락하고, 반대로 미국 자금이 들어올 가능성이 커지면 우리 증시도 상승 가능성이 높아집

국적	2018년 말	2019년 말	2020년 1월 말	전년 말 대비 증감률(%)	비중(%)
미국	218,293	251,678	246,140	△ 2.2	42.3
영국	41,621	47,876	46,219	△ 3.5	7.9
룩셈부르크	31,963	38,479	38,607	0.3	6.6
싱가포르	27,893	34,069	33,164	△ 2.7	5.7
아일랜드	18,684	22,391	22,993	2.7	4.0
네덜란드	15,627	18,003	19,551	8.6	3.4
캐나다	14,926	17,296	17,102	△ 1.1	2.9
노르웨이	12,270	15,007	15,110	0.7	2.6
호주	11,062	14,482	14,168	△ 2.2	2.4
일본	12,487	13,987	13,664	△ 2.3	2.3
중국	10,066	12,534	12,090	△ 3.5	2.1
케이맨제도	6,963	11,136	11,180	0.4	1.9
스위스	7,672	9,162	8,951	△ 2.3	1.5
사우디	6,755	7,863	7,592	△ 3.4	1.3
홍콩	5,902	8,012	7,426	△ 7.3	1.3
아랍에미리트	7,190	7,702	7,160	△ 7.0	1.2
프랑스	4,505	5,836	5,094	△ 12.7	1.0
기타	55,841	57,678	55,336	△ 4.1	9.6
합계	509,720	593,191	581,547	△ 2.0	100.0

니다. 따라서 미국 경제 및 증시 흐름은 주식투자자라면 특별히 관심을 가져야 할 부분입니다.

금리, 환율에 따른 수혜 업종

금리와 주가의 관계

흔히 "금리(이자율)가 하락하면 주식시장에 호재"라고 합니다. 가계는 대출이자 부담이 줄어들어 가처분소득이 증가하며, 소비를 늘립니다. 이에 따라 기업 실적이 개선되고 투자가 활성화되며, 주가가 상승할 가능성이 높습니다. 반면 금리가 상승하면 반대로 작용하게 되죠. 즉 소비가 줄고 기업의 투자 및 실적이 떨어지며 주가가 하락할 가능성이 높습니다.

그런데 중요한 것은 연결고리입니다. 만약 금리가 떨어져 대출이자가 줄었는데도, 가계가 미래에 대한 부담감에 소비를 늘리지 않으면, 경기가 좋아지지 않겠죠. 또 기업이 투자를 늘리지 않으면 경기가 좋아지기 어렵고, 주가도 상승하기 힘듭니다.

그러므로 단순히 "금리가 하락하면 주식시장에 호재, 상승하면 악재"라고 외우면 안 됩니다. 그보다는 금리 인하 후에 실제로 가계가 소비를 늘릴지, 기업의 투자가 증가할지를 체크해봐야 합니다.

예를 들어볼까요? 미국은 2001년 IT버블이 꺼지면서 경기가 크게 나빠지자 기준금리를 11차례나 인하했습니다. 하지만 주식시장은 상승은커녕 계속 하락했습니다.

정리해볼까요? 금리 인하가 발표되면, 대부분 기대심리로 인해 주가가 단기적으로는 상승할 수 있습니다. 하지만 앞에서 말한 메커니즘이 작동하지 않으면 주식시장의 전체 지수는 상승하지 않습니다.

주식 관련 뉴스레터
한국개발연구원(KDI) 홈페이지(www.kdi.re.kr)의 초기 화면 아래의 '뉴스레터 신청'을 누르면 관심 있는 자료를 메일로 보내줍니다.
이왕이면 주식투자와 관련된 내용만 모으는 새로운 메일함을 만들어보세요.
하루 한 번씩 체크하는 습관을 들이면, 시장에 나오는 주요 지표들을 놓치지 않고 볼 수 있답니다.

다음 그래프를 보면, 2009년 후반부터 금리가 하락하자 코스피지수가 상승했고, 2017년에는 금리와 코스피지수가 동반 상승하기도 했습니다.

코스피지수와 실질금리 추이(2009~18년)

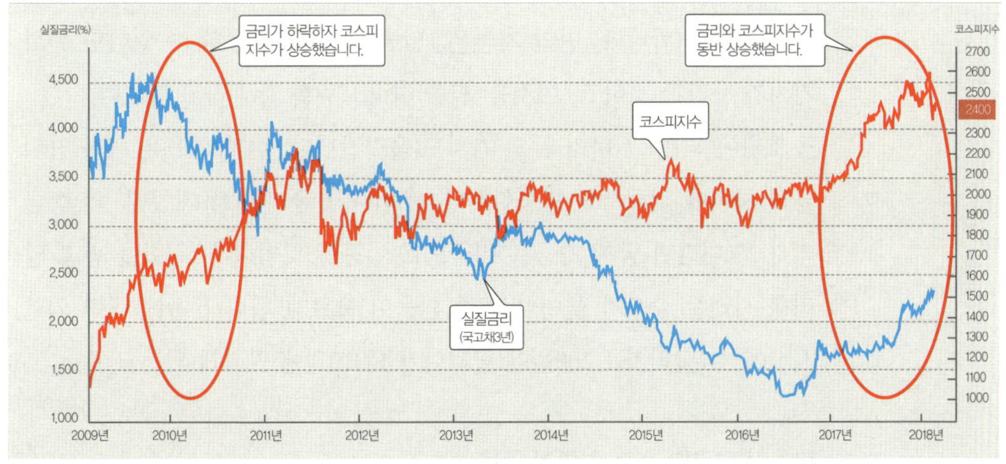

금리가 오르면 타격을 받는 건설업과 조선업

특히 부채비율이 높은 기업은 금리 변화에 영향을 많이 받습니다. 대표적으로 '건설업', '조선업' 등이죠.

건설업은 아파트나 건물을 지을 때 대규모 대출을 이용하므로, 금리가 오르면 실적이 나빠질 가능성이 높아집니다. 조선업도 대출을 이용해 배를 만듭니다. 그러니 금리가 상승하면 대출 비중이 높은 업종들은 주가에 부정적인 영향을 받을 수밖에 없습니다.

반면 '보험사'는 우리가 내는 보험료를 대부분 채권에 투자해서 만기까지 보유합니다. 따라서 금리가 오르면 투자수익이 커지고 실적이 좋아질 가능성이 높습니다. 그리고 '은행'은 주요 수익원이 예대마진입니다. 일반적으로 금리가 오를 경우, 은행은 대출이자는 빨리 올려도 예금이자는 천천히 올리는 경향이 있습니다. 그래서 금리가 오르면 은행의 예대마진이 늘어나고 실적이 좋아져서 주가가 오를 가능성이 있습니다.

예대마진
대출이자에서 예금이자를 뺀 나머지 부분. 예대마진이 늘어날수록 은행 실적이 그만큼 늘어나게 됩니다.

환율에도 영향을 끼치는 금리

환율은 서로 다른 통화의 교환비율입니다. 예를 들어 달러·원 환율이 1,200원이면 우리 돈 1,200원으로 1달러를 살 수 있다는 뜻입니다. 그런데 환율은 변합니다. 만약 지금은 1달러를 1,000원에 살 수 있다면 원화 가치가 올라간 것이죠. 이것을 '환율 하락', '원화 강세'라고 합니다.

호황이 되면 그 나라 돈의 가치도 올라갑니다. 한편 환율은 나라 간의 금리 차이에 의해서도 변동합니다. 우리나라 금리가 1%대인데, 미국 금리가 3%대라면 국제 자금은 미국으로 이동할 것입니다. 원화를 팔고 달러를 사려는 수요가 늘어나서 즉 환율이 오르게 됩니다. 이를테면 외환시장에서 1달러가 1,200원에 팔리다가 1,210원에 팔리게 되는 거죠.

환율이 오르면 수출 업종에 주목

환율이 1,000원일 때, 원가 1만 원 제품을 해외에서 15달러에 판다면 마진이 5,000원 남습니다. 그런데 환율이 1,200원으로 오르면 어떻게 될까요? 외국에서 15달러를 받아 원화로 환전하면(15달러×1,200원=18,000원) 마진이 8,000원으로 늘어나게 됩니다.

이처럼 수출기업은 환율이 오르면(원화 약세) 이익이 증가합니다. 반면 환율이 내리면(원화 강세) 수출기업의 실적에 부정적인 영향을 미칩니다.

반대로 원자재, 해외제품의 수입기업에게는 환율 상승이 악재입니다. 수입대금을 지불할 때 예전보다 훨씬 많은 원화가 필요하기 때문이죠.

환율이 내리면 항공, 음식료, 여행 업종에 주목

환율이 내리면 대표적으로 항공사들이 큰 수혜를 받습니다. 비행기 리스 비용, 연료인 제트유 가격, 대출이자 부담이 줄어듭니다. 그리고 밀가루 등을 수입하는 음식료 업종의 수혜 폭도 커지며, 해외여행객도 늘어나서 이들 업종이 오를 가능성이 높습니다.

환율에 따른 외국인투자자의 움직임

미국인 톰은 환율이 1,200원일 때 1만 달러를 원화 1,200만 원으로 바꿔 삼성전자 종목을 샀습니다. 시간이 흘러 현재 환율이 1,000원이 되었다고 가정하죠. 이 경우 톰은 주가가 그대로라도 환율변동만으로 투자금 1,200만원을 12,000달러로 환전하게 되어 20%의 수익을 올리게 됩니다. 따라서 외국인투자자들은 앞으로 원화 강세가 될 것 같으면 우리 주식을 사는 경향이 있습니다.

반면 원화 약세가 된다면 어떨까요? 이를테면 환율이 1,000원에서 1,200원으로 오른 것이죠. 이 경우 주가가 변하지 않아도, 삼성전자 주식을 팔아 환전하면 톰은 약 8,333달러를 손에 쥐게 됩니다. 손실이 16%가 넘습니다. 그래서 외국인들은 원화 약세, 즉 환율이 내릴 것 같으면 우리 주식을 팔 가능성이 높습니다.

정리해볼까요? 수출이 호조를 보여 우리 경제가 좋아질 가능성이 높으면, 원화 강세가 되고 외국인들의 투자가 늘어나 주식시장이 오를 가능성이 높습니다. 반면 수출이 저조하고 기업 실적이 약화되고 경제위기가 닥치면, 원화 약세가 되고 외국인들이 주식을 팔아서 주가가 떨어질 가능성이 높습니다.

외국인투자자의 투자 형태

대한민국 증시에서 외국인투자자는 무척이나 중요합니다. 실제로 코스피시장의 대세 상승은 모두 외국인투자자들의 매수가 원인입니다. 그럼 외국인투자자들은 어떤 종목에 투자할까요?

미국 및 유럽 외국인투자자의 특징

미국과 유럽은 퇴직연금이 잘되어 있는 나라입니다. 따라서 이들 나라에서 유입되는 자금은 장기적으로 저평가된 종목에 투자하는 경향이 있습니다.

저평가 종목들은 급하게 움직인다기보다는 상승과 하락을 반복하며 천천히 상승한다는 점을 기억하세요.

배당주도 여기에 포함됩니다. 하지만 외국인이 배당만 보고 해당 기업에 투자하는 경우는 많지 않습니다. 우리나라의 배당성향이 다른 나라에 못 미치기 때문입니다.

중동 및 중국 외국인투자자의 특징

반면 중동 왕가의 자금이나 중국의 국부펀드 자금은 단기 자금일 가능성이 높습니다. 이들은 시가총액상위 종목들을 일정비율로 사는 경향이 있습니다.

예를 들어 현재(2020년 2월 24일) 코스피 시가총액상위 종목들을 순서별로 나열해보면, 삼성전자, SK하이닉스, 삼성전자 우선주, 삼성바이오로직스, NAVER, LG화학, 현대차, 삼성SDI, 셀트리온, 현대모비스 순입니다.

만약 반도체 업황이 좋지만 자동차 업황이 나쁜 경우에는 삼성전자나 SK하이닉스는 사더라도, 현대차를 살 이유는 없을 것입니다. 하지만 중동 자금은 업황과는 관계없이 시가총액상위 종목을 일정비율로 사는 것이죠.

중동과 중국의 자금은 단기적으로 투자하는 경우가 많기에, 우리나라 경제가 안 좋으면 급격히 시장에서 빠져 나가기에 주가 폭락의 원인이 되기도 합니다. 이들 자금은 단기적으로 움직이기에 외국인 자금을 분석할 때 큰 의미를 두지 않습니다.

만약 거래량을 보니, 유럽과 미국 자금은 국내 주식을 많이 팔았고 중동 자금은 사는 모습을 보인다면, 시장에 투자를 할 때 '당분간 조심할 필요가 있구나' 하고 생각해야 됩니다.

Q1 미국이 금리인상을 하면 우리 주식시장은?

아침에 뉴스를 보던 동건 씨, 미국의 금리인상 보도를 듣고 생각합니다.
'외국인들이 한국 증시에서 빠져나가지 않을까? 주식시장이 떨어지기 전에 팔까?'
이것은 맞는 생각일까요?

처방전 절반은 맞습니다.

미국의 금리가 오르면, 돈이 미국 시장으로 움직일 가능성이 있습니다. 심지어 우리 주식을 팔고 미국 시장으로 움직일 수도 있죠. 이때 원화를 팔아 달러로 바꿈으로써 환율이 오르고 원화 약세가 될 수 있습니다.

환율이 오르면, 즉 원화 약세가 되면 외국인투자자는 큰 환손실을 볼 수 있습니다. 그래서 더욱 한국 주식을 팔아 떠나려고 합니다. 그러므로 외국인 자금의 이동을 체크해야 합니다. 금융감독원에서 매달 발행하는 '외국인 증권투자 동향'을 보면 알 수 있죠(www.fss.or.kr 상단의 [알림·소식]→보도자료).

만약 미국이 금리 인상을 할 것 같아 걱정되는데, 미국계 자금은 계속 한국 주식시장에 유입되고 있다면 어떨까요. 이 경우 매수 타이밍을 노려야겠죠. 앞서 반만 맞다고 한 것은 이처럼 결과만 놓고 볼 것이 아니라, 제대로 체크하고 난 후 투자전략을 세워야 하기 때문입니다.

만약 미국 금리인상 이슈와 맞물려 미국계 자금 2,000억원 유출, 중동계 자금 1,500억원 유입, 일본계 자금 1,000억원 유입으로 미국의 금리인상에도 불구하고 외국인 자금이 결과적으로 총 500억원 유입되었다면 긍정적으로 볼 수 있을까요? 중장기투자를 선호하는 미국계 자금에 유의해야 합니다. 그러므로 당분간 주식시장에서 빠져나갈 준비를 하는 것이 좋습니다.

Q2 경기회복기, 어떤 종목을 고를까?

우리나라의 경제성장률이 높아지자, 동건 씨는 경기회복기로 판단되어 철강주, 해운주, 소재주를 매수하려 합니다. 그런데 철강주만 보더라도 POSCO, 현대제철, 동국제강, 세아베스틸 등 종목이 너무 많습니다. 어떤 기업을 어떻게 선택해야 할까요?

처방전 어떤 업종을 공략할지 결정했다면, 종목별 특징을 체크해야 합니다. 예를 들어  현대제철은 이름 그대로 현대그룹 관련사입니다. 현대차와 기아차에 들어가는 차량 강판을 공급합니다. 만약 현대차와 기아차의 판매가 경기회복기와 맞물려 크게 상승한다면, 현대제철이 POSCO보다 더 매력적일 것입니다.

반대로 2017년처럼 사드 악재로 인해 중국에서 현대차 판매가 급감하는 모습을 보인다면, 당연히 현대차에 자동차용 철강재를 공급하는 현대제철의 실적은 부진할 수밖에 없겠죠. 이런 경우에는 POSCO가 현대제철보다 투자하기에 더 적합할 것입니다.

수익 나는 투자법은
투자자 수만큼 있습니다

세상에는 다양한 업계의 달인이 있듯이 그들은 개개인마다 각기 다른 재능을 가지고 있습니다. 그렇듯 투자도 마찬가지입니다. 수익이 나는 투자법은 수익이 난 투자자 수만큼 있습니다. 하지만 다른 사람들이 성공한 투자법이라고 해서 반드시 내게 맞는 것은 아닙니다. 자신에게 맞는 투자법은 주식을 공부하고 실제 투자를 경험해보며 스스로 찾아야 합니다.

여기서는 나이에 맞는 투자법을 간단히 제시해보겠습니다. 편의상 청년층(20~30대), 중장년층(40~50대), 퇴직자(60대 이상)의 투자법으로 구분했지만, 자신에게 가장 적합한 투자법은 이외에도 얼마든지 찾을 수 있을 것입니다.

청년층은 세월이 가장 강력한 무기, 배당주에 주목

사회초년생이라면 보통 재테크의 목적이 '목돈 마련'일 것입니다. 또한 이 시기에는 직업의 성취도 무척 중요합니다. 주식투자를 한다고 데이트레이딩이나 단기투자에 빠져 직장생활을 소홀히 하다가는 기껏 얻은 일자리를 잃기 십상이죠.

사회에 막 진출한 청년이라면 투자자산을 꾸준히 늘릴 수 있는 투자가 좋습니다. 매달 월급의 10~20%를 투자하겠다면, 단기매매보다는 배당투자에 초점을 맞추는 것이 좋습니다.

대개 투자자들은 배당투자를 별로 긍정적으로 보지 않습니다. 투자로 일확천금을 꿈꾸는 만큼, 배당 수익률은 낮다고 생각하죠. 하지만 은행금리가 연 1%대, 오피스텔 수익률이 5%대라는 점을 감안하면, 연 7% 정도의 수익률을 노리는 배당투자는 상당히 매력있습니다.

20, 30대는 종잣돈은 많지 않지만, 세월이라는 가장 강력한 무기가 있죠. 연 7% 수익률이라면 복리(원금+이자에 다시 붙는 이자)로 굴리면 10년이면 원금이 두 배가 됩니다. 20, 30대는 짧게는 10년, 길게는 30년 가량 투자할 수 있으므로 복리효과가 매우 커지겠죠?

재테크에서 시간의 강점을 무심코 버리는 일은 절대 없어야 합니다. 사실 주식투자의 기본은 배당투자입니다.

중장년층은 경기민감주에 주목하세요

중장년층 역시 직장인이 많으므로 시세에 너무 집중하는 투자방식은 꽤 부담이 됩니다. 따라서 자녀교육비나 결혼자금 등 필요자금을 마련하기 위한 배당투자와 더불어, 경기 사이클에 따라 움직이는 경기민감주(자동차주, 철강주, 화학주, 건설주, 은행주 등) 투자를 권합니다.

주가는 대체로 기업의 실적을 바탕으로 움직이는데, 블루칩(수익성, 성장성, 안정성이 모두 높은 대형 우량주)이나 옐로칩 주식은 대부분 실적이 경기를 따라 움직입니다.

우리나라의 경기는 짧게는 2~3년 정도로 순환합니다. 보통 그 주기로 매수할 수 있는 경기민감주들이 나타납니다. 그러므로 경기 흐름을 타면서 쌀 때 사서 비싸게 파는 전략으로 투자하는 게 유리합니다. 참고로 일반적으로 투자금 회수 역시 2~3년 정도 걸립니다.

우리나라의 대표 블루칩은 삼성전자, POSCO, NAVER 등이 있습니다. 옐로칩은 골든칩(블루칩 중에서도 주가가 매우 높은 초우량주)이나 블루칩보다 시가총액이 적고 주가도 낮지만, 업종 대표 우량주로서 기업의 재무구조가 안정적이죠. 보통 실제 가치가 저평가된 상태라서 살 때 가격 부담이 적다는 장점이 있습니다.

퇴직자는 단기투자를 노리세요

오랜 세월 직장에서 열심히 일해 월급을 받으며 틈틈이 주식투자로 안정적인 수익을 올려왔다면, 퇴직 후에는 시세를 보며 타이밍에 따라 종목을 매매할 여유도 많겠죠? 일부는 사회에서 쌓은 풍부한 경험과 지식을 바탕으로 전업투자자가 될 수도 있을 것입니다. 따라서 퇴직자에게는 단기투자를 권합니다. 단기투자는 매일같이 읽고 생각할 만한 소재를 무궁무진하게 제공하기 때문이죠. 단, 시작부터 모든 자산을 투자하는 것은 바람직하지 않습니다.

3

주식이랑 놀기
실전매매 A to Z

강샘의 DVD특강 포인트

 제3~5강

- 증권사 특징에 따른 선택
- 증권사 직원 100% 활용하기
- HTS의 '현재가' 창 보는 법
- 시장가 주문과 현재가 주문
- HTS의 '관심종목' 창 세팅하는 법
- 전일비 거래량으로 보는 시장 분석
- 뉴스를 분석하는 바른 자세

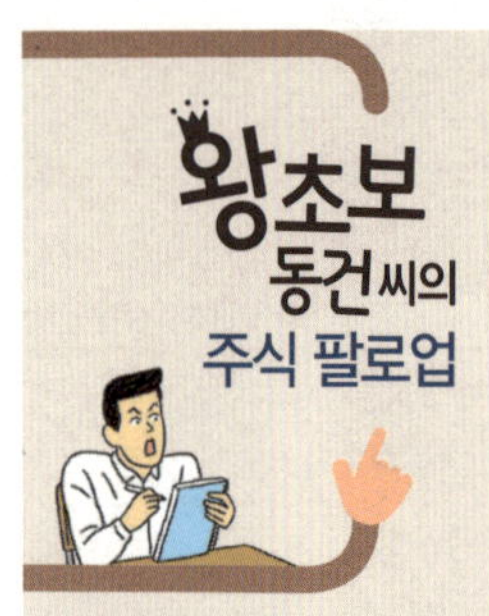

물고기가 헤엄치는 법을
배우려면

스스로 느끼기에, 동건 씨는 이제 이만하면 경제를 보는 안목이 어느 정도 생긴 것 같습니다. 부족한 부분을 돌아보자면 한도 끝도 없겠지만, 일단 주식계좌를 개설하여 조금씩 거래하면서 익숙해질 생각입니다.

그런데 주식계좌를 만들기 위해 씩씩하게 증권회사로 향하려던 동건 씨, 갑작스러운 고민이 생겼습니다.

세상에 증권사는 많고도 많잖아요. 그간 찾아본 바로는 은행권 증권사도, 온라인 증권사도, 대기업 계열의 증권사도, 심지어 한 번도 들어본 적 없는 증권사도 있었습니다.

동건 씨는 주위에 투자를 하는 사람들에게 어떤 증권사가 좋은지 물어봤습니다. 어떤 사람은 수수료가 싼 증권사가 좋다, 또 어떤 사람은 투자정보가 많은 증권사가 좋다고 합니다. 무엇이 맞을까요?

이솝우화에 당나귀를 시장에 몰고 가서 팔아야 하는 가난한 부자 이야기가 있습니다. 내용은 이렇죠.

부자가 당나귀를 팔기 위해 가고 있는데, 주변 사람들이 당나귀를 타고 가지 그냥 몰고 간다고 힐난합니다. 그래서 아버지가 당나귀를 탑니다.

그러자 또 다른 사람이 어린 아들을 태우지 않고 아버지가 타고 간다고 힐난합니다. 그래서 이번에는 아들이 타고 아버지가 당나귀를 몰고 가죠. 가다보니, "건강한 당나귀를 둘이 타도 될 건데"라는 사람들의 웅성거림이 들렸습니다. 둘 다 당나

귀를 탔죠. 그런데 또 다른 사람이 불쌍한 당나귀를 두 명이나 타고 간다고 뭐라지 뭐예요? 결국 부자는 당나귀를 메고 가다 시냇물에 빠트리게 되었습니다.

이 이솝우화를 보면 어떤 생각이 드나요? 투자자는 모두 생각도 다르고 상황도 다르기 때문에, 단순히 남이 말하는 것을 듣고 따르는 것은 의미가 없습니다.

주식계좌를 개설하고 HTS를 사용하다보면 익숙해져서 증권사를 옮기는 데 어려움이 따릅니다. 주문 실수를 할 가능성도 높아지고, 그 실수는 곧 손실로 연결됩니다. 그러므로 처음부터 증권사를 신중하게 선택해야 합니다.

동건 씨 역시 아무런 정보 없이 기념비적인 첫 증권계좌를 개설하고 싶지는 않습니다. 그럼 어떤 증권사를 선택해야 할까요?

은행의 경우 보통 집이나 직장에서 가까운 곳에 계좌를 개설하죠. 그런데 증권사에서 계좌를 개설하는 것은 왠지 낯설게 여기는 사람들이 많습니다. 어떤 증권사를 선택해야 할지도 고민입니다.

이때 나에게 무엇이 가장 중요한지 생각해보세요. 수수료가 중요한 사람도 있고, 글로벌 투자자료나 다양한 무료교육의 기회를 중요시하는 사람도 있습니다. 이렇게 무엇을 중요하게 생각하는지에 따라 증권사의 선택지가 달라질 수 있습니다.

업종별 애널리스트 평가 출처: 매일경제

업종	순위	애널리스트	증권사
◇반도체	1	이세철	NH투자
	2	김영우	SK
	3	박유악	키움
◇디스플레이	1	김동원	KB
	2	정원석	하이투자
	3	소현철	신한금투
◇정보통신 서비스	1	김홍식	하나금투
	2	김회재	대신
	3	최남곤	유안타
◇정보통신장비	1	하준두	신한금투
	2	김록호	하나금투
	3	박강호	대신
◇가전·전자부품	1	김지산	키움
	2	권성률	동부
	3	이세철	NH투자
◇인터넷·포털·SW·SI	1	김성은	한국투자
	2	황승택	하나금투
	3	김동희	메리츠종금
◇미디어·광고	1	김회재	대신
	2	홍세종	신한금투
	3	최민하	한국투자
◇엔터테인먼트·레저	1	성준원	신한금투
	2	김윤진	대신
	3	양일우	삼성
	3	최민하	한국투자
◇은행			
◇섬유·의복	1	이화영	하나금투
	2	박희진	신한금투
	3	서정연	신영
◇건설·시멘트	1	이경자	한국투자
	2	채상욱	하나금투
	3	김열매	KB
◇자동차·타이어	1	김준성	메리츠종금
	2	송선재	하나금투
	3	조수홍	NH투자
◇조선	1	김 현	메리츠종금
	2	전재천	대신
	3	최광식	하이투자
◇기계	1	김 현	메리츠종금
	2	조철희	한국투자
	3	최광식	하이투자
◇철강·비철금속	1	이종형	대신
	2	박성봉	하나금투
	3	변종만	NH투자
◇거시경제(이코노미스트)	1	윤창용	신한금투
	2	채현기	KTB투자
	3	소재용	하나금투
◇투자전략(스트래터지스트)	1	오태동	NH투자
	2	박중제	메리츠종금
	3	박소연	한국투자
◇글로벌투자전략			
◇증권	1	원재웅	미래에셋대우
	2	장효선	삼성
	3	강승건	대신
◇보험	1	장효선	삼성
	2	강승건	대신
	3	원재웅	미래에셋대우
◇에너지·도시가스	1	허민호	신한금투
	2	윤희도	한국투자
	3	신지윤	KTB투자
◇운송	1	강성진	KB
	2	신민석	하나금투
	3	윤희도	한국투자
◇제약·바이오·헬스케어	1	이승호	삼성
	2	구완성	NH투자
	3	배기달	신한금투
◇유통·홈쇼핑	1	박종대	하나금투
	2	박희진	신한금투
	3	이지영	NH투자
◇화학·정유	1	윤재성	하나금투
	2	이응주	신한금투
	3	황유식	NH투자
◇음식료·담배	1	김정욱	메리츠종금
	2	박애란	KB
	3	심은주	하나금투
◇생활소비재·교육			
◇시황(마켓)	1	김병연	NH투자
	2	이재훈	미래에셋대우
	3	김용구	하나금투
◇기술적 분석(차티스트)	1	이재만	하나금투
	1	최동환	신한금투
	3	유승인	삼성
◇파생상품(데리버티브)	1	최창규	NH투자
	2	전 균	삼성
	3	최동환	신한금투
◇계량(퀀트)	1	이경수	하나금투
	2	이진우	메리츠종금
	3	김경훈	SK
◇지주회사	1	오진원	하나금투
	2	정대로	미래에셋대우
	3	윤태호	한국투자
◇중소형주팀(스몰캡팀)	1		하나금투
	2		신한금투
	3		이베스트투자
◇채권	1		동부
	2		미래에셋대우
	3		NH투자
◇크레디트	1		신한금투
	2		미래에셋대우
	3		NH투자
◇자산배분			

정보력과 분석력이 강점인 증권사

만약 투자에 참고할 만한 정보를 중요시한다면, 리서치센터가 강한 증권사를 선택하는 것도 방법입니다. 한경비즈니스나 매경이코노미 등에서는 1년에 두 번 정도 베스트 애널리스트를 선정합니다. 베스트 애널리스트가 많은 증권사를 체크해보면, 나름 정보와 분석에 강점이 있는 증권사를 선택할 수 있습니다.

포털사이트에서 '베스트 애널리스트'라고 검색하면 어느 증권사에 베스트 애널리스트가 많은지 알 수 있습니다.

편리한 HTS

주식시장이라는 전쟁터에서 HTS(Home Trading System, 홈트레이딩시스템)는 무기와 같습니다. HTS를 잘 활용하지 못한다는 것은 총 쏘는 방법도 모르고 전쟁터에 나서는 것이나 마찬가지죠. 따라서 사용하기 편하고, HTS 교육을 체계적으로 제공하는 증권사를 선택하는 것이 좋겠죠?

증권사에서 제공하는 HTS 교육

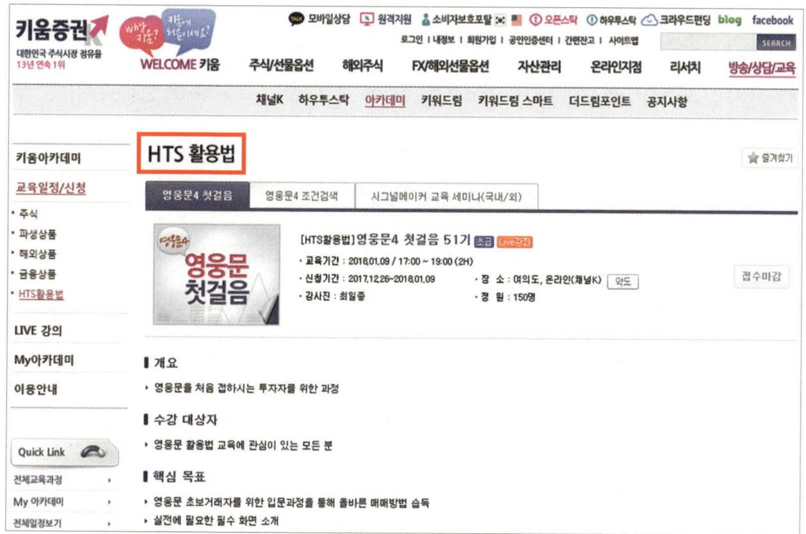

저렴한 수수료

국내 주식의 경우 살 때는 세금이 없지만, 팔 때는 0.25%의 세금을 내야 합니다. 또한 주식을 매매할 때 '수수료'를 내야 하는데, 증권사마다 수수료율이 다릅니다.

주식을 자주 사고팔면 이런 비용을 결코 무시할 수 없겠죠? 따라서 수수료가 저렴한 곳을 선택하는 것도 괜찮은 방법입니다. 수수료는 HTS를 사용할 경우 저렴하며, 증권사 직원을 통해 거래할 경우 상대적으로 비용이 더 높습니다. 예를 들어, HTS 매매수수료가 0.015%라면 100만 원으로 주식 매수 시 150원의 수수료가 부과됩니다(100만 원 × 0.015% = 150원). 반면, 직원을 통한 매매수수료가 0.3%라면 같은 금액으로 매수 시 3,000원의 수수료가 발생합니다.

HTS라는 무기로 직접 전쟁터에 나서느냐, 아니면 주식투자라는 전쟁에 익숙한 증권사 직원과 함께 나가느냐 중 선택해야겠죠.

주식거래 수수료 한눈에 보기

1. 금융투자협회(www.kofia.or.kr)에 접속한 다음, 초기화면 하단의 '바로가기' 항목에서 [전자공시시스템]을 누르세요.

2. 전자공시서비스 화면이 열리면, 왼쪽 상단의 [금융투자 회사공시]를 누릅니다.

3. 금융투자회사 공시 메뉴 화면이 열리면, 왼쪽 하단의 '금융투자회사 수수료 비교' 항목 중 [주식거래 수수료]를 클릭하세요.

4. 이제 각 증권사별 수수료가 나옵니다. 거래금액에 따른 오프라인(증권사 직원), HTS, MTS, ARS의 주식거래 수수료를 일목요연하게 볼 수 있습니다.

증권사별 주식거래 수수료　　　　　　　　　　　　　　출처: 금융투자협회

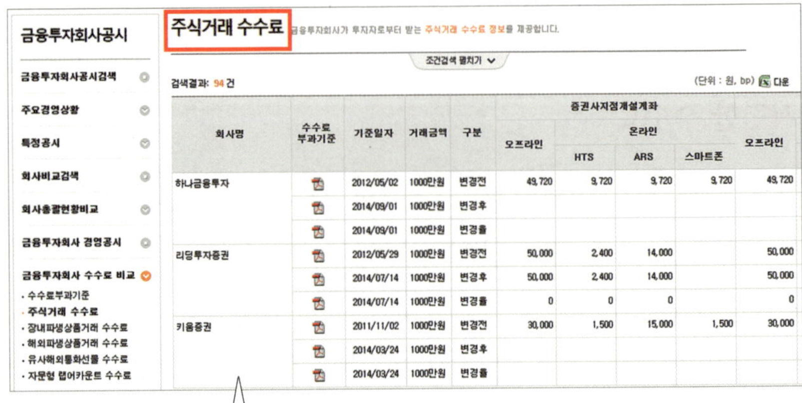

회사명	수수료부과기준	기준일자	거래금액	구분	증권사지점개설계좌 오프라인	온라인 HTS	온라인 ARS	온라인 스마트폰	오프라인
하나금융투자		2012/05/02	1000만원	변경전	49,720	9,720	9,720	9,720	49,720
		2014/09/01	1000만원	변경후					
		2014/09/01	1000만원	변경률					
리딩투자증권		2012/05/29	1000만원	변경전	50,000	2,400	14,000		50,000
		2014/07/14	1000만원	변경후	50,000	2,400	14,000		50,000
		2014/07/14	1000만원	변경률	0	0	0		0
키움증권		2011/11/02	1000만원	변경전	30,000	1,500	15,000	1,500	30,000
		2014/03/24	1000만원	변경후					
		2014/03/24	1000만원	변경률					

금융투자협회 홈페이지에서 '전자공시시스템→금융투자 회사공시→주식거래 수수료'를 누르면 각 증권사별 수수료를 볼 수 있습니다.

매매 방법에 따른 수수료

증권사를 통해 주식을 매매할 때는 각각 HTS, MTS, ARS를 이용하는 방법, 그리고 증권사 직원을 통한 방법이 있습니다.

컴퓨터만 있으면 어디서든 가능한 HTS

HTS(Home Trading System, 홈 트레이딩 시스템)는 투자자가 증권사에 직접 나가지 않고, 집이나 직장 등에서 편하게 주식거래를 할 수 있는 프로그램입니다. 인터넷에 접속된 컴퓨터만 있으면 어디서나 매매를 할 수 있습니다. 증권사의 HTS는 매매뿐만 아니라 종목 선택, 공시, 차트 등 다양한 정보를 제공합니다.

이용에 주의가 필요한 MTS

MTS(Mobile Treading System, 모바일 트레이딩 시스템)는 휴대폰으로 주식 매매가 가능한 시스템입니다. 어디서든 거래가 가능하며, 4가지 방법 중 수수료가 가장 저렴한 것이 장점입니다. 다만, 비번이 없는 와이파이로 거래한다면 보안에 취약할 수도 있으므로 비밀번호를 걸고 사용하는 것이 좋습니다.

비상시에 이용하기 좋은 ARS

ARS(Automatic Response System, 자동 응답 시스템)를 이용해 주식거래를 하는 경우는 많지 않습니다. 하지만 HTS나 MTS를 이용해 거래하더라도 증권사 ARS번호는 비상사태를 대비해 알아두는 편이 좋습니다. HTS나 MTS를 통해 급하게 주문을 넣어야 하는데 갑자기 정전이 되거나 인터넷 연결이 불안정해지거나 휴대폰 배터리가 얼마 남지 않은 경우가 생길 수 있거든요.

증권사 직원을 통하는 방법

말 그대로 증권사 직원에게 주식 매매를 맡기는 것입니다. 4가지 방법 중 수수료가 가장 비싸지만, 종목 분석 및 매매 등 번거로운 작업들을 알아서 해준다는 장점이 있습니다.

질문 수수료가 가장 저렴한 매매 방법은 뭔가요?

HTS, MTS, ARS를 이용하는 경우와 증권사 직원을 통해 매매하는 경우 수수료 차이가 큽니다. 4가지 방법을 수수료별로 비교해보면 다음과 같습니다.

❶ 증권사 직원 > ❷ HTS > ❸ ARS > ❹ MTS

수수료는 증권사별로 다르지만, 대체로 증권사 직원을 이용하는 것이 가장 비싸고, 그다음이 HTS, ARS, 휴대폰의 MTS순으로 저렴해집니다. 예를 들어 메리츠종합금융증권의 경우를 보면, 100만 원을 거래할 때 증권사 직원을 이용하면 수수료가 4,981원, HTS는 2,881원, ARS는 1,981원, MTS는 221원(2018년 3월 기준)입니다.

질문 수수료가 차이 나는 이유는?

오프라인에서 증권사 직원을 이용해 거래할 때가 수수료가 가장 비싸죠? 무조건 아끼는 것보단 수수료에 따라 서비스가 달라진다는 점을 알아야 합니다.

첫째, 증권사 직원을 통해 거래하면 주문 도중에 실수가 생겼을 때 회사 측에서 책임을 집니다. 반면 HTS를 통해 직접 거래할 경우 수수료가 저렴한 대신, 거래 실수의 책임은 본인에게 있죠. 따라서 HTS, MTS를 이용할 경우 주식주문 방법에 대해 100% 이해하고 정확하게 숙달하는 것이 중요합니다.

둘째, 장 중에 궁금한 사항이 있을 때도 담당 직원에게 물어보면 됩니다. 하지만 HTS를 이용한다면 본인이 직접 정보를 알아내는 힘이 있어야겠죠.

셋째, 증권사 직원을 이용할 경우 '손절매'에 좀 더 수월합니다. 이를테면 내가 보유하고 있는 주식에 손실이 5% 이상 났을 때 매도할 계획이라면, 직원에게 이를 실행해달라고 요청하면 됩니다. 그러나 HTS를 통해 매매하는 경우라면 투자자 본인이 직접 챙겨야겠죠.

결국 어느 쪽이 정답이라고 할 수 없습니다. 수수료가 저렴한 것을 원한다면 HTS나 MTS를 선택하는 것이 좋고, 수수료 부담이 있더라도 편리하게 매매하고 싶다면 증권사 직원을 통해 거래하는 방법을 선택하면 됩니다.

MTS 선택 시 주의점

휴대폰에 MTS를 설치하면 언제 어디서든 발 빠르게 주식을 매매할 수 있다는 장점이 있죠. 하지만 빠른 것이 무조건 좋은 것은 아닙니다.

"주식매매를 할 때는 고양이보다 강아지처럼 하라"는 말을 자주 합니다. 저도 들은 이야기입니다만, 도로에서 자동차가 빠른 속도로 달려올 때, 고양이는 너무 빨리 움직여 오히려 차와 충돌할 가능성이 높고, 겁이 많은 강아지는 차가 지나가고 난 다음 움직인다고 합니다.

쉽게 말해 주식투자를 하다 보면 빠른 시세 움직임에 조급하게 매수나 매도를 하는 경우가 많습니다. 특히 MTS는 이용이 더 수월하다 보니 급하게 매매한 후 후회를 하는 경우도 많습니다. 항상 한 템포 쉬고 전략을 세운 후 움직이는 것이 안전합니다.

MTS는 HTS보다 편리하지만 정보를 많이 취합하기는 어렵습니다. 그러므로 MTS는 시세를 보는 용도로, HTS는 정보 취합과 매매전략을 짜는 용도로 사용하는 것이 좋습니다.

손실을 멈추기 위한 결단, '손절매'

"간다, 간다 하면서 아이 셋 낳고 간다"는 속담이 있죠?
중요한 일은 결단을 내리기 그만큼 힘듭니다. 주식투자에서는 바로 손절매가 그런 결단에 속합니다.

　손절매는 '스탑로스(stop loss)' 또는 '로스컷(loss cut)'이라고도 합니다. 말 그대로 손실을 멈추는 것, 즉 예상과 달리 손실이 났을 때, '더 큰 손실을 피하기 위해 과감하게 주식을 매도하는 것'입니다.

개인투자자들은 왜 손실을 잘 볼까요?

주식이 하락하면 '내일은 오르지 않을까, 오르면 팔아야지' 하면서 손실을 점점 키우는 경우가 있습니다. 심지어 손실이 너무 커서 매도를 포기하거나 주식투자를 아예 그만두는 경우도 있죠.

　반면 펀드는 이런 위험을 줄이기 위해 매수한 종목의 손실이 커지면 손절매를 통해 자동으로 매도합니다. 이에 비해 개인투자자는 손절매를 잘 못해서 손실이 커지는 경우가 많습니다. 손절매는 투자자라면 반드시 잘 실행할 줄 알아야 하는 기술입니다. (손절매 방법은 179쪽 참조)

기관투자자들의 손절매에 유의하세요

한편, 주식시장이 일정 수준 이상으로 급락하면, 기관투자자들은 손절매를 실행하는 경우가 많습니다. 이를테면 주가가 3% 이상 내리면 손절매를 해버리는 식입니다. 이처럼 기관투자자가 너도 나도 매도를 하면 주가가 더욱 폭락하겠죠. 그러므로 주가가 하락할 때는 기관의 손절매 매도로 인해 추가 충격이 생길 수 있다는 것도 알고 주의해야 합니다.

02 >>> 나의 첫 주식계좌

증권사를 선택했다면, 이제 본격적으로 주식계좌를 개설해보죠. 주식계좌는 은행이나 증권사 지점에서 신분증만 있으면 개설할 수 있습니다. 되도록 은행보다 증권사 지점에서 계좌를 개설하는 것을 권합니다.

은행은 지점이 많은 것은 장점이지만, 주식계좌 개설이 주된 업무가 아니다 보니, 증권사에 비해 궁금한 점을 물어보기 힘들고 대기시간도 상대적으로 깁니다. 단, 증권사에서도 계좌를 처음 만들 때는 작성할 서류가 많아 생각보다 시간이 걸릴 수 있으니 여유를 갖고 방문하는 편이 좋습니다.

오프라인에서 계좌 개설하기

1. 증권사를 선택했다면, 해당 증권사나 은행의 영업점을 찾아가서 계좌를 개설하러 왔다고 하면 됩니다. 그전에 미리 계좌개설 시간을 확인하고, 준비물도 준비해가야겠죠?

> **증권사 지점 계좌 개설**
> 개설 가능 시간: 09:00~15:00(공휴일, 토/일 제외)
> 준비물: 신분증(주민등록증 또는 운전면허증이나 여권), 거래 도장 또는 서명
>
> **은행·우체국 계좌 개설**
> 개설 가능 시간: 은행 09:00~16:00, 우체국 09:00~16:30
> 준비물: 신분증(주민등록증 또는 운전면허증이나 여권), 거래 도장 또는 서명

2. 그러면 창구 직원이 '계좌개설 신청서'와 '일반투자자 정보확인서' 등을 줍니다. 직원의 안내에 따라 서류를 작성하여 내면 됩니다.

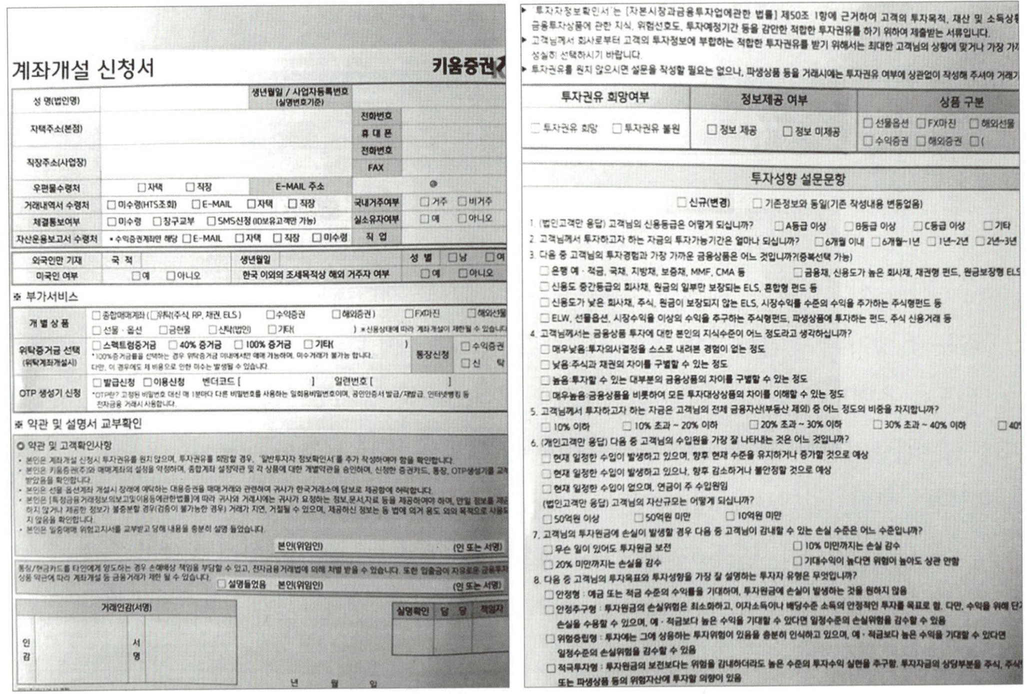

키움증권의 '계좌개설 신청서'와 '일반투자자 정보확인서'

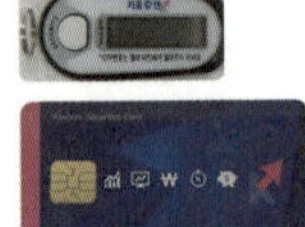

키움증권의 OTP카드(상)와 증권카드(하)

3. 계좌를 개설하면 증권카드를 줍니다. 이 카드로 모든 금융기관의 현금인출기에서 현금을 입출금하거나 이체할 수 있습니다.

만약 HTS로 주식거래를 하려면, 증권계좌를 개설하면서 HTS도 신청하세요. 'HTS 신청서'를 작성하면 OTP카드(보안카드)를 줍니다.

그럼 이 계좌로 첫 입금을 하는 방법은 뒤에서 알아보도록 하고, 먼저 온라인에서 계좌를 개설하는 방법부터 알아보겠습니다.

온라인에서 계좌 개설하기

증권사나 은행에 갈 필요 없이 편하게, 휴대폰이나 인터넷으로도 주식계좌를 개설할 수 있습니다. 키움증권의 예를 들어 휴대폰으로 개설하는 방법을 자세히 살펴보죠.

> **온라인(비대면) 계좌 개설**
>
> 개설 가능 시간: 23시간(23:30~00:30 제외)
>
> 준비물: 신분증(주민등록증 또는 운전면허증), 휴대폰 또는 PC

1. 휴대폰의 플레이스토어나 앱스토어로 들어가 검색창에서 '키움증권 계좌개설' 앱을 검색하여 설치합니다.

2. 앱이 다 설치되면 휴대폰 화면에 자동으로 계좌개설 아이콘이 뜹니다. 이것을 실행하여 [계좌개설 시작하기] 메뉴를 터치하여 들어가면 '개설 가능 시간'과 '준비물'을 설명해줍니다. 읽어본 후 하단 〈시작하기〉를 누르세요.

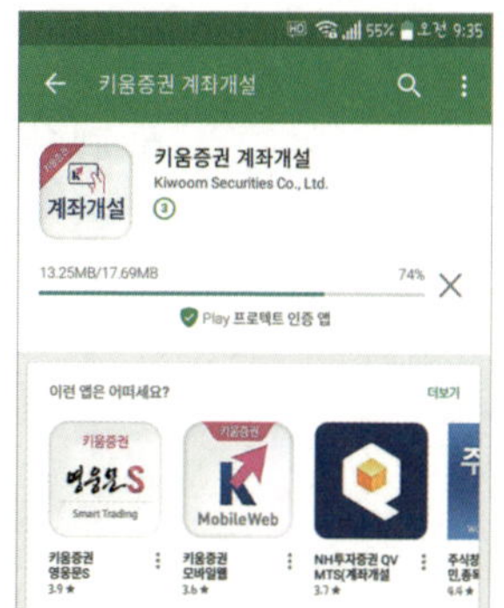

3. 약관 및 개인정보수집에 '전체보기 및 동의'를 선택하고 약관을 확인한 후, 〈다음〉으로 넘어가 '휴대폰 인증'을 진행합니다. 이 단계에서는 이름과 주민등록번호를 확인합니다. 통신사에서 인증번호를 받은 후 [다음]으로 넘어갑니다.

4. 그럼 고객정보를 입력하는 화면이 나옵니다. 자금원천, 계좌 개설 목적, 직업과 주소 등을 확인합니다. 자신에게 해당하는 정보를 선택한 후 〈다음〉을 누르세요.

5. 이제 여러분이 거래할 상품(계좌의 종류)을 선택하는 화면이 열립니다. 앱으로 개설할 수 있는 계좌는 5가지로, '종합(주식+수익증권+해외주식)', '선물옵션', '해외선물옵션', 'FX마진', 그리고 '금현물'입니다.

   우리는 여기서 '종합(주식+수익증권+해외주식)'을 선택하죠. 계좌 하나로 주식뿐만 아니라 펀드, 해외주식도 거래할 수 있습니다. 하단에 계좌 비밀번호(숫자 4자리)도 설정한 후 〈다음〉을 누르세요.

키움증권 계좌 개설 과정

6. 계좌를 개설하기 위해 본인명의의 계좌가 있는지 확인하는 단계입니다(이때 되도록 계좌를 입력하는 것이 좋습니다. 그러면 후에 굳이 영업점에 가지 않더라고 HTS나 ARS를 통해 연계은행 계좌와 증권계좌 간의 이체를 편하게 할 수 있거든요). 해당하는 항목을 선택한 후, 계좌정보를 기입한 후 〈다음〉을 누릅니다.

7. 마지막으로 본인인증을 하는 단계입니다. 화면에서 지시하는 대로 신분증을 촬영하면, 하단에 개인정보(이름, 주민번호, 주민등록증 발급일자)가 자동으로 입력됩니다. 내용의 이상이 없으면 〈다음〉을 누르세요

8. '계좌확인'과 '영상통화' 중 1가지 방법으로 본인확인을 진행합니다. 여기에서는 본인명의의 계좌가 있는 경우로 진행해보죠. [계좌확인]을 누른 후 〈다음〉을 눌러보겠습니다.

9. 내 계좌은행의 인터넷뱅킹이나 ARS를 통해 계좌에 들어온 돈이 있는지 확인합니다. 입금자명 '키움***'로 1원이 입금된 걸 확인할 수 있습니다. ***에 해당하는 부분이 인증번호입니다. 이것을 기입하면 계좌 개설이 완료되며, 키움증권에서 '계좌 개설이 완료됐습니다'라는 문자가 옵니다. 이로써 개좌 개설이 끝났습니다.

다음 화면으로 회원ID와 비밀번호를 입력하는 화면이 나오는데, ID는 HTS를 설치할 때나 키움증권 사이트에서 회원가입을 통해 만들어도 됩니다. 여기에서는 'HTS 설치하는 방법'에서 자세히 설명하겠습니다. 그럼 이제 계좌로 입금하는 방법을 알아보겠습니다.

주식계좌로 첫 입금하기

나의 첫 계좌로 우선 10만 원을 보내보겠습니다. 방법은 일반 송금 때와 비슷합니다. 다만 입금은행 부분에서 '은행' 대신 '증권'을 선택해서 기입한다는 것만 다릅니다. 그럼 과정을 따라가볼까요?

1. 반드시 주식계좌를 개설하면서 입력했던 본인명의의 계좌를 이용해야 합니다. 만약 국민은행 계좌라고 가정하고 국민은행 인터넷뱅킹을 이용하겠습니다(인터넷뱅킹 신청이 안 된 경우라면, 스마트폰뱅킹이나 ARS로도 송금이 가능합니다).

2. 인터넷뱅킹에 접속하여 연계계좌로 들어가 [이체]로 들어갑니다. '이체정보입력' 화면에서 입금은행란을 클릭하면 '은행선택' 팝업창이 아래와 같이 뜹니다. 이때 상단의 '은행'과 '증권' 중에 [증권]을 누르면 증권사 이름들이 보입니다. 여기서 '키움증권'을 선택하고 '입금계좌번호'에는 자신의 주식계좌번호를 입력하면 됩니다(주식계좌번호는 개설 완료 시 받았던 문자나, 키움증권 계좌개설 앱으로 들어가 하단의 [계좌번호 확인]을 통해 볼 수 있습니다).

3. 이체금액 10만 원을 선택하고 비밀번호 입력 후 〈확인〉을 클릭합니다.

4. 마지막으로 보안카드 번호와 공인인증서 비밀번호를 입력하면 이체가 완료됩니다. 생각보다 간단하죠?

증권		
NH투자증권	유안타증권	KB증권
미래에셋대우	삼성증권	한국투자증권
교보증권	하이투자증권	현대차투자증권
SK증권	한화투자증권	하나금융투자
신한금융투자	유진투자증권	메리츠종합금융증권
신영증권	이베스트투자증권	케이프증권(구LIG)
부국증권	키움증권	대신증권
DB금융투자	펀드온라인코리아	케이티비투자증권

내 주식계좌 잔고 확인은 어디에서 할까?

계좌에 내가 보낸 돈이 잘 입금됐는지 궁금하겠죠? 이런 경우 증권사 HTS의 메뉴에서 [주식주문]을 선택하면 나오는 항목 중 '실시간계좌관리'에서 잔고를 확인할 수 있습니다.

03 >>> 주식거래도 스마트하게!

집에서 주식을 거래하려면 증권사의 HTS를 설치해야 합니다. HTS 설치 과정은 모든 증권사가 비슷한데요, 어려울 것 없습니다. 다만 가능하면 사양이 괜찮은 컴퓨터로 하는 것이 좋습니다. HTS는 주식시장이라는 전쟁터에서 개인투자자에게 주어진 무기인데, 주문을 넣다가 컴퓨터 오류라도 발생하면 무척 당혹스러울 테니까요.

대부분의 증권사들이 대동소이하지만, HTS마다 기능상의 차이가 있습니다. 키움증권의 경우 개인투자자들이 사용하기 편하도록 시스템이 갖춰져 있고, 온라인 증권사인 만큼 HTS를 통해 증권방송인 '채널K'와 '키워드림'과 같은 온라인 전문가 상담을 제공하고 있습니다. 유안타증권은 중화권 증권사라는 강점이 있어 중국 주식을 분석하기 쉽고, 삼성증권은 정보 취합이 편합니다.

HTS 설치 전, 회원가입과 공인인증서 등록

여기서는 키움증권에 증권계좌를 개설했다고 가정하고 설명하겠습니다. 우선 HTS를 설치하기 전에 필요한 회원가입과 공인인증서 등록법부터 설명하겠습니다.

1. 먼저 컴퓨터에서 키움증권 사이트(www.kiwoom.com)에 접속한 후 〈회원가입〉을 클릭하세요.

2. 회원가입 화면이 나옵니다. 앞에서 증권사 계좌를 개설했으니, 오른쪽 '계좌 보유 고객'의 〈키움시작하기〉를 클릭합니다.

3. '키움 시작하기' 팝업창이 뜨는데, 여기에서 하단의 [ID등록]을 선택하면 'ID등록' 화면이 뜹니다. 이름과 계좌번호, 비밀번호를 기입한 후, 오른쪽의 〈Go〉를 클릭하세요.

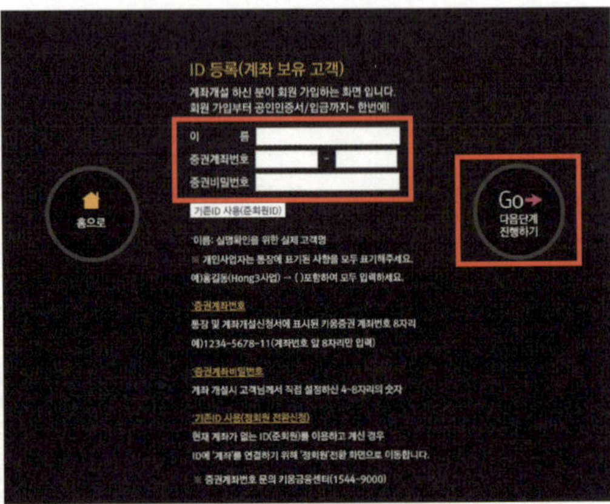

4. 회원가입 단계로 넘어갑니다. 먼저 '약관 확인 단계'입니다. '약관보기'를 마치면 하단의 버튼들을 체크한 후 〈확인〉을 누르세요. 그 다음은 '동의서 확인 단계'이며, 여기에서도 해당 버튼들을 선택한 후 〈확인〉을 누릅니다.

5. 이제 'ID등록 페이지'가 다시 나옵니다. 자신이 쓸 ID와 비밀번호, 주소 등의 정보를 입력한 후 〈확인〉을 누르면, 회원가입 완료 화면이 뜹니다. 여기에서 '공인인증서 발급 단계'로 가려면 〈Go〉를 누르고, 이미 있다면 바로 로그인이 가능합니다. 그럼 없다는 가정 하에 공인인증서도 발급 받아볼까요?

6. 공인인증서 관련 화면이 나오면 2가지('타기관인증서등록'과 '인증서재발급') 중 자신에게 해당하는 경우를 클릭하여 발급받으면 됩니다.

　　그런데 우리가 은행거래시 쓰던 것은 대개 '은행/보험용 인증서'인 경우가 많죠. 〈타기관인증서등록〉을 누르고 이 인증서를 등록하는 경우, '상호연동이 불가능한 인증서입니다'란 메시지가 나올 뿐 등록이 안 됩니다.

　　주식거래를 처음 시작하는 초보자의 경우, 증권용 공인인증서가 없는 경우가 대부분이니 여기에서는 '인증서재발급' 과정을 설명하겠습니다. 〈인증서 재발급〉을 클릭하세요.

7. 다음 화면에서 주민등록번호와 계좌번호 등을 기입한 후 〈신청〉을 누르세요.

8. 간단한 인증절차를 거치면 공인인증서 발급 페이지가 나옵니다. 약관을 보고 〈동의〉를 누르세요. 인증서 저장매체를 선택한 후, 사용할 비밀번호를 기입합니다.

9. '인증서 발급안내' 창이 뜨고 하단에 보면 증권, 보험만 사용이 가능한 '용도제한인증서'란이 있습니다. 이것을 선택한 후 〈확인/신청〉을 누르세요.

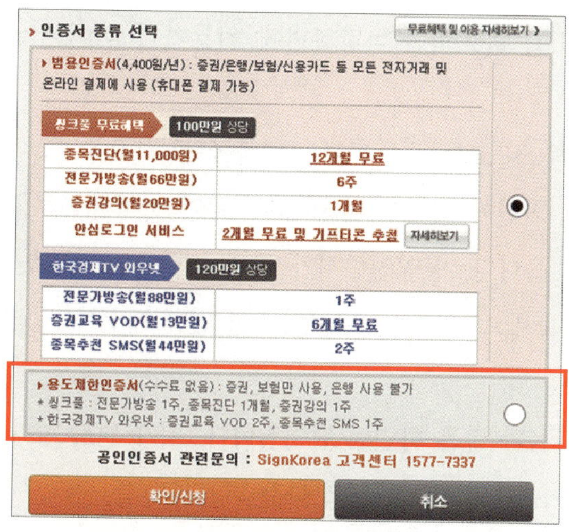

10. 그러면 개인정보를 입력하는 창이 뜨는데, 자동으로 내용이 채워 있으니 맞는지 확인 후 〈확인/신청〉을 누르세요.

11. '대여계좌신청 페이지'가 뜨면, 이것은 〈건너뛰기〉를 누르세요. 그러면 드디어 공인인증서 발급완료 창이 뜹니다.

HTS 설치하는 방법

그럼 키움증권의 HTS인 '영웅문4'를 설치해보겠습니다.

1. 이제 HTS를 다운받아서 설치하는 단계입니다. 키움증권 사이트 오른편의 [영웅문4 다운로드]를 클릭하세요. 그럼 바로 다운로드가 시작됩니다.

2. 다운로드가 완료되었나요? 그러면 폴더를 열어 설치파일을 더블클릭하여 HTS를 설치하세요. 완료되면 바탕화면에 '바로가기' 아이콘이 생깁니다.

3. 이제 설치가 끝났습니다. '바로가기' 아이콘을 더블클릭하세요.

4. 그러면 HTS의 로그인 화면이 열립니다. 여기에 ID와 비밀번호들을 입력하면 사용할 수 있습니다. 공인인증서가 있으니 '인증서 로그인'을 선택해서 로그인해보세요. 인증서 비밀번호 한 번만 기입하면 되니 더 편리합니다.

5. 이제 로그인을 하면 다음과 같은 화면이 펼쳐집니다. 뭐가 뭔지 하나도 모르겠죠? 이제 하나하나 활용해보도록 하겠습니다.

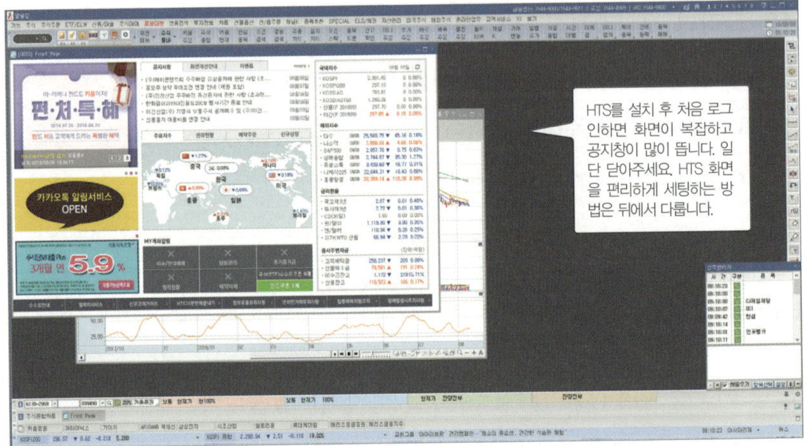

HTS 설치가 어렵다면?

증권계좌를 개설한 다음 HTS를 설치하는 것이 어렵다면, 증권사에 '원격지원 서비스'를 신청해보세요. 이 서비스는 증권사 직원이 통화 도중에 고객의 동의를 얻어 인터넷을 통해 고객의 PC에 직접 접속하여 제어하는 것입니다.

키움증권의 경우 홈페이지 상단에 원격지원 서비스 화면으로 연결되는 배너(천리안 서비스 접속)가 있습니다. 홈페이지 하단의 키움증권센터 번호로 전화한 후 증권사 직원의 지시에 따르면 원격지원으로 HTS를 설치해 사용할 수 있습니다.

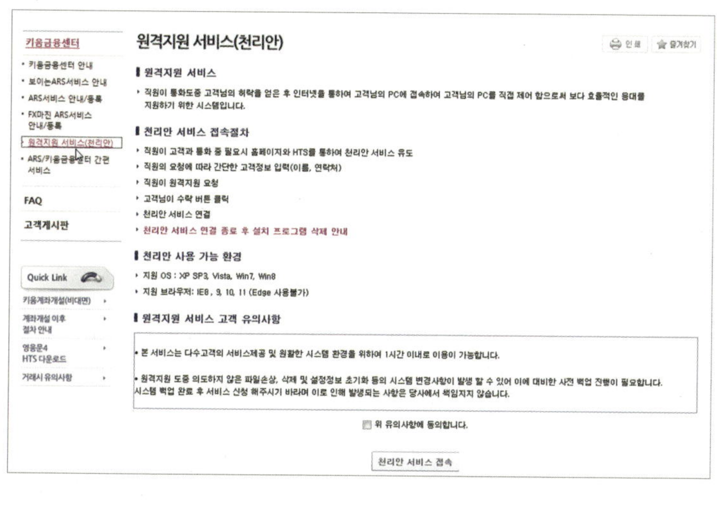

04 >>> 거래할 때 이것만은 지키면서!

오목을 둘 때도 '삼삼'이 있는지 없는지 미리 정해야 하고, 고스톱을 칠 때도 지역마다 다른 규칙을 확실히 하지 않으면 서로 언성이 높아집니다. 주식투자도 마찬가지입니다. 기본적인 거래규칙을 알아야 매매를 원활하게 할 수 있습니다.

주식 거래시간과 동시호가

주식은 언제 주문할 수 있을까요? 정규시장의 거래시간은 오전 9시부터 주문은 오전 8시부터 넣을 수 있습니다. 그런데 오전 9시 이전의 주문은 곧장 체결되지 않습니다.

단일가 매매/동시호가

오전 8~9시는 주문의 호가와 수량만 주문받고, 장이 시작하는 오전 9시에 모든 거래가 동시에 들어온 것으로 봐서 시초가를 결정합니다. 공식적으로는 '단일가 매매시간'이라고 하는데, 시장에서는 '동시호가(동시에 가격을 부르는 것)'라는 말을 더 많이 사용합니다. '호가(呼價)'란 말 그대로 '가격을 불러' 사고팔 의사를 표시하는 것을 말합니다. 주문이라고 생각하면 됩니다.

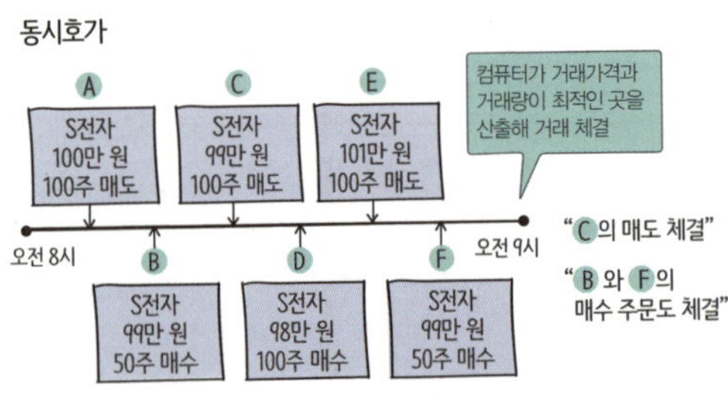

한편 장이 마감되는 오후 3시 30분 이전의 10분 동안(3:20~3:30) 다시 종가를 정하기 위한 '장 마감 동시호가' 시간이 주어집니다.

매매 체결의 4가지 원칙

거래 정규시간 동안 수많은 사람들이 주문을 합니다. 이때 누구는 주문을 더 빨리 체결해주고 누구는 그렇지 않다면 공정한 시장이라고 할 수 없겠죠? 그래서 거래 체결을 공정하게 하기 위해 다음의 4가지 원칙이 있습니다.

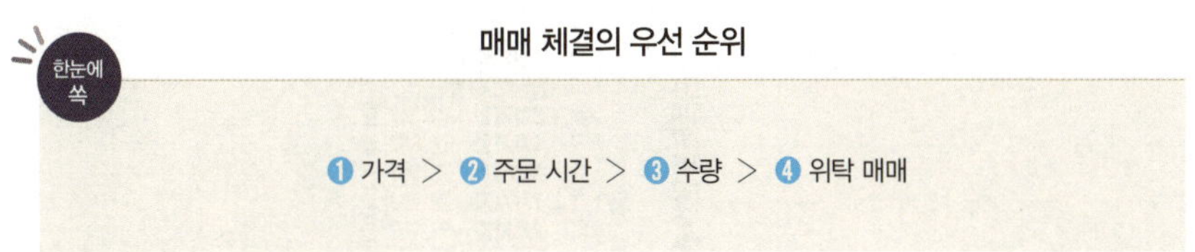

가격 우선의 원칙

가격이 유리한 주문부터 체결합니다. 주식을 사기 위한 매수 주문이라면 가격이 가장 높은 주문부터 체결되고, 주식을 팔기 위한 매도 주문이라면 가장 낮은 가격을 제시한 주문부터 체결됩니다. 따라서 얼른 팔고 싶

으면 가장 낮은 가격을 제시하고, 얼른 사고 싶으면 주문 가격을 높이는
게 방법이죠.

시간 우선의 원칙

매도 주문은 가장 싼 것, 매수 주문은 가장 비싼 것부터 체결되는데, 이때
같은 가격에 여러 주문이 걸려 있으면 1초라도 먼저 한 것부터 체결됩니다.

수량 우선의 원칙

만약 주문이 같은 가격, 같은 시간에 들어왔다면 어떤 것부터 체결될까
요? 이런 경우 주문 수량이 더 많은 것부터 체결됩니다.

위탁 매매 우선의 원칙

주식을 살 때는 보통 HTS에서 주문하지만, 사실 직접 거래하는 것이 아
니라 증권사에 위탁해 주문을 넣는 것입니다. 따라서 증권사와 개인의
주문이 같은 시간, 같은 가격으로 발생할 수도 있습니다. 이때 증권사는
자기 주문보다 위탁투자자의 위탁 매매 주문을 우선으로 합니다.

사례 장 중의 매매 화면입니다. 어떤 주문부터 먼저 체결될지 매매 체결의 원칙으로
살펴보겠습니다.

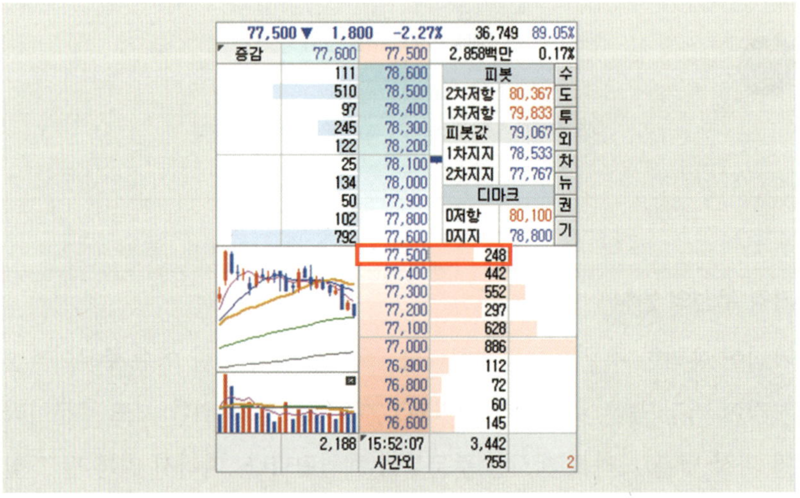

❶ 가장 높은 가격을 제시해야 먼저 체결될 것입니다. 즉 77,400원보다 77,500원에 매수 주문을 넣은 것이 더 빨리 체결됩니다.

❷ 77,500원에 매수 주문을 넣으면, 나보다 앞선 매수 잔고가 248주 있으므로 이 물량부터 먼저 체결됩니다. 그런 다음 내가 넣은 매수 물량이 체결됩니다.

❸ 만약 주문이 같은 가격, 같은 시간에 들어오면, 수량이 더 많은 주문이 적은 수량의 주문보다 우선합니다.

❹ 증권사가 직접 넣은 주문보다 개인인 나의 위탁 매매 주문을 우선합니다.

호가 단위란?

주가에 따라 '호가 단위(tick size)'가 다릅니다. 호가란 말 그대로 주문을 할 때 '부를 수 있는 가격의 단위'를 뜻합니다.

예를 든 키움증권의 경우 주가가 5만 원 이상 10만 원 미만이므로 호가 단위가 100원입니다. 그러므로 매도나 매수 주문을 77,550원과 같이 50원 단위로는 불가능합니다.

주가에 따른 호가 단위

주가	호가 단위
1,000원 미만	1원
1,000원 이상 5,000원 미만	5원
5,000원 이상 1만 원 미만	10원
1만 원 이상 5만 원 미만	50원
5만 원 이상 10만 원 미만	100원
10만 원 이상 50만 원 미만	500원
50만 원 이상	1,000원

시간외시장 주문,
언제 어디서?

장이 끝나고 난 다음 '아, 이 주식은 오늘 매수했어야 했는데' 하고 아쉬움이 들 때가 있습니다. 이럴 때는 다음 거래일에 매매할 수도 있지만 시간외시장을 이용할 수도 있습니다.

시간외시장은 장 전인 오전 7시 30분에서 8시 30분, 장 마감 후인 오후 3시 40분부터 6시까지 거래가 이뤄집니다. 오후 4~6시는 시간외단일가시장으로 당일 종가대비 ±10% 가격으로 거래됩니다.

이때 주의할 점이 있습니다. '시간외단일가 주문'은 일반 주문 창에서 하는 것과 다릅니다.

1. HTS 화면 상단 메뉴의 [주식주문]→시간외단일가→시간외단일가주문종합을 클릭하세요.

2. '시간외단일가주문종합' 창이 열립니다. 시간외단일가 주문은 꼭 이 창에서 주문해야 한다는 점을 잊지 마세요.

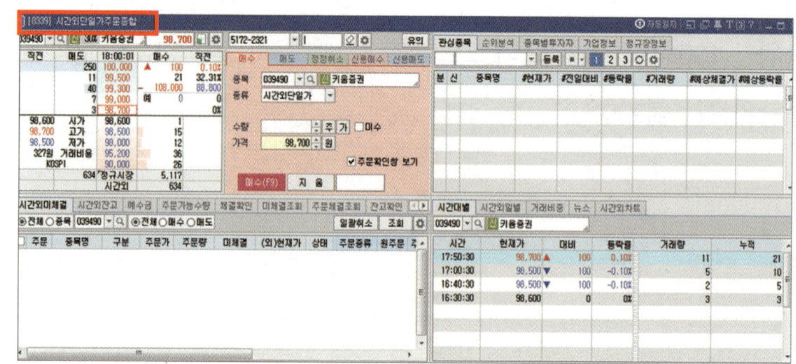

05 >>> 현재가 창에서 주문하기

'현재가' 창은 거래할 종목의 현재가를 보고 실제로 매매를 하는 창이므로 HTS에서 가장 많이 사용합니다. 하지만 어떻게 봐야 할지 잘 모르는 사람들이 많습니다. 여기서는 '현재가' 창을 다시 꼼꼼히 살펴보며 매매 방법부터 알아보겠습니다.

1. HTS 초기 화면의 상단 메뉴에서 [주식]을 누른 다음, 키움현재가를 클릭하세요.

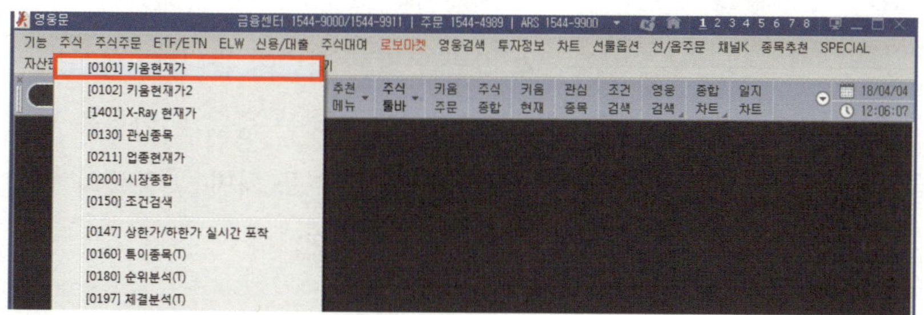

2. 그러면 화면에 '현재가' 창이 열립니다. 현재가 창은 여러분이 주식을 실제로 매매하는 곳입니다. 이 창에서 자신이 원하는 종목의 정보를 얻을 수 있습니다.

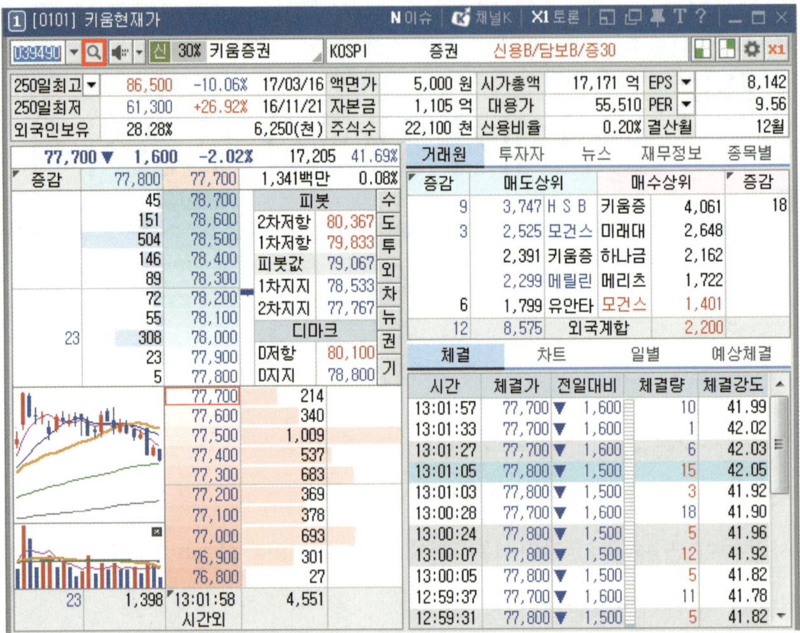

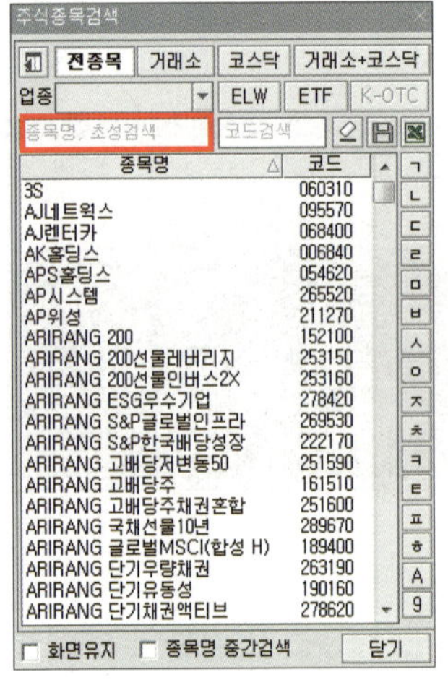

3. 종목을 불러와볼까요? 창 왼쪽 상단의 검색 아이콘을 클릭하세요.

4. 그림과 같은 화면이 뜹니다. '종목명'란에 자신이 원하는 종목의 이름을 넣고 〈Enter〉 키보드를 치면 그 종목의 '현재가' 창으로 바뀝니다.

그럼 현재가 창의 각 항목들을 살펴보겠습니다.

'현재가' 창

❶ 종목 코드번호/종목명: 종목의 코드번호나 종목명을 입력하는 난입니다.

❷ 종목 기본정보: 키움증권의 액면가, 자본금, 주식 수, 시가총액, 신용비율, 그리고 250일 최고 주가와 최저 주가를 보여줍니다.

❸ 현재가, 등락, 등락률: 현재가격(현재가)과 얼마가 오르고 내렸는지(등락 여부), 전일 종가 대비 몇 %의 비율로 오르고 내렸는지(등락률)를 보여줍니다.

❹ 현재 주문상황: 현재 매도하거나 매수하려는 가격과 물량을 보여줍니다.

❺ 체결: 해당 종목의 시간대별 체결 가격과 체결량 등을 보여줍니다.

❻ 거래원: 해당 종목의 매도상위 기관과 매수상위 기관을 보여주며, 외국계증권사의 매매 추이도 보여줍니다. 이 창의 정보로는 현재 외국인투자자들(모건스탠리, 메릴린치)이 매매를 하고 있군요.

지정가 주문, 시장가 주문, 뭐가 좋나요?

주식을 매수, 매도하는 주문의 종류는 무척 많지만, '지정가 주문'과 '시장가 주문'만 알면 큰 무리가 없으니 먼저 배워보겠습니다. 위 화면 ❹번 영역의 매도호가나 매수호가 위에서 마우스 오른쪽 클릭한 뒤 '매수'나 '매도' 메뉴를 선택해 보세요.

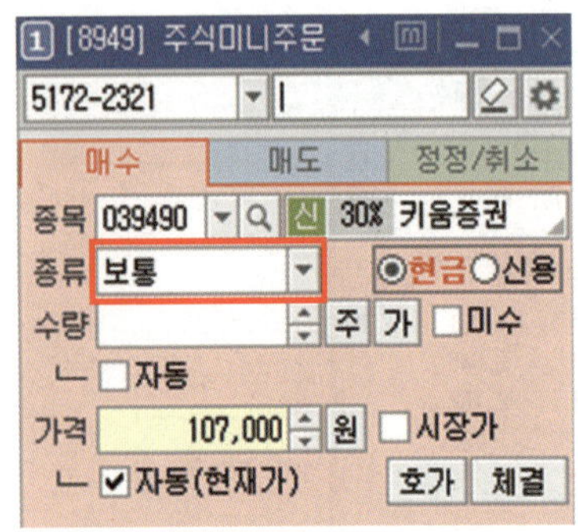

지정가 주문 넣기

지정가 주문이란 내가 '가격'을 '지정'해서 주문을 하는 방식으로, 개인투자자들이 가장 많이 사용합니다. '주식 주문' 창을 보면 '보통'이라고 표시되어 있는데, 바로 '지정가 주문' 상태라는 의미입니다.

만약 현재가가 10,000원일 경우, 매수자는 당연히 그보다 싼 가격으로 사고 싶고, 매도자는 그보다 조금 비싼 가격으로 팔고 싶겠죠? 그래서 매수자는 9,990원이나 9,980원으로 지정해 주문을 합니다. 반대로 매도자는 10,050원이나 10,100원에 주문을 걸어두겠죠.

질문 매수자가 지정가를 9,900원으로 주문했는데, 현재가가 10,000원 아래로 내려오지 않고 상승하면 어떻게 되나요?

그럼 당연히 한 주도 살 수 없습니다. 마찬가지로 10,100원에 지정가 매도 주문을 했는데 주가가 하락하면 이것도 체결이 안 되겠죠. 이처럼 지정가 주문은 현재가보다 더 싸게 사거나 비싸게 팔 수 있지만, 한 주도 거래가 안 될 수도 있다는 게 단점입니다.

시장가 주문 넣기

'시장가 주문'은 시장에서 부르는 가격대로 주문을 하는 방식입니다. 이를테면 현재가가 10,000원이고, 매도자들이 10,050원, 10,100원에 매도 주문을 걸어두었다면, 시장가 주문의 경우 이 가격대로 지불하고 사는 것입니다.

시장가 매도 주문도 마찬가지입니다. 주식 매수자가 부르는 가격대로 파는 것이죠. 그럼 다음 사례를 볼까요?

 A주식은 오전 9시에 장이 출발할 때 10,000원의 가격으로 시작했습니다. 그런데 지정가 주문만 있고, 시장가 주문은 장 마감 때까지 1주도 없었습니다. 그럼 10,000원으로 시작한 주가는 종가에 얼마가 되어 있을까요?

❶ 9,990원   ❷ 10,000원

❸ 10,050원   ❹ 알 수 없다.

강의장에서 이런 질문을 하면 ❹ '알 수 없다'는 답변이 가장 많이 나옵니다. 하지만 정답은 ❷입니다. 왜 그럴까요?

사실 주가는 지정가로는 움직이지 않습니다. 즉 지정가 주문 가격으로 체결이 안 되는 것이죠. 그런데 시장가 주문은 장 마감 때까지 1주도 없었으므로, 현재가인 10,000원이 그대로 그날의 종가가 됩니다.

이처럼 주가를 움직이는 것은 지정가가 아니라 시장가라는 점을 반드시 기억하세요.

현재가 창의 세부사항 살펴보기

그럼 이제 현재가 창의 항목 중 좀 더 자세히 살펴봐야 되는 것들을 다뤄보겠습니다.

지정가 주문, 시장가 주문

빨간색 네모 안에 있는 77,700원이 키움증권의 현재가이며, 지정가 매수 주문이 214주 걸려 있네요. 77,600원에는 340주가 걸려 있고요. 현재가를 기준으로 조금 위쪽을 보면 지정가 매도 주문은 77,800원에 5주, 77,900원에 23주 걸려 있습니다.

하지만 앞서 이야기했듯이 주가를 움직이는 것은 지정가 주문이 아닙니다. 창을 보면 77,800원과 77,900원에 지정가 매도 주문이 얼마 안 되니 금방 78,000원

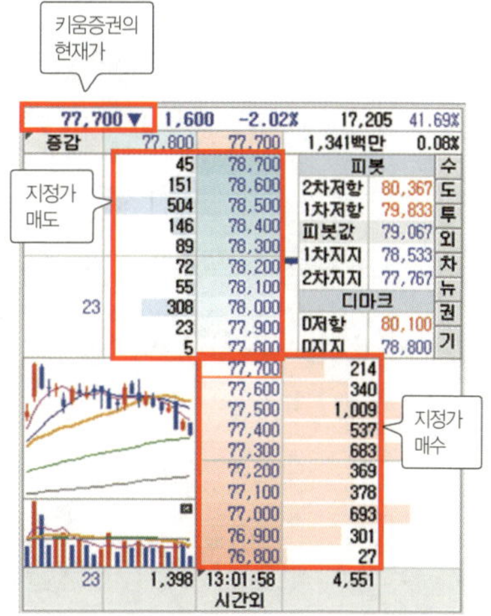

으로 상승할 것처럼 보이지만, 그렇지 않을 경우가 더 많다는 점을 반드시 기억해두세요.

| 체결 | 차트 | 일별 | 예상체결 |

시간	체결가	전일대비	체결량	체결강도
11:15:46	34,900 ▲	1,100	59	186.69
11:15:46	34,850 ▲	1,050	141	186.24
11:15:43	34,850 ▲	1,050	6	185.18
11:15:08	34,850 ▲	1,050	1	185.14
11:14:56	34,800 ▲	1,000	50	185.13
11:14:55	34,850 ▲	1,050	1	185.83
11:14:26	34,800 ▲	1,000	15	185.82
11:14:20	34,850 ▲	1,050	6	186.03
11:14:03	34,800 ▲	1,000	3	185.99
11:13:00	34,800 ▲	1,000	1	185.96
11:13:00	34,800 ▲	1,000	1	185.98

빨간색 숫자는 시장가 매수 주문으로 체결된 수량이고, 파란색 숫자는 시장가 매도 주문으로 체결된 수량입니다.

체결

대부분의 개인투자자들은 '현재가' 창에서 지정가 주문이 걸려 있는 부분을 열심히 보지만, 실제로 더 주목해야 할 부분은 바로 '시장가'입니다. 창의 중앙 부분에 있는 [체결] 탭을 클릭해보세요. 실제 가격이 어떻게 체결되고 있는지 시간대별로 자세히 보여줍니다.

지정가 매도 주문이 많은 경우

주식을 사려고 '현재가' 창을 열었을 때, 지정가 매도 주문이 너무 많이 걸려 있으면, 왠지 주가가 더 이상 상승하지 못하고 밀릴 것 같은 느낌이 듭니다. 하지만 시장가 주문이 강하게 들어온다면 그 시점이 바로 매수 타이밍입니다.

지정가 매수 주문이 많은 경우

반대로 주식을 팔려고 현재가 창을 열었을 때, 지정가 매수 주문이 많이 있으면 왠지 안심이 되기도 합니다. 현재가가 10,000원이고 9,980원 정도에 매수 주문이 10만 주 정도로 걸려 있으면, 주가가 그 이하로는 하락할 것 같지 않다는 느낌이 들기 때문입니다.

하지만 그때도 역시 '시장가'로 체결되는 화면을 봐야 합니다. 만약 시장가 매도로 큰 물량이 나온다면 안심할 때가 아니라 주식을 팔아야 할 때입니다.

'현재가' 창을 열면 보통 주문으로 급하게 이어지는 경우가 많습니다. 하지만 그 전에 '체결' 탭을 열어 면밀하게 분석하는 습관을 들이는 것이 좋습니다.

거래원

'현재가' 창의 중앙 상단에 있는 '거래원'은 어느 증권
사를 통해 들어오는 주문이 많은지 보여줍니다.

　예전에는 지금보다 수수료 차이가 컸기 때문에, 다
음과 같이 거래원을 분석하는 것이 중요했습니다.

1. 온라인 증권사의 매수가 많은지 체크합니다. 일반적
　　으로 수수료는 온라인 증권사가 가장 싸고, 대형 증권사는 그다음, 외
　　국계 증권사가 가장 비쌌습니다. 그때는 수수료가 싸면 오늘 들어온
　　매수 물량이 주가가 몇 % 오르지 못해도 수익을 내고 나갈 수 있다는
　　의미로 해석했습니다. 그래서 온라인 증권사의 매수가 많으면 하루에
　　도 급등락할 가능성을 높게 보았습니다.

2. 거래원에서 어느 대형 증권사가 특정 주식을 꾸준히 매수하는지 체크
　　합니다. 그 증권사의 매물이 나오기 전에는 주가가 계속 오르는 경향
　　이 있었기 때문입니다. 예컨대 삼성증권이 특정 주식을 열심히 매집
　　하면 '삼성증권에서만 매물이 안 나오면 되겠구나' 라고 생각하기도
　　했죠. 하지만 이제는 주식을 다른 증권사로 이동(타사대체입고)하여 매
　　도를 할 수 있기 때문에, 전과 같은 방식으로는 매도 타이밍을 잡을
　　수 없습니다.

3. 결과적으로 거래원은 외국인 창구로 매수가 얼마나 들어오는지만 가
　　볍게 확인하는 것이 좋습니다.

06 >>> 드디어 주식 매매!

초보자는 종목을 분석할 때 시간도 많이 걸리고 판단착오도 잦습니다. 하지만 경험과 안목이 쌓이면 얼마든지 나아질 수 있는 부분입니다. 그러나 HTS 사용에 숙달되지 않으면 작은 매매 실수로도 계좌에서 큰 손실을 입을 수 있죠.

영화를 보면 마술사들이 완벽한 카드매직을 보여주기 위해 늘 손에서 카드를 놓지 않고 연습하는 장면이 나옵니다. 주식투자도 좋은 결과를 보려면 기본적으로 HTS를 능숙하게 다룰 줄 알아야 합니다. 정보를 찾더라도 HTS를 통해 찾고, 당장 매매를 하지 않더라도 HTS 주문법은 물론, 잘 사용하지 않는 기능들까지 요모조모 살펴보세요(증권사 모의투자를 통해 매매 과정에 익숙해지는 것도 좋습니다).

이제 주식투자를 하기 위해 가장 기본적인 매수, 매도 주문 넣는 방법을 알아보죠.

현재가 창에서 매수 주문하기

HTS에서 주문창을 열면 주문의 종류가 너무 많아 당황스러울 것입니다. 그래서 실제 주문을 넣을 때는 '현재가' 창을 이용하는 것이 편리합니다. 순서대로 살펴볼게요.

1. HTS 화면 상단 메뉴에서 [주식]→키움현재가를 누르세요. 화면 상단
   의 돋보기를 눌러 관심 종목을 선택합니다.

2. 내가 사거나 팔고 싶은 종목의 창이 열리면 화면 중앙에 세로로 정렬
   된 '수, 도, 투, 외, 차, 뉴, 권, 기'가 보입니다. 여기서 매수를 뜻하는
   〈수〉를 클릭해보세요.

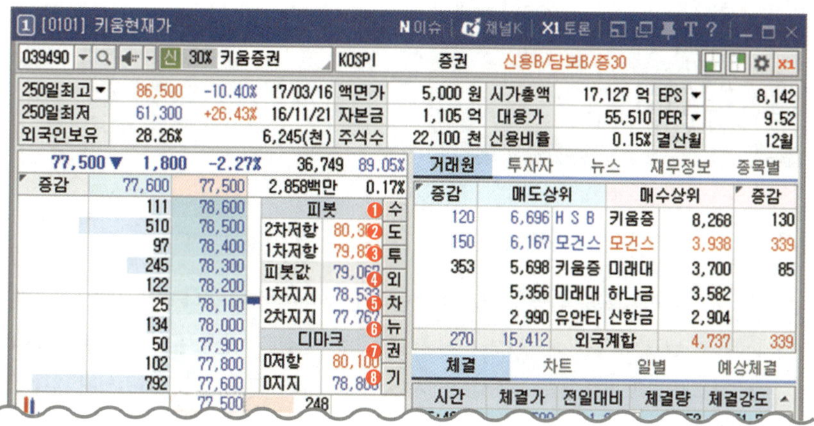

❶ 수: 매'수'를 뜻하며, 해당 주식을 살 수 있는 '주식미니주문' 창을 불러옵니다.

❷ 도: 매'도'를 뜻하며, 해당 주식을 팔 수 있는 '주식미니주문' 창을 불러옵니다.

❸ 투: '투'자자를 뜻하며 개인, 외국인, 기관 등의 매매 관련 정보를 볼 수 있습니다.

❹ 외: '외'국인 거래량의 증감 추이를 보여줍니다.

❺ 차: '차'트 창이 나타납니다.

❻ 뉴: 해당 종목과 관련된 '뉴'스를 볼 수 있습니다.

❼ 권: '권'리에 관한 내용, 즉 공모주청약, 무상증자 등의 일정을 볼 수 있습니다.

❽ 기: 투자의견, 재무분석, 업종분석 등 '기'타 관련 정보들이 나옵니다.

3. 이제 '주식미니주문(매수 주문)' 창이 열립니다. [종류]의 항목란을 누
   르면 매수 주문의 종류를 선택하는 목록이 열립니다. '보통', '시장
   가', '조건부지정가' 정도의 주문만 익숙하게 사용하면 큰 무리가 없
   습니다.

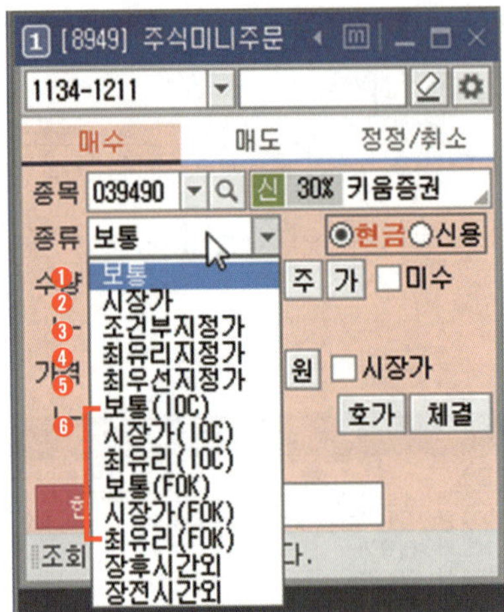

현재가 창에서 '수' 탭을 누르면 보이는 매수 주문 창입니다.

❶ **보통**: 가장 많이 사용하게 될 '지정가 주문'입니다. 매수는 현재가보다 낮은 가격으로 지정해 주문을 넣고, 매도는 현재가보다 높은 가격으로 지정해 주문을 넣습니다. 현재가보다 싸게 사고 비싸게 팔수 있는 것은 장점이지만, 주문의 일부 혹은 전체가 체결되지 않을 가능성이 높습니다.

❷ **시장가**: 가격을 지정하지 않고 수량만 지정해 주문합니다. 기관투자자나 외국인투자자들이 선호하는 방식입니다.

❸ **조건부지정가**: 정규 매매시간 동안은 지정가 주문의 성격을 띠지만, 원하는 수량만큼 체결되지 않은 경우 장 마감 10분 전의 단일가 매매시간에 시장가 주문으로 바뀝니다.

❹ **최유리지정가**: 시장가 주문처럼 수량만 정해 주문을 넣는 방식이지만, 매수 주문을 넣으면 최우선 매도호가의 가격으로, 매도 주문을 넣으면 최우선 매수호가의 가격으로 주문이 체결됩니다. 시장가 주문과 다른 점은 주문이 체결되어도 원하는 수량만큼은 되지 않을 수도 있다는 점입니다.

❺ **최우선지정가**: 수량만 지정해 주문을 넣는 방식입니다. 매도의 경우 자동으로 최우선 매도호가의 가격으로 주문이 들어가고, 매수의 경우 최우선 매수호가의 가격으로 주문이 들어갑니다.

❻ **IOC & FOK(조건부여 주문)**: IOC는 '일부총족조건 주문'이며, FOK는 '전량충족조건 주문'입니다. IOC의 경우 주문을 넣은 수량의 일부라도 체결되면 나머지 수량은 취소됩니다. 반면 FOK는 전량이 체결되지 않으면 주문이 취소됩니다.

현재가 창에서 매도 주문하기

이번에는 '현재가' 창에서 매도 주문을 하는 방법을 살펴보겠습니다.

1. HTS 화면 상단 메뉴에서 [주식]→키움현재가를 클릭합니다.

2. '현재가' 창이 나타나면 중앙의 탭 중 매도를 뜻하는 〈도〉를 클릭합니다.

3. 그럼 매도 주문 창이 열립니다. 참고로 '주식미니주문' 창에서 '매도' 탭을 눌러도 이 창으로 오게 됩니다.

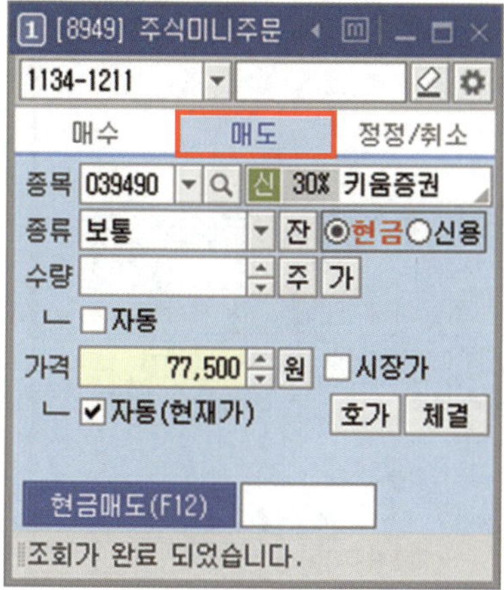

질문 주문을 정정하거나 취소하려면

'주식미니주문' 창의 가장 오른편에 있는 [정정/취소]를 누르세요. 여기서 매수나 매도 주문을 정정하거나 취소할 수 있습니다.

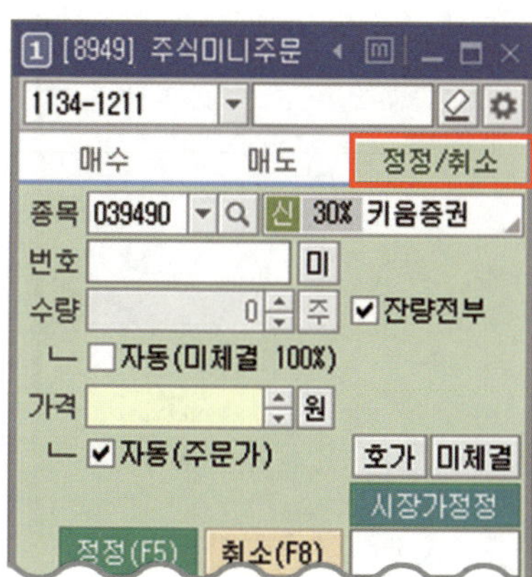

매수, 매도 주문할 때
주의할 점

주문이 완전히 숙달되기 전까지는 '현재가' 창에서 '수'나 '도' 탭을 눌러 매수나 매도 창을 여는 습관을 들이세요.

'주식미니주문' 창에서 왔다갔다 하다가 주문 실수가 많이 일어납니다. 종목을 매도하려고 했는데 매수 주문을 넣거나, 주식을 더 매수하려고 했는데 매도 주문을 넣어버리는 경우가 생각보다 많습니다.

이런 실수가 비일비재해서 주문 창의 색을 애초에 다르게 만든 것이죠. 매수 창은 분홍색, 매도 창은 하늘색입니다.

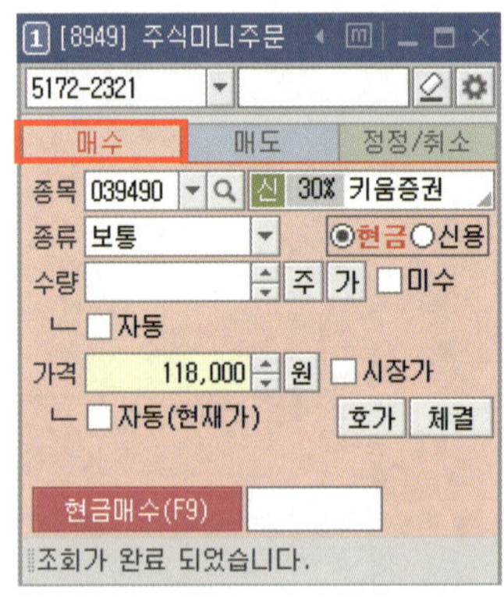

'주식미니주문' 창의 매수

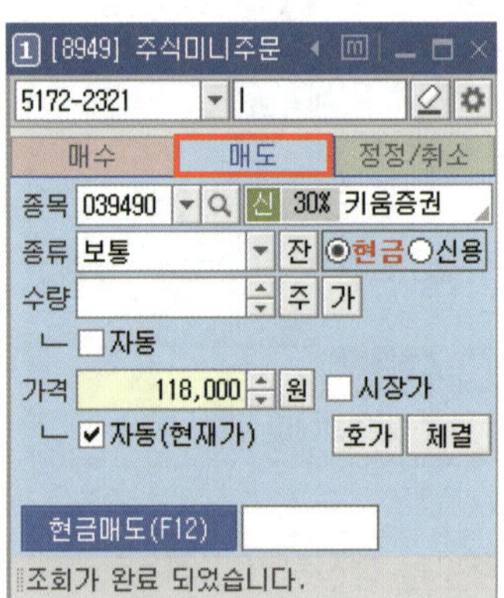

'주식미니주문' 창의 매도

07 >>> 소중한 내 계좌, 똑부러지게!

만약 하루에 여러 종목에 매수 주문을 넣었다면, 내 주문이 체결됐는지 아직 미체결 상태인지 확인해야겠죠? 대부분의 초보자들이 이 부분에서 실수를 많이 합니다. 주문을 넣은 후 주문이 들어갔는지 헷갈려 한 번 더 넣는 경우가 생각보다 많거든요. 이러면 500만 원어치 사려던 종목을 1,000만 원어치 사는 식의 실수를 하게 됩니다. 주의하기 바랍니다.

계좌에서 주문 체결 확인하기

1. HTS 화면의 상단 메뉴에서 [주식주문]→실시간계좌관리(T)를 누르세요.

2. '실시간계좌관리' 창이 열리면 〈미체결〉 탭에서 체결되지 않은 주문을 확인할 수 있습니다. 〈체결확인〉 탭에서는 체결된 주문을 볼 수 있습니다.

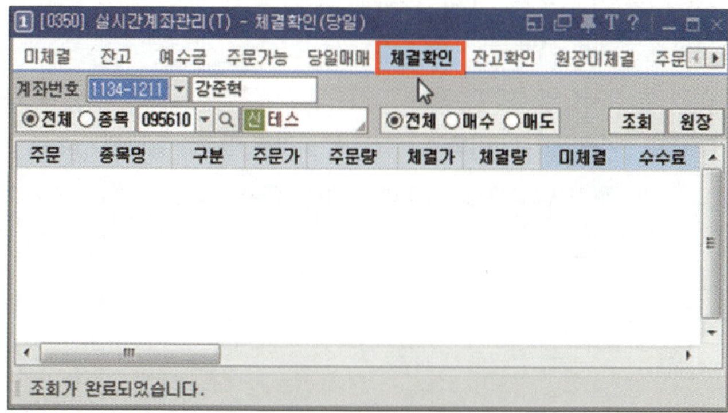

계좌 잔고로 수익률 확인하기

1. HTS 화면 상단 메뉴에서 [주식주문]→실시간계좌관리(T)를 누릅니다.

2. '실시간계좌관리' 창이 열리면, 〈잔고〉 탭에서 주식투자의 현재 성적표를 확인할 수 있습니다. 평가손익, 수익률, 매입가, 보유수량, 가능수량, 그리고 총손익, 총수익률, 실현손익, 추정자산 등을 볼 수 있습니다.

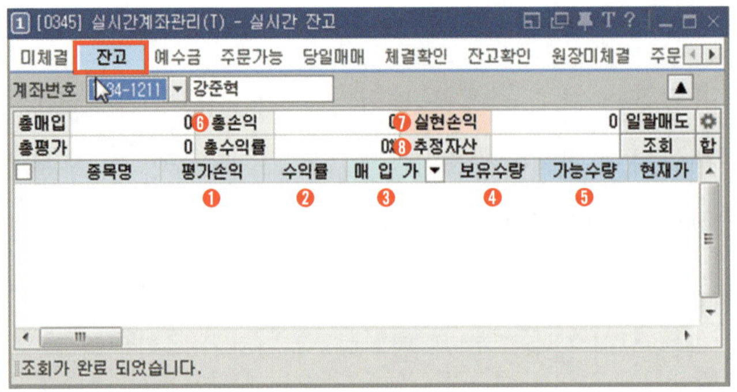

<table>
<tr><td>

추정자산을 볼 때 주의할 점

여기서 추정자산은 바로 인출할 수 있는 자산이 아닙니다.
우리나라의 경우 주식 매매에서 '3일 수도결제가 원칙이죠.
주문을 넣으면 일단 체결된 것으로 보이지만, 실제로는 체결한 날에서 이틀 뒤(D+2, 체결한 당일 포함 3일)에 주식을 판 측은 매도대금을, 산 측은 주식을 받을 수 있습니다. 그래서 항상 '예수금'을 확인해두는 것이 좋습니다.

</td><td>

❶ **평가손익**: 보유한 종목을 현재가로 매도했을 때 매입한 금액 기준(수수료, 세금 반영)으로 손익을 보여줍니다.

❷ **수익률**: 평가손익을 %로 나타낸 것입니다.

❸ **매입가**: 종목을 매수한 1주당 가격입니다.

❹ **보유수량**: 현재 가지고 있는 수량을 보여줍니다.

❺ **가능수량**: 매도 주문을 할 수 있는 수량을 보여줍니다. 만약 100주를 보유하고 있지만, 매도 미체결 주문이 100주가 있다면, 가능수량은 0으로 나타납니다.

❻ **총손익**: 총 보유 잔고를 현재가로 환산해 보여주는 손익입니다.

❼ **실현손익**: 당일 매도한 종목의 손익입니다.

❽ **추정자산**: 주식 자산과 현금 자산의 합이며, 현재가 기준으로 계좌의 최종적인 자산을 표시합니다. 오늘 거래해도 2거래일(D+2) 이후에 계좌로 주식 매도대금이 입금되거나 매수대금이 빠져나가므로, 2거래일 이후의 추정자산이라고 생각하면 됩니다.

</td></tr>
</table>

계좌의 예수금 확인하기

1. HTS 화면의 상단 메뉴에서 [주식주문]→실시간계좌관리(T)를 누릅니다.

2. '실시간계좌관리' 창이 열리면 〈예수금〉 탭을 누르세요.

3. 예수금과 미수금 등을 확인할 수 있습니다. 예수금은 '증권계좌에 들어 있는 현금자산'을 말하며, 미수금은 '보유 현금을 초과해 매수한 금액'을 말합니다.

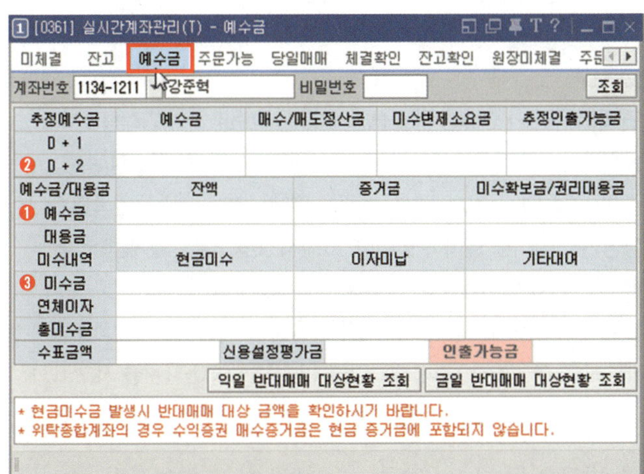

❶ 예수금: 주식 계좌에 있는 현금자산을 보여줍니다. 우리나라에서 주식은 'D+2' 결제이므로, 당일의 예수금에는 거래일 기준으로 어제와 오늘의 매매내역은 포함되지 않습니다.

❷ 추정예수금(D+2): 오늘까지 매매한 내역이 결제가 완료되면 남은 최종적인 현금 잔액을 보여줍니다.

❸ 미수금: 보유현금을 초과해 매수한 금액입니다. 매수/매도 정산금은 결제일에 출금 또는 입금될 금액을 표시합니다. 예를 들어 오늘 100만 원어치 사고 50만 원어치 팔았다면, D+2 매수/매도 정산금은 '-50만 원'입니다.

초보자의 경우, D+2 결제방식에 익숙하지 않아서 미수가 발생해 생각지도 않게 주식이 매도되는 경우가 있습니다. 그러니 결제방식이 익숙해지기 전까지는 미수를 쓰지 않는 것이 현명합니다.

미수거래 전 알아야 할 진실

미수금을 이용해 주식을 사면(미수거래), 3일 이내에 미수금만큼 현금을 채워넣거나, 미수금만큼 주식을 팔아야 합니다.

미수거래는 신용거래의 일종으로 신용대출과 비슷합니다. 다시 말해 보유 현금을 바탕으로 융자를 받는 것이죠. 이자도 내야 하고, 특히 주가가 하락하면 반대매매의 위험이 있으니 초보자는 미수거래를 안 하는 것이 좋습니다.

반대매매란 뭘까요?

이를테면 삼성전자의 주가가 250만 원일 때, 1,000만 원으로 미수거래를 한다고 해보죠. 삼성전자의 증거금은 20%이므로 주식을 5,000만 원어치 살 수 있습니다. 이 경우 3일 이내에 나머지 4,000만 원을 결제하거나, 미수금인 4,000만 원 상당의 삼성전자 주식을 팔아야 합니다. 그렇지 못할 경우 4일째 아침부터 시장가로 강제매도가 되어버립니다. 이것을 '반대매매'라고 합니다.

그런데 이때 주가가 크게 내렸다면 큰 손실을 보게 됩니다. 이를테면 4일째 되는 날 삼성전자 주가가 200만 원이 되었다면 미수금 4,000만 원을 제하고 나면 깡통계좌가 되는 셈이죠.

국내 주요 증권사별 신용거래 금리(%) 기준: 2017년 9월 | 출처: 금융투자협회

회사명	1~15일	16~30일	31~60일	61~90일	91~120일	121~150일	151~180일	181일 초과	연체 이자율
KB증권(구 KB투자증권)	6.5	7.0	7.5	8.0	8.7	8.7	8.7	8.7	12.0
NH투자증권	5.9	7.2	8.2	8.4	8.4	8.4	8.4	8.4	11.0
대신증권	6.0	6.5	7.0	7.5	8.0	8.0	8.0	8.0	12.0
메리츠종합금융증권	7.5	7.9	8.5	8.9	9.9	9.9	9.9	9.9	14.0
미래에셋대우	6.0	6.3	6.6	6.9	7.2	7.2	7.2	7.2	9.9
삼성증권	5.9	6.2	7.2	8.3	8.3	8.3	8.3	8.3	9.0
신한금융투자	6.5	6.5	7.5	8.0	8.0	8.0	8.0	8.0	9.5
키움증권	11.75	9.8	8.8	8.8	8.8	8.8	8.8	8.8	13.0
하나금융투자	6.5	6.5	7.0	7.0	7.5	7.5	7.5	7.5	10.0
한국투자증권	7.4	7.9	8.4	8.8	8.8	8.8	8.8	8.8	10.0

08 >>> 단계별로 차트랑 친해지기

주식투자자라면 무엇보다도 차트와 친해져야 합니다. 차트는 지수나 종목을 기술적으로 분석하게 해주는 도구입니다. 차트를 통해 주가의 흐름을 읽고 매매 타이밍을 잡을 줄 알아야 합니다. 5장에서 차트를 이용한 기술적 분석을 자세히 살펴보겠지만, 여기서는 일반적인 차트 구성에 대해 알아보겠습니다. 일단 차트를 불러와보죠.

1단계-기본 차트에 익숙해지기

종합차트 열기

1. HTS 메뉴에서 [차트]를 클릭하면 키움종합차트, 주식종합차트, 업종종합차트, 선옵종합차트 등 다양한 종류의 차트가 보입니다. 여기서 [업종종합차트]를 선택해보죠.

2. 그럼 차트 화면이 열립니다. 보기 편하게 왼쪽 상단의 📊 아이콘을 클릭하면 다음과 같이 바뀝니다. 원래 화면으로 돌아가려면 같은 아이콘을 다시 누르면 됩니다.

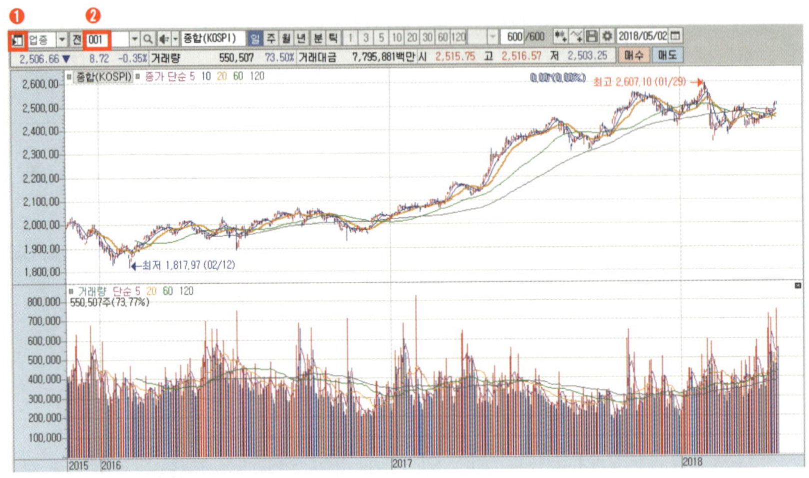

3. 창 왼쪽 상단의 '001'이 보이죠? 이것이 '종합주가지수(KOSPI)'의 차트 번호입니다. 001을 입력하세요. 만약 코스닥지수 차트를 보고 싶다면, 101을 입력하면 됩니다.

이처럼 코스피나 코스닥 전체 시장의 지수를 보는 것이 투자에 큰 도움이 됩니다. 주식시장의 흐름에 따라 내가 관심 있는 종목의 주가도 영향을 받기 때문이죠.

일봉차트 보기

차트 상단의 메뉴 바에서 '일, 주, 월, 년, 분, 틱'은 차트를 일봉으로 볼 것인지, 주봉으로 볼 것인지 결정할 수 있는 항목입니다.

보통 차트는 '일봉'을 보고 분석합니다. 그러므로 일봉차트에 먼저 익숙해지는 것이 중요합니다. 대부분의 HTS도 일봉차트로 맞춰져 있습니다.

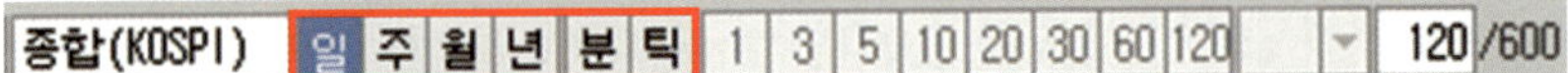

주가의 전체 흐름 보기

차트의 일부분만 집중적으로 보려면 어떻게 할까요? 차트 영역에서 마우스 단추로 클릭한 상태에서 오른쪽으로 드래그하면 됩니다. 다시 차트의 전체 움직임을 보고 싶다면 단추로 클릭한 상태에서 왼쪽으로 드래그하면 됩니다.

왼쪽으로 마우스 드래그 후의 차트 모습. 긴 기간의 주가 흐름을 보고 싶을 때 쓰는 기술입니다.

단위가 양쪽에 보이게 하려면?

처음 차트를 불러오면 오른쪽에만 단위가 보입니다. 왼쪽에도 설정하면 차트 왼쪽의 주가도 훨씬 쉽게 볼 수 있겠죠?
차트 오른쪽 상단의 톱니바퀴 모양 아이콘 ◙을 클릭해서 [화면설정]으로 들어갑니다.
하단의 '스케일 영역'란에서 '좌측 스케일'을 체크해주면 왼편에도 단위가 나타납니다.

종목차트 보기

1. 만약 종목 차트를 보고 싶다면, [차트]→주식종합차트를 클릭하세요.

2. '주식종합차트' 창이 열리면 🔍 아이콘을 클릭한 후 보고 싶은 차트의 종목명이나 코드번호를 넣으면 됩니다.

종목차트가 열린 모습

200일차트로 전환하기

최소 200일 정도의 차트를 보는 것이 가격 흐름을 살펴보는 데 좋습니다. 한 달에 주식거래일 수가 20일 정도이므로 200일이면 10개월 정도의 주가 흐름을 보는 셈이죠.

200일차트로 바꾸려면, 메뉴 바 중앙의 '1, 3, 5, 10, 20, 30, 50, 120' 숫자가 나열된 옆 빈칸에 '200'을 입력하세요. 이런 식으로 총 600개의 일봉 중에서 몇 개를 볼 건지 정할 수 있습니다.

이제 차트가 다음과 같이 바뀌었습니다. 처음 열었던 차트와는 꽤 다르죠? 200일 차트로 보니 주가가 등락을 거듭하다 2017년 말 7만원대에서 빠르게 상승해 2018년 5월 131,500원을 찍고 현재는 약 90,000원대라

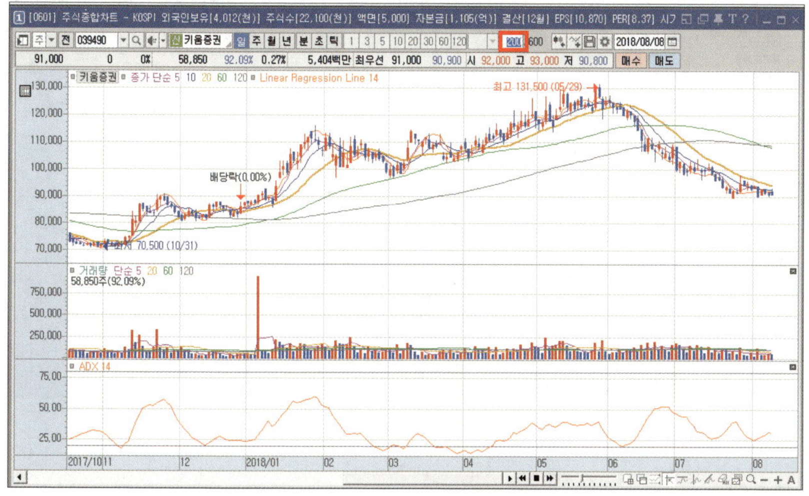

는 것을 알 수 있습니다.

만약 3년치의 주가 흐름을 보고 싶다면 메뉴 바 중앙의 빈칸에 600을 입력하면 되겠죠?

2단계-차트의 형태 바꾸기

지금까지 본 차트는 가장 많이 사용하는 '봉차트'입니다. 이제 차트 형태를 '바차트'로 바꿔볼게요.

1. [차트]→키움종합차트를 클릭하세요.

2. 차트 창의 왼쪽에 차트 형태를 설정하고, 기술적 지표 등을 추가할 수 있는 메뉴가 있습니다.

3. 메뉴 바에서 [차트형태]를 클릭한 다음, 바차트(시고저종)를 선택하세요. 참고로 바차트는 미국에서 많이 쓰며, 봉차트에 비해 몸통이 작아서 더 오랜 기간의 차트를 볼 수 있는 것이 장점입니다.

여러 가지 차트 형태

차트 형태는 바차트 외에도 매물벽이 어디 있는지 찾기 쉽게 보여주는 '매출대차트', 이평선을 무수히 많이 설정해둔 '그물망차트' 등이 있습니다. 자신에게 필요한 차트 형태를 선택해 사용해보세요.

3단계—기술적 지표 추가하기

이번에는 차트에 기술적 지표들을 추가해볼게요. 기술적 지표란 주식투자에서 기술적 분석을 할 때 도움을 주는 각종 보조지표를 말합니다. 여기서는 MACD지표를 추가해볼게요.

1. '키움종합차트' 창의 메뉴에서 [기술적 지표]를 클릭하세요. 그러면 차트를 분석할 때 자신에게 맞는 분석도구를 추가할 수 있는 화면이 열립니다.

2. 이제 추세지표를 클릭해보세요. 그러면 추세를 알 수 있는 데 도움이

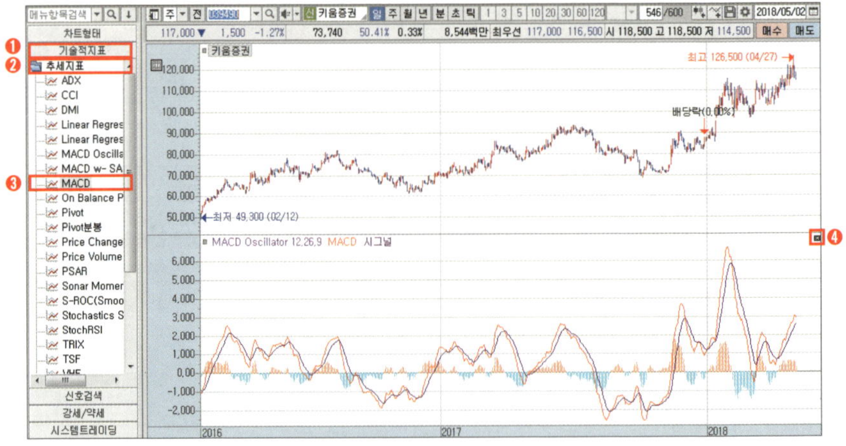

되는 여러 보조지표들이 나옵니다. 여기서 MACD를 클릭하면 차트에 추가되죠. 참고로 추가한 보조지표를 지우고 싶으면 지표 오른쪽 상단에 있는 'X'를 클릭하면 됩니다.

4단계–외국인/기관의 매매동향 추가하기

사실 지표는 각자의 성향에 따라 설정하면 되지만, 외국인투자자와 기관의 매매동향은 반드시 포함하는 것이 좋습니다.

1. '키움종합차트' 창의 메뉴에서 [기술적 지표]→기타지표를 선택한 다음에 외국인보유수량과 기관보유수량을 클릭하세요.

2. 그러면 주가 차트 아래쪽에 이 차트들이 추가됩니다.

3. 차트 창 안에서 '기관보유수량'을 클릭한 상태에서 '외국인보유수량'으로 가서 손을 뗍니다.

4. 그럼 'Y축 표시 방법' 창이 나옵니다. 기관보유수량의 수치를 어디에 표시할지 선택하는 화면이죠. 어느 쪽이든 관계없지만, 일단 '오른쪽에 Y축 표시'를 선택한 후 〈확인〉을 클릭하세요.

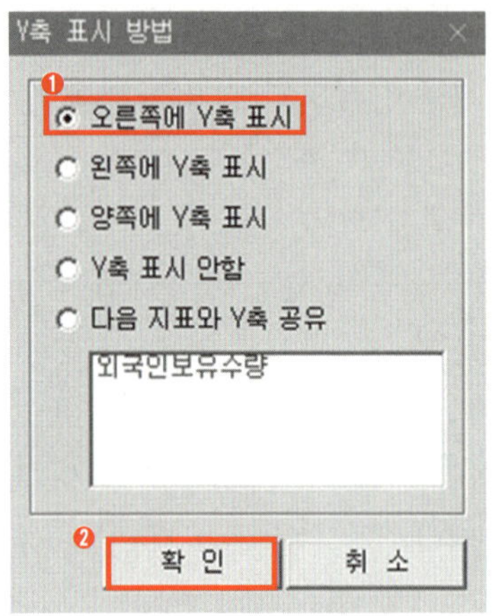

이제 기본 차트 설정이 마무리되었습니다. 외국인과 기관의 보유수량을 넣고 차트를 보면, 최근 키움증권 주가를 상승시킨 매매 주체가 누구인지 쉽게 알 수 있습니다. 그러면 이 종목에서 외국인의 매매가 중요한지, 아니면 기관의 매매가 중요한지 파악할 수 있어 차트를 분석할 때 유용합니다.

외국인 및 기관 보유량 차트

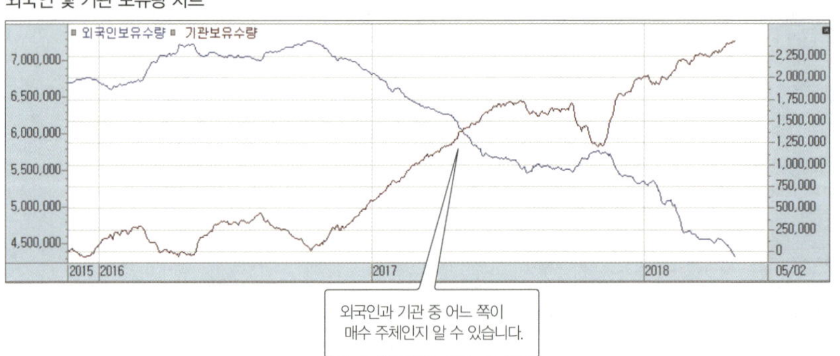

09 >>> 관심종목 등록하기

"주식투자는 삼진아웃이 없는 야구와 비슷하다."

워런 버핏의 말입니다. 투자자는 타석에 들어선 타자와 같은 마음을 가져야 한다는 뜻이죠. 만약 내가 약간 높은 스트라이크 코스를 가장 잘 칠 수 있다면, 인코스 스트라이크도 아웃코스 스트라이크도 그냥 보내야 합니다. 그러다가 약간 높은 스트라이크가 들어올 때 홈런을 노리면 됩니다.

주식투자도 마찬가지입니다. 투자자가 성공을 위해 갖춰야 할 덕목 중에서 가장 중요한 것은 인내입니다. 아무리 모멘텀이 좋은 종목이나 저평가된 종목이 있더라도, 그 종목을 매수할 수 있는 타이밍을 기다려야 합니다. 그런데 주식투자에서 이런 태도를 가지려면 전문가들이 유망하다는 종목들을 무조건 매수하지 말고, 관심종목으로 등록해두고 하루에 단 한 번이라도 체크하면서 내가 원하는 타이밍이 언제 올지 주시해야 합니다.

관심종목을 잘 구성하는 것이 성공투자의 기초 중 하나입니다. 그럼 먼저 관심종목 창에서 시가총액상위 종목을 보는 방법을 알아보죠.

시가총액상위 종목 살펴보기

시가총액상위 종목을 통해 오늘 코스피시장의 방향성이 어느 쪽으로 갈지, 혹은 시장의 매수세가 어느 쪽으로 흐르고 있는지 판단할 수 있습니다. 그러므로 시장 상황을 체크할 때 반드시 참고해야 합니다.

시가총액이란?

현재 주가에 총 발행주식 수를 곱한 값 기업이 시장에서 얼마의 가치를 가지고 있는지 보여줍니다.
예를 들어, 한 기업의 주가가 1만 원이고 총 발행주식 수가 100만 주라면 시가총액은 100억 원입니다.

1. HTS 화면의 상단 메뉴에서 [주식]→관심종목을 클릭하세요.

2. 그러면 '관심종목' 창이 열립니다. 창 위쪽의 ▣ 아이콘을 클릭하세요.

3. 그러면 왼쪽에 목록이 나타납니다. 하나씩 클릭해보세요. ETF, 업종별 종목, 최근 상장된 종목, 상한가 종목 등 그날의 특징 종목들도 파악할 수 있습니다.

4. 이 중에서 거래소순위 왼편의 '+'를 클릭한 다음, 시가총액상위를 클릭하세요. 그러면 다음과 같이 오른쪽 창에 시가총액상위 종목이 순서대로 나타납니다.

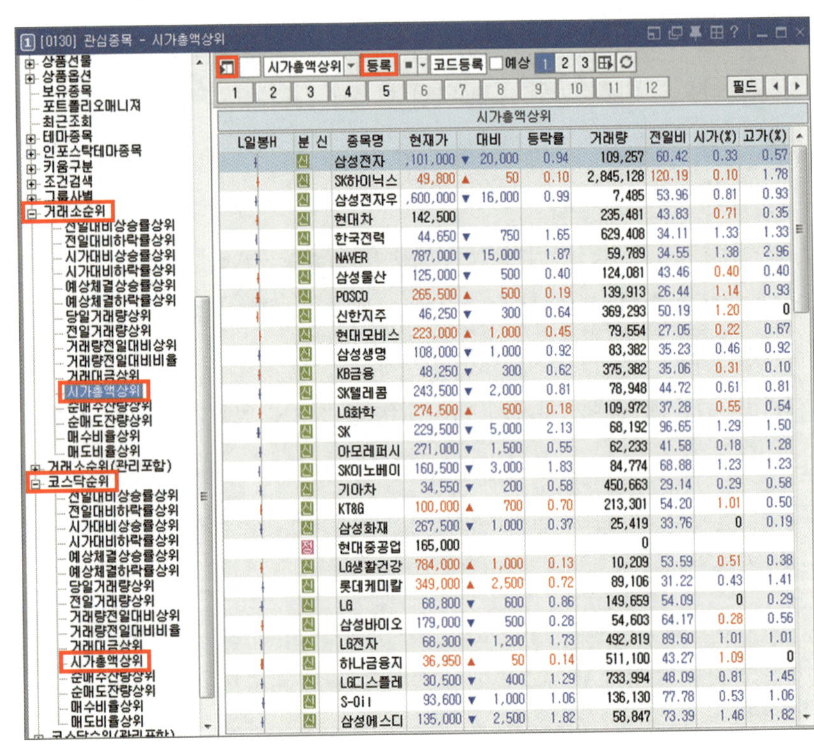

테마종목을 보고 싶다면?

'관심종목' 창 왼쪽 항목 중 테마종목이나 인포스탁테마종목의 왼편 '+'를 클릭하면 테마종목군을 현재가가 높은 순서대로 체크할 수 있습니다.
이를테면 OLED장비 관련 종목에 대한 시장의 관심이 높아지면 이 종목들도 살펴볼 수 있죠. 테마주들은 증권사마다 다르게 구분되어있는 경우가 많습니다.

질문 **코스닥시장의 시가총액상위 종목은 어떻게 보나요?**

'관심종목' 창의 왼쪽 항목에서 하단의 코스닥순위 왼쪽의 '+'를 클릭한 후 시가총액상위를 클릭하면 코스닥시장의 시가총액상위 종목들이 순서대로 나타납니다.

관심종목을 등록하는 방법

경제신문, 방송, 강연회 등에서 말하는 유망종목은 당장 사지 말고, '관심종목' 창에 등록한 후 추이를 보며 매수 여부 및 타이밍을 판단하는 것이 좋습니다.

1. 먼저 '관심종목' 창 상단의 [등록] 탭을 클릭하면 다음과 같은 화면이 나옵니다.

2. 왼쪽 상단의 [새그룹] 탭을 클릭해보세요.

3. 그럼 그룹명을 쓸 수 있는 공간이 뜹니다. 여기에 원하는 그룹명을 쓴 후 오른쪽 하단의 〈적용〉을 누르세요. 여기서는 6번째 그룹으로 '주식기초'를 등록했습니다. 그런 다음 〈확인〉을 누르세요.

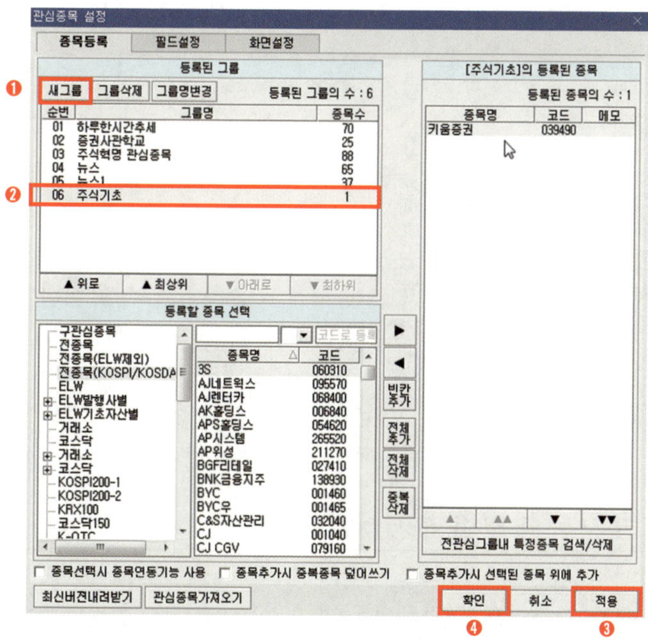

4. 원래 '관심종목' 창으로 돌아옵니다. 이제 새로 만든 '주식기초' 그룹에 관심종목을 넣어볼게요. [코드등록]을 클릭하세요. 이곳에 내가 원하는 종목을 입력하고 〈ENTER〉를 치면 손쉽게 관심종목으로 등록할

수 있습니다. 예를 들어 키움증권이라면, '키'만 입력해도 자동검색됩니다. 그 종목을 클릭하면 리스트에 등록됩니다.

5. 이제 '관심그룹'에서 '주식기초'를 클릭하면 키움증권을 볼 수 있습니다.

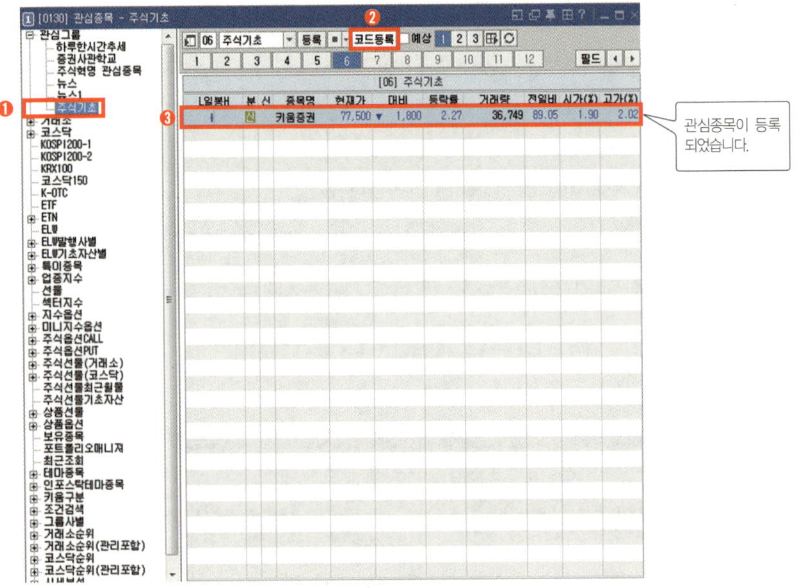

관심그룹 '주식기초'에 키움증권 종목이 등록된 모습

6. 만약 관심종목을 제거하고 싶으면 그 종목을 오른쪽 마우스 클릭하면 나오는 메뉴 중 [종목삭제]를 선택합니다. '삭제 확인' 창이 열리면 〈예(Y)〉를 선택하면 됩니다.

나에게 맞는 종목분석 화면 구성하기

지금까지 HTS에서 기본적으로 사용되는 '현재가' 창, '차트' 설정, '관심종목' 등록에 대해 알아봤습니다. 이제 정보 화면들을 조합해 종목분석에 필요한 화면 구성을 해보죠.

1. 먼저 HTS 화면에 지금까지 만든 '현재가', '차트', '관심종목' 창들을 모두 띄웁니다.

2. 상단 메뉴에서 [투자정보]를 선택한 다음 종합시황뉴스도 클릭해보세요. 실시간으로 업데이트되는 시황 정보가 종목분석에 도움이 됩니다.

3. 그러면 HTS에 총 4개의 화면이 열립니다. 각 창의 상단에 📌 모양의 종목코드연계 아이콘이 보일 것입니다(만약 🔒 모양이라면 클릭하여 '잠금' 을 풀어주세요).

4. 이제 '관심종목' 창에 있는 '키움증권'을 클릭하면 현재가 창, 차트 창, 뉴스 창이 모두 이 종목으로 자동 변환됩니다. 이렇게 설정해두면 관심종목에서 특이한 종목이 나올 경우, 각각 따로 찾아볼 필요 없이 한꺼번에 분석할 수 있습니다.

종목분석을 위해 화면을 구성한 예

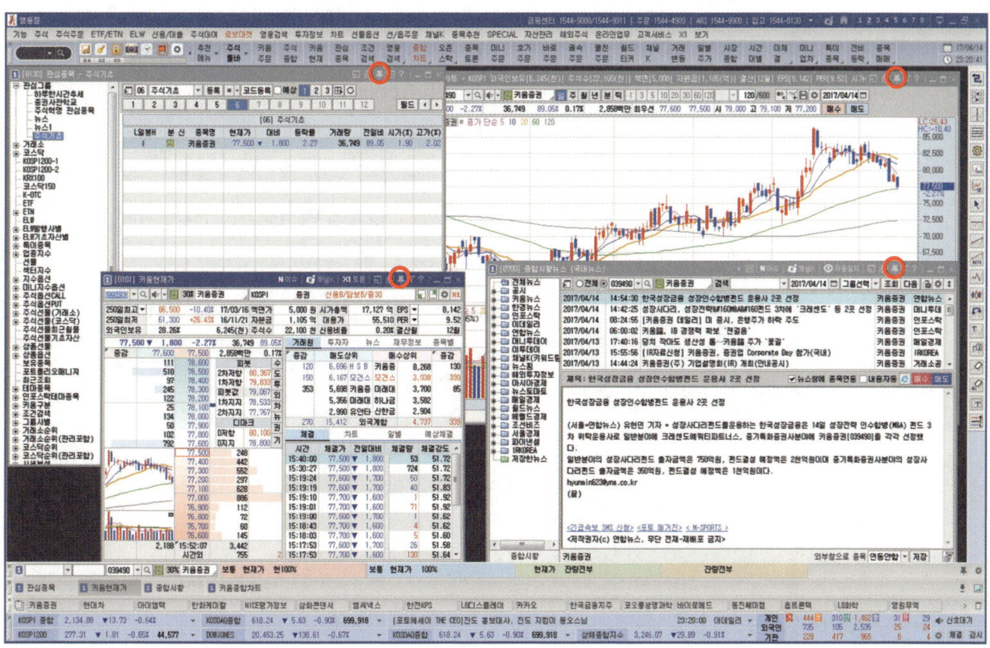

여러분은 자신에게 맞는 화면 구성을 천천히 찾아가보세요.

기업의 가치평가 정도를
판가름할 수 있는 시가총액

시가총액에 대해 잠깐 복습해볼까요? 시가총액은 주가에 총 발행주식 수를 곱한 값이라고 배웠습니다. 이를 통해 주식시장의 전체 규모를 파악할 수 있고 다른 나라의 주식시장과 비교도 가능합니다. 이외에 또 무엇을 알 수 있을까요?

시가총액은 기업이 시장에서 얼마의 가치를 가지고 있는지도 보여줍니다. 그럼 기업의 이익과 시가총액의 상관관계를 예를 들어 쉽게 설명해보겠습니다.

시장이 보는 기업의 가치

1년에 임대료가 500억 원인 건물의 가격이 1,000억 원이라면, 이익에 비해 건물의 가치가 너무 저평가됐다고 느낄 것입니다. 반면 1년에 임대료가 50억 원인 건물의 가격이 1,000억 원이라면 이익에 비해 건물의 가격이 너무 비싸다는 생각이 들 것입니다.

마찬가지로 만약 어느 기업의 1년 순이익이 500억 원인데 시가총액이 1,000억 원이라면 어떤 생각이 들까요? 건물의 예처럼 이 기업의 가치는 저평가됐다고 느낄 것입니다.

이처럼 시가총액은 기업의 전체 이익과 시장에서 보는 기업의 가치를 비교하는 데도 쓸 수 있습니다.

10 >>> 장 전에 시장 분석하기

HTS 설치법을 배웠으니, 이제 시장을 세부적으로 분석하는 방법을 배워보죠. 총 5단계로 장(場) 전에 시장을 분석해 보겠습니다. 우리나라 증시에 많은 영향을 끼치는 미국 증시 정보를 통해 분석하는 방법을 배워보겠습니다.

장 시작 전 5단계 시장 분석

1단계	2단계	3단계	4단계	5단계
전날 미국 증시상황 보기	원유시세 확인하기	반도체지수 점검하기	해외뉴스 확인하기	경제지표 발표일정 살펴보기

1단계-전날의 미국 증시상황(해외주요지수) 보기

미국 주식시장 개장시간은 우리나라 시간으로 밤 11시 30분이고, 마감시간은 새벽 6시입니다. 미국 증시가 끝나고, 아시아 증시가 열리며, 그 다음에 유럽 증시가 열리는 순서로 글로벌 이슈들이 영향을 주곤 합니다. 일단 해외주요지수 화면에서는 가볍게 미국 증시가 어떻게 끝났는지 정도만 체크하면 됩니다.

1장에서 배웠듯, 미국 주식시장에서 가장 중요하게 보는 것은 '다우지수'와 'S&P500지수'입니다. 그런데 전체 시장의 동향을 파악할 때는

S&P500지수가 다우지수보다 신뢰성이 더 높습니다. 다우지수는 우량주 30개를 단순평균하는 방식인데, S&P500지수는 우리의 코스피지수처럼 전체 시장에 대한 시가총액 방식을 사용하고 있기 때문이죠.

나스닥지수도 놓치면 안 됩니다. 우리의 코스닥시장과 닮은 나스닥시장에는 애플, 인텔, 마이크로소프트 등의 기술주들이 대거 포진해 있습니다. 그래서 삼성전자 등 IT종목의 비중이 높은 우리나라의 주식시장은 다우지수나 S&P500지수보다는 나스닥지수와 같이 움직이는 경우가 많습니다. 만약 스마트폰이나 반도체시장의 성장 이슈로 인해 나스닥시장이 상승했다면, 삼성전자나 SK하이닉스 같은 종목들의 상승도 기대해볼 수 있을 것입니다.

1. HTS의 상단 메뉴에서 [투자정보]→해외증시→해외주요지수를 누르세요.

2. 그러면 다우지수, S&P500지수 등 해외 주요지수를 볼 수 있습니다.

HTS의 해외주요지수

국가	지수	현재가	전일대비	등락률	시가	고가	저가	1개월전대비	3개월전대비	현지시간
미국	다우존스 산업지수	21,005.71 ▲	2.74	0.01%	21,008.75	21,039.96	20,953.86	4.75%	9.11%	03/03 16:40
미국	나스닥 종합	5,870.75 ▲	9.53	0.16%	5,854.27	5,870.75	5,841.47	3.66%	10.08%	03/03 16:01
미국	S&P500	2,383.12 ▲	1.20	0.05%	2,380.92	2,383.89	2,375.39	3.95%	7.72%	03/03 16:40
캐나다	캐나다 S&P/TSX	15,608.50 ▲	71.80	0.46%	15,522.60	15,622.20	15,521.30	0.98%	3.19%	03/03 00:00
멕시코	멕시코 IPC	47,414.57 ▲	125.91	0.27%	47,292.30	47,574.47	47,001.99	0.40%	5.12%	03/03 00:00
브라질	브라질 BOVESPA	66,785.53 ▲	930.60	1.41%	65,860.37	66,800.74	65,860.37	4.36%	9.33%	03/03 00:00

2단계–원유시세(주요상품시세) 확인

주요상품시세는 반도체, 원유, 금속, 농산물 섹터로 나뉘어 있습니다. 이 중에서 원유를 집중해서 봐야 합니다.

원유에는 미국 서부 텍사스산 중질유(WTI), 중동산 원유인 두바이유, 영국 근해의 북해산 브렌트유가 있는데, 이중에서 WTI와 두바이유만 신경 쓰면 됩니다. 우리 기업들은 주로 두바이유를 사용하는데, 상품을 팔 때 가격기준은 WTI이기 때문에 이 둘을 주로 체크해야 합니다.

만약 WTI의 가격이 두바이유보다 더 높게 형성되면 정유업의 실적이 좋아질 가능성이 높습니다. 이 기업들은 석유를 하루하루 받아서 파는 것이 아니라 선결제한 후 비축해두는데, 유가가 상승하면 예전에 낮은 가격으로 계약한 원유의 마진이 좋아져서 이익이 증가하게 됩니다. 그럼 정유주의 주가에도 좋은 영향을 끼치겠죠? 따라서 유가는 그날그날 올랐나 빠졌나만 체크하기보다는 전체의 큰 흐름을 기억해두는 것이 좋습니다.

아울러 유가가 하락하면 항공업에 유리합니다. 이처럼 유가의 상승과 하락은 많은 업종의 주가에 영향을 미치므로 미리 체크해두는 것이 좋습니다.

1. HTS의 상단 메뉴에서 [투자정보]→주요상품→주요상품시세를 누르세요.

2. 창이 열리면 반도체, 원유, 금속 등의 시세를 확인할 수 있습니다.

HTS의 주요상품시세

종류	품목	현재가	전일대비	등락률	1개월전대비	3개월전대비	시간
반도체	DDR3 2Gb 256M×8 1333/1600MH	1.85	0	0%	8.19%	28.47%	03/03 20:00
	DDR3 4Gb 512M×8 1333/1600MH	3.02	0	0%	-2.89%	14.39%	03/03 20:00
	NAND 32Gb 4G×8 (MLC)	2.64	0	0%	15.28%	21.10%	03/03 20:00
	NAND 64Gb 8G×8MLC	3.66 ▲	0.06	1.67%	15.09%	18.83%	03/03 20:00
원유	WTI, 뉴욕 선물	53.33 ▲	0.72	1.37%	0.60%	4.71%	03/03 00:00
	Dubai, 중동산 현물	53.68 ▼	1.17	-2.13%	-2.95%	3.93%	03/03 16:00
	Brent, 북해산 선물	55.90 ▲	0.82	1.49%	0.32%	3.65%	03/03 00:00
금속	금, 뉴욕근물	1,226.50 ▼	6.40	-0.52%	-0.45%	4.82%	03/03 16:04
	은, 뉴욕근물	17.74 ▼	0.01	-0.06%	0.28%	5.53%	03/03 16:04
	구리 (전기동), LME 현물	5,910.00 ▼	84.00	-1.40%	2.14%	0.92%	03/03 23:00
	알루미늄, LME 현물	1,909.00 ▼	20.00	-1.04%	5.35%	11.12%	03/03 23:00
	아연, LME 현물	2,796.00 ▼	49.00	-1.72%	1.14%	2.40%	03/03 23:00
	주석, LME 현물	19,425.00 ▲	95.00	0.49%	1.94%	-9.33%	03/03 23:00
	니켈, LME 현물	10,900.00	0	0%	5.42%	-5.38%	03/03 23:00
	납, LME 현물	2,247.50 ▼	25.50	-1.12%	-3.35%	-2.58%	03/03 23:00
농산물	옥수수, 시카고근월	380.75 ▲	1.25	0.33%	4.67%	5.62%	03/03 16:21
	소맥, 시카고근월	453.50 ▲	0.75	0.17%	7.34%	11.49%	03/03 13:31
	대두, 시카고근월	1,037.50 ▲	0.25	0.02%	0.14%	-0.98%	03/03 13:31
	원면, 뉴욕근월	77.99 ▲	1.21	1.58%	3.12%	9.34%	03/03 13:27
	커피, 뉴욕근월	143.30 ▼	1.05	-0.73%	-0.62%	0.92%	03/03 12:47

3단계-반도체지수 점검하기

DXI지수 보기

반도체는 우리나라 5대 산업 중 하나이며, 시가총액상위 종목들이 포진해 있는 산업입니다. 그래서 삼성전자, SK하이닉스 등 반도체 업종 투자자뿐 아니라 일반 투자자도 반도체지수에 관심을 가져야 합니다. 반도체업종의 경기에 따라 주식시장의 흐름이 영향을 받기 때문입니다.

가장 먼저 살펴봐야 할 DXI지수(DRAM eXchange Index)는 주요 메모리 반도체 제품들의 가격 및 생산량 추이를 종합해서 만든 지수로, 반도체의 현물가격을 보여줍니다.

1. DXI지수는 대만의 D램 익스체인지사에서 발표합니다.

2. D램 익스체인지 홈페이지(www.dramexchange.com)에 접속하면 DXI지수를 볼 수 있습니다.

필라델피아반도체지수 확인하기

HTS에서 필라델피아반도체지수를 참고해도 됩니다. 미국 필라델피아 증권거래소에서 발표하는 반도체업종 지수로서, 기준지수는 200이며, 미국뿐만 아니라 우리나라를 포함한 모든 나라에서 반도체업종 지수로 사용하고 있습니다.

1. HTS의 상단 메뉴에서 [투자정보]→해외차트→지수/업종 상대비교차트를 누릅니다.

2. 그러면 필라델피아반도체지수의 흐름을 볼 수 있습니다. 여기에서 '해외증시차트'도 볼 수 있습니다.

4단계–해외뉴스 확인하기

일반적으로 아침의 증시뉴스를 보면, 미국 증시가 어땠는지 말하고, 뒤이어 그 이유를 말해줍니다. 처음에는 내용이 어렵겠지만, 매일 체크하는 습관을 들이다 보면 해외 시장의 동향도 파악할 수 있게 됩니다.

다음에는 상품시장 뉴스가 나오는데, 유가와 금을 주로 다룹니다. 우리나라와 마찬가지로 미국에서도 유가가 영향을 미치는 산업군이 중요하기 때문입니다.

HTS에서도 해외뉴스를 제공하니 아침마다 체크할 수 없으면 하루에 한 번은 꼭 들여다보는 습관을 들이세요.

1. HTS의 상단 메뉴에서 [투자정보]→해외뉴스→해외뉴스를 누릅니다.

2. 그러면 해외뉴스 화면이 열립니다.

질문 아침 증시뉴스에서 왜 금 시황을 다루나요?

과거에는 금이 돈 역할을 했지만, 이제 지폐가 그 자리를 대신하게 되었죠. 그럼에도 불구하고 금의 위상은 여전히 대단합니다. 금은 미국 달러보다 더 안전한 상품으로 평가받고 있죠. 그래서 경기가 불황에 빠지면 투자자본은 좀 더 안전한 곳으로 움직입니다. 다시 말해, 금값은 일반적

HTS의 해외뉴스

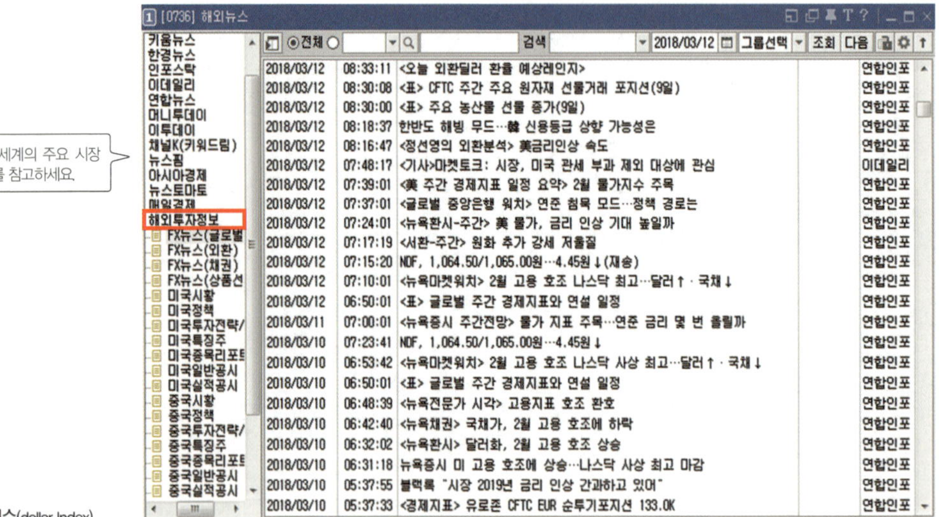

달러지수(dollar Index)

통화가치가 안정적인 6개국 통화(유로, 엔, 파운드, 캐나다 달러, 스웨덴 크로네, 스위스 프랑)와 미국 달러의 가치를 지수화한 것입니다. 기준시점은 1973년 3월이며, 기준지수는 100으로 설정했습니다.

으로 달러와 역의 상관관계를 가집니다. 즉 금값이 크게 상승하면 그만큼 달러 가치가 하락한다고 볼 수 있습니다.

　　뉴스를 확인하면서 '해외차트'를 같이 설정([차트]→해외차트→해외증시차트)해두고 증시의 흐름을 보는 것도 중요합니다.

5단계 – 경제지표 발표일정 살펴보기

HTS의 '경제지표 발표일정'에는 나라별 증시 일정이 올라와 있습니다.

1. 먼저 미국의 경제지표 발표일정부터 체크하세요. HTS의 메뉴 중에서 [투자정보]→경제지표 발표일정을 누르면 볼 수 있습니다.

2. 나라별 증시 일정을 보려면, 키움증권 사이트 왼쪽 하단의 [증시캘린더]를 클릭하세요.

3. '이데일리 해외증시' 창이 뜨면, 상단에 있는 [증시일정]을 선택합니다. 여기에서 국가별, 기간별로 일정을 확인할 수 있습니다.

HTS의 경제지표 발표일정

날짜/시간	통화	국가	기간	지표	중요도		실제	예상	이전
03/07 17:00	CNY	중국		외환보유액(USD)	★	↘	3.134T	3.160T	3.162T
03/07 17:30	GBP	영국	2월	할리팩스 주택가격지수(전년대비)	★★	↗	1.8%	1.6%	2.2%
03/07 17:30	GBP	영국	2월	할리팩스 주택가격지수(전월대비)	★★	—	0.4%	0.4%	-0.5%
03/07 19:00	EUR	유로존	4분기	GDP (전년대비)	★★	—	2.7%	2.7%	2.7%
03/07 19:00	EUR	유로존	4분기	GDP (전분기대비)	★★	—	0.6%	0.6%	0.6%
03/07 19:00	EUR	유로존		전분기대비 GDP (수정치)	★	—	0.6%	0.6%	0.6%
03/07 21:00	USD	미국		MBA 30년 모기지 이자율	★		4.65%		4.64%
03/07 21:00	USD	미국		MBA 구매지수	★		238.3		239.4
03/07 21:00	USD	미국		MBA 모기지 신청건수(전주대비)	★		0.3%		2.7%
03/07 21:00	USD	미국		모기지 시장 지수	★		384.1		382.9
03/07 21:00	USD	미국		모기지 재융자지수	★		1,185.7		1,168.5
03/07 21:30	GBP	영국		연간 예산 발표	★★★				
03/07 22:00	RUB	러시아		중앙은행보유액(USD)	★★		452.3B		450.9B
03/07 22:15	USD	미국	2월	ADP 비농업부문 고용자수 변화	★★★	↗	235K	195K	244K
03/07 22:20	USD	미국		FOMC 연설(Dudley)	★★				
03/07 22:30	USD	미국	4분기	단위노동비용(전분기대비)	★★	↗	2.5%	2.1%	2.0%
03/07 22:30	USD	미국	1월	무역수지	★★	↘	-56.60B	-52.60B	-53.90B
03/07 22:30	USD	미국	4분기	비농업부문 생산성(전분기대비)	★★	↗	0.0%	-0.1%	-0.1%
03/07 22:30	CAD	캐나다	4분기	노동생산성(전분기대비)	★★	↗	0.2%	0.1%	-0.5%
03/07 22:30	CAD	캐나다	1월	무역수지	★★	↗	-1.91B	-2.50B	-3.05B
03/07 22:30	CAD	캐나다	1월	수입	★		47.75B		49.87B
03/07 22:30	CAD	캐나다	1월	수출	★		45.84B		46.82B

4. 일정 중 특히 연방준비제도이사회(연준)의 연설은 미국의 금리 방향성에 대한 코멘트가 나오므로 눈여겨보세요. 주요 지표 발표나 금리에 대한 발언으로 시장이 강하게 오를 수도 혹은 떨어질 수도 있기 때문입니다.

장 전 시장 분석을 위한 화면 구성하기

다음 쪽의 그림은 장 시작 전에 시장 분석을 위해 구성한 HTS 화면입니다. 각각의 체크사항들을 편리하게 확인할 수 있습니다.

장 시작 전의 화면 구성

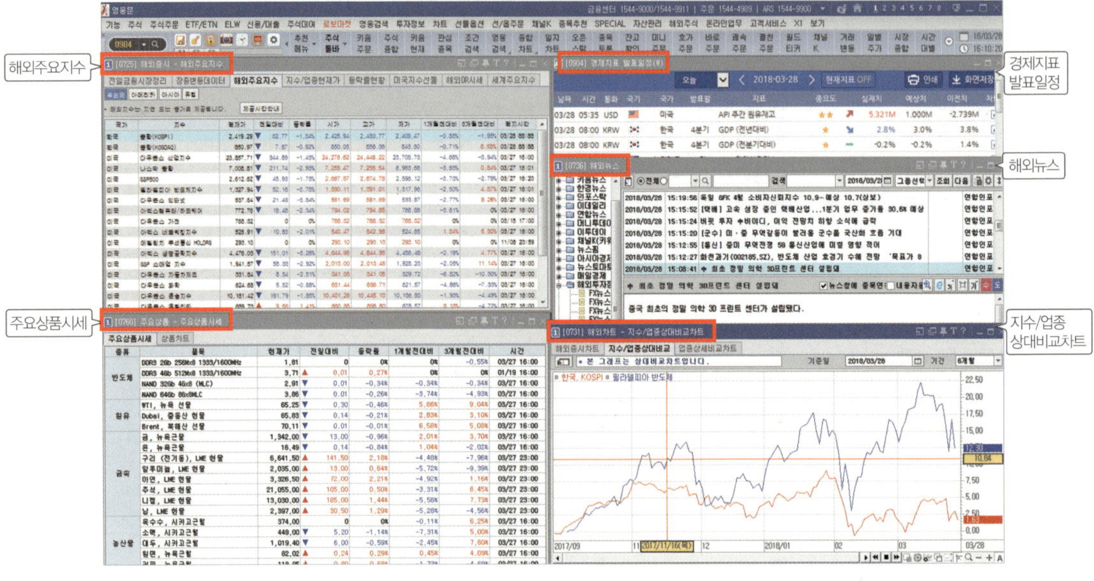

HTS 창 어떻게 저장할까?

여기서
잠깐

창 저장하기

만약 내가 구성한 화면이 마음에 들어 계속 보고 싶다면 어떻게 하면 될까요? 아주 간단합니다.

구성한 화면 그대로 놔둔 상태로 HTS를 완료합니다. 그러면 다음에 로그인을 했을 때 이 화면들이 자동으로 뜹니다. 정말 쉽죠? 그럼 이 창들을 모두 없애고 싶으면 어떻게 할까요? 참고로 배워봅시다.

창 삭제하기

열어놓은 창을 일일이 닫으려면 별일 아니지만 번거롭겠죠? 친절하게도 클릭 한 번으로 모든 창을 닫을 수 있는 기능이 있습니다. HTS의 상단 메뉴에서 [보기]→모든창 닫기(A)를 누르면 일시에 창이 닫힙니다. 알아두면 편리하겠죠?

11 >>> 장 중에 시장 분석하기

이제 장이 시작한 후의 시장 분석에 대해 알아보죠. 장 중 시장 분석의 초점은 오늘 시장이 올라서 마감할 가능성이 높은가 내릴 가능성이 높은가, 그리고 어느 업종으로 시장의 매수세가 집중되는가를 보는 것입니다.

장 중 시장 분석을 위한 화면 구성하기

증권사 HTS에서는 설정할 수 있는 창이 보통 4개 이상이므로 잘 활용하는 것이 좋습니다. '투자자별 매매동향', '프로그램매매-프로그램매매현황', '관심종목-시가총액상위' 창을 우선적으로 띄워두세요. 그러면 장 중에 시장이 어떻게 움직이는지, 어느 업종과 종목으로 자금이 몰리는지 알 수 있습니다. 그럼 각각의 창에서 무엇을 봐야 하는지 살펴보겠습니다.

장 중의 화면 구성

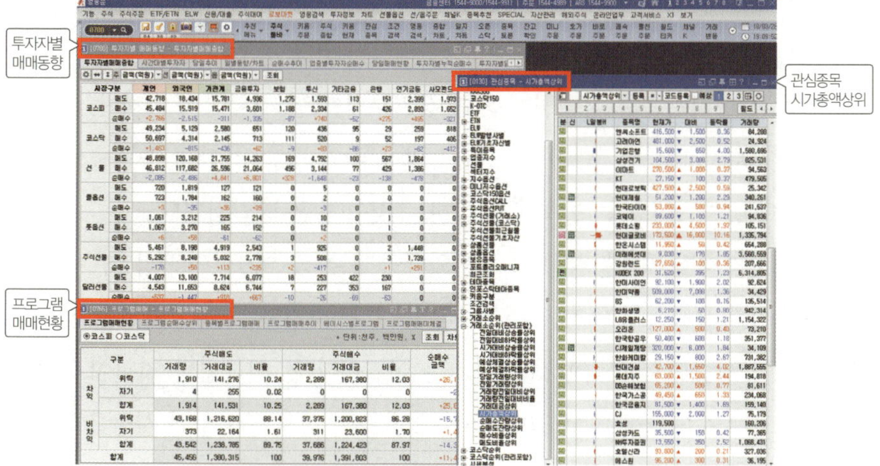

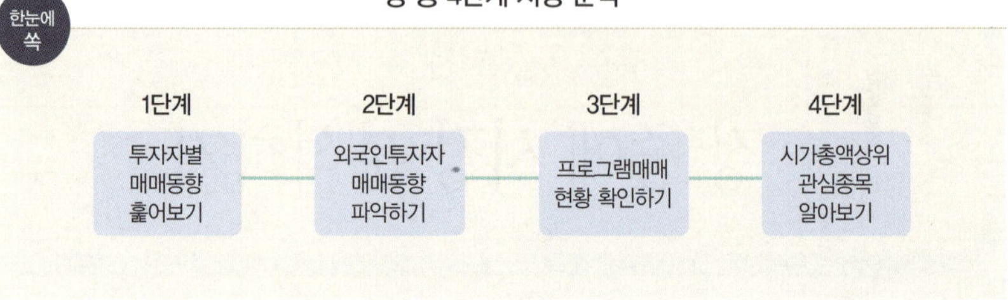

1단계-투자자별 매매동향 훑어보기

시장에서 누가 얼마를 사고파는지를 파악하면 투자 방향을 잡는 데 유리합니다.

1. 먼저 전체적인 동향을 파악해보죠. HTS 화면의 상단 메뉴에서 [투자정보]→투자자별매매→투자자별매매종합을 클릭하세요.

2. '투자자별 매매종합' 창이 열립니다. 이 창에서 매매자별로 매수/매도 금액을 확인할 수 있습니다.

우리 증시에서 중요한 매매 주체는 전체 시장에서 비중이 약 20%인 기관투자자와 약 30%인 외국인투자자, 그리고 개인투자자입니다.

기관투자자는 펀드를 운용하는 기관이라고 생각하면 됩니다. 그중에서도 투자신탁회사(투신)을 가장 중요하게 봅니다. 왜 그럴까요? 기관은 사람들이 펀드에 많이 가입하면 주식 매수자금이 늘어나고, 반대로 펀드를 환매하면 매수자금이 줄어드는 특징이 있습니다.

흔히 기관은 펀더멘털에 의한 장기투자를 할 것처럼 보이지만, 테마성 단기투자 비중도 높습니다. 다시 말해 주가 상승이 빠른 종목을 골라서 살 때, 기관이 사는 종목을 체크하는 것이 좋은 방법입니다.

투자자별 매매동향을 볼 때, 외국인 매수 및 매도, 기관의 매수·매도 수치를 중요하게 여기는 경우가 많습니다. 하지만 그것만 봐서는 향후 시장이 상승할지 하락할지를 알기는 어렵습니다. 외국인과 기관이 수치상으로는 순매도를 하고 있더라도, 매도 폭이 점차 줄어들면 시장은 낙폭을 줄이거나 상승으로 반전할 가능성도 높기 때문입니다. 따라서 매매 추이를 그래프와 같이 살펴보는 것이 좋습니다. 코스피, 코스닥, 선물의 매매 추이를 각각 따로 볼 수 있습니다(투자자별 매매동향 창 상단의 [당일추이] 탭).

외국인이나 기관이 선물과 현물 둘 다 산다면, 우리 증시를 강세로 보고 투자하는 것입니다. 코스피와 코스닥은 금액으로, 선물은 수량으로 놓고 보면 분석이 편합니다.

HTS의 투자자별 매매동향

[0780] 투자자별 매매동향 - 투자자별매매종합

투자자별매매종합 | 시간대별투자자 | 당일추이 | 일별동향/차트 | 순매수추이 | 업종별투자자순매수 | 당일매매현황 | 투자자별누적순매수 | 투자자별

주 금액(억원) 선 금액(억원) 옵 금액(억원) 조회 | 투자자구분 안내

시장구분		개인	외국인	기관계	금융투자	보험	투신	기타금융	은행	연기금등	사모펀드	국가	기타법인
코스피	매도	20,159	14,950	11,148	5,359	795	1,559	42	127	2,048	844	375	224
	매수	19,672	17,245	8,512	2,170	1,121	1,602	89	109	2,154	938	328	787
	순매수	-487	+2,295	-2,637	-3,189	+327	+43	+47	-18	+106	+94	-47	+563
코스닥	매도	20,161	1,297	900	227	85	206	12	23	157	151	40	129
	매수	19,184	2,079	1,113	283	92	304	38	25	136	176	59	107
	순매수	-977	+781	+213	+56	+7	+98	+27	+1	-21	+25	+19	-23
선 물	매도	30,572	176,245	49,532	34,475	944	12,963	1	374	776	0		1,088
	매수	28,698	178,587	49,128	33,107	745	14,165	0	252	859	0		1,024
	순매수	-1,874	+2,342	-404	-1,368	-199	+1,202	-1	-122	+84	0		-64
콜옵션	매도	659	1,388	254	242	0	12	0	0	0	0		213
	매수	651	1,296	319	313	0	5	0	0	0	0		249
	순매수	-9	-92	+64	+71	0	-7	0	0	0	0		+36
풋옵션	매도	677	1,252	241	238	0	2	0	0	0	0		27
	매수	696	1,230	246	237	0	8	0	0	0	0		24
	순매수	+20	-22	+5	-1	0	+7	0	0	0	0		-3
주식선물	매도	4,188	4,960	3,074	2,027	530	517	0	0	0	0		265
	매수	4,282	4,908	3,000	1,994	513	493	0	0	0	0		297
	순매수	+94	-52	-74	-32	-17	-25	0	0	0	0		+33
달러선물	매도	4,684	8,728	6,117	4,484	28	353	228	450	0	0		575
	매수	4,621	8,529	6,380	5,061	24	275	147	441	0	0		432
	순매수	-64	-199	+263	+577	-4	-78	-81	-9	0	0		-143

2단계-외국인투자자의 매매동향 파악하기

전반적인 매매 동향을 파악한 후에는 특히 외국인투자자의 동향을 파악해야 합니다. 외국인투자자는 곧 외국계 기관투자자를 말합니다. 이들의 매매 특징을 파악하면 주가의 흐름을 예측하는 데 도움이 됩니다.

앞서 배웠듯, 외국인투자자는 국가별 특징이 다르게 나타납니다. 중동에서 들어오는 자금은 급하게 들어왔다가 급하게 나가는 반면, 미국계나 유럽계 자금은 저평가된 종목을 장기적으로 사는 경향이 있습니다. 그래서 외국인 매수 종목에 투자하는 경우, 주가가 곧장 상승하기보다는 1~2년 정도 횡보 혹은 하락하다가 상승하는 경향이 있습니다.

3단계-프로그램매매 현황 확인하기

시장을 이해하기 위해서는 '프로그램매매(program trading)'도 알고 넘어가야 합니다. 초보투자자에게는 조금 어려울 수도 있지만, 겁먹을 필요는 없습니다.

HTS 화면의 메뉴 중 [투자정보]→프로그램매매→프로그램매매현황으로 들어가면 확인할 수 있습니다.

프로그램매매란 말 그대로 프로그램을 이용해 매매하는 것입니다. 이것은 '차익'과 '비차익'으로 구분되는데, 먼저 차익거래는 같은 상품의 현물과 선물에서 발생하는 가격 차이를 이용해 수익을 거두는 것입니다. 주로 주식을 대량으로 거래하는 기관투자자들이 많이 하는 거래 방식으로, 일정한 전산 프로그램에 따라 동시에 비싼 종목은 팔고 싼 주식을 사는 방법입니다.

HTS의 프로그램매매현황

구분		주식매도			주식매수			순매수 금액
		거래량	거래대금	비율	거래량	거래대금	비율	
차익	위탁	369	19,356	1.78	252	11,760	1.06	-7,595
	자기	568	37,696	3.47	0	0	0	-37,695
	합계	937	57,052	5.25	252	11,760	1.06	-45,291
비차익	위탁	26,851	975,246	89.68	28,698	1,077,547	96.96	+102,301
	자기	1,023	55,143	5.07	935	22,064	1.99	-33,079
	합계	27,874	1,030,389	94.75	29,633	1,099,610	98.95	+69,221
합계		28,811	1,087,441	100	29,885	1,111,370	100.01	+23,929

만약 금 한 돈이 대구에서는 10만 원이고 서울에서는 12만 원이라면, 대구에서 금을 사서 곧장 서울에서 판다면 2만 원의 차액이 발생하겠죠. 이것이 바로 차익거래입니다. 그럼 비차익거래는 무엇일까요?

외국인투자자들은 대한민국의 미래를 긍정적으로 볼 때는 종목보다 지수를 사는 경향이 있습니다. 이럴 때도 프로그램을 이용해 코스피200 지수를 삽니다. 이것을 비차익거래라고 하는데, 주로 15종목 이상의 주식으로 구성된 상품을 거래하므로 '바스켓매매'라고도 합니다.

한 가지 알아둘 점이 있습니다. 인덱스펀드에 가입해 자금을 넣으면, 펀드매니저들은 자신의 의지와 관계없이 프로그램을 통해 코스피200지수를 삽니다. 그래서 일반적으로 직장인들의 월급날이 몰려 있는 25일부터 5일 사이에 들어오는 차익거래는 인덱스펀드 자금일 수도 있다는 점을 기억하세요.

4단계–시가총액상위 관심종목 알아보기

'시가총액상위 관심종목'은 시장의 수급이 어느 쪽으로 몰리는지, 오늘 어떤 종목(업종)으로 매수세나 매도세가 몰리는지 알기 위해 필요한 화면입니다. HTS에서 업종별·테마별로 분류되기도 하지만, 저는 개인적으로 그 분류들을 크게 신용하지 않습니다. 시가총액상위 관심종목으로 분석을 제대로 하는 편이 도움이 됩니다.

HTS의 시가총액상위 관심종목

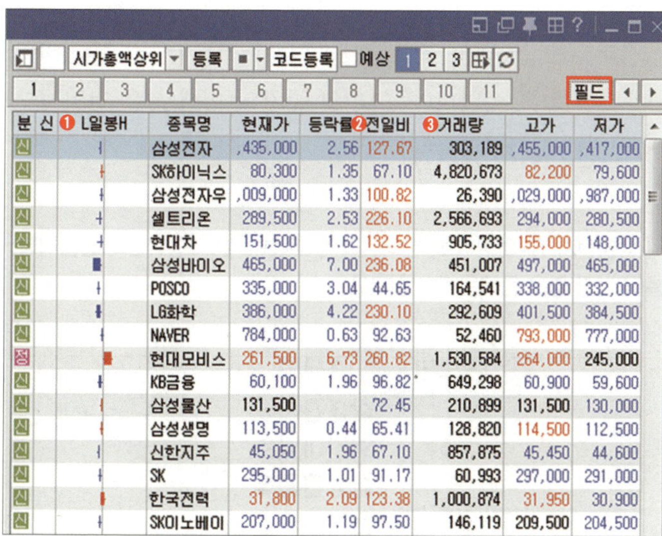

분	신	❶ L일봉H	종목명	현재가	등락률❷	전일비	❸거래량	고가	저가
신		┃	삼성전자	,435,000	2.56	127.67	303,189	,455,000	,417,000
신		┣	SK하이닉스	80,300	1.35	67.10	4,820,673	82,200	79,600
신		┃	삼성전자우	,009,000	1.33	100.82	26,390	,029,000	,987,000
신		┃	셀트리온	289,500	2.53	226.10	2,566,693	294,000	280,500
신		┃	현대차	151,500	1.62	132.52	905,733	155,000	148,000
신		■	삼성바이오	465,000	7.00	236.08	451,007	497,000	465,000
신		┃	POSCO	335,000	3.04	44.65	164,541	338,000	332,000
신		┣	LG화학	386,000	4.22	230.10	292,609	401,500	384,500
신		┃	NAVER	784,000	0.63	92.63	52,460	793,000	777,000
정		■	현대모비스	261,500	6.73	260.82	1,530,584	264,000	245,000
신		┣	KB금융	60,100	1.96	96.82	649,298	60,900	59,600
신		┃	삼성물산	131,500		72.45	210,899	131,500	130,000
신		┃	삼성생명	113,500	0.44	65.41	128,820	114,500	112,500
신		┃	신한지주	45,050	1.96	67.10	857,875	45,450	44,600
신		┃	SK	295,000	1.01	91.17	60,993	297,000	291,000
신		┃	한국전력	31,800	2.09	123.38	1,000,874	31,950	30,900
신		┃	SK이노베이	207,000	1.19	97.50	146,119	209,500	204,500

1. HTS 화면의 메뉴 중 [주식]→관심종목→거래소순위→시가총액상위를 누르세요.

2. '관심종목−시가총액상위' 창이 열립니다. 여기에는 종목명, 현재가, 대비, 등락률 등의 항목이 있습니다. '항목'을 영어로는 '필드'라고 합니다.

시장을 좀 더 자세히 분석하기 위해서는 막대 모양의 봉을 볼 수 있는 L일봉H, 종목명, 현재가, 등락률, 전일비, 거래량, 고가, 저가 정도로 필드를 설정해두세요. 만약 내 화면의 항목명이 책과 다르다면 [필드] 탭을 눌러 '필드편집'을 클릭하세요. 다음 화면에서 [필드추가] 버튼을 눌러 원하는 항목을 추가할 수 있습니다.

[필드] 탭에는 등록해둔 관심종목의 시가, 매수/매도잔량 등의 '시세'와 '외국인거래량', PER, EPS 등의 '재무상태' 등도 볼 수 있습니다.

그럼, 기본적으로 알아야 할 L일봉H, 전일비, 거래량을 자세히 다뤄보겠습니다

L일봉H

'L일봉H'라는 가로 일봉은 매우 유용합니다. L(low)은 가격이 낮은 쪽이고, H(high)는 가격이 높은 쪽입니다. 그리고 중간의 회색 선은 전일 종가를 의미합니다. 잠깐 사례를 볼까요?

사례 어느 날의 삼성전자, SK하이닉스, 한국전력의 L일봉H 필드가 다음과 같습니다. 이날 흐름이 가장 좋은 종목은 무엇일까요?

세 종목 중에서 SK하이닉스의 흐름이 가장 좋고, 두 번째로 삼성전자, 마지막이 한국전력이라고 할 수 있습니다. 왜 그럴까요?

❶ 삼성전자는 전일 종가 근처에서 가격이 시작해 종가 아래로 밀렸다가, 다시금 상승해 전일 종가 근처에서 마감한 모습입니다.

❷ SK하이닉스는 전일 종가 근처에서 시가가 시작해 상승한 모습입니다.

❸ 한국전력은 전일 종가 아래에서 시작해 장중 반등했지만, 전일 종가를 돌파하지 못하고 다시 밀려서 마감한 모습입니다.

장 중 시장분석을 할 때, 시가총액상위 종목군의 일봉 흐름을 하나하나 살펴보는 것은 불가능에 가깝습니다. 빠른 시간에 파악해야 하는데 차트를 일일이 찾아보면 시간이 너무 많이 걸리죠. 그래서 L일봉H는 종목을 전체적으로 조감하는 데 유용한 필드입니다.

전일비

'전일비'는 어제의 거래량과 대비해 오늘은 거래량이 얼마나 되는지 그 비율을 보여줍니다. 거래량은 시장의 관심으로 여기면 됩니다.

거래량	전일비
244,697	96.27
5,045,970	128.17
34,177	56.42
568,168	73.38
1,144,649	98.10

생소한 도시에서 맛집을 찾을 때 가장 쉬운 방법은 손님이 많은 식당에 가는 것이죠. 또는 싸고 좋은 물건을 판다는 광고를 보고 찾아갔는데 많은 사람들이 몰려와 항의하고 있다면 사지 않는 것이 상식입니다.

주식도 마찬가지입니다. 어제에 비해 거래가 많이 동반되면서 주가가 상승하는 경우 맛집과 같고, 어제에 비해 거래가 많이 동반되면서 주가가 하락하는 경우 사람들이 항의하고 있는 상점과 같습니다. 당연히 전자의 종목이 좋겠죠. 이렇듯 전일비 필드를 통해 시장의 관심이 어디로 몰리고 있는지 체크할 수 있습니다.

거래량

미국에서 조사한 바에 따르면, 일반적으로 거래량은 장 시작 후 1시간 동안 오늘 거래량의 25% 정도가 나오고, 마감 전 1시간 동안 25% 정도가 나옵니다. 따라서 오전 10시에 전일비 25% 정도 거래된다면 오늘은 어제 정도의 거래가 동반될 가능성이 높다는 의미입니다.

만일 오전 10시에 전일비 50% 정도의 거래가 동반된다면, 오늘은 어제보다 2배 정도의 거래량이 나올 가능성이 높습니다.

일반적으로 거래가 전일에 비해 1.5배 이상 나오면 그 종목으로 거래가 몰리는 것으로 이해하고 시장을 분석하는 습관을 들이세요. 혹시 전일비 거래가 70% 이하로 나오는 경우에는 그 종목에 대해 오늘은 별로 신경 쓰지 않아도 됩니다.

시장의 관심이 몰리는 종목에 대해서는 장 시작 후 최소 30분 이내에 한 번, 그리고 마감 30분 전에 한 번 체크하는 습관을 들이세요.

만약 오전에 전일비를 눌러보았는데, 거래가 동반되는 종목이 거의 없을 경우 그날 증시는 크게 변동하지 않을 것입니다. 또 내림차순으로 정렬했더니, 거래가 동반되며 오르는 종목이 많은 경우 시장이 상승세일 가능성이 높습니다. 사례를 들어 설명하죠.

사례 오늘 거래량 상위종목은 삼성전자, SK하이닉스, LG전자 등입니다. 그날 시장은 어떤 양상을 보일까요?

오늘은 IT 위주의 종목들이 시장의 주도주가 될 가능성이 높습니다. 반대로 전일비로 오름차순 정렬을 했을 때 현대건설, 대림산업, GS건설이 하락하고 있다면, 그날은 건설주가 하락하는 날로 체크할 수 있습니다.

이처럼 전일비를 이용하면 시장의 중심에 있는 업종과 종목, 그리고 시장에서 강하게 매도해 주가가 하락할 가능성이 높은 업종과 종목을 구분할 수 있습니다.

Q1 거래원의 외국기업은 모두 외국인?

'현재가' 창의 '거래원'에 표시되는 외국계 증권사는 정말 외국인이 거래하는 걸까요?

거래원	투자자	뉴스	재무	종목별	프로
증감	매도상위		매수상위		증감
30,538	68,229	신　영	미래대	74,797	41,381
316	35,519	미래대	JP모간	42,706	1,545
2,796	31,902	유비에	유비에	30,721	3,270
27	27,075	CS증권	CS증권	30,261	1,646
1,031	25,959	골드만	신　영	26,627	18
3,854	128,447	외국계합		112,029	6,461

처방전 우리나라 사람이 외국계 증권사를 통해서 거래하는 경우 외국인이 사고파는 것으로 보입니다. 예를 들어 국내투자자가 JP모간 계좌를 가지고 주식을 사면 외국인이 JP모간을 통해 사는 것으로 보이죠. 그러므로 외국계 증권사가 어떤 종목을 산다고 해서 그것이 100% 외국인라고 볼 수는 없다는 점을 기억하세요.

Q2 거래량이 많은 종목들로 알 수 있는 것은?

거래량 상위종목을 체크했더니, 반도체 장비주인 에스에프에이가 전일비 452% 이상 거래되어 6%대의 상승을 기록했고, IT 재료주인 이녹스가 전일비 421% 이상 거래가 동반되며 10% 이상 상승했습니다. 반도체 장비주인 테스는 전일비 260% 이상 거래가 동반되며 7% 이상 상승했네요.

이것으로 무엇을 예측할 수 있을까요?

분	신	L일봉H	종목명	현재가	대비		등락률	거래량	시가총액상위 전일비
신			에스에프에	68,600	▲	4,200	6.52	239,583	452.60
신			이녹스	28,400	▲	2,600	10.08	439,203	421.08
신			셀트리온제	23,100	▲	450	1.99	253,869	357.43
신			SK머티리얼	178,300	▲	9,400	5.57	74,776	286.34
신			테스	23,000	▲	1,700	7.98	610,011	260.55
신			파트론	11,400	▲	450	4.11	650,651	244.67
신			뷰웍스	64,800	▲	2,900	4.68	74,306	244.63
종			에이스침대	160,200	▼	300	0.19	353	220.62
신			원익머트리	61,900	▲	2,300	3.86	34,368	220.28
신			이베스트투	10,650	▼	200	1.84	3,696	194.83
신			태웅	24,750	▲	1,050	4.43	97,204	188.54
신			이오테크닉	87,700	▲	3,800	4.53	131,755	177.05
신			실리콘웍스	32,300	▲	800	2.54	45,621	170.56
신			매일유업	41,900	▲	2,050	5.14	122,079	166.90
신			게임빌	55,700	▼	2,200	3.80	100,709	165.32
신			티씨케이	33,800	▲	650	1.96	54,951	147.02
신			원익홀딩스	5,680	▲	260	4.80	594,390	146.90
신			인터로조	36,800	▼	400	1.08	50,223	138.49
신			포스코 ICT	6,220	▲	80	1.30	751,059	131.10
신			웹젠	19,750	▼	1,000	4.82	532,474	128.47

처방전 오늘 거래는 반도체 관련 종목으로 시장의 매수세가 집중되었습니다. 업종 내에 한 종목만 거래량이 전일비 급증하며 오르는 경우보다, 이처럼 업종이 전체적으로 거래가 몰리면서 급등하는 경우, 이 업종은 시장의 주도주가 될 확률이 높습니다.

Q3 지정가 주문을 할까, 시장가 주문을 할까?

동건 씨는 A종목을 사기 위해 지정가 주문을 했습니다. 하지만 주문가로 체결되지 않고 주가가 위로 올라가는 경우가 많아서 속상합니다. 차라리 시장가 주문을 해야 할까요?

처방전 일반적으로 주식을 사고팔 때 지정가 주문을 이용하는 경우가 많습니다. 좀 더 싸게 사고, 좀 더 비싸게 팔고 싶기 때문이죠.

이로 인해 지정가 주문으로 매수 체결된 종목은 당일 오르기보다 하락할 가능성이 높고, 매도 체결된 종목은 하락하기보다 오를 가능성이 높아지게 됩니다. 그러므로 기본적으로 시장가 매매가 유리합니다. 단, 시장가로 주문을 할 때는 호가에 걸려 있는 지정가 매도 물량을 꼭 확인하세요.

시장가로 주문을 넣기가 두려울 경우, 매수하려는 금액의 절반은 시장가로, 절반은 지정가로 주문하는 것도 훌륭한 매매법입니다.

Q4 반도체지수가 떨어지면 내 반도체주는?

아침에 필라델피아반도체지수를 확인해보니 갑자기 급락한 모습입니다. 보유하고 있는 반도체 관련주인 삼성전자와 SK하이닉스를 팔아야 할까요?

처방전 장 출발 전 미국 증시 마감 현황을 보다 보면, 간간히 반도체 업황에 대해 듣곤 합니다. 반도체 이슈 중 대부분은 필라델피아반도체지수를 이야기하면서 오늘 국내 시장의 반도체 주가를 예측하곤 하는데요. 여기서 주의할 점! 반도체지수가 하락 또는 상승한 경우에는 관련 뉴스를 꼭 체크해야 합니다.

필라델피아반도체지수는 AMD, 인텔, 엔비디아, 샌디스크, TSMC, 텍사스 인스트루먼트 같은 미국의 반도체 관련 회사의 주가로 만든 것입니다.

만약 반도체 업황이 좋아서 이들 종목의 주가가 상승한 경우 삼성전자, SK하이닉스에도 호재가 될 수 있습니다.

그런데 CPU의 강자인 인텔, 혹은 GPU의 강자인 엔비디아의 주가 강세로 필라델피아반도체지수가 강세를 보인 경우는 어떨까요? 삼성전자나 SK하이닉스는 메모리반도체의 강자이기 때문에, GPU 업종이 강세라고 이들 업종이 상승세를 탄다고 보기는 어렵습니다.

이렇듯 미국 시장이 오르면 국내 시장도 오른다는 단순논리로 시장을 보기보다는, 세부적인 내용을 반드시 체크하는 습관을 들이는 것이 중요합니다.

Q5 전일비가 떨어지면?

게임빌은 전일비 165% 거래가 동반되면서 3.8% 약세, 역시 게임주인 웹젠은 전일비 128% 이상 거래가 동반되면서 4.8% 이상 하락한 모습을 보였습니다. 이것으로 무엇을 알 수 있을까요?

처방전 게임주의 약세가 두드러진 날입니다. 만약 게임주가 시장을 주도하다가 이런 흐름이 나오는 경우, 내일부터는 게임주 전체가 조정을 받을 가능성이 높아집니다. 단기매매로 접근했다면 매도 타이밍을 노려야 하는 시기입니다.

Q6 신용거래로 몇 주를 살 수 있을까?

'현재가' 창에서 삼성전자를 열었더니, 신용거래가 가능하고 증거금은 20%네요. 신용거래를 하면 1주 살 돈으로 몇 주를 살 수 있을까요?

처방전 삼성전자의 증거금율은 20%이므로, 1주 살 돈으로 5주를 살 수 있습니다. 그런데 이처럼 최소 증거금을 이용해 가진 돈보다 더 많은 주식을 사면 미수가 발생합니다.

앞서 배웠듯, 주식을 사고 실제로 주식이 계좌로 입고되고 현금이 계좌에서 나가는 것은 체결 이후 3일째 되는 날입니다. 다시 말해, 주문 체결 후 결제가 되는 데 3일이 걸린다는 거죠.

미수 주문이라도 일단 체결이 되고 결제일 전에 현금을 입고하거나 주식을 팔면 문제가 없습니다. 하지만 부족한 현금을 입고하거나 주식을 팔지 않는 경우, 4일째 장이 시작할 때 강제로 매도가 되니 주의해야 합니다.

나만의 주문원칙을 세울 것

초보라면 항상 일정한 금액으로 매수하세요

사례 P씨의 주식 포트폴리오는 4가지 종목입니다. A종목은 수익률이 40%, B종목은 10%, C종목은 -5%, D종목은 -13%입니다. 단순히 수익률만 누적하면 32%가 나와야 하는데, P씨의 증권계좌는 현재 마이너스 상태입니다. 왜 이런 일이 발생했을까요?

문제는 투자비중입니다. 수익률이 -13%인 D종목이 전체의 70%이고, 수익이 40%인 A종목의 비중은 5%밖에 되지 않았던 것입니다. 종목 선택은 무척 잘했지만, 비중이 70%인 D종목이 오르지 않으면 수익을 얻기란 어려운 거죠.

대부분 개인투자자의 포트폴리오가 이와 같은 경우가 많습니다. 왜 그럴까요?

개인투자자들은 주가가 내리면, 매입단가를 낮추고 손실을 줄이기 위해 그 종목을 추가로 계속 사들이는 경향이 있습니다. 이것을 '물타기'라고 합니다.

게다가 이런 종목을 추가로 사기 위해 수익이 난 종목을 계속 조금씩 팝니다. 그러다 보니 종목 수익은 플러스지만, 계좌 수익은 마이너스인 어처구니없는 일이 벌어집니다. 이런 실수를 하지 않으려면 어떻게 해야 할까요?

초보자의 경우에는 종목을 항상 같은 금액으로 사는 것이 중요합니다. 예를 들어 투자금이 500만 원이고 종목이 5개라면 100만 원씩 사는 것이죠.

감당할 수 있는 종목 수를 정하세요

투자할 종목 수는 오전에 주식시장이 급변하더라도 감당할 수 있을 만큼이어야 합니다. 한두 종목도 괜찮고 더 많아도 괜찮지만, 본인이 감당할 수 있는 수여야 합니다.

'월가의 전설' 피터 린치는 피델리티펀드에 보유한 종목 수가 1천 개를 넘습니다. 하지만 초보자라면 종목 수가 많지 않은 게 관리하기 좋겠죠? 투자할 종목 수를 정하고 나면 당연히 한 종목에 투자할 금액도 정해질 것입니다.

HTS에 주문을 미리 설정하세요

종목을 살 때마다 얼마나 투자할지 고민하지 마세요.

1. '주식미니주문' 창에서 오른쪽 상단의 ⚙ 아이콘을 누르세요.

2. '주식주문설정' 창이 열리면 여기에 주문금액을 미리 설정해둡니다. 그러면 주문 창을 열었을 때 자동으로 몇 주를 사야 하는지 계산되어 나옵니다.

이렇게 작은 실천부터 자신만의 매매 원칙을 만들어나간다는 점이 중요합니다. 잘 잡힌 습관이야말로 성공투자의 지름길입니다.

HTS의 '주식미니주문' 창

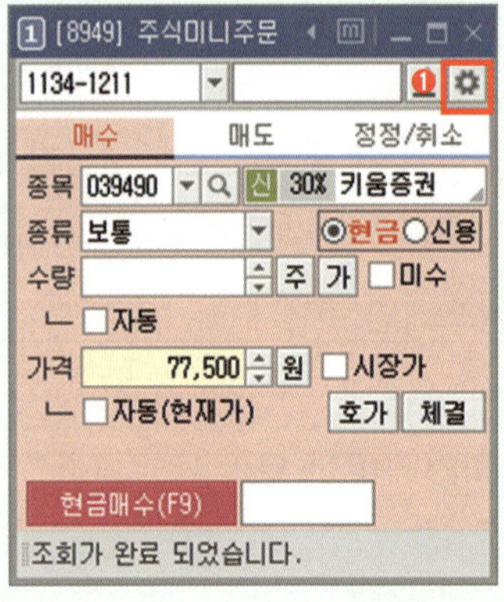

HTS의 '주식주문설정' 창

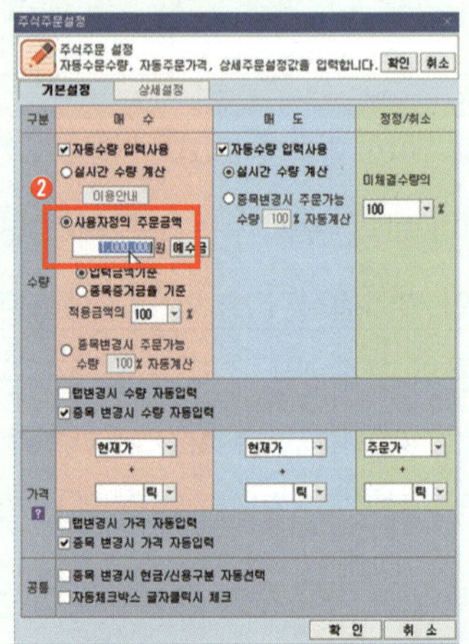

MTS 사용은 신중하게!

대부분의 증권사가 휴대폰 앱으로 시세 확인부터 주문까지 간편하게 할 수 있는 MTS를 제공합니다(안드로이드폰은 구글 앱스토어, 아이폰은 애플 앱스토어).

MTS는 HTS 기능의 대부분을 사용할 수 있습니다. 관심종목에 대한 뉴스와 차트도 볼 수 있고, 종목분석은 물론 주문까지 할 수 있죠. 하지만 MTS로 신규 주문을 할 땐 무척 신중해야 합니다. 주식투자에서 주문은 미사일 발사 버튼을 누르는 것과 마찬가지이기 때문이죠.

많은 투자자들이 "사는 건 잘하는데 파는 게 너무 어렵다"고 합니다. 사실 매수가 애매하게 진행되면 매도가 어려워지는 것은 자명한 이치입니다. 첫 단추를 잘못 채우면 아무리 노력해도 마지막 단추를 제대로 채울 수 없듯이 말입니다.

물도 급하게 마시면 체한다는데, 주식 거래는 급하게 하면 체하는 것에서 그치지 않습니다. MTS 매매를 하려면 HTS를 통해 충분히 분석하고 전략을 세운 후에 사용하는 것이 좋습니다.

주문에 참고하면 좋은 팁—여행 갈 때 유용한 '자동감시주문'

회사원이라면 회의나 거래처와의 미팅 때, 주부라면 살림하는 중간중간 주식이 어떻게 됐나 불안하여 자꾸 들여다보게 되죠. 하지만 HTS의 손절매(스탑로스) 기능을 활용하면 이런 어려움을 해결할 수 있습니다.

손절매는 시세를 확인하지 못할 때 기계적으로 손실을 억제할 수 있는 방식입니다. 손실 제한뿐만 아니라 이익이 났다가 손실로 바뀌는 것도 방지할 수 있는 기능이니 알아두세요.

HTS의 '주식 자동감시주문' 창

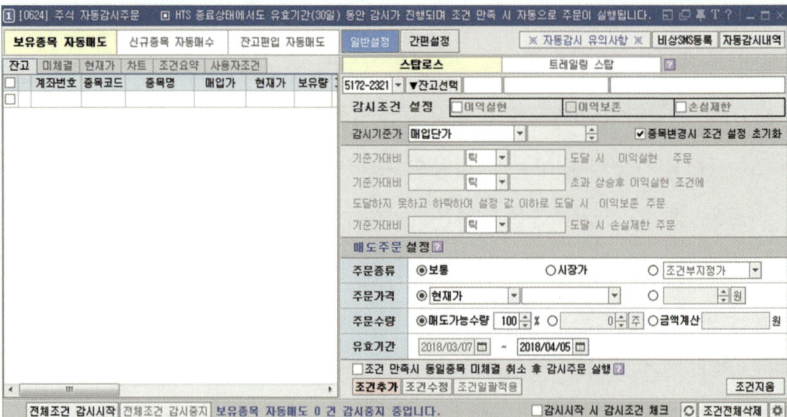

1. HTS의 메뉴 [주식주문]→기간 자동감시주문→주식 자동감시주문을 누르세요. '기간 자동감시주문'은 컴퓨터가 꺼져 있더라도, 최대 1개월까지 주문이 유효하니 여행을 가야 할 때 사용하면 편리합니다.

2. '사전 이용 동의' 창이 먼저 뜹니다. 〈동의〉를 누르세요.

3. '주식 자동감시주문' 창이 보입니다. 여기에 원하는 매도 주문을 넣으면, 자동으로 입력한 주문에 맞는 상황이 되었을 때 거래가 이뤄집니다.

예를 들어 현재 8,000원인 주가가 10,000원까지 오를 것 같다고 해보죠. '주식 자동감시주문' 창을 열어 주문을 넣으면, 주가가 10,000원까지 올랐을 때 매도됩니다.

　매수 주문도 마찬가지입니다. 주가가 현재 8,000원인데 7,000원으로 떨어졌을 때 사고 싶다면, '주식 자동감시주문' 창을 이용해 7,000원으로 주문하면 됩니다. 이처럼 시세를 계속 보지 않아도 매매가 가능하니, 부재중에 활용하면 좋습니다.

4

맘에 드는 종목 찜하기

가치투자를 위한 기업 분석

강샘의 DVD특강 포인트

제6~7강

- 손익계산서의 기초
- 분기 실적의 '좋다', '좋지 않다'의 기준
- 연간실적으로 회사의 컨디션 분석하기
- 증권사 리포트의 종류
- 어닝서프라이즈의 기준
- 컨센서스로 이익 추정하기
- 리포트 분석은 '의견'과 '사실'의 구분

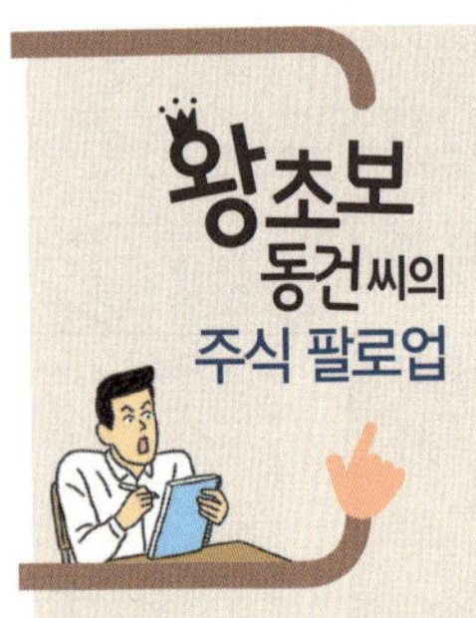

내 집 살 때처럼
종목 선택은 신중하게!

동건 씨는 그동안 경제신문을 구독하고, 주식 카페에도 가입했습니다. 지하철로 출퇴근하는 시간에는 주식 채널도 틈틈이 시청하고 있습니다. 처음에는 주식투자를 위해 경제공부를 시작했지만, 결과적으로 경제와 시장을 보는 안목이 차츰 생기는 것 같아 마음이 뿌듯합니다.

하지만 한편으론 조급한 마음도 듭니다. 관심이 없을 때는 몰랐는데 세상에는 책과 케이블채널, 인터넷 등 주식 정보를 얻을 수 있는 방법이 정말 많았습니다. 경제신문에서는 유망종목을 추천해주고, 포털사이트에서 검색되는 주식 카페만도 아주 다양했습니다. 이렇게 정보가 많은 만큼 이미 주식을 시작한 사람들이 많다고 생각하니, 왠지 나만 늦은 것 같은 생각이 듭니다.

처음 주식투자를 결심했을 땐 종목 정보를 어디에서 얻어야 할지 막막했는데, 지금은 수많은 매체에서 말하는 유망종목 중 무엇을 사야 할지가 막막하기만 합니다. 설명을 찬찬히 들어보면 좋지 않은 종목이 별로 없기 때문입니다. 대체 어떤 종목을 사야 할까요? 방송이나 신문에서 추천하는 유망종목은 중복되는 것이 많은데, 가장 많이 중복되는 것을 사면 될까요?

'남의 말만 믿고 투자하는 것이 진정 옳은 길일까?' 갈팡질팡하던 동건 씨는 결국 기업과 종목을 분석하는 능력을 제대로 갖춰야겠다고 결심했습니다.

01 >>> 주식투자의 또 다른 말, 가치투자

아직 돈의 가치를 모르는 아이에게 500원 10개와 5만 원 1장 중에 한쪽을 고르라고 하면, 개수가 더 많은 500원 10개를 고르는 경우가 종종 있습니다. 그러면 어른들은 그 모습이 순수해 보이고 귀엽다며 좋아하죠. 그랬던 아이들도 커가면서 차츰 돈의 가치를 알게 됩니다.

아는 만큼 보이는 가치

강의 때 이 이야기를 한 후, 5만 원 지폐와 500원짜리 동전 그림을 보여주며 "여러분은 어떤 선택을 하시겠습니까?"라고 하면 대부분 당연히 5만 원을 선택합니다.

하지만 그림의 1998년 500원 동전은 희귀동전이라 몇 십만 원의 가치가 있습니다. 그 가치를 알았다면, 이것을 선택했을 것입니다.

이렇듯 남이 보지 못하는 가치를 알면 수익을 올릴 수 있는 기회를 잡을 수 있습니다. 주식투자에서도 마찬가지입니다.

혹자는 "주식이 뭐가 어려워. 그냥 싸게 사서 비싸게 팔면 되는 것 아니야?"라고 말하곤 합니다. 사실입니다. 성공투자를 가장 쉽게 표현하면 '싸게 사서 비싸게 판다', 다시 말해 'BLASH(Buy Low And Sell High)'라는 말로 표현할 수 있습니다.

하지만 주식이 언제가 쌀 때이고, 언제가 비쌀 때인지를 알기 어려운 것이 가장 큰 문제입니다.

1개월 전 1만 원이던 주식이 지금 5,000원으로 하락했다면 싼 걸까요? 아니면, 같은 업종의 현대차는 15만2,500원인데 쌍용차는 4,955원이면 싼 걸까요?

이처럼 '주식이 싸다'는 의미는 모호한 경우가 많습니다. 그래서 주식투자에서는 싸게 사는 것이 무척 어렵습니다.

바로 이런 이유 때문에 기업 분석이 필요합니다. 기업 분석은 곧 기업의 가치를 분석하는 일입니다. 주식이 싼지, 싸지 않은지를 알기 위해서는 그 기준이 되는 가치를 알아야겠죠?

주식의 가치, 어떻게 알 수 있을까요?

주식의 가치는 다음의 3가지 방법으로 구해볼 수 있습니다.

기업의 청산가치

우리는 매일 차트를 보면서 '삼성전자, 혹은 현대차가 오늘 몇 % 올랐다 내렸다'에 주목합니다. 그런데 우리가 보는 주가가 기업을 의미한다는 것을 잊곤 합니다. 예를 들어 현대차의 주가가 15만500원이고 시가총액이 약 33조 원이라면 기업의 가치는 얼마나 될까요?

기업은 계속 생산을 하고 제품을 판매하기 때문에 가치를 산정하기가 쉽지 않습니다. 그래서 특정 시기에 기업이 청산된다고 가정한 '청산가치'로 가치를 계산할 수도 있습니다.

현대차의 경우 2017년 12월 말 자산이 약 178조 원, 부채는 약 103조 원입니다. 따라서 자산에서 부채를 뺀 순자산 가치는 대략 75조 원입니다. 반면 시가총액은 약 33조 원이었죠? 다시 말해 이때 현대차 주식을 샀다면 청산가치의 약 1/2 가격으로 산 셈입니다.

어떤가요? 청산가격의 절반 정도라면 싸게 보이나요, 비싸 보이나요?

그냥 주가를 보는 것과 이처럼 기업의 가치를 산정해서 볼 때는 시각이 크게 달라질 수 있습니다.

투자 관점으로 산정한 기업의 가치

우리가 오피스텔에 투자한다면, 우선적으로 수익률을 고려하겠죠? 최근 서울 소재 오피스텔의 임대수익률이 4.8% 정도(2018년 기준)입니다. 다시 말해 1억 원을 오피스텔에 투자한 경우 연 480만 원의 임대수익률을 올립니다. 이 말은 480만 원씩 대략 21년을 받으면, 수익을 원금만큼 올릴 수 있다는 의미도 됩니다.

'1억 원을 투자해서 480만 원을 받는다'와 '1년에 480만 원씩 이익을 내면 투자금 회수에 21년이 걸린다'는 같은 이야기이지만, 사뭇 다르게 느껴집니다. 당연히 수익률이 큰 물건일수록 투자금 회수기간이 짧아지므로 더 좋은 물건이라고 할 수 있습니다.

주식에 가치를 정할 때도 '이익 대비 현재의 주가는 어떤가'로 가치의 기준을 정하기도 합니다. 예를 들어 현대차의 2018년 예상순이익은 1조164억 원입니다. 그리고 현시점의 시가총액은 33조1,516억 원입니다. 현재 시점에서 현대차를 산다면 이익을 기준으로 투자금 회수까지 32.6년쯤 걸립니다.

쌍용차의 경우 2018년 예상순이익이 -78억 원으로 순이익이 마이너스가 예상되어, 몇 년 뒤에 투자금이 회수될지 알 수 없습니다.

그럼 같은 업종인 기아차를 한번 살펴볼까요? 기아차는 2018년 예상순이익이 4,243억 원, 시가총액은 12조6,676억 원으로 현시점에 투자할

자동차 업종의 투자금 회수 기간

	2018년 예상순이익(원)	시가총액(원)	투자금 회수기간
현대차	1조164억	33조1,516억	32.6년
쌍용차	-78억	6,815억	알 수 없음
기아차	4,243억	12조6,676억	30년

경우 투자금 회수까지 30년 정도 걸립니다.

세 종목을 비교해보면 어떻게 보이나요? 현대차는 투자금을 회수할 수 있는 기간이 33년, 기아차는 30년, 쌍용차는 언제 회수할지 모르겠다면, 어떤 회사의 투자가치가 가장 높은지 알 수 있겠죠?

물론 매년 이익이 거의 변화하지 않는 오피스텔 수익률과 달리, 기업의 실적은 사업환경에 따라 크게 변할 수 있습니다. 또 오피스텔의 임대료는 내 계좌로 돈이 들어오지만, 기업 실적은 그 기업의 이익을 보여주는 수치이므로 쉽게 마음에 와닿지 않을 수도 있습니다. 그래서 청산가치나 투자금 회수 기간 등으로 기업의 가치를 산정해보고 투자가치를 가늠해보는 것입니다.

현재보다 미래의 가치를 보는 방법

주식보다는 좀 더 쉬운 부동산으로 예를 들어볼게요.

아무것도 없는 농지는 당연히 땅값이 비싸지 않을 것입니다. 그런데 곧 분당, 일산, 위례처럼 신도시가 들어서거나 지하철역이 생기거나 대형 쇼핑몰이 오픈하는 등 여러 정보들을 얻었다면, 땅값을 지금의 가치로 볼 수는 없을 것입니다. 당연히 이런 경우 투자가치가 있다고 판단할 것입니다.

주식 또한 마찬가지입니다. 주식은 이미 기업의 자산이 형성되어 있든지, 혹은 안정적인 이익을 내고 있든지, 혹은 아직은 아니지만 향후 올라갈 가치에 주목해서 투자가치를 매기는 경우가 있습니다.

제약·바이오주, IT주 등이 바로 그런 예입니다. 이런 종목들은 가치를 판단하기 어려워 2000년 초에는 기업의 이익이 아니라 '성장'을 나타내는 '매출 증가'로 가치를 평가하기도 했습니다. 적자라도 성장 가치에 점수를 매긴 것이죠.

제약·바이오 업종은 역시 매출이 저조한 경우가 많기 때문에 향후에 나올 신약에 주목해서 투자가치를 정합니다. 하지만 이런 경우에는 좋은 기술력을 가지고 있다고 하더라도 투자를 받지 못하는 경우, 기업의 미

래가치에 대한 실망감이 커져 주가가 크게 하락하거나 심한 경우에는 상
장폐지를 당하는 경우도 꽤 있습니다.

　이제 다시 질문을 해보겠습니다. 주가가 15만2,500원인 현대차와
4,955원인 쌍용차, 그리고 10만3,000원인 신라젠 (바이오주) 중 어느 종목
이 제일 싸게 보이나요?

02

가치투자를 위한 저평가주 찾기

저평가주 어떻게 찾을까?

저평가주란?

저평가주는 주가가 기업의 가치보다 낮게 평가되는 주식을 말합니다. 앞에서 우리는 기업의 가치를 구하는 기본적인 3가지에 대해 배웠습니다. 즉 일반적으로 기업의 청산가치 대비, 혹은 이익 대비, 마지막으로 미래가치 대비 현재의 주가가 낮은 경우에 저평가주라고 합니다.

저평가주를 찾는 방법

기업의 가치를 알아보기 위해 제시했던 방법들은 사실 숫자가 너무 커서 계산이 쉽지 않습니다. 투자지표를 이용하면 좀 더 쉽게 알 수 있습니다.

PBR과 PER로 알아보기

먼저 PBR과 PER을 통해 저평가주를 판가름할 수 있습니다. 우선 PBR에 대해 알아볼까요?

　PBR이란 '주가순자산비율'을 뜻합니다. 기업의 가치는 앞서 설명했던 청산가치를 상장주식 수로 나눈 것(주당순자산가치, BPS)과 주가를 비교하면 편리합니다. 즉, 주가(price)를 BPS(주당순자산가치)로 나눈 비율(ratio)이 바로 PBR입니다. PBR이 낮을수록 저평가되었다고 봅니다.

　예를 들어 2018년 4월 13일 기준 현대차, 쌍용차, 기아차의 PBR은 각각

PBR과 PER
PBR과 PER에 대해서는
뒤에서 다시 상세히 살
펴봅니다.

0.59, 0.88, 0.47로, 기아차가 가장 저평가되어 있다고 볼 수 있습니다.

PER는 '주가수익비율'입니다. '퍼' 또는 '피이알'로 발음하죠. 회사의 순이익을 발행주식 수로 나눈 주당순이익(EPS)과 주가를 비교한 지표입니다. 즉, 주가를 EPS(주당순이익)로 나눈 비율입니다. PER가 낮다는 것은 투자금 회수기간이 짧다는 의미로, 이 수치가 낮을수록 투자가치가 높고 저평가된 종목이라고 할 수 있습니다.

PSR로 알아보기

기업의 수익성, 성장성 등 어떤 측면에 가치를 두느냐에 따라 가치평가는 달라질 수 있습니다. 그렇다면 기업의 미래가치를 평가해야 할 때는 어떻게 해야 할까요? 바로 PSR(Price Selling Ratio)인 '주당매출액비율'을 살펴보면 됩니다.

PSR(주당매출액비율)은 주가를 주당매출액으로 나눈 값입니다. PSR이 낮으면 낮을수록 저평가되어 있다고 판단합니다. 주로 IT종목처럼 성장 가능성이 높은 기업의 가치를 측정할 때 쓰는 방법입니다.

참고로, 이처럼 저평가주인지를 따질 때 주가와 기업의 청산가치, 순이익, 미래가치 등과 비교하는 것을 '멀티플'이라고 합니다.

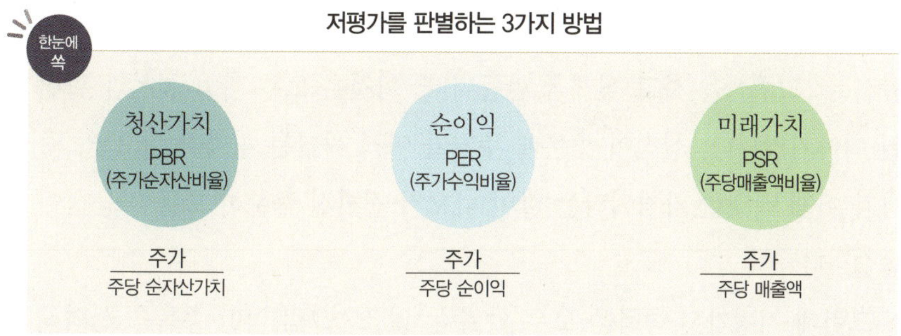

질문 **개인투자자는 저평가주를 찾을 때 불리한가요?**

혹시 이와 같은 의문이 드는 사람도 있을 것입니다. 시장에서 외국인투자자, 기관투자자들이 발 빠르게 저평가주를 찾아 투자하고 있는데, 개인투자자가 찾을 수 있을지 말입니다.

다행히 저평가주는 항상 있습니다. 이유는 간단한데, 주식에 투자하는 자금은 유한하기 때문입니다. 학창시절 시험기간과 비슷합니다. 시간은 한정되어 있고 모든 과목에 충분한 시간을 할애하기 힘든 것처럼, 저평가된 종목은 많지만 투입될 자금은 유한합니다. 그래서 저평가 종목은 항상 남아 있기 마련입니다.

'달리는 말에 올라타라'는 증시 격언도 맞지만, 피터 린치가 이야기한 "10루타 종목, 1000%의 가능성을 가진 저평가된 종목을 찾아 투자하라"는 것 역시 맞는 말임을 잊지 마세요.

어떤 저평가주에 투자해야 될까요?

"어떤 종목이 앞으로 오를 가능성이 높을지, 또는 내릴 가능성이 높을지 알 수 있을까요?" "주식 시장은 신도 모른다"는 말이 있습니다. 그럼에도 불구하고 상승, 또는 하락 가능성을 조금은 짐작할 수 있습니다.

생각을 해볼까요? 주식은 많은 사람들이 사면 오르고 팔면 내립니다. 당연한 이치죠. 그럼 어떨 때 많은 사람들이 그 주식을 사고 싶을까요?

"○○기업의 신제품이 정말 잘 팔리고 있다", "○○ 업종의 업황이 올해부터 엄청나게 좋아지고 있다", "○○ 기업이 큰 수주를 받았다" 등의 공시는 그 주식을 사고 싶게끔 만듭니다. 이것은 모두 기업 실적과 관련된 이야기입니다. 실적이 좋은데 주가가 아직 싸다는 평가가 나오면, 주가가 이제 적정한 가격이라는 말이 나오기 전까진 꾸준히 오를 가능성이 높습니다.

그런데 저평가된 종목을 모두 살 수는 없죠? 그럼 어떤 종목을 선택해야 할까요?

자신만의 기준 세우기

예를 들어 '최소 30% 정도 저평가된 기업이 아니면 투자하지 않는다'는 식으로 자신만의 기준을 세워두고 종목을 찾아야 합니다. 그런 다음 그 저평가주가 기업의 가치만큼 오르는 추세에서 등락할 때, 적절한 타이밍을 노려서 투자해야 성공률이 높아집니다.

PBR로 선택하기

만약 회사의 청산가치가 1주당 1만 원인데, 주가가 9,000원이라면 저평가주라고 할 수 있겠죠? 이는 1만 원짜리 지폐를 9,000원에 파는 것과 비슷합니다. 그래서 일반적으로 PBR이 1 이하면 저평가주라고 합니다.

그런데 청산가치를 계산할 때, 시장에서 가치가 없는 제품도 재고자산으로 잡힙니다. 극단적인 예로 생각해보자면, 이제는 아무도 사지 않는 구형 스마트폰이 재고자산으로 잡혀 있을 수도 있습니다. 따라서 PBR이 1 이하라고 무조건 저평가주라고 단정지을 수 없습니다.

그럼 PBR은 어떻게 봐야 저평가주를 찾는 데 도움이 될까요? 가장 쉬운 방법은 그 기업의 이전 10년간의 PBR 흐름을 보는 것입니다. 증권사 리포트에서 제공하는 연도별 PBR 흐름을 보면 어느 정도일 때 저평가 상태인지 알 수 있습니다.

현대차의 PBR 흐름(2006~17년)

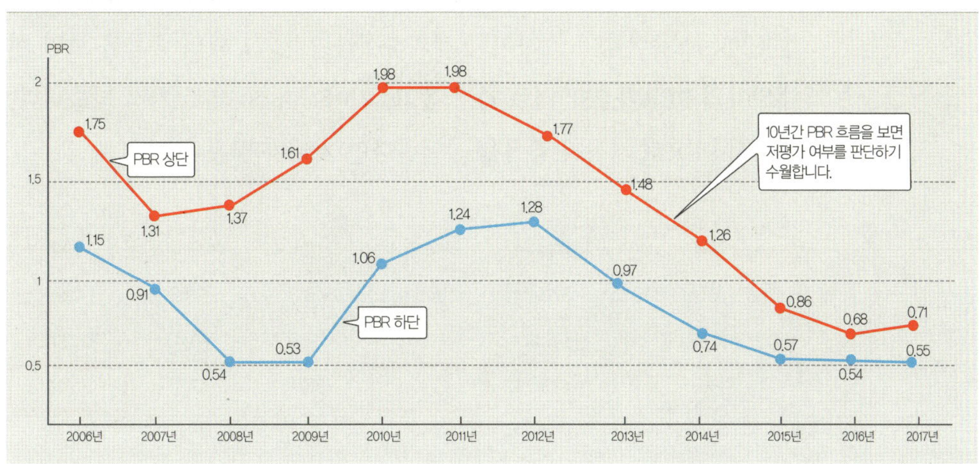

앞의 그래프에서 현대차의 2006~17년 PBR 흐름을 보면 0.53이 가장 낮은 수치입니다. 2015년부터 지금까지 PBR 밴드의 상단이 1 이하였고요.

그러므로 단순히 PBR이 1 이하일 때, 이를테면 PBR이 0.9라고 저평가 상태라고 판단하면 안됩니다. 이처럼 PBR의 장기적인 흐름을 봐야 어느 정도 수준일 때가 저평가 영역인지 알 수 있다는 것을 기억해 두세요.

PER로 선택하기

PER로 저평가주를 선택하는 방법은 두 가지가 있습니다. 하나는 향후 성장성이 높은 업종들 중에서 PER이 낮은 종목, 다른 하나는 PER가 10배 미만인 종목을 선택하는 방법입니다.

성장성이 높고 PER가 낮은 종목

자동차 업종이 향후 성장할 것이라는 생각이 들면, 그 업종 내에서 PER가 낮은 종목을 선택하는 것입니다. PER가 낮다는 것은 투자금 회수 시간이 그만큼 짧다는 것입니다. 주가가 회사의 이익에 비해 얼마나 높으냐를 보는 것이죠.

자동차주는 현대차·기아차·쌍용차 같은 완성차업체, 그리고 만도·현대모비스·현대위아 등의 부품업체로 나뉩니다. 쌍용차는 2018년 추정 EPS(주당순이익)가 적자이니 제외하겠습니다. 그 외의 종목을 보면 현대위아의 PER가 251.14로 가장 높고, 기아차가 30.45로 가장 낮습니다. 따라서 PER로 저평가 종목을 선택한다면 기아차가 됩니다.

종목	현대차	기아차	쌍용차	현대모비스	현대위아
2018년 추정 EPS(원)	3,519	1,041	-56	6,168	219
2018년 4월 9일 종가(원)	151,000	31,700	4,960	260,500	55,000
PER	42.91	30.45	-88.57	42.23	251.14

하지만 각 기업의 주력 생산제품과 경쟁력이 다르기 때문에, 단순히 PER 수치로만 비교하는 것은 무리가 있습니다. 각 기업의 특성을 다시 한 번 살펴봐야 합니다. 그래서 사업보고서나 다른 자료들을 찾아봐야 하는 것이죠. 그 방법들은 뒤에서 설명하겠습니다.

PER가 10배 미만인 종목

일반적으로 PER가 10배 미만인 종목들이 저평가주라고들 합니다. 예를 들어 수입차를 판매/정비하는 도이치모터스의 2018년 PER는 6.83배입니다. 현대EP의 2018년 예상EPS는 1,368원, 주가는 6,490원으로 PER는 4.74배(6,490÷1,368)에 불과합니다.

실제로 PER가 10배 미만인 종목을 찾기 위해서는 예상EPS와 주가를 비교해야 하기 때문에 쉽지는 않습니다. 이런 경우 포털사이트에서 뉴스 검색을 통해 쉽게 찾을 수 있습니다. 사이트 검색란에 'PER 10'만 입력해도 관련 정보를 많이 얻을 수 있습니다.

한 가지 주의해야 할 점은 PER는 회사의 성장성을 기본으로 저평가된 종목을 찾는다는 점입니다. 성장성이 둔화되는 종목의 경우 대체로 PER가 낮아지는 경향이 있습니다. 따라서 기본적으로 매출액이 증가하고 있는지도 반드시 체크해야 합니다.

03
>>>
유망종목 남들보다 빨리 찾기

유망종목을 선택할 때 주의할 점은 이미 주가가 오른 종목은 의미가 없다는 것입니다. 그만큼 오른 이유는 그 종목이 저평가주라는 것이 이미 많은 투자자에게 알려져 있기 때문입니다. 그렇다면 남들에게 알려지기 전에 찾아야겠죠? 유망종목을 쉽게 찾을 수 있는 방법들을 소개합니다.

신규로 나온 긍정적인 리포트에는 관심을!

특정 종목에 대해 긍정적인 리포트가 신규로 나오는 경우에는 관심을 가져야 합니다. 이전에 부정적인 이슈가 있었다가 다시 긍정적인 리포트가 나온 종목도 마찬가지입니다. 대형주의 경우 대부분의 증권사가 리포트를 계속 내놓기 때문에, 시장에서 소외된 중소형주 중에서 유망종목을 선택할 때 이 방법을 쓰는 것이 좋습니다.

예를 들어 바이오의약품 개발업체인 바이로메드는 2011년부터 긍정적인 리포트가 계속 나왔습니다. 주가도 많이 올랐습니다. 하지만 2016년 최대주주의 주식 매도 및 유상증자 이슈로 인해 주가는 22만8,800원에서 8만3,500원까지 떨어졌습니다. 그동안 긍정적인 리포트도 나오지 않았습니다.

그런데 약 1년 후 2017년 7월부터 긍정적인 리포트가 다시 나오기 시작했고, 이후 주가는 30만3,800원까지 상승했습니다. 하지만 2018년 1월 29일 주가는 30만3,800원을 고점으로 20만 원까지 하락하는 모습을 보입니다.

여기서 주목해야 할 점은 2018년 1월 29일 역시 증권사가 긍정적인 리포트를 발표했는데, 주가는 오히려 떨어졌다는 것입니다.

따라서 최초의 긍정적인 리포트가 나오는 초기에 초점을 맞춰야 합니다. 그래야 저평가된 종목을 빨리 찾아 수익을 올릴 기회를 잡을 수 있습니다.

바이로메드 주가 추이

좋은 뉴스는 시기를 살피고, 나쁜 뉴스는 주목하기

일반적으로 신문기사나 뉴스는 이미 나온 기사가 반복되는 경우가 많습니다. 그래서 주가 상승에 영향을 미칠 좋은 뉴스는 '언제 접했느냐'가 무척 중요합니다.

좋은 뉴스가 나오면 주가가 오르는 경우도 있지만, 그것은 단기적일 가능성이 높습니다. 예를 들어 '반도체 업황이 좋다'는 뉴스는 자주 나옵니다. 이때 그 뉴스가 반도체 업황이 불황이었다가 호황으로 전환되는 시점에서 처음 나오는 뉴스인지, 아니면 이전에 호황이라는 뉴스가 계속 나오다가 회사나 제품명만 바꿔 나온 뉴스인지를 체크해봐야 합니다.

다른 예를 들어볼게요.

디지털타임스 2015년 11월 19일자 기사

예전에는 태양광의 공급 과잉에 따른 불안감에 관련된 뉴스가 계속 나왔습니다. 그러다가 2015년 11월부터 긍정적인 뉴스가 나왔습니다.

당시 태양광 관련 대표기업인 OCI의 주가는 7만8,000원 수준이었습니다. 이후 2016년 3월 '중국이 향후 5년간 태양광 설비를 늘린다'는 기사가 나왔고, 뒤이어 '국산 태양광업체들이 미국, 중국, 일본에서 성과를 내고 있다'는 기사가 나왔습니다. 그러는 동안 태양광 기업인 OCI의 주가는 18만7,000원까지 상승했습니다.

2018년 1분기에는 태양광발전과 관련해 정부정책 및 지구온난화 등 긍정적인 뉴스들이 많이 나왔습니다.

세계일보 2018년 1월 9일자 기사

2018년 1월 9일 세계일보의 "기후변화에 대응하자"라는 기사를 보면, 중국과 인도의 태양광발전 투자 확대에 대한 기사로서 우리의 태양광발전 투자에 대한 기대를 가지게 합니다. 하지만 OCI의 주가는 1월 10일을 고점으로 조정에 들어갔습니다.

부정적인 뉴스도 챙겨봐야 하는 이유

대개 사람들은 좋은 뉴스에만 주목합니다. 나쁜 뉴스는 주가가 떨어지는 신호라 여기며, 자신이 보유한 종목이 아니면 관심을 두지 않습니다. 하지만 나쁜 뉴스에도 관심을 갖고 지켜보다 보면 다시 좋은 뉴스로 바뀌는 시점을 잡을 수 있습니다. 따라서 시장에서 긍정적으로 보지 않는 업종 기사들을 모아서 찾아보는 것도 유망종목을 고르는 방법 중 하나입니다.

예를 들어 2018년 4월 자동차 업종에 부정적인 뉴스가 꾸준히 나왔습니다. 그렇다면 그후 자동차 업종의 뉴스를 계속 지켜보다가 긍정적인 신호로 바뀌는 때에 투자를 고려해볼 수 있을 것입니다.

다시 말하지만 중요한 것은 이처럼 시장이 긍정적으로 보지 않는 업종에 대한 뉴스도 지켜보라는 것입니다. 긍정적인 뉴스가 나오는 시점을 먼저 잡는 기회가 될 수도 있기 때문입니다.

내 직업과 관련 있는 종목에 주목하기

2011년 대구 푸르덴셜보험에서 강의할 때의 이야기입니다. 병원 원장님들을 모시고 첫 번째 시간은 부동산, 두 번째 시간은 주식으로 구성된 세미나였습니다.

강의를 하다가 당시 유망한 저평가주로 '오스템임플란트'라는 종목을 추천했습니다. 특히 참석자들 중 치과 원장님도 있었으니 그 종목이 얼마나 매력적인지 대해 금방 수긍할 것으로 생각했습니다. 하지만 뜻밖에도 그들은 의료 종목에는 별로 관심이 없었습니다.

아쉬운 점은 당시 오스템임플란트의 주가가 1만 원 근처였는데 2013년에는 3만9,000원까지 상승했습니다. 불과 2~3년 만에 1억 원이 4억 원이 될 수 있는 기회를 놓친 것이죠.

사실 주식 세미나를 가보면 재미있는 사실을 발견할 수 있습니다. 의료업에 종사하는 사람들은 IT종목에 관심이 많고, IT산업에 종사하는 사람들은 제약·바이오 종목에 관심이 많다는 점입니다. 모름지기 사람이란 자신이 모르는 분야에 더 끌리는 법인가 봅니다.

하지만 우리가 놓치고 있는 것이 있습니다. 종목을 분석할 때, 자신이 가장 잘 아는 분야는 다른 업종 종사자보다 더 잘 분석할 수 있다는 점입니다. 정보 습득 면에서도 유리할 것입니다. 이를테면 연예인이라면 당연히 다른 종목들보다는 엔터테인먼트주에 관심을 갖는 것이 수익을 올리는 데 유리할 것입니다.

자신이 좋아하는 분야나 종사하고 있는 기업과 관련된 업종에 먼저 관심을 가져보기 바랍니다.

테마주 고를 때 주의할 점

한철 유행과도 같은 테마주

몇 년 전 꼬꼬면이라는 라면이 유행한 적이 있습니다. 일반적으로 붉고 얼큰한 국물과는 달리 흰 국물이란 점이 독특했습니다. 꼬꼬면이 유행하자 다른 기업에서는 나가사끼 짬뽕, 기스면, 곰탕라면 등 유사제품들이 나오기도 했습니다. 하지만 이미 시들해졌다는 것은 누구나 알고 있는 사실입니다.

2017년 겨울에는 롱패딩이 유행했습니다. 유명 브랜드들은 너도나도 패딩을 팔기 시작했습니다. 이 유행은 또 얼마나 갈지 모르겠네요.

주식시장에서도 유행에 따라 종목이 움직이기도 합니다. 대표적으로 인터넷의 폭발적인 성장과 정부의 코스닥 벤처기업 육성책으로 인해 IT, 인터넷기업이라면 무작정 상승하던 시기가 있었습니다. 당시 인터넷을 통한 무료통화 서비스를 제공하던 새롬기술은 주가가 2,000원대에서 30만8,000원까지, 무려 150배가 상승했습니다. 초기에 1,000만 원을 투자했다면 불과 몇 년 만에 15억 원이 된 셈이죠.

정치테마주처럼 매해 선거철마다 돌아오는 테마주들도 있습니다. 대부분 대선에 출마하는 정치인이 어떤 회사와 관련이 있다는 식입니다.

단기공략이 상책

앞서 이야기한 롱패딩은 모양이 비슷해도 질은 천차만별입니다. 한철 입고 더 이상 입을 수 없을 정도로 부실한 것도 있을 것이고, 유행을 신경 쓰지 않는다면 오랫동안 입을 수 있는 질 좋은 것도 있을 것입니다.

테마주 역시 마찬가지입니다. 테마주 안에는 향후에도 꾸준히 좋은 실적을 낼 가능성이 높은 종목이 있는 반면, 실적이 받침이 되지 않아 무늬만 테마주인 종목도 있습니다. 이런 종목은 그 테마가 시장에서 더 이상 관심을 받지 못하게 되면, 주가가 한없이 추락해서 회복하지 못하는 경우가 있습니다.

앞서 말한 새롬기술은 2004년에 솔본으로 사명을 변경하였습니다. 한때 30만8,000원까지 상승했던 주가는 현재 6,070원 수준을 벗어나지 못하고 있습니다. 이는 실적이 뒷받침되지 못한 테마주의 위험성을 보여주는 사례입니다.

테마주에 관심이 있다면 단기공략 위주로 투자하기 바랍니다. 단기적으로 주식을 잘 팔지 못한다면, 테마주 안에서 실적이 양호한 종목으로 한정지어 투자해야 합니다.

04 >>> 사업보고서로 유망기업 찾기

흔히 기업 분석이라고 하면 숫자를 먼저 떠올립니다. '매출액은 얼마나 늘었을까? 영업이익률이나 자기자본이익률 수준은 어떨까?' 하지만 결혼 상대자를 볼때 단순히 현재 돈을 많이 번다고 1등 신랑감이나 신붓감은 아니죠. 성격은 물론이고, 어떤 일을 하는지, 향후에도 경제력이 유지될 런지, 성실성과 장래성도 보죠. 기업 분석도 마찬가지입니다. 단순히 지금 수익을 얼마나 내고 있느냐만 따지는 것이 아닙니다.

기업 분석이란?

기업 분석은 크게 양적 분석과 질적 분석으로 나눕니다. 양적 분석은 기업의 이익, 손실, 각종 비용이 담긴 재무제표를 가지고 분석합니다. 이 기업이 재무적으로 안정적인지, 성장하고 있는지, 수익성은 어떠한지 등의 재무정보를 분석하죠. 반면 질적 분석은 경영주의 기업관, 윤리관, 노조와의 관계, 기업 위상, 임원의 출신, 어떤 기술을 개발하고 있는지 등의 비재무적 자료를 분석합니다.

일반적으로 주식투자에서 '기업을 분석한다', '펀더멘털을 분석한다'고 하면 재무상태를 분석하는 것을 말합니다. 하지만 재무상태 분석은 기업 분석 과정의 일부분일 뿐입니다. 땀 흘려 번 소중한 내 돈을 투자하는 만큼, 다른 여러 정보도 놓치지 않고 꼼꼼하게 살펴봐야 겠죠? 이때 그 기업에서 만들어 시장에 제공하는 자료, 이를테면 사업보고서나 보도자료

재무제표란?
기업이 재무상태를 파악하기 위해 회계 원칙에 따라 정리하는 보고서로, 회계 연도가 끝나는 때에 결산 보고를 위해 작성합니다.

등이 좋은 참고자료가 됩니다. 물론 그들이 보여주는 정보를 절대적으로 믿고 받아들이기보다는 어느 정도 걸러볼 줄 알아야 합니다.

사업보고서, 왜 봐야 될까요?

공부할 때 교과서 위주로 공부하는 학생이 있고, 핵심이 요약된 참고서 위주로 공부하는 학생도 있습니다. 참고서 위주로 공부하면 시간이 절약되지만, 그것을 만든 이가 중요하다고 생각해 요약한 내용만 봐야 한다는 단점도 있습니다.

수석 합격자들의 "특별한 비결은 없다, 교과서 위주로 공부했다"는 다소 뻔한 말은 사실 공부의 왕도와 정석을 보여줍니다. 기본을 충실히 해야 스스로 생각할 수 있는 힘도 길러지니까요.

이는 기업 분석을 할 때도 마찬가지입니다. 간단한 기업개요나 재무제표, 증권사 컨센서스 같은 내용은 증권사 HTS뿐만 아니라 포털사이트에서도 제공하고 있습니다. 이런 요약 내용은 일종의 참고서입니다.

그럼 기업 분석의 교과서에 해당하는 것은 무엇일까요? 바로 '사업보고서'입니다. 기업을 포괄적이면서도 상세하게 설명해주죠. 여기서는 한 기업의 사업보고서를 통해 기업 분석의 기초를 배워보겠습니다.

HTS의 기업 분석

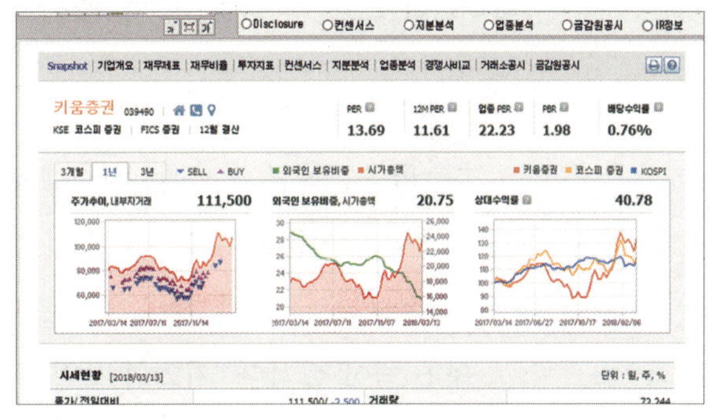

포털사이트의 기업 정보

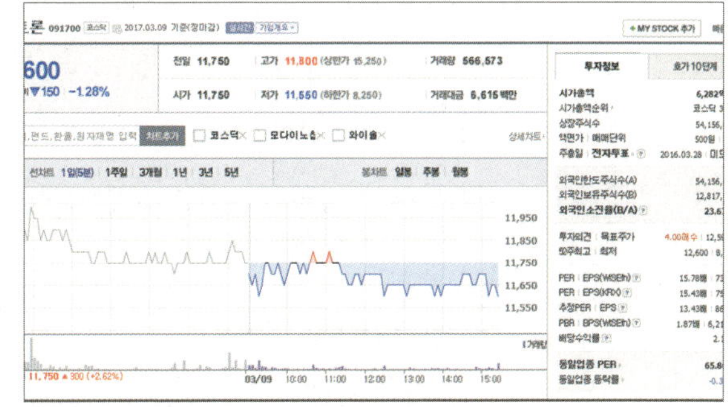

컨센서스

종목에 대한 애널리스트들의 의견을 평균한 값을 말합니다.
만약 삼성전자에 대해 6개 증권사의 애널리스트들이 매출액과 영업이익 등에 대해 의견을 제시했다면, 제시된 매출액의 총액을 6으로 나눠 평균한 값을 의미합니다.
기업의 실적이 발표될 때 컨센서스에 비해 실적이 좋은지 아닌지로 인해 주가가 움직이는 경향이 있습니다.

사업보고서, 어디에서 볼까요?

상장기업은 의무적으로 전자공시를 통해 중요한 정보를 공개해야 합니다. 금융감독원 전자공시시스템(http://dart.fss.or.kr)에는 기업이 공시한 내용이 날짜순으로 정리되어 있습니다. 상단 메뉴 중 [최근공시]로 들어가 〈사업보고서〉, 〈분기보고서〉, 〈반기보고서〉 중 최근에 나온 자료는 무조건 봐야 합니다. 기업의 사업현황과 자세한 실적을 정기적으로 알려주므로 공시 내용 중 가장 중요한 부분입니다.

사업보고서는 증권사 HTS에서도 '금감원공시'를 통해 쉽게 볼 수 있습니다. HTS 화면의 상단 메뉴 중 [투자정보]→기업분석→기업분석을 클릭하면 됩니다. 포털사이트의 요약된 기업 정보나 증권사 애널리스트의 분석자료는 투자에 참고하는 용도로만 활용하는 것이 좋습니다.

HTS의 금감원공시

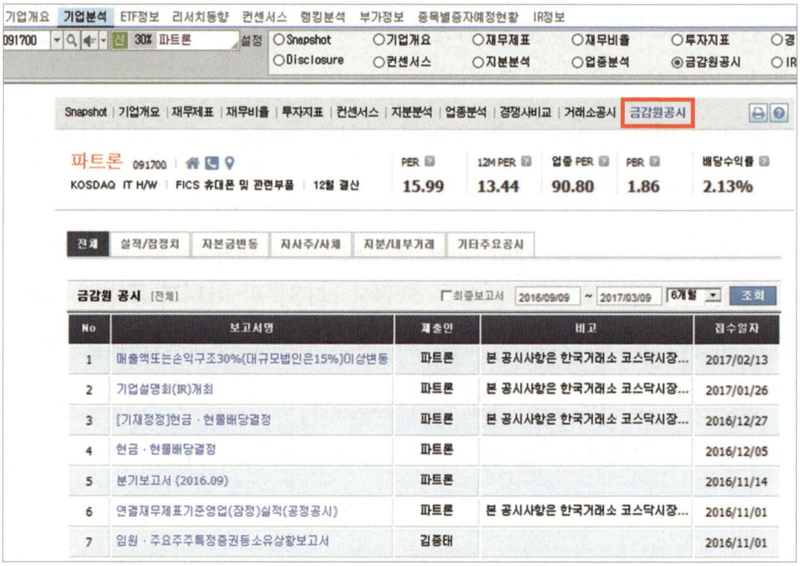
기업개요 기업분석 ETF정보 리서치동향 컨센서스 랭킹분석 부가정보 종목별증자예정현황 IR정보
091700 30% 파트론 설정
Snapshot 기업개요 재무제표 재무비율 투자지표
Disclosure 컨센서스 지분분석 업종분석 금감원공시
Snapshot | 기업개요 | 재무제표 | 재무비율 | 투자지표 | 컨센서스 | 지분분석 | 업종분석 | 경쟁사비교 | 거래소공시 | 금감원공시
파트론 091700
KOSDAQ IT H/W | FICS 휴대폰 및 관련부품 | 12월 결산
PER 15.99
12M PER 13.44
업종 PER 90.80
PBR 1.86
배당수익률 2.13%
전체 실적/잠정치 자본금변동 자사주/사채 지분/내부거래 기타주요공시
금감원 공시 [전체]
최종보고서 2016/09/09 ~ 2017/03/09 6개월 조회
No 보고서명 제출인 비고 접수일자
1 매출액또는손익구조30%(대규모법인은15%)이상변동 파트론 본 공시사항은 한국거래소 코스닥시장... 2017/02/13
2 기업설명회(IR)개최 파트론 본 공시사항은 한국거래소 코스닥시장... 2017/01/26
3 [기재정정]현금 · 현물배당결정 파트론 본 공시사항은 한국거래소 코스닥시장... 2016/12/27
4 현금 · 현물배당결정 파트론 2016/12/05
5 분기보고서 (2016.09) 파트론 2016/11/14
6 연결재무제표기준영업(잠정)실적(공정공시) 파트론 본 공시사항은 한국거래소 코스닥시장... 2016/11/01
7 임원 · 주요주주특정증권등소유상황보고서 김종태 2016/11/01

사업보고서는 해당 기업이 만든 자료입니다. 법으로 정한 양식에 따라 제출하며, 허위로 작성하면 법에 따라 처벌받기 때문에 더욱 신뢰할 수

있습니다. 따라서 주식투자 전에 반드시 읽어봐야 합니다. 참고로 사업보고서는 분기별(3개월 또는 9개월간)로 작성하는 분기보고서와 6개월간의 실적을 보고하는 반기보고서, 1년의 실적을 보고하는 결산보고서로 나뉩니다.

사업보고서의 목차

I. 회사의 개요

II. 사업의 내용

III. 재무에 관한 사항

IV. 감사인의 감사의견 등

V. 지배구조 및 관계회사 등의 현황

VI. 주식에 관한 사항

VII. 임원 및 직원 등에 관한 사항

VIII. 이해관계자의 거래내용

IX. 부속명세서

X. 기타 필요한 사항

사업보고서에서는 기업이 어떤 사업을 하는지, 영업실적은 어떤지, 경영진은 어디 출신인지 외에 배당금 지급내역, 지분구조 등도 알 수 있습니다.

05 회사의 개요

사업보고서에서 가장 앞에 있는 〈회사의 개요〉는 그 기업이 현재 어떤 사업을 하고 있고, 향후 어떤 사업을 추진할 계획인지를 다룹니다. 회사 개요 부분을 보면 어떤 제품 또는 서비스를 판매하는지, 수출 위주인지 내수 위주인지, 경기에 민감한 사업인지, 대규모 설비가 필요한지, 원자재 가격에 민감한지, 성장성이 높은지, 앞으로 진출하고자 하는 영역은 어디인지 등 전반적인 상황을 볼 수 있습니다. 그럼 세부사항을 들여다볼까요?

회사의 개요

내용 중 〈주요 사업의 내용〉은 이 기업이 어떤 일을 하는지, 신규사업으로는 어떤 계획이 있는지 보여줍니다. 다음 쪽에 예를 든 기업의 주요 사업은 이동통신용 핵심부품의 제조 및 판매이며, 앞으로 센서, 마이크, 광마우스 등의 신규사업도 추진하는 중이군요.

회사의 연혁

기업이 어떤 식으로 성장해왔는지 보여줍니다. 다음 쪽 하단의 사업보고서에서 '2014년 12월 삼성전자 동반성장 최우수 협력기업 선정'을 보면, 이 회사가 삼성전자의 주요 협력사임을 알 수 있습니다. 그 외에 주로 인수합병을 통해 덩치를 키워왔다는 것도 짐작할 수 있습니다.

또 스마트폰 카메라 모듈 관련 사업을 하고 있으며, 주요 거래사는 삼

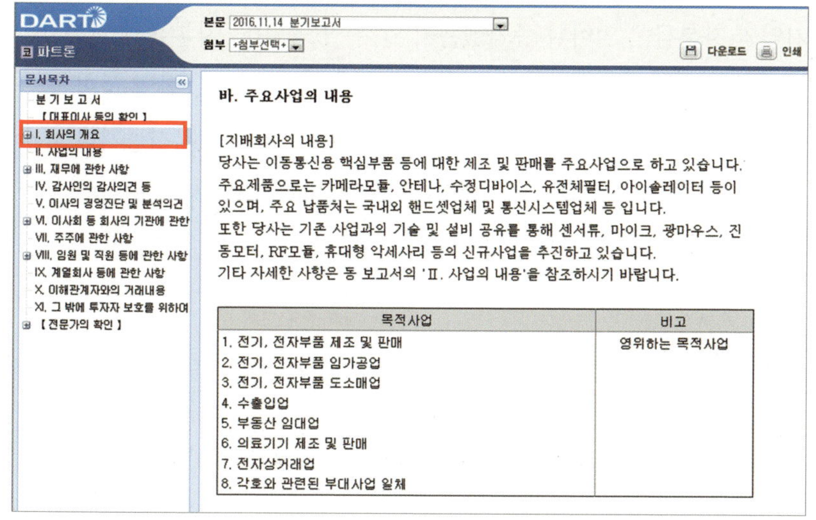

성전자입니다. 삼성전자의 스마트폰이 잘 팔리거나 신제품이 출시될 경우, 시장의 관심이 몰릴 가능성이 높은 회사임을 짐작할 수 있습니다.

회사의 개요_회사의 연혁

2. 회사의 연혁

일자	회사명	내용
2012년 03월	㈜파트론	- 베트남 2공장 준공
2012년 05월	㈜파트론	- 월드클래스 300 지원대상 기업 선정
2012년 12월	㈜파트론	- 3억불 수출의탑 수상
2013년 08월	엘컴텍㈜	- 대표이사 변경(한완수→김영민)
2013년 09월	㈜파트론	- 엘컴텍㈜(舊 한성엘컴텍㈜) 종속회사 추가 - ㈜에이씨티, ㈜래모트론, ㈜티알에프 합병 - ㈜마이크로게이트 청산
2013년 12월	㈜파트론	- 6억불 수출의탑 수상 - 계열회사 ㈜지티씨 지분매각
2014년 02월	㈜파트론	- 2014 이데일리 천사기업대상 기업성장부분 대상
2014년 03월	㈜옴티맥	- 대표이사 변경(김종태→김충섭)
2014년 04월	㈜파트론	- 삼성전자 '14년 1분기 품질최우수상
2014년 05월	㈜파트론	- 2013년도 고용창출 우수기업 대통령상 수상
2014년 06월	엘컴텍㈜	- 종속회사 편입 (마이크롭틱스㈜)
2014년 07월	㈜파트론	- PARTRON JAPAN 계열회사 추가 - 한국수출입은행 '한국형 히든챔피언' 인증 - 중소기업청 벤처1조기업 수상
2014년 11월	㈜파트론	- 'Croise' 브랜드 런칭
2014년 12월	엘컴텍㈜	- 마이크롭틱스㈜ 소규모 합병
2014년 12월	㈜파트론	- 삼성전자 동반성장 최우수 협력기업 선정
2015년 06월	㈜파트론	- ㈜알에프비즈 종속회사 추가
2015년 06월	㈜옴티맥	- 솔레즈㈜ 흡수합병
2015년 09월	㈜파트론	- 종속회사 ㈜알에프비즈 지분매각
2015년 11월	㈜파트론	- 2015 특허경영대상 금상 - 베트남 본관동 준공
2016년 02월	㈜파트론	- 삼성전자 강소기업 선정
2016년 04월	㈜파트론	- 계열회사 PARTRON JAPAN 해산
2016년 7월	㈜옴티맥	- ㈜마이크로샤인 흡수합병

자본금 변동사항

기업의 자본금이 얼마나 증가했는지 알 수 있습니다. 자본금의 변동사유로는 유상증자, 무상증자, 신주인수권부사채, 전환사채, 합병 등이 있습니다. 여기서는 주식을 사기 전, 자본금을 늘리기 위해 무상증자나 유상증자를 얼마나 많이 했는지, 신주인수권부사채나 전환사채 물량이 얼마나 있는지 체크하는 것이 중요합니다.

사업보고서_회사의 개요_자본금 변동사항

3. 자본금 변동사항

공시대상기간('12.01.01~'16.12.31) 중 주요 변동내용은 다음과 같습니다.

가. 증자(감자)현황증자(감자)현황

(기준일: 　2016년 12월 31일　)　　　　　　　　　　　　　　(단위 : 원, 주)

주식발행 (감소)일자	발행(감소) 형태	발행(감소)한 주식의 내용				
		주식의 종류	수량	주당 액면가액	주당발행 (감소)가액	비고
2012년 06월 14일	무상증자	보통주	8,885,672	500	500	30%
2013년 04월 16일	무상증자	보통주	15,401,831	500	500	40%

나. 미상환 신주인수권부사채 등 발행현황

예로 든 기업은 두 번에 걸쳐서 무상증자를 했네요. 1장에서 설명했듯, 무상증자와 유상증자는 주식을 추가로 발행하여 자본금을 늘리는 것인데, 무상증자는 말 그대로 기업의 여윳돈으로 주식을 사서 주주에는 공짜로 주는 것이고, 유상증자는 돈을 받고 판다는 게 다르죠. 무상증자는 공짜로 나눠주는 것이라 주가에 긍정적 역할을 하는 반면, 유상증자는 주가에 그다지 긍정적으로 작용하지 않습니다.

과거 행적을 보면 어떤 기업들은 유상증자를 유난히 많이 했습니다. 주력사업이 사양사업이 되어 자본금을 더 모아서 돌파구를 마련하기 위해서, 또는 경영자금이 부족해서 하는 경우 등 그 이유가 다양합니다. 대부분 주가에 긍정적이라 할 수 없겠죠. 다음 사례를 보겠습니다.

 H게임주의 〈사업보고서〉 중 '회사의 개요_자본금 변동사항'에서 증자와 관련된 내용입니다. H기업은 다음처럼 증자를 실시했습니다. 호재일까요? 악재일까요?

H기업의 '자본금 변동사항' 기준일: 2016년 9월 30일

주식발행(감소)일자	발행(감소)형태	발행(감소)한 주식외 내용				비고
		주식의 종류	수량(주)	주당 액면가액(원)	주당발행(감소)가액(원)	
1999년 1월 6일	유상증자(주주배정)	의결권 있는 주식	20,000	5,000	5,000	–
1999년 10월 30일	유상증자(주주배정)	의결권 있는 주식	180,000	5,000	5,000	–
2000년 3월 27일	무상증자	의결권 있는 주식	100,000	5,000	–	–
2000년 4월 5일	유상증자(제3자배정)	의결권 있는 주식	100,000	5,000	5,000	–
2000년 6월 28일	유상증자(제3자배정)	의결권 있는 주식	77,432	5,000	150,000	–
2000년 7월 14일	무상증자	의결권 있는 주식	95,486	5,000	–	–
2000년 11월 28일	주식분할	의결권 있는 주식	5,729,180		–	–
2001년 12월 30일	유상증자(일반공모)	의결권 있는 주식	2,455,363		20,500	–
2002년 2월 15일	전환권행사	의결권 있는 주식	100,000		5,000	–
2003년 12월 9일	유상증자(주주우선 공모)	의결권 있는 주식	2,485,363		7,810	–
2003년 12월 9일	무상증자	의결권 있는 주식	10,769,906		–	–
2008년 5월 31일	유상증자(제3자배정)	의결권 있는 주식	376,640	500	5,310	–
2010년 9월 15일	주식매수선택권행사	의결권 있는 주식	10,000	500	3,525	–
2011년 2월 10일	주식매수선택권행사	의결권 있는 주식	27,000	500	3,525	–
2011년 3월 14일	주식매수선택권행사	의결권 있는 주식	6,000	500	3,525	–
2014년 3월 15일	유상증자(제3자배정)	의결권 있는 주식	1,096,491	500	1,824	–
2014년 11월 10일	주식매수선택권행사	의결권 있는 주식	37,812	500	3,380	–
2014년 12월 10일	주식매수선택권행사	의결권 있는 주식	25,541	500	3,450	–

H기업은 1999년 1월 유상증자를 시작으로 자본금이 여러 번 변동되었습니다. 이처럼 유상증자를 많이 하는 기업에 투자하는 것은 폭탄을 안는 것과 비슷합니다. 모멘텀(주가를 움직이는 요인)이 있고 수급도 좋아서 주가가 상승하더라도 유상증자로 인해 총 주식 수가 늘어나므로 주가가 순

식간에 하락할 수 있기 때문입니다.

2000년 4월과 6월의 유상증자에는 괄호 안에 '3자 배정'이라는 단어가 있습니다. 일반적으로 유상증자가 주주나 불특정 다수를 대상으로 시행하는 것이라면, 이때 3자 배정은 증자 물량을 받을 투자자나 회사가 정해져 있다는 것을 의미합니다.

3자배정유상증자는 기업의 인수 합병 또는 새로운 투자자가 생긴다거나 하는 이유로 사용되는 경우가 많습니다. 따라서, 유상증자와는 달리 시장에 긍정적인 시그널로 작용하는 경우가 많다는 점 기억해 두시기 바랍니다.

전환사채 등 발행현황

〈사업보고서〉의 '회사의 개요' 중 자본금 변동사항에서는 '전환사채 등 발행현황'을 주의해서 봐야 합니다. 다음 사례를 통해 설명하겠습니다.

사례 반도체주 심텍이 2016년에 전환사채 발행을 발표했습니다. 이것은 무슨 뜻으로 이해해야 할까요?

나.전환사채 등 발행현황

미상환 신주인수권부사채 등 발행현황

(기준일 :　2016년 09월 30일　)　　　　　　　　　(단위 : 백만원, 주)

종류\구분	발행일	만기일	권면총액	행사대상 주식의 종류	신주인수권 행사가능기간	행사조건		미행사신주인수권부사채		비고
						행사비율 (%)	행사가액	권면총액	행사가능주식수	
제14회 무기명식 무보증 분리형 신주인수권부사채	2012.12.31	2017.12.31	50,000	보통주	2014.06.30 ~ 2017.11.30	40	7,220	5,830	807,546	-
합 계	-	-	50,000	보통주	-	40	7,220	5,830	807,546	-

주1) 상기 행사가액의 기재 단위는 "원" 기준입니다.

주2) 신주인수권부사채는 분할전 중도상환청구권이 행사되어 모두 상환되었으며, 상기 권면 총액 및 행사가능주식수는 2015년 7월 1일 인적분할함에 따라 분할 전 주식회사 심텍이 발행한 제14회 무보증 사모 분리형 신주인수권 증권을 분할하여 교부한 수치임

이 사업보고서에 따르면 심텍은 2016년 신주인수권부사채를 발행했습니다. 신주인수권부사채는 새로 발행되는 주식(신주)을 신청해서 받을 수 있는 권리가 붙어 있는 회사채입니다.

자료에 의하면, 행사 가능 기간이 2014년 6월 30일에서 2017년 11월 30일입니다. 만약 여러분이 이 기간 중에 심텍의 주식을 팔았다면, 신주인수권부사채를 산 사람들이 주식으로 바꿀 수 있는 기간과 겹치므로 '대

량의 대기매물(오버행)이 있어서 불리했을 것입니다.

또한 행사가액이 7,220원이란 것은 신주를 7,220원에 살 수 있다는 뜻입니다. 만약 행사기간 중 어느 날의 주가가 9,000원이라고 치죠. 이 신주인수권부사채를 가진 사람이 권리를 행사해 신주를 7,220원에 사서 바로 판다면 24%의 수익을 올릴 수 있습니다. 그래서 보통 행사가액 근처에서는 주가가 더 이상 오르지 않는 경우가 많습니다.

질문 **반도체주 심텍을 6,000원 근처에서 사려면 목표가액은?**

주가가 신주인수권사채의 행사가격인 7,220원보다 높은 경우, 신주인수권 행사로 인해 매물이 나올 가능성이 높습니다. 일반 투자자들도 이 근처에서 팔 가능성이 높습니다. 따라서 단기매매로 접근한다면 주가 상승 시 목표가액은 7,220원 근처가 될 것입니다.

다행히 표 아래의 주2)를 보면, 이 신주인수권이 2015년 7월 1일에 모두 상환됐음을 알 수 있습니다. 이처럼 사채에 의한 오버행 이슈는 기업 사정에 따라 미리 상환되는 경우도 있으니, 주석을 참고하거나 사업보고서 이후에 나오는 사채 관련 공시를 체크하면 좋습니다.

배당에 관한 사항

장기투자자들이 가장 중요하게 생각하는 부분이 바로 '배당'입니다. 배당이란, 기업이 벌어들인 이익을 주주인 투자자들에게 일정금액 나눠주는 것을 말합니다.

이때 이익과 주주에게 나눠주는 금액의 비율을 배당성향이라고 합니다. 2017년 기준 우리나라의 배당성향은 16% 정도입니다. 미국 38%, 일본 34%, 중국 30%에는 한참 못 미치지만, 기업들이 배당 규모를 차츰 늘리고 있는 추세입니다.

배당은 자사주 매입('여기서 잠깐'에서 설명)과 함께, 기업이 주주를 얼마나 배려하는지에 대한 판단기준이 됩니다. 배당은 특히 저금리시대와 지수 하락 시기, 그리고 매해 10월부터 시장의 테마로 등장하곤 합니다.

 배당주는 왜 저금리시대, 시장의 테마가 되나요?

2008년 금융위기 이후, 전 세계 국가들은 불황에서 벗어나기 위해 저금리 정책을 폈습니다. 장장 8~9년 동안 기준금리와 예금금리가 1~2%대의 저금리 상황이 지속된 것이죠.

8~9년이 지난 지금도 현금을 들고 있는 개인투자자 입장에서는 상황이 크게 달라지지 않았습니다. 미국의 기준금리는 오르는데, 우리의 예금금리는 여전히 2%대 내외입니다. 20년 전 예금금리가 10%가 넘었고 불과 9년 전만 해도 5~6%대인 것을 생각하면, 어떤 이들에겐 저금리시대가 지루할 만큼 깁니다.

저금리시대에는 투자자들이 조금이라도 높은 수익률을 찾아서 이동하게 되죠. 그래서 안정적인 수익을 올릴 수 있는 배당투자가 각광을 받게 되고, 배당주들의 주가도 상승할 가능성이 높습니다.

질문 **코스피지수 하락 시기, 왜 배당주가 이슈가 되나요?**

일반적으로 주식시장이 하락하면 배당수익률은 올라갑니다. 왜 그럴까요? 배당수익률은 한 주당 배당금과 주가로 계산합니다. 따라서 분자인 배당금에는 거의 변화가 없는데, 분모인 주가가 하락하면 배당수익률이 높게 나오는 것이죠.

$$\text{배당수익률} = \frac{\text{한 주당 배당금}}{\text{주가}} \times 100$$

주가의 하방경직성 •

주가가 하락하면 배당수익률이 높아지게 됩니다. 또한 실적의 변동 없이 주가가 하락하는 경우에는 시장에서 그 주식을 싸다고 인식하게 되죠.
이렇게 배당이나 펀더멘탈 그리고 기술적 분석의 이유로 주가가 더 이상 하락하지 않는 것을 '주가의 하방경직성'이라 합니다.

우량기업의 주가가 하락해 배당수익률이 시중금리를 크게 웃돌기 시작하면, 주식시장의 큰손이나 펀드자금이 투자를 위해 시장에 들어옵니다. 이처럼 매수세가 커지면서 주가 하락이 멈추게 됩니다. 배당의 가장 긍정적인 부분은 이처럼 주가의 안전판 역할을 한다는 점입니다(주가의 하방경직성). 그래서 투자자들은 배당주투자를 하지 않더라도, 배당으로 유

명한 기업의 주가가 배당수익률 몇 % 정도에서 더 밀리지 않는다는 것을
조사해보고 매매에 활용하기도 합니다.

사업보고서_회사의 개요_배당에 관한 사항

다. 최근 3사업연도 배당에 관한 사항

구 분	주식의 종류	당기	전기	전전기
		제14기 3분기	제13기	제12기
주당액면가액 (원)		500	500	500
(연결)당기순이익(백만원)		16,845	39,794	48,403
주당순이익 (원)		321	752	900
현금배당금총액 (백만원)		-	13,102	13,352
주식배당금총액 (백만원)		-	-	-
(연결)현금배당성향(%)		-	32.9	27.6
현금배당수익률 (%)	보통주	-	2.5	2.1
	우선주	-	-	-
주식배당수익률 (%)	보통주	-	-	-
	우선주	-	-	-
주당 현금배당금 (원)	보통주	-	250	250
	우선주	-	-	-
주당 주식배당 (주)	보통주	-	-	-
	우선주	-	-	-

'배당에 관한 사항'은 결산 종료일로부터 3개월 이내에 열리는 정기 주주
총회에서 최종 결정됩니다. 우리나라는 대부분의 기업이 12월이면 결산
기가 종료되지만, 일부 기업은 3월이나 6월인 경우도 있습니다. 주주총회
승인을 받으면 배당금은 주주총회일로부터 1개월 이내에 지급됩니다.

배당은 현금배당과 주식배당이 있습니다. 현금배당은 주주들에게 현
금으로 배당을 주는 것입니다. 이 경우 기업의 현금이 밖으로 유출되죠.
주식배당은 주식으로 나눠주는 것인데, 이를 위해 새로 주식을 발행합니
다. 이때는 기업의 현금 유출 없이 주식 발행으로 인해 자본금이 증가하
는 효과가 있습니다. 자본금이 증가하면 기업의 재무구조가 개선되는 효
과가 있지만, 주식 수가 늘어나는 것은 부담으로 작용될 수 있겠죠.

정리하자면, 회사의 개요에서는 자본금 변동사항과 배당에 관한 사항을
특히 유의해서 봐야 합니다.

사업의 내용

사업보고서의 〈사업의 내용〉에서는 그 기업의 사업뿐만 아니라 업계 현황 및 특성에 대해서도 자세히 소개합니다. 투자 전에 반드시 정독해야 할 부분입니다. 단, 기업 내부자가 작성하기 때문에 긍정적인 측면을 부각시킨다는 점을 염두에 두고 읽어야겠죠?

사업보고서_사업의 내용

II. 사업의 내용

1. 사업의 개요

주식회사 파트론과 그 종속회사의 사업부문은 휴대폰용 부품과 통신시스템, 가전, 자동차, 스마트 웨어러블 기기 등에 채용되는 기타 부품(비휴대폰용)으로 사업부문을 구분할 수 있습니다.
또한 해외생산법인인 연태파트론전자유한공사, 연태파트론정밀전자유한공사, PARTRON VINA는 대부분 지배회사의 임가공을 담당하고 있어 지배회사의 사업내용과 일치합니다.

사업부문	주요품목	비 고(전방시장)
휴대폰용 부품	- 카메라모듈 - 안테나 - 수정발진기 - 센서류 - 진동모터 - Lens - VCM - Actuator	- 휴대폰 시장
기타 부품 (비휴대폰용 부품)	- 카메라모듈 - 안테나 - 수정발진기 - 유전체필터 - 아이솔레이터 - RF모듈 - 관통콘덴서 - 진동모터 - 마이크폰 - 센서류 - LED - Switch - Accessory	- 통신시스템 - 가전시장 - 자동차시장 - 스마트 웨어러블 시장

사업 내용 들여다보기

앞의 사업보고서 중 '사업의 내용'을 보면 휴대폰용 부품사업이 전체 매출의 83.5%, 기타 부품사업(비휴대폰용 부품)이 16% 정도입니다. 205쪽의 '회사의 개요'를 보면 이 기업의 매출은 삼성전자 납품이 주였죠. 아마도 2016년 삼성 갤럭시노트7 배터리 발화 사건에 따른 리콜 및 판매중지 사태로 인해 그해 실적은 부진할 수밖에 없었을 것입니다. 하지만 삼성전자가 스마트폰 사업을 접지 않는 한 신제품은 계속 나올 것입니다. 그러면 이 기업의 매출 대부분을 차지하는 휴대폰용 부품사업도 순항할 가능성이 높다는 의미죠.

이처럼 악재가 터져서 주가가 크게 하락했다고 하더라도, 기업이 해결할 만한 것이라면 주가는 다시 오를 것이므로 주식을 싸게 살 수 있는 기회가 될 수 있습니다.

주식을 보는 힘은 연상력에서 나오며, 그 정보의 원천이 바로 〈사업의 내용〉에 있습니다. 실제 파트론은 2016년 2분기 실적이 긍정적으로 나왔음에도 불구하고, 그해 9월 1일 갤럭시노트7 발화 악재로 인해 주가가 20% 이상 급락했습니다. 하지만 갤럭시노트8에 대한 기대감으로 다시금 2017년 3월 10일 기준 저점 대비 42% 급등했죠.

파트론의 주가 흐름(2016년 8월~2017년 3월)

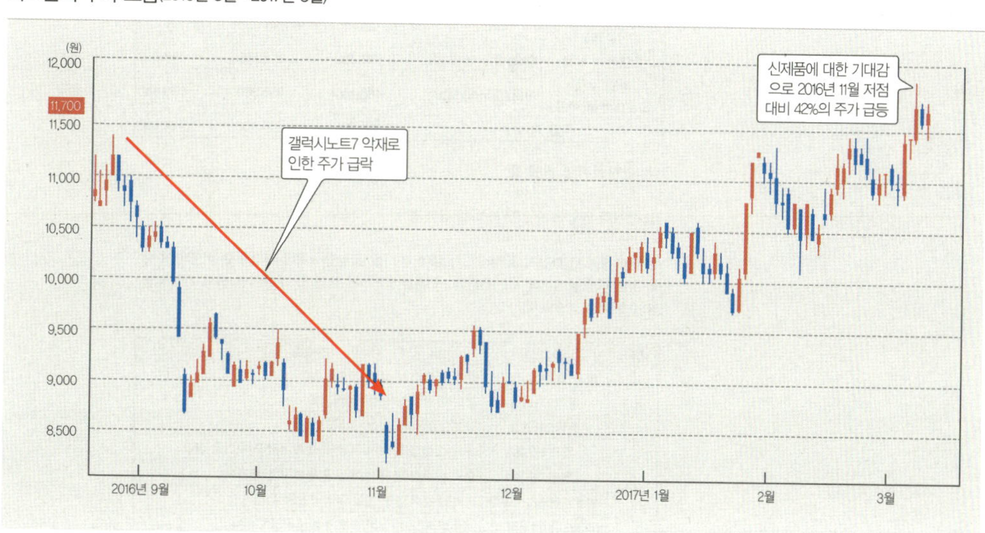

업계 현황 및 특성 들여다보기

〈사업의 내용〉에는 업계 현황 및 특성, 업종의 성장성과 관련한 다양한 자료들도 있고, 시장점유율을 비롯해 경쟁업체와 상세하게 비교분석되어 있습니다.

일반적으로 업계 3위 이내 기업이 경쟁력 있다고 하죠. 시장점유율 1위라면 일단 관심을 가져보는 것이 좋습니다. 1위 업체는 가격결정을 주도적으로 할 수 있고, 불황이 닥치더라도 끝까지 살아남을 힘이 있으니까요. 특히 업종이 불황인 경우에는 경쟁사들의 몰락으로 인해 시장점유율이 더욱 높아질 가능성도 있습니다.

주식시장이 좋지 않을 때는 부동산 값이 상승하면서 자산주가 오르기도 합니다. 이런 경우에는 그 기업이 어느 지역에 있는지에 따라 주가가 들썩거리기도 합니다. 〈사업의 내용〉에서 '생산 및 설비' 부분을 보면 기업과, 공장의 위치를 알 수 있습니다.

사업보고서_사업의 내용_생산 및 설비

4. 생산 및 설비

가. 생산능력, 생산실적, 가동률

(1) 생산능력

(단위 : 천개)

사업부문 (품목)	사업소	제14기 3분기	제13기	제12기
휴대폰용 부품	한국/중국/베트남	568,800	813,600	843,600
기타 부품 (비휴대폰용 부품)	한국/중국/베트남	488,160	650,880	650,880
합 계		1,056,960	1,464,480	1,494,480

나. 생산설비의 현황 등

(1) 생산과 영업에 중요한 시설 및 설비 등

당사는 경기도 화성시 동탄신도시 내에 본사를 포함한 3개의 사업장을 비롯하여 중국 2개, 베트남 5개의 생산공장과, 국내외 3곳에서 영업 및 개발지원 등의 사업활동을 수행하고 있습니다.

지역	사업장	소재지
국내	본사(동탄1사업장)	경기도 화성시 삼성1로2길 22
	동탄2사업장	경기도 화성시 삼성1로2길 60
	동탄3사업장	경기도 화성시 삼성1로3길 27
해외	연태1공장	중국 산동성 연태시 무평구 경제개발구 무신로 352
	연태2공장	중국 산동성 연태시 개발구 보세구 황해로89
	베트남 본관/1~3공장	베트남 빈푹성 빈엔시 과이광공단 11
	베트남 4공장	베트남 밧닉성 꾸에보현 꾸에보공단 C7-1

예전처럼 개성공단 관련 이슈가 생겼을 때나 최근 미국 보호무역정책으로 인해 멕시코와 미국 간 관세 이슈가 생겼을 때와 같은 시설 및 설비가 어디에 치중되어 있는지 체크하는 것이 좋습니다. 혹은 대통령선거에서 어느 지역 대선주자의 지지율이 높냐에 따라 그 지역에 공장이 있는 기업이 부각되는 경우도 있었습니다.

이와 같이 사업의 내용에서는 기업의 구체적인 사업 현황 및 특성, 시장점유율 및 생산능력, 시설의 위치까지 상세하게 볼 수 있습니다

재무에 관한 사항

사업보고서의 〈재무에 관한 사항〉에 적힌 숫자들을 보면 머리가 복잡하지만, 투자자들이 모두 회계사가 될 필요는 없습니다. 터키의 케밥을 좋아한다고 해서 케밥 만드는 방법까지 알 필요는 없는 것과 마찬가지죠.

재무제표 역시 어떻게 작성하는지는 중요하지 않습니다. 재무제표를 제대로 볼 줄 알고 주식투자에 적절히 활용하기만 하면 됩니다. HTS 화면 상단 메뉴 중 [투자정보]→기업분석→기업분석을 클릭해 들어가 '재무제표'를 선택하면 됩니다.

HTS의 재무제표

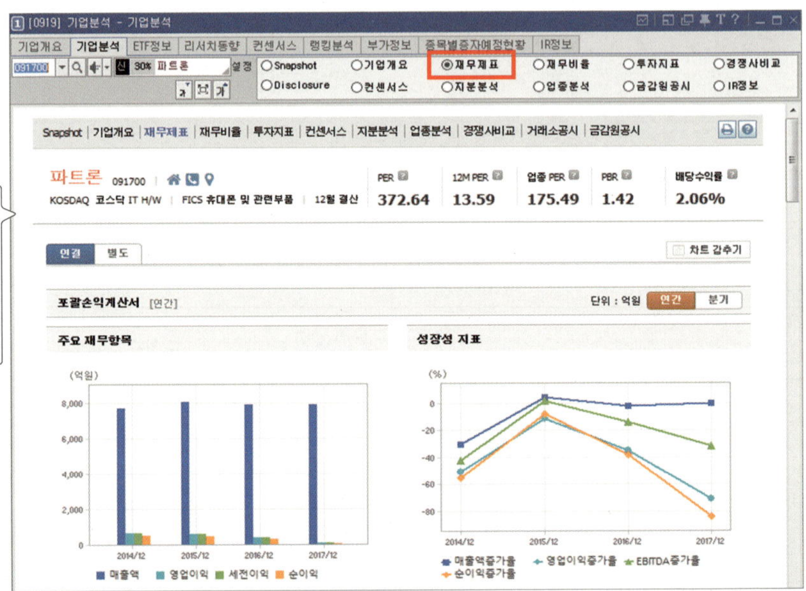

기업분석을 할 때 HTS에서 제공하는 재무제표를 활용하는 것도 좋은 방법입니다. 사업보고서에 나와 있는 재무제표는 다소 딱딱하지만, HTS의 재무제표는 그래프 형식이라 보기 편합니다.

재무제표의 구성

재무제표는 재무상태표, 손익계산서, 이익잉여금처분계산서, 현금흐름표, 주석 및 주기의 다섯 가지로 구성되어 있습니다. 모두 기업의 상태를 나타내는 주요 자료지만, 이 중에서 주식투자에서는 재무상태표, 손익계산서, 현금흐름표 정도만 알아도 충분합니다. 그런데 이를 따로 떼어 분석하는 것은 의미가 없습니다. 항상 서로 연관해 분석하는 습관을 들이는 것이 좋습니다.

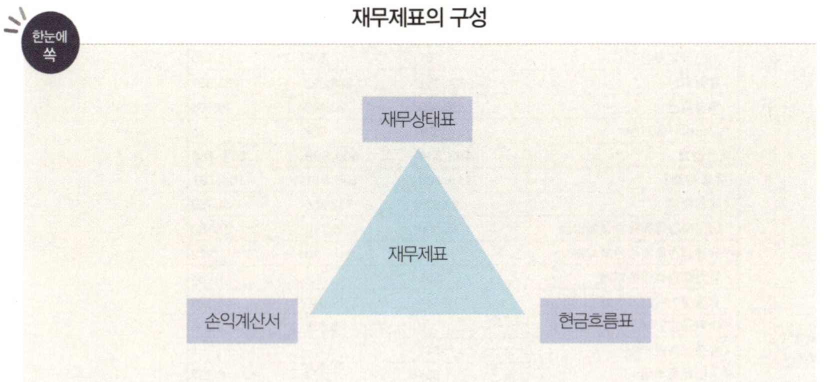

재무제표의 구성

재무건전성을 보는 '재무상태표'

자신이 가진 돈만 가지고 사업을 시작하는 사람은 극히 드물 것입니다. 하다못해 부모님 돈이라도 빌리는 경우가 많죠. 재무상태표(구 대차대조표)는 투자한 돈, 빌린 돈, 그리고 이 둘을 합한 자산 항목으로 구성됩니다. 즉, 일정시점의 '자본(자기 돈)'과 '부채(빌린 돈)', 그리고 이것들을 합한 '자산(자기 돈+빌린 돈)'이 있습니다.

〈재무에 관한 사항〉 항목 중 '1. 요약재무정보'를 보면 기업의 재무상태를 요약 형식으로 볼 수 있습니다.

1. 요약재무정보

가. 요약연결재무정보

(단위 : 백만원)

구 분	제14기 3분기 (2016년 9월말)	제13기 (2015년 12월말)	제12기 (2014년 12월말)
[유동자산]	**194,212**	**182,827**	**207,821**
·현금및현금성자산	35,640	21,191	35,725
·단기투자금융자산	3,299	2,076	4,828
·매출채권	72,519	76,894	76,131
·유동성파생상품자산	178	9	8
·유동성기타금융자산	10,927	9,681	16,415
·재고자산	62,113	62,712	62,715
·기타유동자산	9,536	10,264	12,001
[비유동자산]	**299,122**	**326,762**	**306,917**
·매도가능금융자산	4,928	6,276	2,734
·관계기업투자자산	580	703	5,073
·투자부동산	7,539	8,027	8,072
·기타금융자산	261	835	1,430
·유형자산	264,851	289,692	266,367
·무형자산	20,369	20,400	18,708
·기타비유동자산	594	829	4,533
자산총계	**493,334**	**509,589**	**514,738**
[유동부채]	**119,729**	**136,011**	**154,191**
·매입채무	52,376	52,236	34,760
·단기차입금및유동성차입금	45,886	55,116	87,160
·유동성신주인수권부사채	–	10	112
·유동성파생상품부채	531	–	238
·유동성기타금융부채	19,461	19,540	16,226
·미지급법인세	–	8,835	9,336
·유동성충당부채	817	–	1
·기타유동부채	658	274	6,357
[비유동부채]	**8,640**	**10,985**	**24,580**
·장기차입금	1,411	3,470	13,056
·신주인수권부사채	–	–	–
·기타금융부채	331	337	266
·확정급여부채	3,031	1,906	2,464
·이연법인세부채	3,867	5,272	8,794
부채총계	**128,369**	**146,996**	**178,771**
지배기업소유주지분	319,054	325,862	309,991
[납입자본금]	27,078	27,078	27,078
[주식발행초과금]	4,614	4,614	4,614
[기타자본항목]	-16,265	(23,013)	(10,517)
[기타포괄손익누계액]	-18,320	(987)	(3,119)
[이익잉여금]	321,947	318,170	291,936
비지배지분	45,911	36,731	25,976
자본총계	**364,965**	**362,593**	**335,967**
매출액	**621,200**	**805,804**	**769,816**
영업이익	**34,071**	**58,789**	**66,234**
계속사업이익	**34,071**	**58,789**	**66,534**
연결총당기순이익	**22,951**	**45,638**	**49,412**
지배회사지분순이익	16,845	39,794	48,403
소수주주지분순이익	6,106	5,845	1,009
주당순이익(원)	**321**	**752**	**900**
연결에 포함된 회사수	9	10	11

① 자산
② 부채
③ 자본

❶ **자산** 자산은 '기업이 가지고 있는 재산'입니다. 은행에서 돈을 빌려 집을 사더라도 내 집인 것처럼, 기업도 자본(순자산)뿐 아니라 부채도 자산으로 봅니다. 자산은 유동성에 따라 유동자산과 고정자산으로 구분합니다. 1년 이내에 현금으로 바꿀 수 있으면 유동자산, 현금으로 바꿀 수 없으면 고정자산으로 분류합니다.

기업의 자산 형태는 현금, 주식, 공장, 토지 등 여러 가지입니다. 이런 자산을 현금으로 바꾸기 쉬운 순서대로 배치한 것이 바로 재무상태표입니다. 현금으로 바꾸기 쉽다는 것은 곧 유동성이 높다는 뜻이죠. 고정자산의 비중이 너무 크면 빨리 현금화하기 어렵습니다. 그래서 기업에 갑작스러운 위기상황이 닥쳐도 대처할 수 있도록 유동자산의 비율이 얼마나 높은지가 중요합니다.

표의 14기 3분기 고정자산(비유동자산)이 약 2,991억 원으로 총 자산인 4,933억 원의 60.6% 정도 차지합니다. 이런 식으로 13기, 12기의 고정자산의 비율을 계산해보면 각각 64.1%, 59.6%로 그 변화 추이를 알 수 있습니다. 그리고 총 자산이 조금씩 줄어들고 있는 것도 눈여겨 볼 만합니다.

❷ **부채** 부채도 1년 이내에 갚아야 하는 것은 유동부채, 1년이 지나서 갚아도 되는 것은 고정부채로 구분합니다.

표를 보면 다행스럽게도 유동부채와 고정부채 역시 조금씩 줄어들고 있음이 보입니다.

❸ **자본** 자본은 자본금, 이익잉여금, 자본잉여금으로 구분합니다. 자본금은 주주가 투자한 기본 밑천이고, 이익잉여금은 사업을 진행하면서 모은 돈입니다. 자본잉여금은 증자나 감자 또는 기타 자본과 관련된 거래에서 발생한 이익입니다.

표의 기업은 납입자본금은 변화가 없고 이익잉여금이 늘어나고 있음을 볼 수 있습니다. 이를 통해 12~14기 동안 증자나 감자 등의 활동이 없었고, 회사의 이익은 늘어났음을 짐작할 수 있습니다.

경영성과를 알려주는 '손익계산서'

손익계산서는 일정기간 동안 기업의 이익과 손실을 기록한 재무제표입니다. 주식투자에서는 재무상태표보다 손익계산서가 더 중요합니다. 기업이 장사를 얼마나 잘했는지 직접적으로 보여주기 때문이죠. 손익계산서에서 꼭 알아야 할 부분만 살펴보겠습니다.

사업보고서_재무에 관한 사항_재무제표

손익계산서

제 14 기 3분기 2016.01.01 부터 2016.09.30 까지
제 13 기 3분기 2015.01.01 부터 2015.09.30 까지
제 13 기　　　　2015.01.01 부터 2015.12.31 까지
제 12 기　　　　2014.01.01 부터 2014.12.31 까지

(단위 : 원)

| | 제 14 기 3분기 | | 제 13 기 3분기 | | 제 13 기 | 제 12 기 |
	3개월	누적	3개월	누적		
❶ 수익(매출액)	166,365,305,270	600,463,451,800	212,715,273,946	584,088,509,752	775,978,609,821	731,555,790,635
매출원가	156,236,509,378	546,068,378,287	186,120,219,212	503,050,553,410	671,753,524,096	605,809,984,774
매출총이익	10,128,795,892	54,395,073,513	26,595,054,734	81,037,956,342	104,225,085,725	125,745,805,861
판매비와관리비	4,660,778,751	14,193,227,394	5,913,239,684	15,263,323,100	18,012,011,280	23,991,098,460
연구개발비	6,548,971,631	21,080,056,880	7,231,626,979	21,148,695,186	28,015,380,276	29,453,892,944
❷ 영업이익(손실)	(1,080,954,490)	19,121,789,239	13,450,188,071	44,625,938,056	58,197,694,169	72,300,814,457
기타영업외수익	7,755,774,977	27,847,087,605	8,631,008,307	21,685,202,760	27,617,696,788	27,469,489,835
기타영업외비용	6,701,901,055	23,512,911,459	7,941,348,688	14,941,609,358	21,228,265,405	22,981,256,924
금융수익	30,142,363	69,227,632	28,419,362	147,488,196	143,805,690	485,170,612
금융원가	139,551,785	488,156,905	142,110,307	682,185,433	817,907,604	1,721,094,372
법인세비용차감전순이익(손실)	(136,489,990)	23,037,036,112	14,026,156,745	50,834,834,221	63,913,023,638	75,553,123,608
법인세비용	494,943,588	6,820,167,739	2,998,024,101	10,846,883,991	15,742,746,236	16,051,690,856
❸ 당기순이익(손실)	(631,433,578)	16,216,868,373	11,028,132,644	39,987,950,230	48,170,277,402	59,501,432,752
주당이익						
기본주당이익(손실)	(12)	309	210	763	910	1,107

❶ **매출액** 기업이 제품이나 서비스를 팔아 벌어들인 모든 수익입니다. 매출액이 늘어나느냐, 줄어드느냐에 따라 기업의 성장 여부를 알 수 있습니다. 손익계산서는 매출액을 기준으로 비용을 하나씩 빼나가는 구조로 되어 있습니다. 매출액부터 숫자를 따라가다 보면 기업이 최종적으로 얼마의 수익을 얻었는지 파악할 수 있습니다.

위의 손익계산서를 보면, 13기에는 12기에 비해 매출액이 총 444억 원 이상 증가했음을 볼 수 있습니다. 13기 3분기 동안의 누적 매출액과 14기 3분기 동안의 누적 매출액을 비교한 경우에도 16억 이상 증가했음을 볼 수 있습니다. 이를 통해 매출액은 꾸준히 상승하고 있음을 알 수 있습니다.

❷ **영업이익** 매출총이익에서 판관비를 뺀 금액입니다. 매출액에서 원가(재료비)를 뺀 금액이 '매출총이익'이고, 영업에 들어간 비용을 '판관비(판매비와 관리비)'라고 합니다. 판관비는 업종마다 다르지만 임금이나 임대료가 대표적입니다. 영업이익은 실제로 장사를 해서 얼마를 남겼는지 보여주므로, 기업이 제대로 운영되고 있는지 판단하는 기준이 됩니다.

매출액은 꾸준히 상승했음에도 불구하고, 손익계산서를 보면 영업이익은 14기 3분기 동안에는 마이너스를 기록해 13기 3분기 동안의 누적 영업이익과 비교했을 때 50% 이상 줄었음을 알 수 있습니다.

이는 앞에서 설명했듯이, 매출액에서 재료비와 관리비, 인건비 등이 전보다 많이 나갔음을 추측할 수 있습니다.

❸ **당기순이익** 그런데 기업이 단순히 본업의 영업만으로 돈을 버는 것은 아니죠? 자사 건물을 팔아 이익이 생길 수도 있고, 돈을 빌려주고 받는 이자수익, 다른 기업에 투자해서 얻는 배당수익도 있을 것입니다. 이런 것들을 더하고 마지막으로 정부에 내는 세금을 빼면 실질적인 순이익인 당기순이익을 얻을 수 있습니다.

그럼, 다시 220쪽의 손익계산서를 살펴볼까요? 영업이익 부분에서 확인했듯이, 당기순이익에서 이 기업의 이익이 확연히 줄어들고 있음을 확신할 수 있습니다. 마지막 14기 3개월 동안의 당기순이익은 6억 3,143만 원 정도 손실을 봤네요(괄호 안의 숫자는 마이너스를 뜻합니다). 누적당기순이익 역시 전기에 비해 60% 정도 떨어졌음을 알 수 있습니다.

 당기순이익만 봐도 되지 않나요?

이쯤에서 이런 생각이 들 수도 있습니다. '주식투자에서는 기업이 돈을 잘 버는지 아닌지만 알면 되지 않을까? 그러니 다른 이익을 구분하고 따질 것 없이 당기순이익만 보면 되지 않나?'라고 말입니다.

그런데 당기순이익만 봐서는 실적이 전년에 비해 좋아졌는지 나빠졌는지 알 수 없습니다.

장사를 잘해서 영업이익은 많이 났는데 세금을 많이 내서 당기순이익이
전년보다 감소할 수도 있고, 장사를 못해서 매출액과 영업이익이 크게
감소했는데 보유한 건물을 팔아 당기순이익이 늘어날 수도 있거든요. 따
라서 기업의 상태가 좋은지 아닌지 제대로 판단하려면 세부적으로 매출
액, 영업이익, 당기순이익을 모두 살펴봐야 합니다.

돈의 입출을 꿰는 '현금흐름표'

IMF 당시 신문기사의 헤드라인. 이익을 꾸준히 내는 기업도
자금순환이 잘 안 되면 부도 위험이 있습니다.

경기가 너무 나쁠 때는 당기순이익이 좋아도
기업이 도산할 수 있습니다. 장부상으로는 당
기순이익이 났어도 현금이 없으면 도산할 수
있죠. 그래서 주식투자를 할 때는 현금흐름표
도 체크해야 합니다.

현금흐름표는 일정기간 동안 기업의 현금이 어떻게 조성되고, 어디에
얼마를 쓰며, 현재 얼마의 현금을 가지고 있는지를 보여줍니다. 기업의
현금이 원활하게 움직이는 것은 성장과 쇠퇴를 판가름하는 중요한 잣대
라고 할 수 있습니다.

현금흐름표는 복잡해 보이지만 비교적 간단합니다. 들어오면 플러스, 현
금이 나가면 마이너스로 표시합니다. 마이너스의 경우 괄호 안에 액수를
넣어 표시하기도 합니다.

현금흐름표는 크게 '영업활동현금흐름', '투자활동현금흐름', '재무활동
현금흐름'으로 나눕니다. 각 항목이 플러스인지 마이너스인지 정도만 체
크하면 됩니다.

현금흐름표

제 14 기 3분기 2016.01.01 부터 2016.09.30 까지
제 13 기 3분기 2015.01.01 부터 2015.09.30 까지
제 13 기　　　 2015.01.01 부터 2015.12.31 까지
제 12 기　　　 2014.01.01 부터 2014.12.31 까지

(단위 : 원)

	제 14 기 3분기	제 13 기 3분기	제 13 기	제 12 기
❶ 영업활동현금흐름	24,986,716,532	66,786,319,109	83,504,061,679	67,014,620,011
당기순이익(손실)	16,216,868,373	39,987,950,230	48,170,277,402	59,501,432,752
조정	10,183,182,568	16,536,725,360	25,072,226,602	27,354,311,943
순운전자본변동	14,730,588,953	27,550,613,938	29,900,493,832	2,479,137,394
이자수취	52,682,726	134,158,157	149,610,354	555,585,249
이자지급	(489,238,220)	(714,466,201)	(849,764,646)	(1,834,999,580)
배당금수입	778,437,760	448,663,830	448,663,830	2,128,189,198
법인세납부액	(16,485,805,626)	(17,157,326,205)	(19,387,445,695)	(23,169,036,945)
❷ 투자활동현금흐름	(1,878,460,709)	(40,714,413,174)	(49,277,007,278)	(33,280,145,531)
금융자산의 처분	1,623,750,921	5,499,459,247	6,004,038,255	10,081,181,176
금융자산의 취득	(3,005,259,025)	(4,716,880,706)	(7,040,809,453)	(8,999,685,088)
종속기업및관계기업투자자산 처분	4,195,609,377	420,000,000	420,000,000	0
종속기업및관계기업투자자산 취득	(2,672,932,405)	(38,909,115,195)	(45,046,361,125)	(29,106,581,846)
유형자산의 처분	5,652,448,883	8,029,311,002	8,757,496,399	8,539,405,720
유형자산의 취득	(7,247,611,160)	(10,306,729,622)	(11,247,939,964)	(12,880,158,493)
무형자산의 처분		45,000,000	45,000,000	
무형자산의 취득	(424,467,300)	(775,457,900)	(1,168,431,390)	(914,307,000)
❸ 재무활동현금흐름	(11,341,602,500)	(31,131,282,800)	(39,251,282,800)	(40,081,047,114)
단기차입금의 차입	69,704,000,000	50,833,000,000	67,194,000,000	20,000,000,000
단기차입금및유동성차입금의 상환	(67,944,000,000)	(60,473,000,000)	(84,954,000,000)	(38,809,277,474)
배당금의 지급	(13,101,602,500)	(13,351,602,500)	(13,351,602,500)	(16,171,923,000)
자기주식의 취득		(8,139,680,300)	(8,139,680,300)	(5,099,846,640)
현금및현금성자산의순증가(감소)	11,766,653,323	(5,059,376,865)	(5,024,228,399)	(6,346,572,634)
기초현금및현금성자산	1,718,266,104	6,733,720,058	6,733,720,058	13,052,845,268
현금성자산의 환산	38,736,799	39,997,768	8,774,445	27,447,424
기말현금및현금성자산	13,523,656,226	1,714,340,961	1,718,266,104	6,733,720,058

사업보고서_재무에 관한 사항_재무제표

❶ **영업활동현금흐름** 기업이 영업을 해서 현금이 들어오면 플러스로, 대출이자가 나가면 마이너스로 표시합니다. 그런데 영업을 해서 현금이 많이 들어와도 대출이자가 너무 많이 나간다면 영업활동현금흐름은 마이너스가 되겠죠.

　이 기업의 현금흐름표를 보면, 영업활동현금흐름이 모두 플러스로 영업활동으로 인한 현금 유입이 잘되고 있음을 알 수 있습니다.

❷ **투자활동현금흐름** 기업이 투자를 꾸준히 할 경우 현금이 유출되므로 마이너스로 표시합니다. 그런데 기업 사정이 어려워 구조조정을 하며 자산을 판다면 현금이 유입되므로 플러스로 표시합니다.

　　기업이 꾸준히 투자를 한다면 투자활동현금흐름은 마이너스가 되겠죠? 따라서 보통 마이너스인 것이 긍정적입니다.

　　예의 기업의 경우 12~14기 3분기까지의 투자활동현금흐름이 모두 마이너스로, 긍정적으로 볼 수 있습니다.

❸ **재무활동현금흐름**　재무활동현금흐름에는 돈을 빌리고 갚은 항목이 적혀 있습니다. 다시 말해 기업이 돈을 빌리면 현금이 유입되므로 플러스로 표시하고, 반대로 빚을 갚으면 현금이 유출되므로 마이너스로 표시합니다.

　　기업이 대출보다는 빚을 갚는 것이 재무상태가 좋겠죠? 따라서 이것은 마이너스인 것이 긍정적입니다.

　　예의 기업의 경우, 재무활동현금흐름 또한 모두 마이너스입니다. 그만큼 빚을 갚고 있다는 뜻이니 긍정적이죠? 다만 당기순이익이 13기보다 14기에 크게 줄었음을 확인했듯이, 갚는 빚의 양도 같은 시기에는 많이 줄었음을 알 수 있습니다.

08 >>> 임원 및 직원 등에 관한 사항

CEO 파워로 오르는 주가

'CEO 주가'라는 말이 있습니다. 최고경영자(CEO)의 능력이나 이미지에 주가가 크게 좌우되는 현상을 말합니다. 즉 유능하고 정직한 경영자가 있는 기업의 주가는 상승할 가능성이 높습니다. 따라서 자신이 투자하려는 기업의 CEO가 어떤 사람인지 체크해보는 것이 좋습니다.

가령 2013년 황창규 전 삼성전자 사장이 KT 대표이사 회장으로 결정됐을 때, KT의 주가가 단기적으로 상승한 바 있습니다. 그는 반도체 메모리 용량이 1년마다 2배씩 증가한다는 '황의 법칙'으로 유명하죠. 또한 1996년 스티브 잡스가 애플에 복귀한 후 2011년까지 애플의 주가가 80배 이상 올랐습니다. 아울러 게임회사 넷마블의 방준혁 의장도 같은 관점에서 주목해봐야 할 인물입니다.

임원의 출신이 특히 중요한 코스닥 기업

코스닥 기업의 경우 조금 다른 의미에서 임원이 누구인지, 주요 경력이 무엇인지 확인해두는 편이 좋습니다.

다음은 모 회사의 사업보고서에서 〈임원 및 직원 등에 관한 사항〉입니다. 이것이 알려주는 바는 무엇일까요?

주요 경력을 보면 회장, 부사장, 전무, 상무, 이사, 감사까지 전부 삼성출신입니다. 이것만 봐도 이 기업이 삼성과 깊은 관련이 있으며, 삼성 관련 수주가 매출의 중심임을 짐작할 수 있습니다. 코스닥 기업은 이처럼 임원이 어디 출신들로 이루어져 있는지 체크하다 보면 주력 납품처가 어디인지도 파악할 수 있습니다.

사업보고서_임원 및 직원 등에 관한 사항

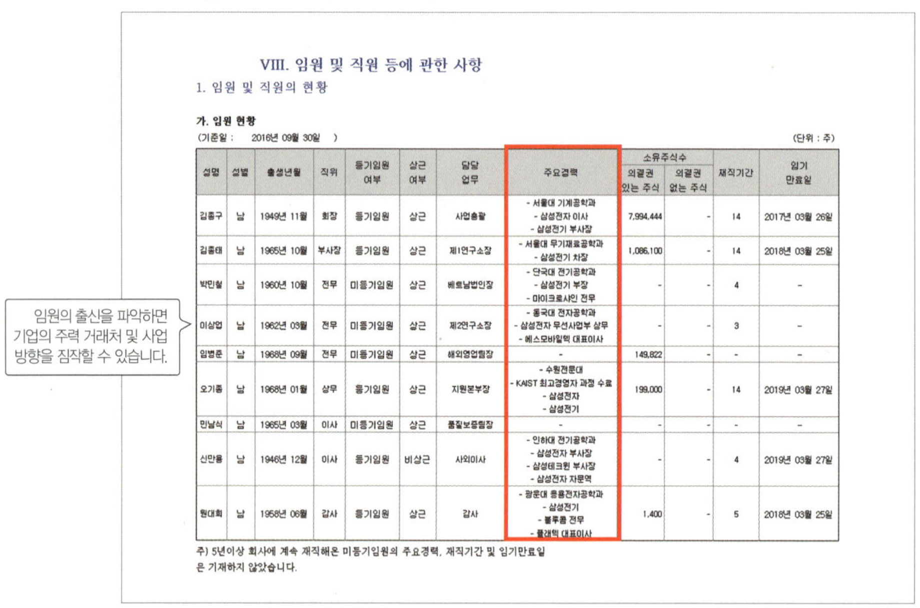

VIII. 임원 및 직원 등에 관한 사항

1. 임원 및 직원의 현황

가. 임원 현황

(기준일 : 2016년 09월 30일) (단위 : 주)

성명	성별	출생년월	직위	등기임원 여부	상근 여부	담당 업무	주요경력	소유주식수		재직기간	임기 만료일
								의결권 있는 주식	의결권 없는 주식		
김종구	남	1949년 11월	회장	등기임원	상근	사업총괄	- 서울대 기계공학과 - 삼성전자 이사 - 삼성전기 부사장	7,994,444	-	14	2017년 03월 26일
김종태	남	1965년 10월	부사장	등기임원	상근	제1연구소장	- 서울대 무기재료공학과 - 삼성전기 차장	1,086,100	-	14	2018년 03월 25일
박민철	남	1960년 10월	전무	미등기임원	상근	베트남법인장	- 단국대 전기공학과 - 삼성전기 부장 - 마이크로샤인 전무	-	-	4	-
이상업	남	1962년 03월	전무	미등기임원	상근	제2연구소장	- 동국대 전자공학과 - 삼성전자 무선사업부 상무 - 에스모바일텍 대표이사	-	-	3	-
임병준	남	1968년 09월	전무	미등기임원	상근	해외영업팀장	-	149,822	-	-	-
오기종	남	1968년 01월	상무	등기임원	상근	지원본부장	- 수원전문대 - KAIST 최고경영자 과정 수료 - 삼성전자 - 삼성전기	199,000	-	14	2019년 03월 27일
민남식	남	1965년 03월	이사	미등기임원	상근	품질보증팀장	-	-	-	-	-
신만용	남	1946년 12월	이사	등기임원	비상근	사외이사	- 인하대 전기공학과 - 삼성전자 부사장 - 삼성테크윈 부사장 - 삼성전자 자문역	-	-	4	2019년 03월 27일
원대회	남	1958년 06월	감사	등기임원	상근	감사	- 광운대 응용전자공학과 - 삼성전기 - 블루콤 전무 - 플래텍 대표이사	1,400	-	5	2018년 03월 25일

주) 5년이상 회사에 계속 재직해온 미등기임원의 주요경력, 재직기간 및 임기만료일은 기재하지 않았습니다.

지금까지 사업보고서를 통해 기업의 현황 및 재무상태를 파악하는 방법을 살펴봤습니다. 겉으로 드러난 기업의 과거와 현재에 초점을 맞췄다면, 이제는 투자지표를 통해 기업에 내재되어 있는 성장성과 가치를 분석하는 방법을 배워보겠습니다.

09 >>> 지표로 수익 내는 기업 찾기

앞에서 재무제표를 통해 기업의 일반 상황을 체크했다면, 이제 본격적으로 우량기업을 찾아내기 위해 객관화된 지표를 사용해봐야 할 단계입니다. 기업의 성장성, 수익성, 경영효율성, 현재 주가수준 등을 살펴보겠습니다.

그러려면 앞서 살펴본 '매출액증가율'과 '영업이익증가율' 외에도 EPS(주당순이익), PER(주가수익비율), ROE(자기자본이익률), EV/EBITDA(기업가치/세금·이자 지급 전 영업이익)를 알아야 합니다. 주식투자에 반드시 필요한 지표들이므로 제대로 알고 넘어가볼까요?

HTS의 각종 투자지표

기업개요 **기업분석** ETF정보 리서치동향 컨센서스 랭킹분석 부가정보 종목별증자예정현황 IR정보

091700 ▾ Q ◀ ▾ 신 30% 파트론 │ 설정 ○Snapshot ○기업개요 ○재무제표 ○재무비율 **◉투자지표** ○경쟁사비교
○Disclosure ○컨센서스 ○지분분석 ○업종분석 ○금감원공시 ○IR정보

Per Share						
EPS	(원)	1,333	1,956	894	735	402
EBITDAPS	(원)	2,142	3,273	1,903	1,944	1,676
CFPS	(원)	1,792	2,739	1,574	1,594	1,372
SPS	(원)	16,121	20,303	14,215	14,879	14,614
BPS	(원)	3,634	5,298	5,856	6,309	6,521
Dividends						
DPS(보통주,현금)(원)		214	300	250	250	200
DPS(1우선주,현금)(원)						
배당성향(현금)(%)		15.99	15.26	27.58	32.92	48.12
Multiples						
PER		10.52	7.28	13.15	13.43	25.73
PCR		7.82	5.20	7.46	6.19	7.54
PSR		0.87	0.70	0.83	0.66	0.71
PBR		3.86	2.69	2.01	1.56	1.59
EV/Sales		0.92	0.81	0.93	0.75	0.77
EV/EBITDA		6.96	5.03	6.98	5.73	6.70
FCF						
총현금흐름		964	1,474	860	894	812

투자지표를 통해 기업의 적정주가, 주당 순이익 등을 알아내 저평가/고평가 여부를 판단할 수 있습니다. HTS의 [투자정보] →기업분석→ 투자지표에서 볼 수 있습니다.

기업의 성장성, 어떻게 확인할까요?

"주식은 꿈을 먹고 산다"는 말이 있습니다. 그만큼 투자자들이 '이 기업은 지금보다 더 성장할 거야' 하고 기대하는 종목은 그 기대가 크면 클수록 매수 물량이 늘어나며 주가가 오를 수밖에 없습니다. 예전에 닷컴열품이 불기 시작한 1998년 인터넷기업인 새롬기술의 경우, 투자자의 기대에 힘입어 주가가 무려 150배 이상 상승했었습니다.

그만큼 기업의 성장성에 대한 판단과 기대는 주가 상승에 큰 영향을 끼칩니다. 성장성은 '매출액증가율'과 '영업이익증가율'로 확인할 수 있으며, HTS의 메뉴 중 [투자정보]→기업분석을 클릭해서 들어가 '재무비율'을 선택하면 볼 수 있습니다.

매출액증가율

매출액증가율은 이번 분기 매출액이 전분기 매출액과 비교해 얼마나 증가했는지를 보여줍니다. 쉽게 말해 매출액증가율이 일정수준 이상으로 증가하지 않는 기업은 시장의 관심에서 멀어질 가능성이 높죠. 그럼 매출액증가율을 평가하는 기준을 볼까요?

HTS의 재무비율(매출액증가율 및 영업이익증가율)

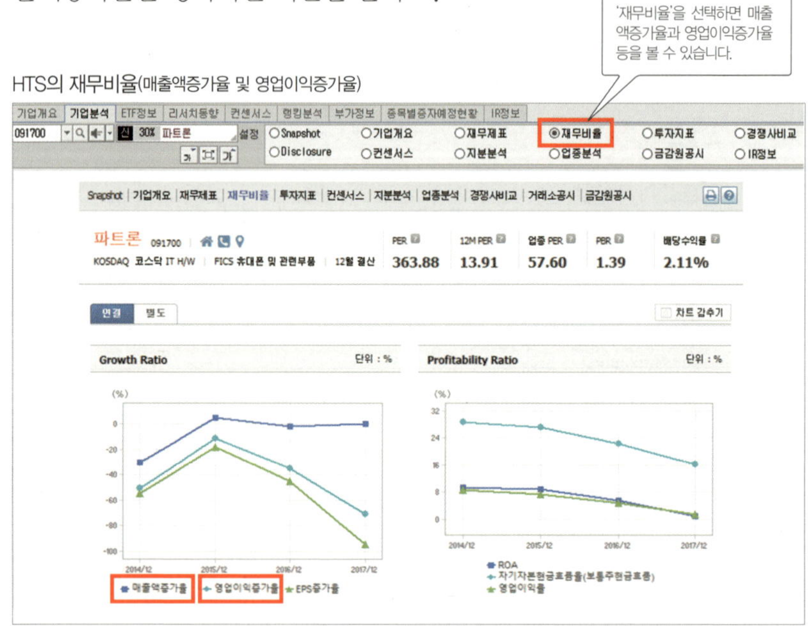

'재무비율'을 선택하면 매출액증가율과 영업이익증가율 등을 볼 수 있습니다.

일반적으로 매출액증가율은 물가상승률보다 높아야 합니다. 물가상승률은 5%인데 매출액이 3% 증가했다면, 매출이 전년보다 늘었더라도 상대적으로 다른 기업보다 성장이 둔화되어 있다고 볼 수 있습니다.

또한 매출액증가율이 장기간에 걸쳐 꾸준히 오르고 있는지 체크해야 합니다. 최소한 최근 성장률이 지난 3년 평균 성장률보다 높다면 긍정적으로 봐도 좋습니다.

228쪽 파트론의 정보를 보면, 2014년 -30% 정도였던 매출액증가율이 2015년에 0%를 겨우 넘겼지만 2016~17년 계속 비슷한 수준에 머물러 있습니다. 영업활동이 고전을 면치 못하고 있음을 알 수 있습니다.

영업이익증가율

매출액증가율이 기업이 성장하는지 판단하는 기준이라면, 영업이익증가율은 '내실 있게' 성장하고 있는지 알 수 있습니다.

228쪽 그래프를 보면 영업이익증가율도 2015년에 전년 대비 어느 정도 상승했다가 2016년 이후 다시 큰 폭으로 떨어지고 있습니다. 이 기업이 계속 마이너스 성장에서 벗어나지 못하고 있음을 알 수 있습니다. 그럼 사례들로 설명해보겠습니다.

사례 K사는 매출액증가율은 상승하고 있지만, 영업이익증가율은 감소하고 있습니다. K사는 지금 어떤 상태라고 봐야 할까요?

현재 매출액증가율이 상승하고 있지만, 출혈경쟁으로 인한 성장으로 볼 수 있습니다. 다시 말해 영업이익증가율이 감소하는 것은 단순히 이익 감소보다 더 심각한 문제에 직면해 있다고 볼 수도 있습니다. 왜냐하면 이는 원가상승이나 인플레이션 등에 대한 기업의 대응력이 현격하게 약하다는 의미이기 때문입니다.

 A사와 B사는 같은 업종입니다. 그런데 A사에 비해 B사는 영업이익증가율이 훨씬 빠르게 감소하고 있습니다. 둘 중 어느 기업의 가격결정력이 더 클까요?

B사는 가격결정력이 없는 기업입니다. 가격결정력이 있다면, 제품가격을 원가상승 분만큼 올려도 고객이 떨어져나가지 않으므로 평소의 이익을 유지하거나, 때에 따라 이익을 더 많이 얻을 수도 있습니다. 반면 가격 결정력이 없는 기업은 제품의 가격을 올리면 고객이 떨어져나가므로 영업이익이 감소할 수밖에 없고, 주가도 떨어질 가능성이 큽니다.

단, 영업이익률이나 영업이익증가율은 업종마다 그 기준이 다르므로, 두 개 이상의 기업을 비교할 때는 업종의 평균을 고려해서 살펴봐야 합니다.

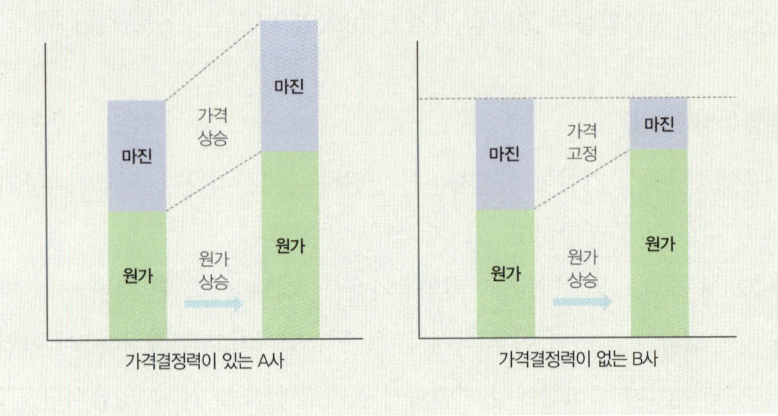

앞에서 매출액증가율과 영업이익증가율을 통해 기업의 성장성을 알아봤다면, 이제 기업의 수익성과 가치를 파악하는 방법을 알아보겠습니다.

10 >>> 주당순이익(EPS)과 주가수익비율(PER)

기업의 가치를 파악하려면 무엇을 봐야 될까요? 앞에서 가치투자를 위한 기업의 가치 산정법으로 시가총액과 예상순이익을 비교하여 투자금 회수기간을 계산했습니다. 이때 더 편리한 방법으로 주가를 EPS로 나눈 비율인 PER를 배웠죠? 다시 상기시킬 겸, EPS와 PER에 대해 좀 더 자세히 알아보겠습니다.

기업의 매출이 늘어나더라도 순이익이 증가하지 않으면 별 의미가 없겠죠? 그런데 주식투자자라면 순이익보다 EPS(Earning Per Share), 즉 '주당순이익'을 보는 것이 낫습니다. 주당순이익(EPS)는 1주당 이익을 얼마나 벌었는지 보여주는데, 순이익을 총 발행주식 수로 나눠서 구합니다.

EPS로 수익성 비교하기

EPS가 높으면 경영실적이 양호하고 투자가치가 크다는 의미이며, 배당이 증가할 가능성도 높죠. 가장 바람직한 모습은 매출액과 영업이익, EPS가 동시에 증가하는 것입니다.

"기업을 사는 것처럼 주식을 사라"는 투자 명언이 있지만, 실제로 우리는 기업을 사는 것이 아니라 주식을 사는 것이죠. 기업을 사는 입장이라면 전체 순이익이 중요하지만, 주식을 사는 입장에서는 전체 순이익보다 주당순이익인 EPS가 더 중요합니다.

자사주 매입이나 소각을 하는 경우 총 발행주식 수가 줄어들기 때문에 전체 순이익은 변화가 없어도 EPS는 증가합니다. 반면 무상증자의 경우 총 발행주식 수가 늘어나기 때문에, 순이익에는 변화가 없더라도 EPS는 감소하여 주가에 부정적인 영향을 줄 수 있습니다.

기업의 가치를 보여주는 PER

앞서 배웠듯, 주가수익비율인 PER(Price Earning Ratio)는 주가가 1주당 수익의 몇 배 정도 되는지 보여줍니다. 즉, 주가(P)를 주당순이익(EPS)으로 나눈 값입니다. 예를 들어 10명의 사람이 1,000만 원씩 투자해 자본금 1억 원으로 창업을 했다고 치죠. 주식의 액면가는 1,000원이고 발행주식 수는 10만주라고 하죠. 만약 이 회사가 상장 1년 후에 2,000만 원의 순이익을 얻었다면 PER은 얼마일까요? 순이익 2,000만원을 발행주식 수로 나누면 1주당 순이익, 즉 EPS는 200원입니다. 이때 주가가 5,000원이라면 PER는 25(주가/EPS=5,000원/200원)이 됩니다.

사례 P사가 작년에 EPS(주당순이익)가 100원이었을 때 주가는 1,000원이었다면, 올해 EPS가 200원이라면 주가는 얼마까지 가야 할까요?

단순계산으로는 주가가 2,000원은 가야겠죠. 이때 PER는 10(주가÷200)입니다. PER는 이처럼 주가가 주당순이익의 몇 배에서 움직이고 있는지를 보여줍니다.

PER는 영업이익과 매출액을 함께 검토

예전에 주식시장에는 '저PER 혁명'이라는 말이 유행했습니다. '왠지 이 주식이 오를 것 같다'는 감을 믿고 투자하던 시절, 외국인들이 주식 매수에 사용하던 PER는 주식의 고평가 혹은 저평가를 판단하는 유용한 지표였죠.

　물론 투자기법이 발달한 지금은 PER만으로 투자판단을 하는 사람이 드뭅니다. 그것은 순이익만 가지고 고평가, 저평가를 하는 셈이기 때문인데요.

　예컨대 기업이 구조조정 중이라 자산을 매각하면, 영업이익이 증가하지 않더라도 순이익은 증가하게 되죠. 이런 경우 PER가 저평가된 것처럼 보일 수 있습니다. 따라서 PER를 이용할 때는 영업이익과 매출액 동향도 같이 비교·검토해야 합니다.

사례 두산인프라코어의 2011년과 2012년의 실적을 비교한 것입니다. 이 경우 투자할 만했을까요?

연도	매출액	영업이익	순이익	PER
2011	8조4,631억 원	6,796억 원	3,108억 원	3.5
2012	8조1,584억 원	3,624억 원	3,933억 원	2.8

두산인프라코어의 순이익은 2011년 3,108억 원에서 2012년 3,933억 원으로 증가했습니다. 2011년 PER는 3.5배인데, 2012년 PER는 2.8배여서 저평가된 것으로 보입니다. 하지만 영업이익을 볼까요?

두산인프라코어의 영업이익은 2011년은 6,796억 원, 2012년은 3,624억 원으로 크게 줄었네요. 이로써 실적이 좋아져서가 아니라, 자산매각 등의 영업외이익이 늘어나 순이익이 증가했다는 것을 짐작할 수 있습니다.

실제로 두산인프라코어는 다음 쪽의 차트처럼 2013년 적자로 전환했으며, 주가는 2011년 최고점 31,550원에서 2013년에는 10,100원 선까지 하락했습니다. 만약 PER가 저평가된 것으로 보고, 2012년 22,500원일 때 투자했다면 약 55%의 손실을 입었을 것입니다.

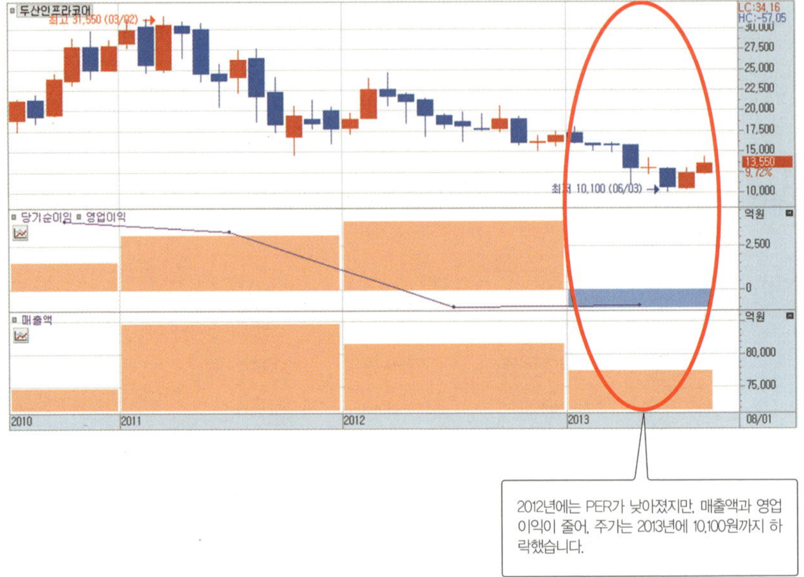

거듭 말하지만, EPS와 PER로 투자 판단을 할 때는 반드시 영업이익과 매출액 동향을 함께 체크해야 기업의 수익성을 제대로 분석할 수 있습니다.

11 >>> 자기자본이익률(ROE)과 이브이에비타(EV/EBITDA)

다음의 경우를 한번 생각해보세요. 어떤 사람은 주식에 1,000만 원을 투자해서 100만 원의 수익을 올렸고, 어떤 이는 200만 원의 수익을 올렸다고 해보죠. 누가 더 능력 있어 보이나요? 당연히 같은 돈으로 200만 원의 수익을 올린 사람일 것입니다.

이때의 판단 기준은 '갖고 있는 돈으로 얼마의 수익을 올렸나?'일 것입니다. 이것을 보여주는 것이 ROE입니다. 앞의 경우, 전자는 ROE가 10%이고, 후자는 20%입니다. 그럼 ROE가 무엇인지 알아야겠죠?

경영효율성을 보여주는 ROE

ROE(Return On Equity)는 '자기자본이익률'이라고 하는데, 기업이 투입한 자기자본이 1년간 이익을 얼마나 벌었는지 보여줍니다. '기업에 투자한 주주의 수익률'이라고도 할 수 있습니다. 그래서 주주 입장에서는 투자 판단을 할 때 무엇보다 중요한 지표입니다.

특히 장기투자자라면 ROE가 더 중요합니다. ROE가 높으면 기업이 자기자본을 가지고 당기순이익을 많이 내고 영업활동을 효율적으로 했다는 의미이기 때문입니다.

그런데 사업을 할 때 자기자본만 가지고 하는 건 아니죠. 기업의 자산은 자기자본과 부채를 합한 것입니다. 다음 사례를 보죠.

사실 A사는 2,000만 원의 자산으로 100만 원을 벌었지만, B사는 5,000만 원으로 200만 원의 이익을 낸 것입니다. 따라서 경쟁력 측면에서 B사가 A사보다 무조건 낫다고 할 수는 없죠. 만약 자산 규모와 이익 수준이 같다면, 당연히 부채가 많은 기업의 ROE가 더 높을 것입니다. ROE로 기업을 판단할 때는 이처럼 부채 수준도 같이 고려해야 합니다.

ROE에 영향을 주는 부채, 무조건 나쁠까요?

개인이라면 당연히 부채가 없는 것이 좋겠지만, 기업은 상황이 다릅니다. 예를 들어 오피스텔 투자를 할 때 내 돈만으로 사는 것보다 부채를 안고 더 높은 월세를 받을 수 있는 물건을 사는 것이 유리합니다. 은행 대출이자보다 오피스텔 임대수익률이 더 크기 때문이죠.

마찬가지로 기업도 자기자본과 부채가 적절한 비율로 유지될 때 수익이 극대화됩니다. 하지만 두 가지 전제조건을 충족해야 합니다.

첫째, 부채를 지고 끌어온 자금을 투자해 이자보다 높은 수익률을 올려야죠. 기업의 부채가 지나치게 많다면, 영업을 통해 벌어들인 이익이 이자보다 높은지 반드시 체크해야 합니다. 그렇지 않다면 이자부담에 결국 부도가 날 수도 있으니까요.

둘째, 부채가 기업의 존립에 영향을 미칠 만큼 커서는 안 됩니다. 빚을 내어 강남아파트를 샀는데 원금은커녕 이자도 갚지 못한다면 가계가 파산하겠죠. 기업도 마찬가지입니다. 업종별로 차이가 있지만, 부채비율이 200% 이상이면 일단 의심의 눈초리로 세세히 살펴봐야 합니다.

누구나 부채를 끌어쓸 때는 더 많은 이익을 올릴 거라 생각합니다. 하지만 상황은 항상 예측대로 흘러가지 않습니다. 예상치 못한 금융위기가 닥쳐 은행에서 갑자기 갚으라고 할 수도 있고, 금리가 예상보다 훨씬 빠르게 올라서 영업이익보다 큰 이자를 감당해야 할 수도 있죠. 부채가 적정수준 이하라면 이런 우발적 충격들은 충분히 흡수할 수 있지만, 부채를 과다하게 쓴 경우에는 사업 전체가 흔들릴 가능성이 매우 큽니다. 따라서 아무리 이익이 크고 기업 내용이 좋더라도, 부채를 과도하게 안고 있는 기업은 투자에 무리가 없는지 세세하게 살펴봐야 합니다.

기업의 적정 주가를 보여주는 EV/EBITDA

사례 A사는 시가총액이 1,000억 원이고, 부채가 100억 원, 현재 보유한 현금이 10억 원입니다. 이 기업을 통째로 사버리려면 얼마가 필요할까요?

대주주가 될 목적이라면 주식의 일부를 사면 되지만, 이 회사를 통째로 사버리려면 당연히 부채까지 포함해야겠죠. 기업의 총 가치인 EV(enterprise value)는 '기업의 시가총액(1,000억)＋부채(100억)－기업이 보유한 현금(10억)'이므로 1,090억 원이 필요합니다.

내가 사려는 기업의 현재 주가가 기업 가치에 비해 높은지 낮은지 무엇으로 알 수 있을까요? 이때 필요한 지표가 EV/EBITDA(이브이에비타)입니다. EV/EBITDA는 EV(기업의 총 가치)를 EBITDA(세금·이자 차감 전 감가상각하지 않은 상태의 영업이익)로 나눈 값으로, 기업의 총 가치가 영업이익의 몇 배인지를 보여줍니다. 각각의 요소들을 자세히 알아보겠습니다.

EV는 기업이 앞으로 얼마의 수익을 만들어낼 것인지 그 능력을 현재 가치로 보여줍니다. 시가총액에 순부채를 더해 계산합니다.

EBITDA에서 EBIT(Earnings Before InteresT)는 '이자, 세금 차감 전 이익'의 약자입니다. 그냥 '영업이익'이라고 생각하면 됩니다. 한편 DA(Depreciation and Amortization)는 '감가상각비와 무형자산 상각비'입니다.

공장이나 기계설비 같은 고정자산은 시간이 지날수록 노후해져 가치가 하락하죠. 기업은 그 가치 감소분을 고정자산 금액에서 공제하는 동시에 비용으로 처리하는데 이것이 '감가상각'입니다. 현금의 변동이 없어도 회계상으로는 비용이 나간 것으로 처리합니다.

아울러 '무형자산 상각비'는 기업이 산업재산권, 영업권, 저작권, 개발권 등 무형자산을 산 경우, 일정 사용기간에 대해 회계상으로 배분하는 비용입니다. 실제로 자금의 유출이 없이 비용으로 처리된 금액입니다. 간단히 말해 EBITDA는 '영업이익+감가상각비'입니다. 그럼 다음 사례를 통해 설명을 정리해보겠습니다.

A사는 EV/EBITDA가 3배이므로, 시장가격으로 매수했을 때 3년간

의 이익이면 투자원금을 회수할 수 있다는 의미입니다. 그러므로 EV/EBITDA의 수치가 낮다는 것은 주가가 영업이익에 비해 저평가된 것으로 볼 수 있으므로, 주식의 저평가 여부를 판별하는 중요한 지표입니다.

이제 동건 씨는 사업보고서와 투자지표로 기업을 속속들이 분석하는 법을 알았습니다. 앞으로는 단순히 "전기차가 대세니까 ㅇㅇㅇ종목을 사세요" 하는 말만 믿고 묻지마투자를 하지는 않겠죠? 다음으로는 전문가의 투자 의견을 통해 기업을 분석하는 방법을 알아보겠습니다.

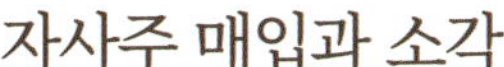

자사주 매입과 소각

자사주 소각이 주가에 미치는 영향

자사주 매입은 '기업이 자기 주식(자사주)을 직접 사들이는 것'입니다. 자사주를 매입 후 '소각'하여 없애버릴 수 있습니다. 그러면 현재 유통주식 수는 줄어들고 상대적으로 1주당 가치는 올라가, 결과적으로 주주의 가치(배당)를 지켜주려는 기업의 의지를 보여줍니다.

다시 말해, 주당순이익(EPS)과 주당순자산가치(BPS)는 상승하고, 주가수익률(PER)과 주가순자산비율(PBR)은 낮아집니다. PER과 PBR은 낮을수록 저평가되었다고 판단한다고 했죠? 즉 그 기대심리로 주가가 상승하는 경향이 있습니다. 이처럼 소각은 주가에 직접적인 영향을 줍니다.

자사주펀드는 무엇이 다를까요?

자사주펀드는 기업이 증권사나 은행과 같은 전문기관의 수익증권을 사고, 증권사나 은행은 이 자금으로 해당 기업의 주식을 매입하는 것입니다. 주가가 하락할 때 더 이상의 주가 하락을 막겠다는 의지를 보여줍니다.

하지만 이것은 소각이 불가능합니다. 유통주식 수가 줄어드는 것은 아니라서 주가에 직접적인 영향을 주진 않습니다.

다만 주주를 위한 경영을 하겠다는 기업의 의지는 높게 평가되므로, 향후 주가 흐름에 긍정적인 요소로 작용할 수 있습니다.

12 | 전문가 의견은 무조건 믿을 만할까?

인터넷 포털사이트에 올라와 있는 투자 의견, 목표주가, 증권사 의견, 아직 끝나지도 않은 올해의 실적 같은 정보는 얼마나 믿을 만한 걸까요? 그래도 전문가 의견이니 무조건 따라가도 될까요?

애널리스트의 추천종목은 무조건 오른다?

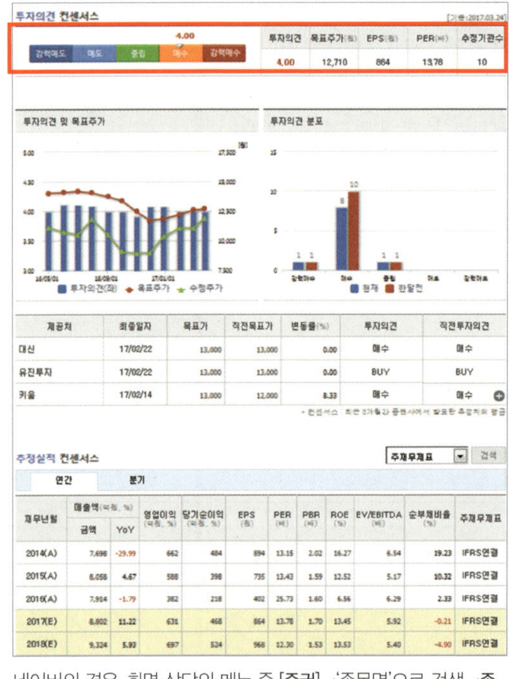

네이버의 경우, 화면 상단의 메뉴 중 [증권]→'종목명'으로 검색→종목분석을 누르면 전문가들의 투자 의견을 볼 수 있습니다.

증권사마다 애널리스트와 펀드매니저가 있습니다. 애널리스트는 말 그대로 투자 분석가로서 경제, 산업, 시황, 또는 기업을 분석합니다. 펀드매니저는 이런 애널리스트의 자료를 바탕으로 펀드를 운용하죠. 전문지식에 기초해서 자료를 분석·판단하여 어떤 종목에 얼마의 비중으로 투자할지 결정합니다.

예전에는 펀드매니저에게 종목 선정부터 매수까지 폭넓은 권한이 있었습니다. 하지만 요즘은 애널리스트가 긍정적으로 보는 종목 중에서 투자를 결정하는 경우도 많습니다.

하지만 애널리스트가 긍정적인 자료

를 내놓았다고 해서 그 종목이 무조건 상승하는 것은 아니죠. 자료의 내용이 펀드매니저나 투자자의 공감대를 얻어 매수를 이끌어내야 비로소 상승하게 됩니다. 다시 말해, 애널리스트의 추천 종목이라고 항상 오르는 것은 아니라는 것입니다. 그 중에서 어느 종목을 기관이 사는지 분석하는 것이 수익을 올리는 데 더 도움이 됩니다.

애널리스트의 자료는 증권사 고객이라면 누구나 무료로 볼 수 있습니다. 끌리는 종목이 있다면, 애널리스트가 그 종목을 어떻게 평가하는지 이제부터 확인해보세요. 만약 평가자료가 없는 종목이라면, 급등과 급락할 가능성이 높다는 점을 명심하세요.

증권사 리포트의 다양한 형태

증권사 리포트는 장기투자 리포트, 월간·주간·데일리 리포트가 있습니다. 장기투자 리포트는 모든 증권사에서 제공하는 것은 아니지만, 내년의 경제전망, 주요 이슈, 그에 따른 업종·종목 전망 등을 1년 혹은 6개월의 투자전략과 함께 제시하며, 월간·주간 리포트는 한 달 혹은 일주일의 투자전략, 그리고 데일리 리포트는 매일 오전에 나옵니다. HTS의 메뉴 중 [투자정보]→리서치에서 볼 수 있습니다.

아침에 일어나서 경제신문이나 경제방송을 보는 사람들이 많은데, 이보다 먼저 증권사의 데일리 리포트부터 참고하는 것이 좋습니다. 장 전이나 마감 후에 나오는 곳도 있고, 둘 다 나오는 곳도 있습니다. 이것을 읽는 습관만 들여도 시장의 방향성과 이슈를 놓치지 않으니 챙겨보는 습관을 들이세요.

증권사 리포트는 제대로 읽으면 만물박사가 될 수 있을 만큼 다양한 주제를 다룹니다. 반도체, 조선, 금융 등과 같은 〈산업 리포트〉, 〈종목(기업) 리포트〉, 특별히 주목할 만한 뉴스가 있으면 〈이슈 리포트〉도 나옵니다. 간혹 종목 리포트만 챙겨보는 사람도 있는데, 관심 있는 종목이 속해 있는 산업 리포트도 함께 챙겨보는 것이 좋습니다.

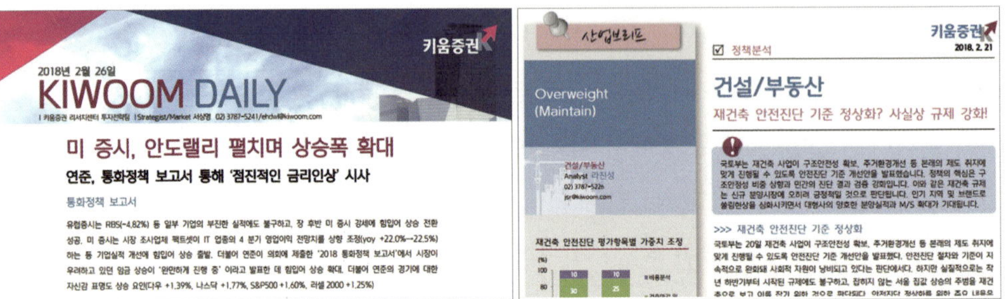

방향성을 읽는 장기투자 리포트

연말이나 연초마다는 각 경제연구소나 증권사는 다음해 경제전망이나 투자전략 보고서를 준비하느라 바쁩니다. 이들 리포트를 먼저 챙겨보는 습관을 들이세요. 내년의 경제와 업종이 어떤 방향으로 나아갈지 한발 앞서 파악할 수 있습니다.

다음은 키움증권에서 2017년 10월에 나온 〈2018년 투자전략 보고서〉 중 일부입니다. 경제분석, 증시 방향성, 유망업종 등을 제시한 '장기투자 리포트'입니다. 장기투자 리포트를 읽을 때는 '지수가 얼마까지 간다', 혹은 '어떤 업종이 유망하다'는 것에 집중하기보다 조건을 찾아 기억하는 것이 좋습니다. 다시 말해 이런 식입니다. "○○이 되면 ●● 될 확률이 높다."

이 말은 곧 "○○이 되지 않으면 ●● 될 확률이 낮다"는 뜻입니다. 이를 '리포트에서 ○○이 된다고 했으니 ●●될 거야'라고 단정적으로 생각하면 위험합니다. ●●의 조건인 ○○이 실제로 이루어지고 있는지를 지켜보는 것이 중요합니다.

리포트가 중요한 또 하나의 이유는 '수급' 때문입니다. 리포트를 자세히 살펴보면 내년에 기관들이 어떤 업종과 종목을 주목할지 알 수 있습니다. 종목 선택에 어려움을 겪는다면 장기투자 리포트를 참고해서 유망종목을 선정하는 것이 현명합니다.

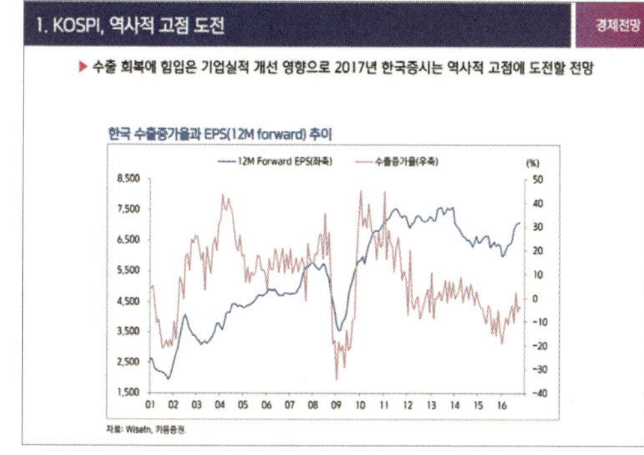

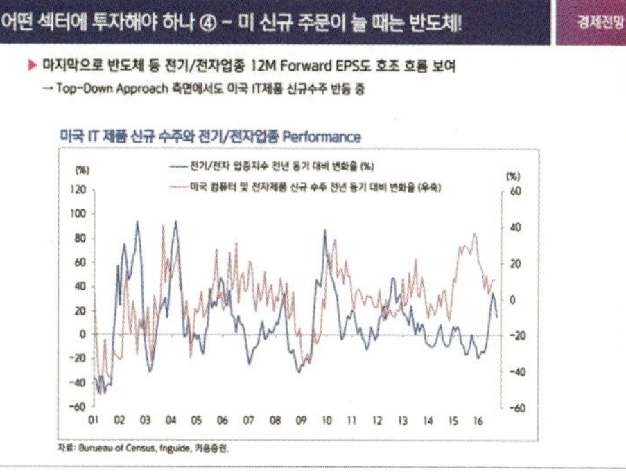

시장의 이슈를 정리하는 월간 리포트

'월간 리포트'는 어떤 점에 주안점을 두고 살펴봐야 할까요? 먼저 각 증권사마다 '유망종목을 선정해 구성한 포트폴리오'를 유심히 봅니다. 월간 리포트에는 앞으로 한 달간의 시장 이슈 정리와 애널리스트의 견해가 실려 있습니다. 이를테면 우리나라 금리인상 이슈에 대해 전문가의 견해를 미리 알고 투자한다면 좀 더 침착하게 대응할 수 있겠죠?

두 번째로 눈여겨봐야 할 것은 '포트폴리오의 변화'입니다. 애널리스트는 유망종목을 선별해서 포트폴리오에 넣거나 빼기도 합니다. 경제지표가 예상과 다르거나 유가, 환율 등 여러 요인에 따라 전략이 달라질 수 있죠. 이런 포트폴리오의 변화를 체크하는 것이 중요합니다. 다음 사례를 보죠.

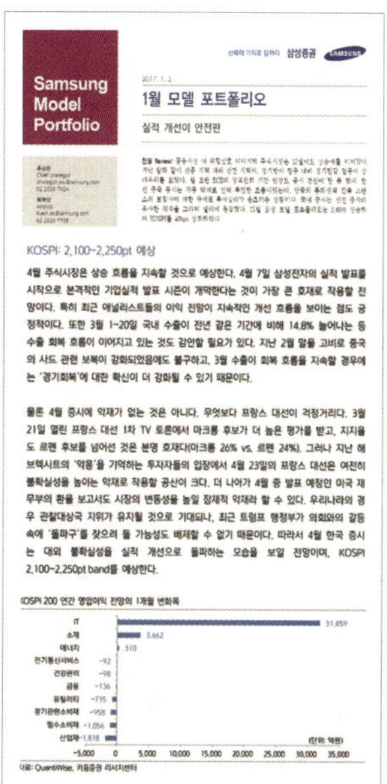

사례 증권사 리포트에서 A종목은 전년 12월부터 올해 4월까지 계속 포트폴리오에 올라와 있고, B 종목은 올해 4월에 처음 선택되었습니다. 4월에 처음 리포트를 본 투자자라면 둘 중 어떤 종목을 선택해야 할까요?

둘 중 어느 것을 선택해도 마찬가지일까요? 그렇지 않습니다. A종목은 전년 11월부터 주가가 많이 상승했을 가능성이 높습니다. 이에 비해 새로 편입된 B종목은 많이 상승하지 않았을 가능성이 높죠.

일부 증권사에서는 아래와 같이 매월 경제지표 발표일 등 주요 이슈를 체크해둔 달력을 제공합니다. 출력해서 책상 앞에 붙여두면 주식투자 관련 일정을 미리 편리하게 확인할 수 있으니 꼭 활용하세요.

경제 주요 이슈 발표일 달력

특정 종목군을 분석해주는 산업·이슈·테마 리포트

숲을 봤으면 그 안의 나무도 봐야겠죠? 중간 숲에 해당하는 〈산업·이슈·테마 리포트〉도 살펴봅시다. 이를테면 4차 산업혁명 관련주들이 궁금하다면 포털사이트에서 대뜸 검색부터 하기보다는 증권사 리포트부터 찾아보는 것이 좋습니다.

산업별 리포트를 읽으면 그 산업이 어떤 경우에 이익이 극대화되는지 알 수 있습니다. 다음의 기사를 통해 설명하겠습니다.

 중국이 '환경문제 때문에 철광석이나 석탄을 자국에서 캐지 않기로 했다'는 기사가
나왔습니다. 이것을 어떻게 봐야 할까요?

이런 경우 '벌크선 관련주를 관심 있게 봐야겠다'고 생각할 수 있어야 합니다. 중국은 철광석 생산 세계 5위이자 소비 1위입니다. 중국이 철광석 생산을 줄이면 철광석 생산이 많은 호주, 브라질, 캐나다 등 다른 나라에서 수입할 수밖에 없죠. 그러면 철광석이나 석탄을 싣는 벌크선의 운임이 올라가며, 이로 인해 벌크선 관련주의 이익이 증가하고 주가도 상승할 가능성이 높아집니다.

이런 식으로 사고를 확장하기 위해서라도 산업별 리포트는 시간을 들여서 읽는 편이 좋습니다. 여기에는 시장에서 이슈가 되는 산업부터 2차 특정 기업의 구조조정이 실현될 경우 어떻게 될지 등등 애널리스트들이 자세히 분석해두니 반드시 읽어보세요.

주식투자는 오르든 내리든 둘 중 하나의 확률게임이라고 합니다. 하지만 지식을 쌓고 충분히 연습한다면 상승 확률이 50%가 아니라 60%, 70%가 될 수도 있습니다.

인터넷상에서 비전문가들이 이야기하는 내용을 보고 투자 결정을 내리기 전에, 애널리스트의 의견을 꼼꼼히 읽어보는 것이 어떨까요?

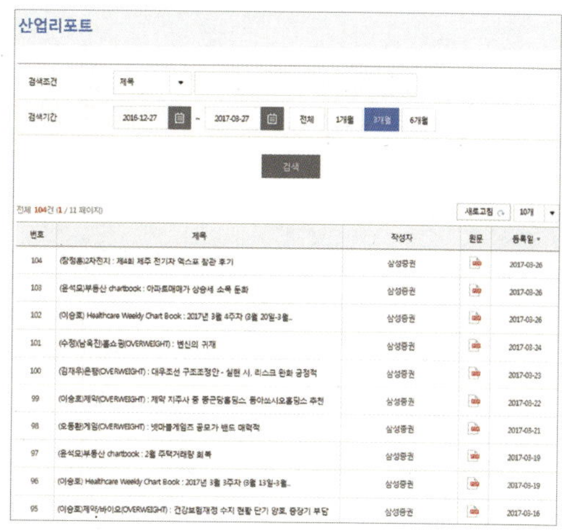

산업 리포트는 증권사 홈페이지와 HTS 메뉴 [투자정보] → 리서치 → 산업분석에서 받을 수 있습니다.

증권사 리포트를 볼 때 주의할 점

이제 마지막으로, 증권사 리포트를 참고할 때 어떤 점을 주의해서 봐야 하는지 알아보겠습니다.

컨센서스

증권사 리포트에서 종목이나 목표주가, 투자의견, 실적에 대해 이야기할 때 앞에서 배웠던 '컨센서스'라는 단어를 간혹 씁니다. 이는 자료를 바탕으로 한 추정일 뿐이며 틀릴 가능성도 있다는 것을 유념하며 다음 그림을 보죠.

파트론에 대한 증권사 컨센서스

Consensus (단위 : 억원, 원, 배 / 더 많은 계정보기 / 다운로드)

항목	매출액	영업이익	지배주주 귀속순이익	EPS	PER	투자의견	적정주가(최종)
CONSENSUS	2,305	111	78	144		3.86	12,214
최고값	2,441	170	112	207		4.00	13,300
최저값	2,209	74	48	88		3.00	10,500
중간값	2,325	122	80	148		3.50	11,900
전년동기실적	1,802	-29	-40	-74			
증감률(%)	27.91	흑전	흑전	흑전			

상세추정내역 (단위 : 억원, 원, 배 / 추정기관 전체)

추정일	제공사	작성자	매출액	영업이익	지배주주귀속순이익	EPS	2018 PER	투자의견 최종 수정일	투자의견	적정주가(최종)	추정당일주가	보기	받기	담기
18.02.20	하이투자…	고의영	2,281	102	76	140	17.0	18.02.20	BUY	12,500	10,700			
18.02.20	유진투자…	노경탁	2,273	106	76	141	13.2	18.02.20	BUY	11,500	10,700			
18.02.20	대신증권	박강호	2,209	81	48	88	29.8	18.02.20	MA…	10,500	10,700			
18.01.30	미래에셋…	박원재	2,289	132	112		12.4	18.01.30	매수	12,500	9,990			

HTS 메뉴 중 [투자정보]→기업분석→기업분석으로 들어가 '컨센서스'를 선택하면 볼 수 있습니다.

한 종목의 영업이익에 대해서도 증권사마다 추정치가 다릅니다. 하이투자증권은 2018년 영업이익을 102억 원, 유진투자증권은 106억 원, 대신증권은 81억 원, 미래에셋증권은 132억 원으로 추정했네요. 증권사들의 수치를 평균화하여 컨센서스가 만들어졌습니다.

다음 쪽의 파트론 실적을 보면 2018년 뒤에 (E)라는 표시가 붙어 있습니다. 이는 컨센서스 추정 실적이라는 뜻입니다. 그러므로 이 수치만 보고 올해 실적이 엄청 좋아진다고 생각하면 안 됩니다. 말 그대로 추정치이므로, 더 중요한 것은 분기 실적 발표입니다. 그때 기업 실적이 정말 증권사들이 추정하는 만큼 나오지를 봐야 합니다.

포털사이트의 파트론 실적분석

기업실적분석	최근 연간 실적				최근 분기 실적					더보기 ›
주요재무정보	2015.12	2016.12	2017.12	2018.12(E)	2016.12	2017.03	2017.06	2017.09	2017.12	2018.03(E)
	IFRS 연결	IFRS 연결	IFRS 연결	IFRS 연결	IFRS 연결	IFRS 연결	IFRS 연결	IFRS 연결	IFRS 연결	IFRS 연결
매출액(억원)	8,058	7,914	7,913	9,067	1,702	1,802	2,198	2,120	1,794	2,278
영업이익(억원)	588	382	110	455	42	-29	47	56	36	99
당기순이익(억원)	456	283	45	379	53	-35	37	45	-2	71
영업이익률(%)	7.30	4.83	1.40	5.02	2.44	-1.62	2.16	2.63	2.03	4.35
순이익률(%)	5.66	3.57	0.56	4.18	3.12	-1.94	1.70	2.10	-0.13	3.10
ROE(%)	12.52	6.56	0.38	9.23	6.56	1.43	0.87	1.91	0.38	
부채비율(%)	40.54	31.44	42.44		31.44	47.36	50.67	46.46	42.44	
당좌비율(%)	85.72	107.56	82.40		107.56	86.91	93.52	99.51	82.40	
유보율(%)	1,165.52	1,217.93	1,185.44		1,217.93	1,164.36	1,172.40	1,183.62	1,185.44	
EPS(원)	735	402	23	562	91	-74	40	56	1	207
BPS(원)	6,218	6,458	5,897	6,698	6,458	5,875	6,033	6,141	5,897	
주당배당금(원)	250	200	175	199						
시가배당률(%)	2.53	1.93	1.85							
배당성향(%)	32.92	48.12	742.43							

증권사별 투자 의견

다음의 의견을 보면, 2017년 3월 말 POSCO에 대한 기업 리포트에서 유안타증권은 '쉼표 뒤 느낌표', 한국투자증권은 '강력한 시작', 하나금융투자는 '과열된 엔진은 열을 식혀줘야 오래 간다'라는 제목을 달았습니다. 그리고 각각 'BUY', '매수', 'NEUTRAL(중립)'이라고 투자 의견을 제시했죠.

종목에 대한 증권사별 리포트

작성일	제목	분량	작성자	제공사	투자의견	목표주가	요약	받기	담기
2017.03.27	POSCO-쉼표 뒤 느낌표	1	이현수	유안타증권	BUY	390,000			
2017.03.23	POSCO-1Q17 Preview: 강력한 시작, 1조 클럽 재…	6	최문선.홍희주	한국투자증권	매수	365,000			
2017.03.22	POSCO-과열된 엔진은 열을 식혀줘야 오래 간다	3	박성봉.김효정	하나금융투자	NEUTRAL	300,000			

중립 의견을 낸 하나금융투자의 리포트만 본다면 POSCO 주식을 계속 들고 가기는 어려웠을 것입니다. 반면 유안타증권이나 한국투자증권의 리포트를 본다면 POSCO 주식을 계속 보유할 가능성이 높았겠죠. 이후

POSCO의 주가 흐름은 여기서 언급하지 않겠지만, 중요한 것은 증권사마다 의견이 다를 수 있다는 점입니다. 따라서 귀찮더라도 종목에 대한 모든 증권사의 의견을 함께 보는 것이 좋습니다.

참고로 증권사 리포트 외에 기업의 공시사항도 챙겨보는 습관을 가지면 좋습니다. 한국거래소 상장공시 시스템(http://kind.krx.co.kr)의 [공시] 메뉴를 누르면 실시간으로 올라오는 기업별 공시를 볼 수 있습니다.

위험을 대비한 분산투자
-포트폴리오 투자이론

정말 좋아 보이는 기업의 주식도 대규모 인사사고나 횡령사건 등이 발생할 수 있습니다. 이처럼 전체적인 경기동향과는 관계없이 개별 기업 혹은 업종에 대한 위험을 시장에서는 '비체계적 위험'이라고 합니다.

한편 시장 전체에 충격을 주는 위험도 있습니다. 9·11테러나 리먼브라더스 같은 사태는 주식시장 전체에 충격을 주어 침체의 늪에 빠뜨렸죠. 이처럼 경기변동, 인플레이션 심화, 금리변화 등 시장 전반에 영향을 미치는 위험을 '체계적 위험'이라고 합니다.

체계적 위험은 피할 수 없어도, 비체계적 위험은 최소화할 수 있습니다. 여기서 나온 것이 바로 '포트폴리오 투자이론'입니다. 각기 다른 업종의 14개 종목 이상을 보유할 경우 비체계적 위험이 크게 줄어든다고 합니다. "계란을 한 바구니에 담지 말라"는 주식 격언도 바로 여기서 나온 것입니다.

Q1 기업실적, 어떻게 보면 좋을까?

LG전자에 대해 꼼꼼히 알아보던 동건 씨. 실적을 요리조리 보다 보니, 어떤 사항을 특히 주의 깊게 봐야 할지 모르겠습니다. 무엇을 중요하게 봐야 될까요?

처방전 모의고사 성적을 비교할 때는 이번 달 성적을 지난 달 성적과 비교하는 것이 의미 있지만, 기업의 분기실적을 비교할 때는 직전분기 실적과 비교하기보다는 전년동기 실적과 비교해야 합니

다. 쉽게 말해서, 2018년 1분기 실적과 2017년 4분기 실적을 비교하는 것은 큰 의미가 없다는 것이죠. 같은 분기인 2017년 1분기 실적과 비교해야 2018년 실적이 좋은지 알 수 있습니다.

예를 들어, 아이스크림을 파는 회사가 있다고 가정해봅시다. 이 회사는 당연히 여름이 포함되어 있는 3분기 실적이 가장 좋겠죠. 그러니 4분기 실적이 3분기 실적보다 안 좋다고 부정적으로 볼 이유가 없습니다. 즉 실적은 전년동기 실적과 비교해야 합니다.

Q2 매출이 고르지 않은 기업의 종목, 사야 될까?

동건 씨는 LG전자를 사려고 합니다. 시장에서는 LG전자의 가전제품이 잘 팔리기 때문에 긍정적인 이야기들이 많습니다. 하지만 스마트폰은 잘 팔리지 않는 것 같아서 살지 말지 고민이 됩니다. 동건 씨는 어떻게 해야 할까요?

처방전 LG전자의 사업보고서, 분기보고서, 반기보고서 중 가장 최근의 보고서에서 사업 내용을 참고해보세요. 그럼 오른쪽과 같은 내용을 볼 수 있습니다.

'가전'을 의미하는 H&A, HE사업부의 매출 비중은 15기보다 16기에 높아진 반면, '스마트폰'을 의미하는 MC사업부의 매출 비중은 감소했습니다.

전체적인 비중을 살펴보면, H&A와 HE의 매출이 전체의 63.2%를 차지하고 있는 반면, MC의 비중은 19.4%에 불과합니다.

다시 말해 LG전자는 가전의 실적으로 현재의 실적을 만들어내고 있다는 것을 알 수 있습니다. 물론 스마트폰이 지금보다 더 팔린다면 전체 실적은 더욱 좋아지겠죠.

이렇듯 기업이 영위하는 사업에서 긍정적인 부분과 부정적인 부분이 동시에 있다고 판단되는 경우에는 그 기업의 매출 구성을 찾아보면 답을 구할 수 있습니다.

LG전자 사업보고서의 사업 부문

사업부문	약칭	주요 생산 및 판매 제품 유형
Home Appliance & Air Solution	H&A	냉장고, 세탁기, 가정용에어컨, 전자레인지, 청소기 등
Home Entertainment	HE	TV, 모니터, PC, Audio, Video 등
Mobile Communications	MC	이동단말 등
Vehicle Components	VC	자동차부품 등
엘지이노텍(주)과 그 종속기업	이노텍	LED, 카메라모듈, 기판소재, 모터/센서 등
기타 부문	기타	디스플레이소재, 태양광 등

LG전자 사업보고서 중 사업부문별 요약 재무현황

가. 사업부문별 요약 재무현황
(1) 사업부문별 매출, 영업이익

사업부문	구분	제 16 기 3분기 누적		제 15 기 3분기 누적	
		금액	비율	금액	비율
H&A	매출액	148,967	33.5%	132,234	32.6%
	외부고객 매출	148,838	33.5%	132,222	32.6%
	내부고객 매출	129	0.0%	12	0.0%
	영업이익	14,083	67.0%	11,708	85.3%
HE	매출액	131,986	29.7%	126,321	31.1%
	외부고객 매출	131,830	29.7%	126,265	31.1%
	내부고객 매출	156	0.0%	56	0.0%
	영업이익	11,832	56.3%	10,734	78.2%
MC	매출액	86,008	19.4%	90,432	22.3%
	외부고객 매출	86,004	19.4%	90,418	22.3%
	내부고객 매출	4	0.0%	14	0.0%
	영업손실	(5,040)	-24.0%	(7,588)	-55.3%
VC	매출액	26,324	5.9%	19,074	4.7%
	외부고객 매출	26,324	5.9%	19,074	4.7%
	내부고객 매출	-	0.0%	-	0.0%
	영업이익(손실)	(599)	-2.9%	(488)	-3.6%

Q3 실적이 좋으면 주가도 무조건 오를까?

기업의 실적이 좋아지면 그에 대한 시장의 반응은 무조건 긍정적일까요?

처방전 기업의 실적이 긍정적으로 발표되었음에도 불구하고 주가가 하락하는 경우는 많습니다. 특히 실적 발표 시기에는 전년실적보다 시장의 컨센서스가 더욱 중요합니다. 만약 "이번 보너스로 200만 원을 주겠습니다"라고 공지한 다음, 실제로는 100만 원만 주면 어떨까요? 그래도 보너스를 받았으니 마냥 좋을까요, 아니면 기대와 달리 100만 원밖에 받지 못해 기분이 안 좋을까요?

시장의 컨센서스는 그 기업에 대한 실적 기대치라고 생각하면 됩니다. 따라서 실적이 발표되는 시기에는 단순히 전년실적보다 시장 기대치인 시장 컨센서스를 충족하는지를 살피는 것이 중요합니다.

다음의 현대글로비스도 실적이 전년대비 좋아졌음에도 주가가 하락한 경우입니다.

2018/2/1

현대글로비스(086280)

기업 실적 Review

저평가 국면, 배당매력도 상승

4Q17 실적 부진하나 저점 통과

4Q17 매출은 전년동기 대비 1.2% 증가한 3조 9,663억원, 영업이익은 전년동기 대비 9% 증가한 1,707억원을 기록. 매출과 영업이익 공히 시장 기대치 하회. 실적부진은 현대차 그룹의 판매량 부진 여파가 가장 큼. 현대차그룹의 내수(공장)판매량은 3.6% 감소했으며 한국을 제외한 글로벌판매는 16% 감소함. 국내물류는 6% 감소했으며 수익성이 좋은 CKD 매출은 3.4% 감소. 현대차그룹의 판매량 부진에도 불구, 인도를 중심으로 한 신흥국 물량 확대와 BDI 상승에 따른 운임상승 효과는 긍정적. 기타유통산업은 트레이딩 부문이 비교적 양호한 성장.

목표주가는 '190,000원'으로 하향, 투자의견은 매수 유지

현대글로비스는 2017년 4분기 실적이 전년동기대비 증가했음에도 불구하고, 시장 컨센서스를 충족시키지 못해 목표주가가 하향됐습니다.

Q4 어느 증권사의 의견을 참고할까?

증권사의 의견을 참고해보기로 한 동건 씨. 2곳을 염두에 두고 있습니다. A증권사는 규모가 작고 영세한 반면, B증권사는 대기업처럼 아주 큽니다. 그렇다면 동건 씨는 B증권사의 의견을 더 중요하게 여겨야 할까요?

처방전 애널리스트의 소중한 리포트는 경중을 따지기 어렵습니다. 그런데 일반적으로 긍정적으로 코멘트가 나오는 종목은 모든 증권사에서 그와 같이 코멘트가 나오고, 부정적인 코멘트나 리포트가 아예 나오지 않는 종목들도 비슷한 형태를 보입니다.

대형증권사의 경직성 때문인지 새로운 시각은 소형증권사에서 나오는 경우가 많습니다. 예를 들어 삼천리자전거의 경우, 2012년에 다음과 같이 유화증권과 교보증권에서 긍정적인 리포트가 나오고 난 후, 구NH농협증권에서는 2013년 5월, 미래에셋대우에서는 2014년 9월부터 나오기 시작합니다.

대형증권사의 리포트도 중요하지만, 때로는 새로운 시각을 가진 소형사의 리포트도 살펴보는 것이 좋습니다.

삼천리자전거에 대한 증권사별 리포트

2012.07.25	삼천리자전거-가격↑수량↑비용↓, 주가상승 모멘텀 두루 보유	3	김□호	교보증권
2012.07.16	고성장세에 진입한 자전거	15	최□환	유화증권
2012.07.16	삼천리자전거-자전거 의류장비, 캠핑용품 시장 진출로 성장 가속화 기대	3	최□환	유화증권

주식계좌 관리가
수익과 손실을 좌우합니다

"황소와 곰은 돈을 벌지만, 돼지는 요리되어 먹힌다"

월가의 격언 중에 "황소도 돈을 벌고 곰도 돈을 벌지만, 돼지는 요리되어 먹힌다"는 말이 있습니다. 여기서 황소는 '강세장'을 뜻하는데, 혹자는 황소가 공격할 때 뿔을 아래에서 위로 쳐올리는 모양이 상승을 연상시키기 때문이라고 합니다. 그래서 증권 관련 기관이나 증권사 앞에는 황소 동상이 유난히 많습니다.

반대로 곰은 '약세장'을 뜻합니다. 이는 곰이 공격할 때 앞발을 위에서 아래로 내리치면서 공격하기 때문입니다.

결국 강세장이든 약세장이든 돈을 벌 수 있다는 뜻입니다.

그렇다면 돼지가 뜻하는 것은 무엇일까요? 바로 '탐욕'입니다. 탐욕이 너무 강하면 강세장이든 약세장이든 돈을 벌기보다는 파산한다는 의미입니다.

독일 프랑크푸르트 증권거래소 앞의 황소와 곰 동상

전체 그림을 그리고 투자하세요

'스톡론', 즉 '주식연계 신용대출'은 주식계좌나 예수금을 담보로 주식투자금을 빌려주는 제도입니다. 하지만 초보자가 이를 이용해 주식투자를 하는 것은 탐욕의 한 형태라고 볼 수 있습니다. 예를 들어볼까요?

 동건 씨는 한번 매매하면 100% 수익을 올리고, 다음에는 50% 손실을 보는 매매를 반복한다고 가정해보죠.

A. 100% 원금만으로 투자한 경우

① 1,000만 원을 투자한 첫 매매에서 100% 수익을 올려 2,000만 원으로 불어났습니다.

② 2,000만 원을 투자한 두 번째 매매에서 50% 손실을 입으면 다시 1,000만 원입니다.

　→ **원금 보전**

B. 신용 100% 거래의 경우

① 원금 1,000만 원에 빌린 돈 1,000만 원을 더해 2,000만 원으로 투자를 시작합니다.

② 첫 번째 매매로 100% 수익을 올려 4,000만 원이 됩니다. 여기서 빌려온 1,000만 원을 갚으니 3,000만 원이 됩니다.

③ 두 번째 매매에서는 신용 100%로 3,000만 원을 더 빌려서 6,000만 원을 투자합니다. 이때 50% 손실을 보면 3,000만 원이 남았는데, 빌린 돈 3,000만 원을 갚고 나면 한푼도 남지 않습니다.

　→ **'깡통' 계좌**

C. 50% 원금 보유를 원칙으로 하는 경우

① 1,000만 원에서 500만 원은 보유하고 500만 원만 투자합니다.

② 첫 번째 매매에서 100% 수익을 올리면, 1,000만 원과 보유해둔 500만 원을 합쳐 1,500만 원이 됩니다.

② 두 번째 매매 역시 750만 원은 보유하고, 750만 원만 투자하여 50% 손실을 입어 375만 원이 남았습니다. 그러면 누적수익은 750만 원을 합쳐 1,125만 원이 됩니다.

　→ **수익 125만 원**

많은 사람들이 상한가 종목이나 급등주를 잡으려고 대출까지 받아가며 탐욕을 부리지만, 중요한 것은 계좌 관리입니다. 살펴봤듯이 어떻게 관리하느냐에 따라 같은 종목을 같은 타이밍에 사거나 팔아도 수익이 달라집니다. 어느 종목을 사야 수익을 크게 올릴지만 생각하기보다 투자의 전체 그림부터 그려봐야 됩니다.

5

Chapter

주가차트 분석하기

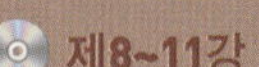

- 시장가 주문으로 만들어지는 봉
- 봉에서 거래가 만들어지는 원리
- '같은 가격, 다른 심리'가 바로 타이밍
- 저점과 고점을 잡는 방법
- 패턴이란?
- 지표를 통한 매수/매도 타이밍

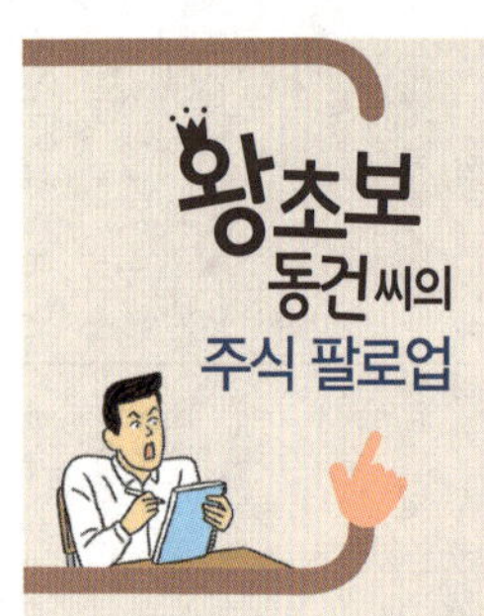

차트를 보는 것은
투자자의 심리를 읽는 것

동건 씨는 저평가된 주식을 산 후 기다리면 결국 수익이 난다는 것을 알지만, 될 수 있으면 주가가 오르기 직전에 사고 싶습니다. 또 수익이 난 후에도 계속 주식을 갖고 있다가 가격이 하락해 본전에 팔고 싶진 않습니다. 어떻게 하면 제대로 수익을 내고 팔 수 있을까요?

주식투자는 마치 어릴 때 할아버지가 해주셨던 참새 덫을 이용해 참새를 잡는 것과 비슷한 것 같습니다. 덫 안으로 참새가 세 마리 들어오면, 마음속으로 '두 마리만 더 들어오면 줄을 당겨야지' 하고 생각하고선 막상 다섯 마리가 되면, '한 마리만 더 들어오면…' 하고 망설입니다. 그러다 두 마리가 날아가 버리면 '아이 참! 아까 줄을 당길 걸' 아쉬워하며, '다섯 마리가 되면 이번에는 꼭!' 이러면서 결국 남은 세 마리마저 날아가 버리고 땅을 치며 후회합니다.

주식투자 역시, 8% 수익이 나면 '10% 수익이 나면 팔아야지' 생각하게 되고, 10% 수익이 나면 '조금만 더 오르면 팔아야지' 하는 마음이 누구나 생기기 마련입니다.

도대체 어떻게 하면 주가가 본격적으로 오르기 이전에 사고, 본격적으로 떨어지기 이전에 팔아서 수익을 극대화할 수 있을까요?

앞으로 수십 년을 바라볼 주식투자, 절호의 매매 타이밍을 잡기 위해서는 가치도 중요하지만, 그 가치를 어떻게 생각하는지에 대한 투자자들의 심리를 파악하는 것과 그 심리에 어떻게 대응해야 하는지를 배울 수 있는 차트분석이 필수입니다. 사실 주식 차트를 예측하는 방법은 없습니다. 하지만 대응하는 방법을 배울 수 있다면, 수익 나는 투자자가 되는 길에 한발 더 다가가게 될 것입니다.

제일 어려운 게 차트를 보고 매매 타이밍을 잡는 것 같아요. 그리고 일봉이니 월봉, 주봉 등 봐야 할 것도 너무 많고, 도대체 갈피를 못 잡겠어요.

차트분석을 투자자들의 심리를 분석하는 것이라고 쉽게 생각해보는 건 어떨까요? 이제까지 투자자들이 '주가가 곧 떨어질 거야'라고 생각했던 주식이, 뉴스나 경기전망, 정치적 이슈로 인해 '이제 이 주식은 오르겠네'라고 생각이 변하는 시점을 읽어내는 것이 중요합니다. 바로 그 타이밍이 매수 타이밍이 되고 반대의 경우에는 매도 타이밍이 됩니다.

사실 모든 분석 지표들은 결국 투자자들의 투자심리의 변화를 읽기 위해 만든 것임을 기억해둘 필요가 있습니다.

차트로 투자자들의 심리를 읽는 것이 저 같은 초보자도 가능할까요?

누구나 시작하는 단계에서는 초보자일 수밖에 없습니다. 겁먹기보다는 하나씩 알아간다면 금방 차트를 보는 눈이 생길 거예요. 그러다 보면 종목이 차트를 통해 "나 이제 상승할 거야"라고 말하는 게 들리게 될 테니 걱정하지 말고 일단 공부를 시작하세요.

그럼 차트를 공부할 때 중심이 되는 건 무엇인가요?

많은 사람들이 차트로 주가를 예측한다고 생각하지만, 사실 주가를 예측하기보다는 '대응한다'고 생각하세요. 차트에서 수익이 날 가능성이 높은 추세와 패턴의 모양은, 그것이 나오면 주가가 무조건 오른다는 것이 아니라 '다른 모양을 보일 때보다 오를 확률이 높다'고 생각하는 것이 현명합니다. 대응할 준비를 하는 것, 그게 바로 차트를 통해 수익이 나는 사고방식임을 반드시 기억해야 합니다.

01 >>> 왜 차트를 알아야 하지?

피터 린치는 1969년 자산운용사에 입사하여 엄청난 수익률로 명성을 얻었습니다.

'월가의 전설'로 불리는 펀드매니저 피터 린치는 1977년부터 13년간 마젤란펀드를 운용하면서 연평균 29.2%라는 놀라운 수익률을 기록했습니다. 마젤란펀드는 1990년 무렵 140억 달러 규모의 세계 최대 뮤추얼펀드로 성장했습니다. 피터 린치는 수익률 면에서는 워런 버핏을 능가하는 투자의 명인입니다. 그런 그에게도 가슴 아픈 일화가 있습니다.

투자 명인도 빗나가는 주가 예측

당시 28살이던 피터 린치는 카이저 인더스트리즈 주식이 저평가됐다는 확신을 가지고 수개월 동안 대략 13달러에 100만 주를 집중적으로 사기 시작했습니다. 현재 가치로는 140억 원 정도 됩니다. 그런데 주식은 오르기는커녕 11달러까지 하락했습니다.

피터 린치는 주가가 15% 정도 떨어졌음에도, 이제는 오를 일만 남았다고 판단하고 주주들을 설득해 50만 주를 추가로 샀습니다. 그런데 웬일인가요. 주가는 오히려 10달러까지 떨어졌습니다. 하지만 그는 처음 샀던 13달러도 저평가 상태였다고 믿었기에, 급기야 개인 재산으로 그 주식을 삽니다.

그런데 주가가 오르기는커녕 다시 8달러까지 떨어졌습니다. 초기 매수 가격의 약 40% 손실을 기록한 것입니다. 그래도 그는 흔들리지 않았습니다. 어머니에게 전화를 걸어 "이 주식은 지금 바겐세일 중입니다. 무조건 사세요”라고 말할 정도였습니다. 하지만 주가는 결국 4달러까지 떨어졌습니다.

이후 그는 “떨어지는 칼날을 잡지 마라”는 유명한 격언을 남기게 됩니다. 이렇게 투자 명인도 예측이 빗나가는 주가 흐름, 무엇을 통해 알 수 있을까요?

실적과 다르게도 가는 주가

주식시장에는 “실적이 좋은 종목이 상승한다”라는 말이 있습니다. 당연한 말 같죠? 그래서 실적이 좋은 기업의 주가가 하락하면, 우량종목을 싸게 살 기회로 여기기도 합니다. 하지만 문제는 그런 종목의 주가가 상승하기까지 시간이 얼마나 걸릴지 알 수 없다는 점입니다.

사례 다음은 2006년부터 2009년까지 기아차의 실적 추이입니다. 당시 기아차의 실적에 따라 주가가 어떻게 움직였을지 짐작해보세요.

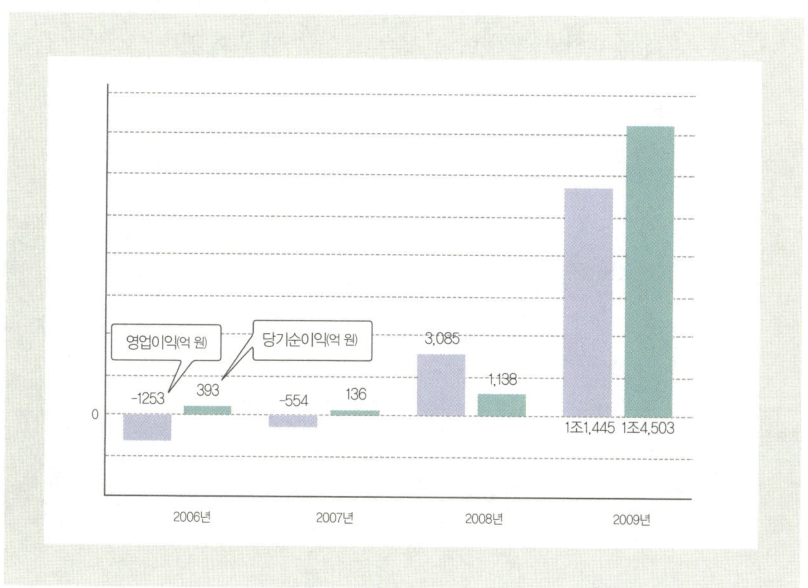

❶ 기아차는 연이어 2006년과 2007년 영업이익이 -1,253억 원, -554억 원 적자를 기록했습니다.

❷ 2008년에 들어 영업이익은 3,085억 원, 당기순이익은 1,138억 원으로 모두 흑자로 전환되었습니다.

❸ 2006~07년 기아차의 주가는 실적부진으로 약세를 면치 못했습니다. 턴어라운드를 시작한 2008년부터 실적이 상승하기 시작하고, 2009년 그 상승세가 계속 이어졌을 것입니다.

질문 **기아차의 주가가 실제로 실적과 같이 움직였나요?**

기아차는 2006~07년 실적이 적자였으므로 주가도 약세를 면치 못했습니다. 2008년 기아차의 실적이 긍정적으로 바뀌었죠? 그럼에도 주가는 오히려 15,000원에서 5,700원까지 무려 62%나 하락했습니다. 만약 실적이 나아지는 것을 보고 2008년에 1억 원을 투자했다면, 한때는 겨우 3,800만 원이 남았을 것입니다.

물론 그 후 기아차의 주가는 84,000원까지 상승했지만, 2008년의 턴어라운드를 보고 투자한 사람들의 심정은 과연 어땠을까요?

기아차의 주가(2006~11년)

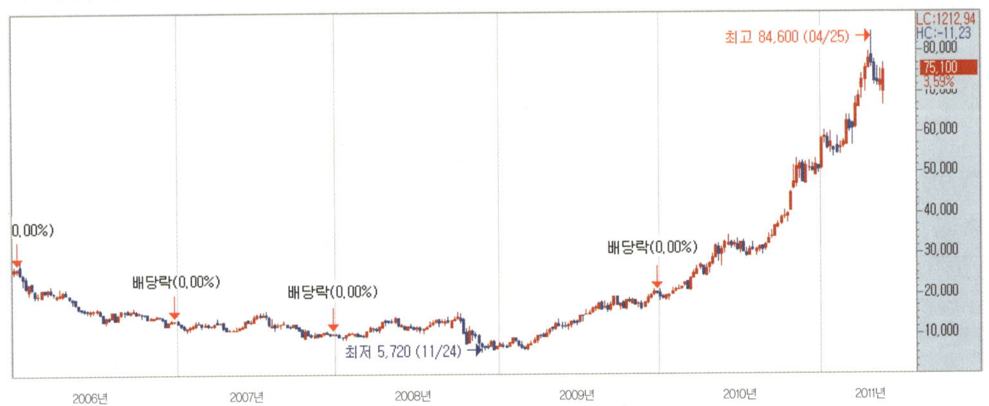

 다음은 삼성엔지니어링의 2006~09년의 실적 추이입니다. 지금이 2008년 1월이라고 가정하고 보겠습니다. 발표된 실적은 2007년이나 2008년이나 크게 다르지 않습니다.

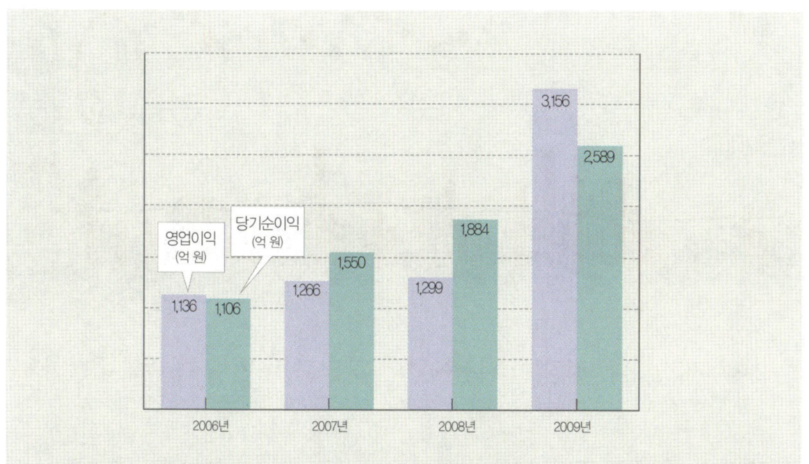

그럼에도 불구하고 현재 주가는 고점인 87,000원부터 54,000원까지 거의 40% 가까이 하락한 상태입니다. 지금이 매수 타이밍일까요?

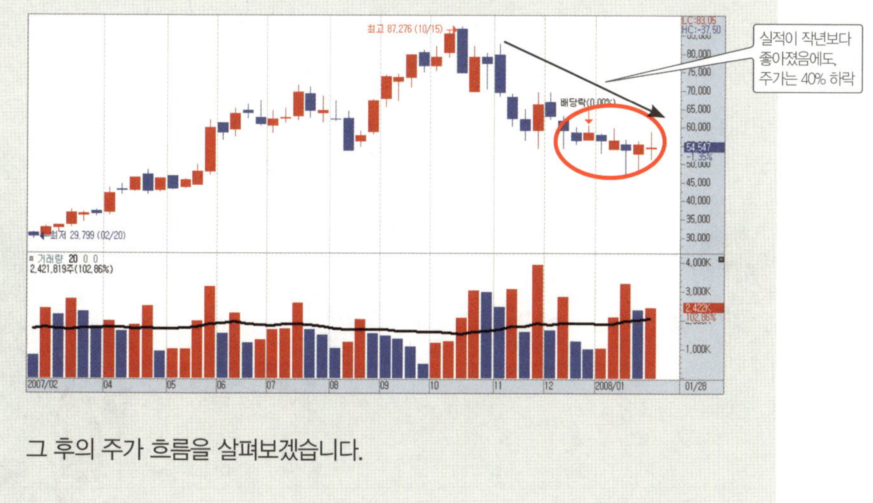

그 후의 주가 흐름을 살펴보겠습니다.

2008년 1~7월의 주가

6개월이 지난 2008년 7월을 보면, 주가는 오르기는커녕 오히려 41,000원까지 하락했습니다. 그래도 2008년 실적이 2007년 실적보다 좋았으니, 주가가 최소한 2007년 고점인 87,000원 선까지 오를 수 있을까요? 이 경우 수익률

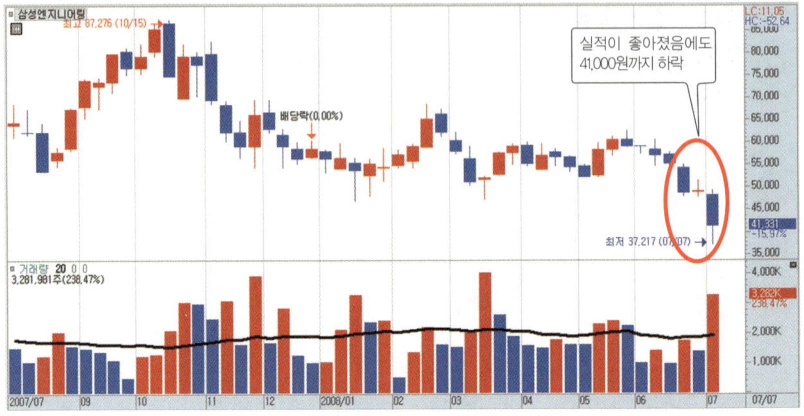

은 2배가 넘습니다. 정말 이 시점에 실적을 믿고 한 번 더 매수해야 할까요?

2008년 7~10월의 주가

그런데 예측과 달리, 주가는 2008년 10월 19,000원 근처까지 떨어졌습니다. 만약 2008년 1월 1억 원을 투자해 54,000원에 매수했다면 겨우 3,600만 원이 남았을 것이고, 41,000원에 매수했다면 4,700만 원이 남았을 것입니다. 이제 주가가 19,000원까지 떨어졌으니 매수할 타이밍일까요?

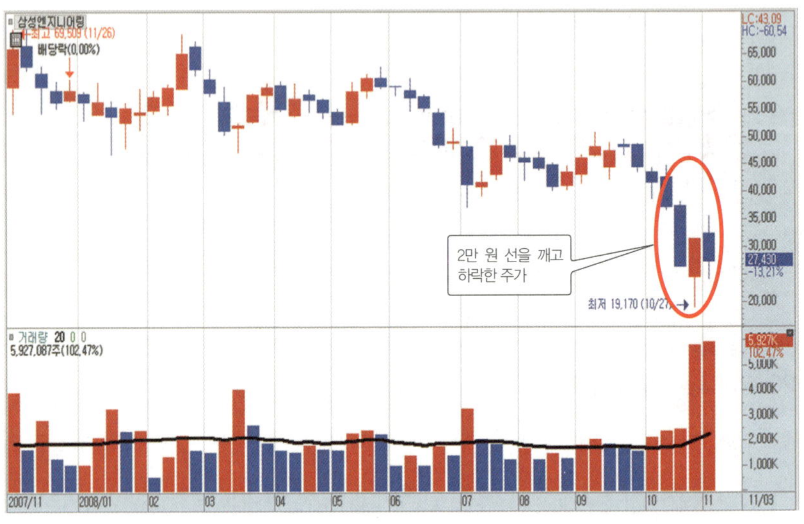

2008년 11월~2011년 7월의 주가 변동

다행히 삼성엔지니어링 주가는 2008년 11월 17일 16,707원을 저점으로 상승하기 시작합니다. 만약 그해 10월에 샀다면 최저점은 아니더라도 발목 근처에서 산 셈입니다. 그러므로 2008년 10~11월은 당시 최적의 투자 타이밍이라고 할 수 있습니다.

삼성엔지니어링 주가는 이후 2011년에 무려 175,000원까지 상승했습니다. 불과 약 3년 만에 2008년 11월 저점대비 10배나 오른 것입니다. 하지만 실적만 보고 2008년에 투자했다면, 2007년에 비해 주가가 거의 1/5토막이 났으므로 지옥 같은 1년을 보냈을 것입니다.

앞에서 살펴봤듯, 실제 주가의 흐름은 실적 추이와 동일하게 움직이지 않습니다. 삼성엔지니어링은 2006~09년 실적이 꾸준히 상승한 반면, 주가는 2007년 고점인 87,000원부터 78%나 하락했습니다.

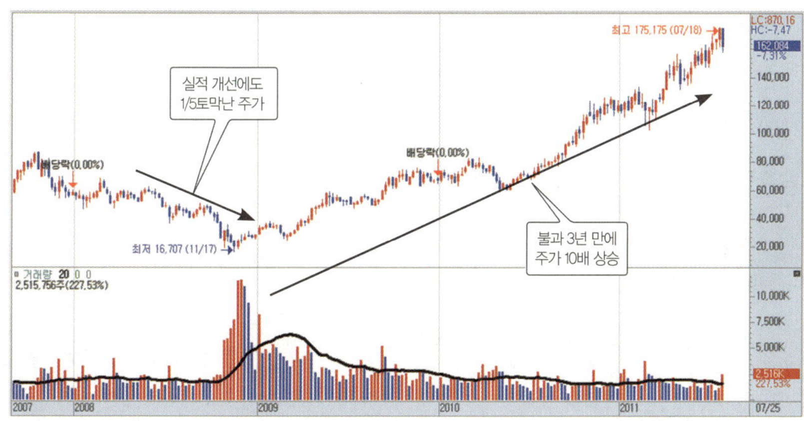

왜 차트를 알아야 할까요?

앞의 삼성엔지니어링의 예를 보고 이렇게 생각할 수도 있겠죠. '실적이 좋은 종목은 결국 상승하는구나', '그냥 실적 좋은 종목을 사고 가만히 있으면 되겠네.' 하지만 실제로 주식계좌의 자산이 줄어드는 것을 보고 있으면 평정심을 유지하기 어렵습니다. 삼성엔지니어링은 2007~08년 78%나 떨어졌죠? 1,000만 원이 220만 원이 되는데도 평정심을 유지할 수 있을까요?

물론 주가는 결국 기업 실적, 기업 본연의 가치에 따라 움직입니다. 그러나 기업 실적이 나아진다고 해도 주가가 언제부터 상승할지는 아무도 알 수가 없죠.

그럼, 당시 삼성엔지니어링의 차트를 분석해볼까요? 차트 분석을 하면 주가의 상승 혹은 하락을 좀 더 정확하게 예측할 수 있습니다. 당시 삼성엔지니어링 차트는 '이중바닥'이라는 추세전환형 패턴을 그리고 있습니다. 뒤에서 자세히 살펴보겠지만, 주가가 하락 흐름이 지속되는데 이중바닥 패턴이 출현하면 흔히 매수 타이밍으로 봅니다.

차트를 보면 삼성엔지니어링의 주가는 2009년 2월 이중바닥을 그리고 있습니다. 이때 샀다면, 2008년 11월 17일의 최저점은 아니더라도 무릎 아래에서 산 셈이라 이후 대세 상승기를 충분히 누려 10배 가까운 수익률을 올릴 수 있었을 것입니다. 이렇게 차트를 읽을 수 있었다면 매수 타이밍을 잡는 데 유용했겠죠.

아울러 차트 분석은 투자의 시간을 줄여주는 장점이 있습니다. 장기투자가 아닌 중기 이하의 투자 스타일을 추구한다면, 차트 분석은 반드시 필요한 공부라는 점을 기억해두세요.

삼성엔지니어링 주가의 이중바닥 출현

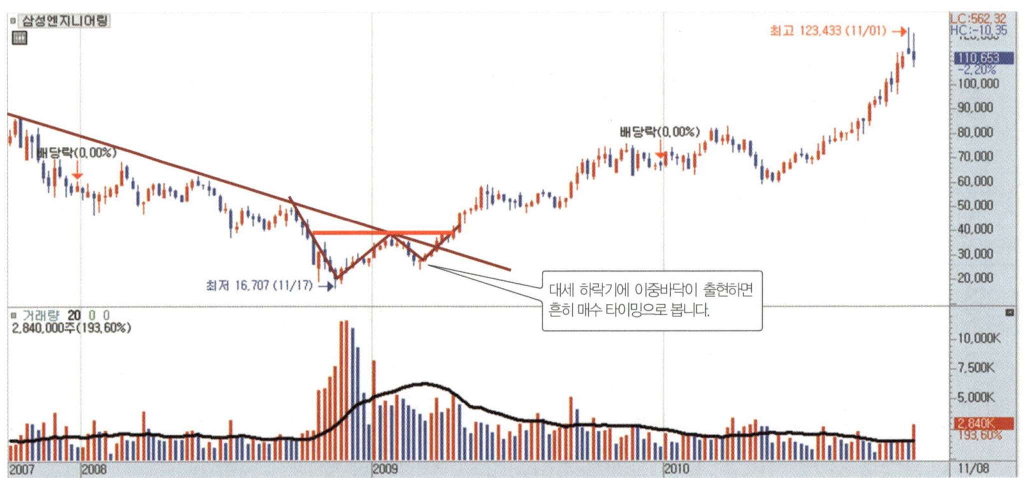

02 봉을 모르면 주식공부는 반쪽

주식투자를 하는 이에게 '봉차트'는 기본 중의 기본입니다. 어떤 증권사를 이용하더라도, 주가 차트에는 봉차트, 이동평균선(이평선), 거래량, 거래량 이평선이 세팅되어 있습니다.

봉차트는 양초 모양을 닮아서 '캔들차트'라고도 합니다. 봉차트는 1700년대에 일본의 쌀 선물시장에서 활동한 거상 혼마 무네히사(本間宗久, 1717~1803)가 창안했다고 알려져 있습니다. 그는 일본인들에게 '거래의 신', '상인의 하늘'이라고도 불립니다. 혼마 무네히사는 쌀거래로 엄청난 부를 쌓았는데, 이때 하루 동안의 가격변동을 도표화한 것이 봉차트의 원형입니다. 300년의 역사를 가진 봉차트는 전 세계에서 가장 많이 사용하는 차트 중 하나입니다.

질문 **300년 역사의 봉차트가 주식시장에서 여전히 통용되는 이유는?**

봉차트에는 투자자들의 수익에 대한 욕심과 손실에 대한 공포가 반영되어 있습니다. 300여년 전 일본인이나 1900년 초반의 미국인이나 현재의 한국인이나 이러한 심리는 같습니다. 그래서 봉차트는 지금도, 그리고 미래에도 유용한 주가 분석 도구입니다.

봉차트를 이해할 때는 단순히 형태만 보지 않고, 봉이 보여주는 투자자들의 심리 상태에 주목해야 핵심에 다가설 수 있습니다.

양봉과 음봉의 구조

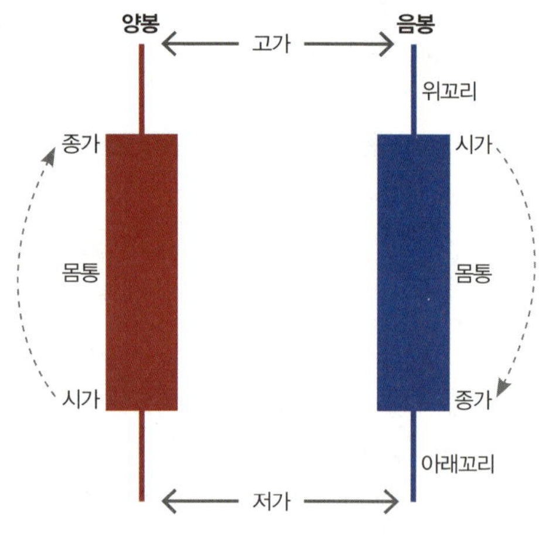

봉이 시작하는 가격을 '시가', 끝나는 가격을 '종가', 그리고 가장 높은 가격을 '고가', 가장 낮은 가격을 '저가'로 표시합니다. '시가'는 장이 처음 열렸을 때 형성된 가격이며, '종가'는 장이 끝날 때 마지막으로 형성된 가격입니다. 시가보다 종가가 높게 마감하는 경우, 즉 주가가 시가보다 오른 날의 경우 시가와 종가 사이를 빨간색으로 표시하며 '양봉'이라고 합니다. 반면 시가보다 종가가 낮게 마감하는 경우, 즉 주가가 내린 날의 경우에는 시가와 종가 사이를 파란색으로 표시하며 '음봉'이라고 합니다.

일본도 우리나라처럼 상승 시에는 빨간색, 하락 시에는 파란색으로 표시합니다. 미국은 상승 시에는 녹색(또는 흰색), 하락 시에는 빨간색(또는 검은색)입니다.

한편 종가가 시가보다 오르지도 내리지도 않은 경우 아래와 같은 형태를 보입니다. ❶ 시가와 종가가 같을 때, ❷ 시가, 고가, 저가, 종가가 모두 같을 때, ❸ 시가, 종가, 저가가 같을 때, ❹ 시가, 종가, 고가가 같을 때의 모습입니다. 각각에 대한 자세한 설명은 '연결봉 읽기'에서 하겠습니다.

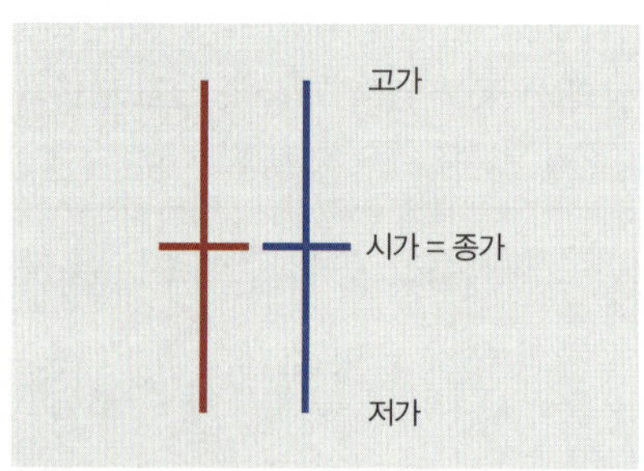

시가와 종가가 같을 때

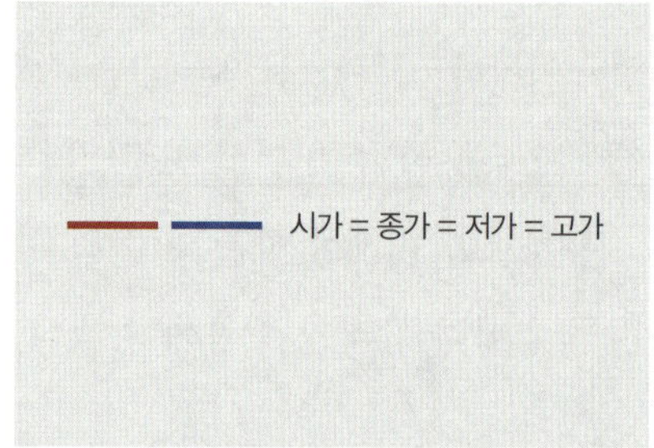

시가, 고가, 저가, 종가가 모두 같을 때

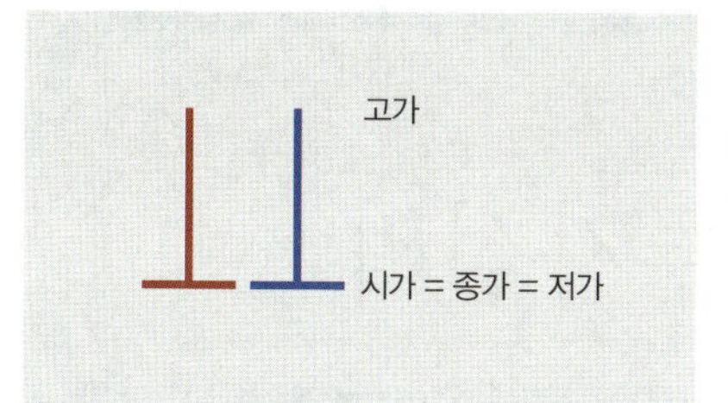

시가, 종가, 저가가 같을 때

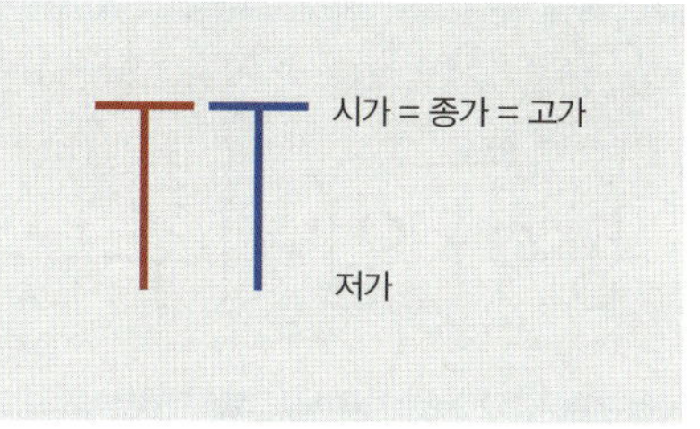

시가, 종가, 고가가 같을 때

봉의 종류-일봉, 주봉, 월봉

주식시장에서 일반적으로 많이 쓰는 차트 중 세 가지를 볼까요?

종가선차트는 종가만 연결해서 모양이 단순합니다. 추세를 보는 데 편리하지만 하루 중의 변동성을 보여주지 못한다는 단점이 있습니다.

바차트는 미국에서 많이 사용하는데 저가, 고가, 종가만 표시하여 가격변동이 한눈에 들어오지 않습니다. 반면, 봉차트는 시가, 고가, 저가, 종가가 한눈에 들어옵니다. 종가가 시가 대비 상승한 날은 빨간색, 하락한 날은 파란색입니다. 따라서 하루 중 가격변동을 보기 편하며, 오늘 주가가 상승, 또는 하락으로 마감했는지 한눈에 알 수 있습니다.

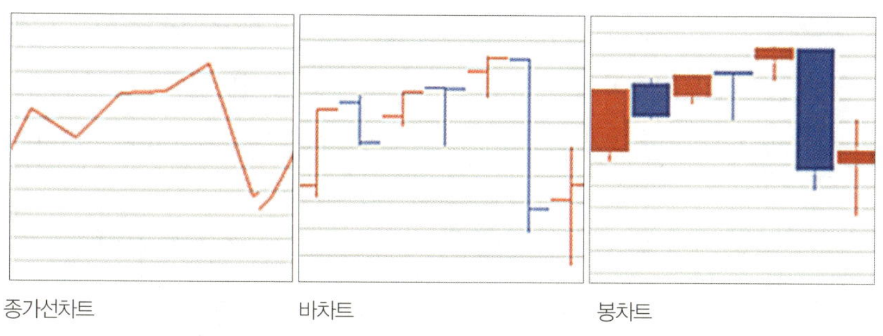

종가선차트　　　　　바차트　　　　　봉차트

봉은 작성기간에 따라 일봉, 주봉, 월봉이 있습니다. '일봉'은 봉 하나로 하루의 주가 흐름과 종가를 보여주며, 주식투자자들이 가장 많이 사용합니다. '주봉'은 일주일, '월봉'은 한 달 동안의 흐름을 보여줍니다. 주봉과 월봉은 1년, 3년, 10년 등 중장기적인 주가 흐름을 볼 때 사용합니다.

봉을 이용한 단기매매

1~2주 정도의 매매를 고려하는 투자자라면, 봉의 움직임을 가지고 투자하는 것도 좋은 방법입니다.
하지만 주식을 사고 난 뒤, 좀 더 중기적인 투자를 하기 위해서는 전체 흐름을 살피는 추세 매매가 적합합니다.

03 >>> 봉이 알려주는 투자심리

봉의 형태보다 봉에 나타난 투자심리에 주목해야 합니다. 그러기 위해서는 주가의 움직임이 시장가로만 움직인다는 점을 기억해야 합니다.

양봉이 나타날 때

1. 장이 열리고 시가가 형성된 후, 주가 상승을 기대하는 '시장가 매수'가 계속 유입되는 경우 양봉이 나타납니다. 이 상태에서 시장가 매수세가 계속 유입되면 호가 15,850원부터 빠르게 소진되면서 점점 주가가 올라가게 됩니다.
2. 종가가 깨끗하게 마감되는 경우, 내일도 주가가 상승할 것으로 기대하면, 마감 동시호가까지 시장가 매수가 계속 유입됩니다.
3. 이 경우 다음날의 주가는 보통 전일 양봉의 종가 근처에서 형성됩니다.

동시호가란?

여기에서 '호가'란 '값을 부르다'란 의미입니다. 그러므로 동시호가란 말 그대로 '동시에 가격을 부르다'란 뜻이죠. 동시호가 시간은 8~9시(장전 동시호가), 3시 20분부터 3시 30분까지(장 후 동시호가)로, 이 시간에 들어온 주문은 '시간우선의 원칙'을 무시하고 '가격 우선의 원칙'만 적용하여 모두 같은 시간에 체결되어 '동시호가'라고 합니다. 120쪽을 참조하세요.

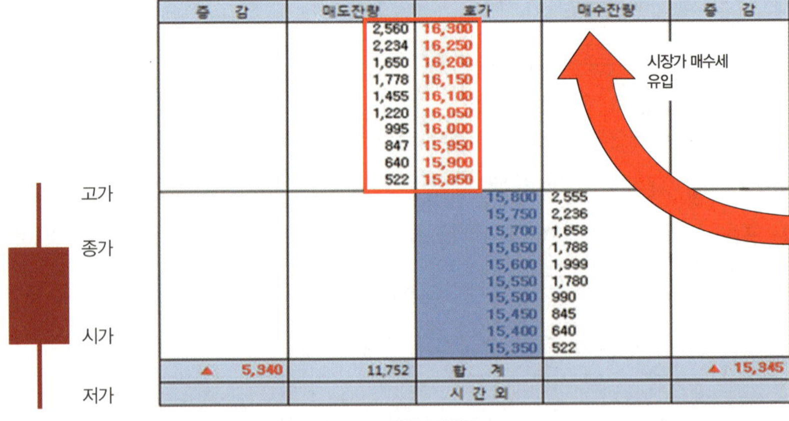

증 감	매도잔량	호가	매수잔량	증 감
	2,560	16,300		
	2,234	16,250		
	1,650	16,200		
	1,778	16,150		
	1,455	16,100		
	1,220	16,050		
	995	16,000		
	847	15,950		
	640	15,900		
	522	15,850		
		15,800	2,555	
		15,750	2,236	
		15,700	1,658	
		15,650	1,788	
		15,600	1,999	
		15,550	1,780	
		15,500	990	
		15,450	845	
		15,400	640	
		15,350	522	
▲ 5,940	11,752	합 계		▲ 15,345
		시 간 외		

양봉은 탐욕으로 인한 시장가 매수 주문의 집합체

음봉이 나타날 때

1. 장이 열리고 시가가 형성된 후 주가가 계속 하락하자, 투자자들의 불안감으로 '시장가 매도'가 계속 유입되는 경우입니다.

2. 종가가 깨끗하게 마감되는 경우, 내일도 주가가 하락할 것이라는 부담감으로 인해 마감 동시호가까지 시장가 매도세가 유입됩니다.

3. 이 경우 다음날의 주가는 전일 음봉의 종가 아래에서 형성되는 경우가 많습니다.

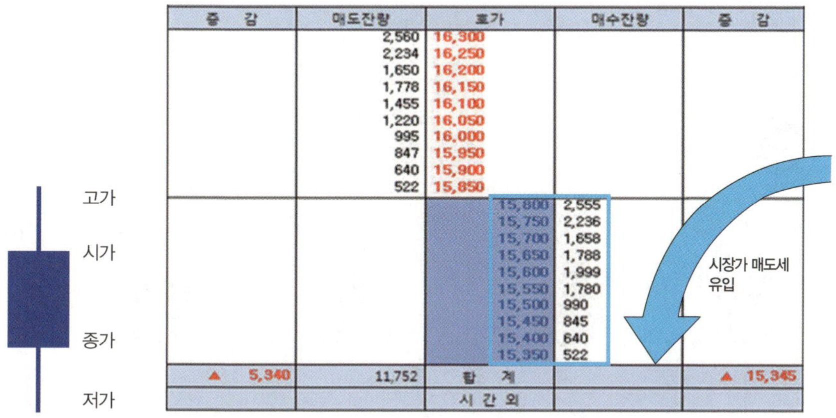

증 감	매도잔량	호가	매수잔량	증 감
	2,560	16,300		
	2,234	16,250		
	1,650	16,200		
	1,778	16,150		
	1,455	16,100		
	1,220	16,050		
	995	16,000		
	847	15,950		
	640	15,900		
	522	15,850		
		15,800	2,555	
		15,750	2,236	
		15,700	1,658	
		15,650	1,788	
		15,600	1,999	
		15,550	1,780	
		15,500	990	
		15,450	845	
		15,400	640	
		15,350	522	
▲ 5,340	11,752	합 계		▲ 15,345
		시 간 외		

음봉은 불안 심리로 인한 시장가 매도의 집합체

위꼬리가 말해주는 것

1. 장이 열린 후 주가가 오를 것으로 생각한 투자자들로 인해 주가가 상승합니다. 하지만 생각보다 시장가 매수가 많지 않아 가격이 밀리면서 주가가 고가를 찍은 후 장 중에 떨어집니다.

2. 위꼬리에 형성된 거래량으로 투자자들의 불안감 정도를 측정할 수 있습니다. 이를테면 위꼬리가 길고 거래량이 많을수록 투자자들의 불안감이 큰 것입니다. 이 경우 다음날의 주가는 위꼬리 아래에서 형성되는 경우가 많습니다.

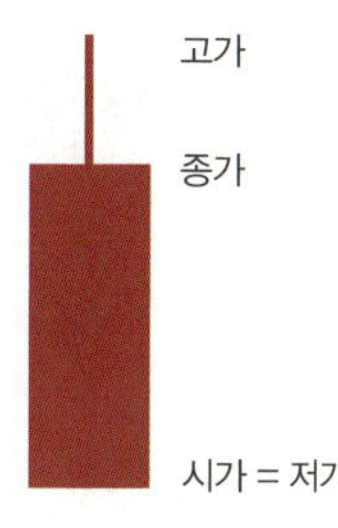

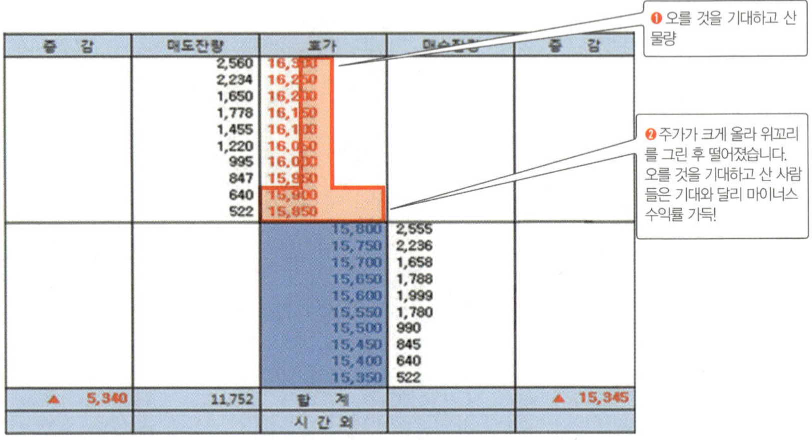

위 꼬리는 보수적인 투자자의 불안감을 동반합니다.

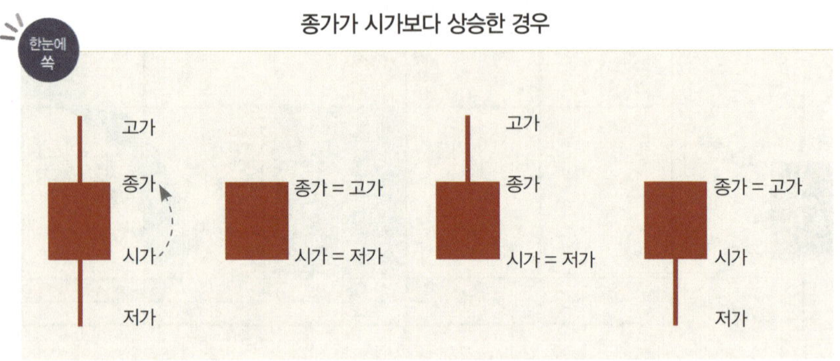

아래꼬리가 말해주는 것

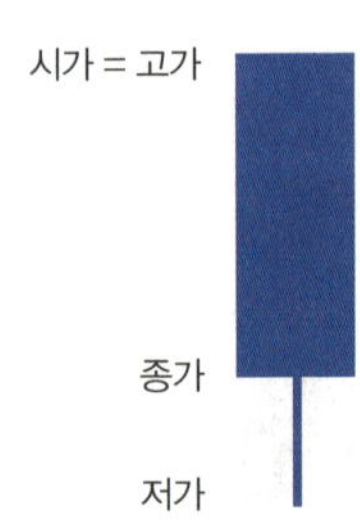

1. 오늘 주가가 떨어질 것으로 본 투자자들의 시장가 매도세가 강하게 유입됩니다. 이로 인해 주가가 꽤 떨어집니다. 하지만 이들의 예상과 달리, 시장가 매수세가 유입되면서 가격이 회복되며 시가 아래에서 장이 마감되는 경우입니다. 이런 경우 아래꼬리가 만들어집니다.

2. 아래꼬리에 형성된 거래량으로 투자자들이 가진 상실감의 크기를 알 수 있습니다. 아래꼬리가 길고 거래량이 많을수록 상실감이 큰 것입니다. 이 경우 다음날의 주가는 일반적으로 아래꼬리 위에서 형성됩니다.

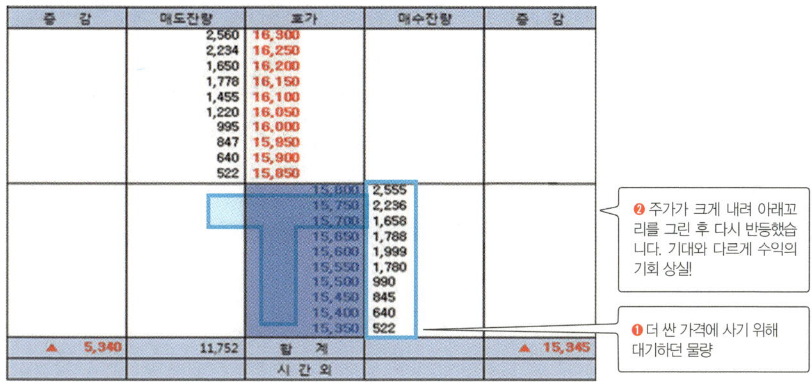

증 감	매도잔량	호가	매수잔량	증 감
	2,560	16,300		
	2,234	16,250		
	1,650	16,200		
	1,778	16,150		
	1,455	16,100		
	1,220	16,050		
	995	16,000		
	847	15,950		
	640	15,900		
	522	15,850		
		15,800	2,555	
		15,750	2,236	
		15,700	1,658	
		15,650	1,788	
		15,600	1,999	
		15,550	1,780	
		15,500	990	
		15,450	845	
		15,400	640	
		15,350	522	
▲ 5,340	11,752	합 계		▲ 15,345
		시 간 외		

아래 꼬리는 보수적인 투자자의 상실감을 동반합니다.

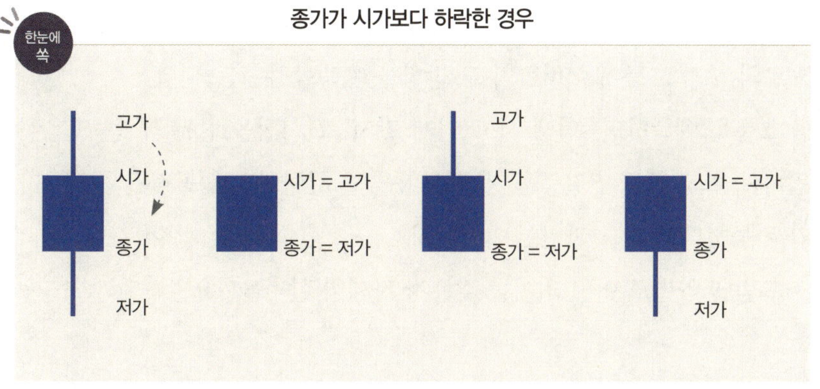

이제까지 봉의 구조와 형태, 그 안에 담긴 투자심리에 대해 알아봤습니다. 다음으로는 투자전략의 방향을 정하는 데 가장 큰 역할을 하는 연결봉에 대해 자세히 알아보겠습니다.

04

연결봉 읽기

봉으로 주가 흐름 예측하기

하나의 일봉들이 쌓여 주봉이 되고 월봉이 됩니다. 앞서 배운 것처럼 각각의 봉에 투자자의 심리가 담겨 있듯이, 연결된 여러 개의 봉을 보면 앞으로의 주가 흐름이 어떠할지 그 방향을 예측할 수 있습니다.

흐름을 예측하면, 언제 사고 언제 팔지 그 시점을 잡는 데 큰 도움이 됩니다. 그러므로 연결봉을 제대로 읽을 줄 알아야만 성공적인 주식투자가 가능하다고 해도 과언이 아닙니다.

그럼 모양별로 어떤 의미를 갖는지 자세히 살펴볼까요?

강한 양봉(장대양봉)

강한 양봉은 시장에서 매수세력이 매우 강력하여 주가가 강한 상승으로 마감한 경우입니다. 고가와 저가 사이의 폭이 커서 몸통이 깁니다. 특히 고가와 종가가 같은 경우, 내일도 주가가 상승할 것으로 기대하는 투자자들이 많다는 의미죠. 만약 주가가 일정기간 하락하다가 이처럼 강한 양봉이 나타났다면 상승추세로 바뀌는 경우가 많습니다.

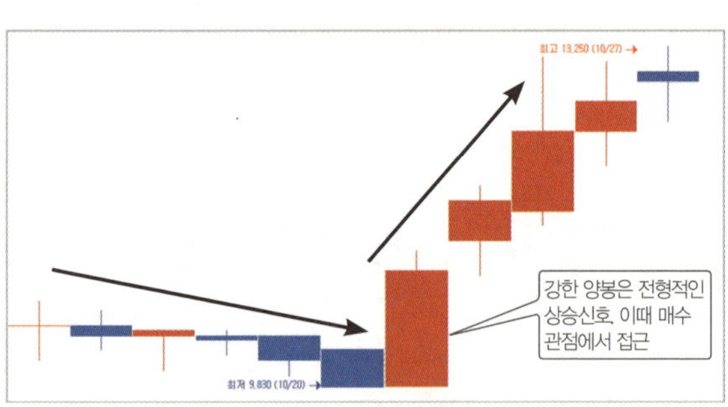

강한 음봉(장대음봉)

강한 음봉은 시장에서 매도세력이 매우 강해 주가가 크게 떨어져서 마감한 경우입니다. 고가와 저가 사이의 폭이 크며, 주가의 전형적인 약세를 의미합니다. 특히 저가와 종가가 같은 경우, 주가가 내일도 하락할 것으로 보는 우려로 인해 종가에도 시장가 매도가 이어졌음을 보여줍니다. 주가가 일정기간 하락하다가 강한 음봉이 나타나는 경우 하락추세로 바뀌는 경우가 많습니다.

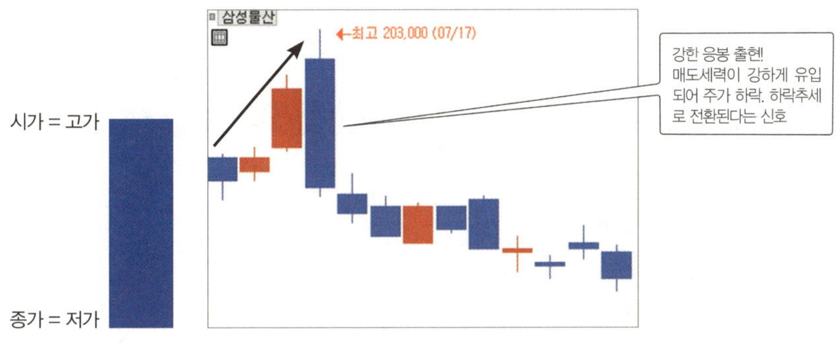

십자형

'십자형'은 시가와 종가가 같은 경우에 만들어집니다. 일반적으로 십자형이 출현하면 '매수와 매도가 균형을 이루고 있다'고 분석합니다. 이때는 주식을 팔거나 사지 말고, 다음에 나타나는 신호를 확인하고 움직이세요.

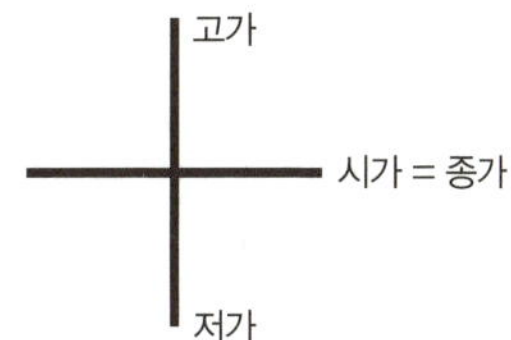

장족십자형

십자형 중에서도 시가와 종가가 당일 거래된 가격 중에서 거의 중간에 위치한 것을 '장족십자형'이라고 합니다. 위아래로 긴 꼬리를 가지고 있죠. 이 경우 시장가 매수 혹은 매도 공방이 치열한 것입니다. 장족십자형이 출현한 상태에서 거래량도 많다면, 일반적으로 주가가 기존 방향과 다른 쪽으로 전환될 가능성이 높습니다.

이를테면 시장가 매수가 강하여 주가가 상승하다가 십자형이 나오면, 시장가 매도가 나오기 시작하는 시점으로 보아 그때를 매도 타이밍으로 판단합니다.

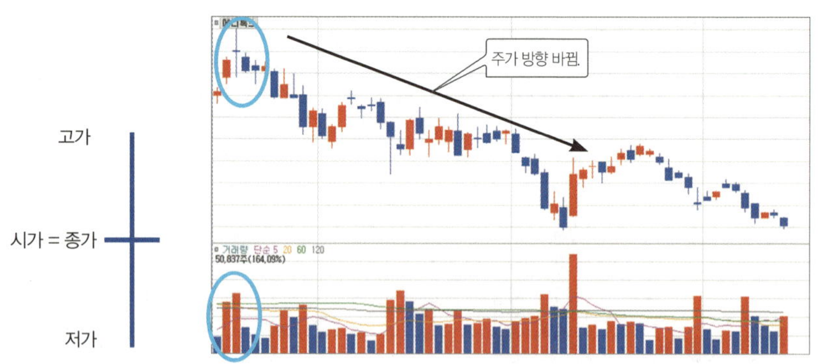

반면 시장가 매도세가 강하여 주가가 하락하다가 십자형이 나오면, 시장가 매도만큼의 시장가 매수가 유입된다는 의미입니다. 이 경우 거래량도 많다면 상승 전환 가능성이 높은 것으로 판단합니다.

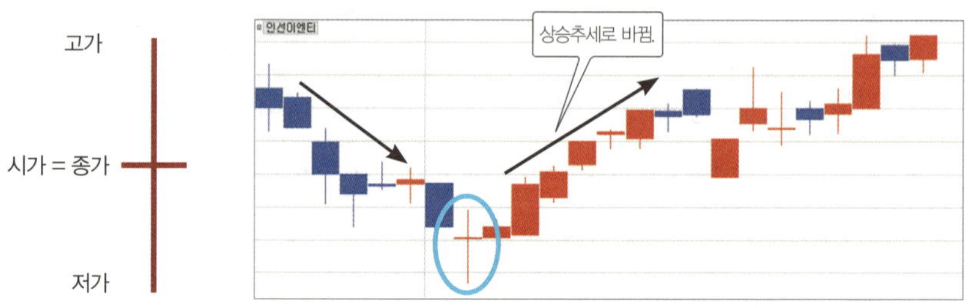

비석십자형

모양이 묘지의 비석과 비슷합니다. 종가가 시가, 저가와 일치하는 형태입니다. 대개 주가 고점에 이런 봉이 나오면 강력한 매도 신호로 봅니다.

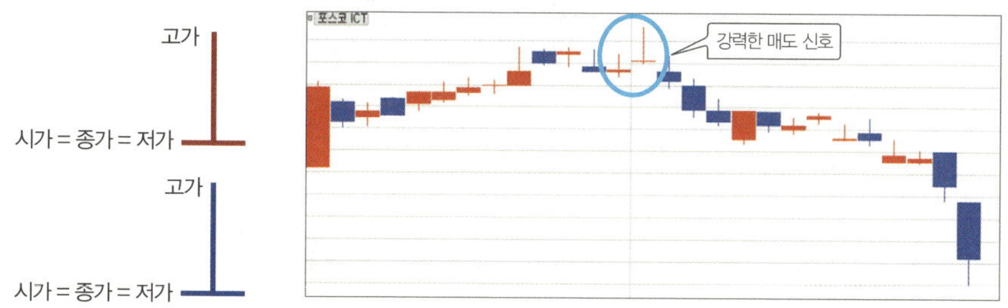

잠자리형

시가와 고가, 종가가 일치하는 형태로 주로 하락추세의 마지막 국면에서
나타납니다. '잠자리형'이 출현하면 빠른 상승추세로 전환할 가능성이 있
습니다.

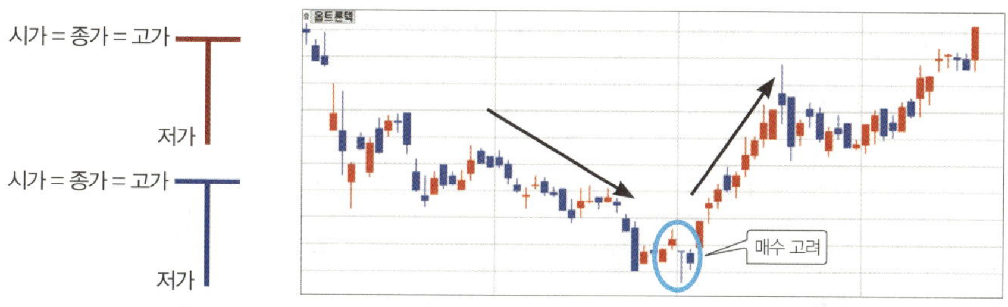

한일(一)자형

시가, 고가, 저가, 종가가 모두 같은 경우입니다. 일반적으로 주가 급등
후 팔려는 투자자가 거의 없을 때, 또는 주가 급락 후 사려는 투자자가 없
을 때 나타납니다. '한일자형'이 형성된 다음에는 기존의 주가 흐름대로
진행되는 경우가 많습니다.

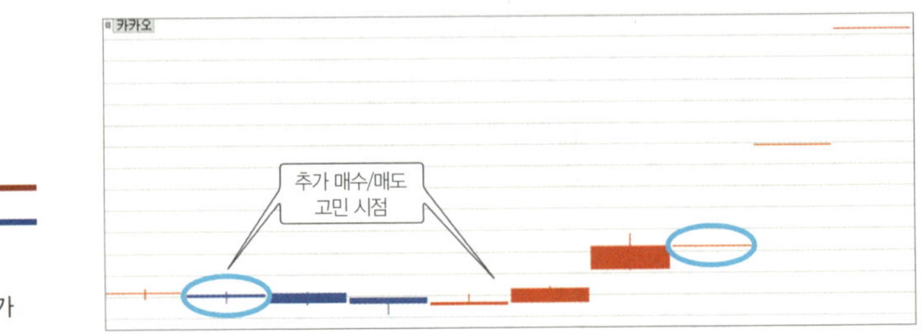

아래꼬리가 달린 양봉-망치형

주가가 하락하다가 아래꼬리가 달린 양봉(망치형)이 만들어지는 경우가
있습니다. 장 초반에는 전날처럼 매도세가 우위여서 음봉이 형성되다가
장 중에 강력한 매수로 인해 상승세를 타서 양봉으로 마감됩니다. 이전
의 매도 우위에서 매수 우위 시장으로 전환됩니다. 강력한 매수 신호로
볼 수 있으며, 보통 주가 상승의 신호로 봅니다.

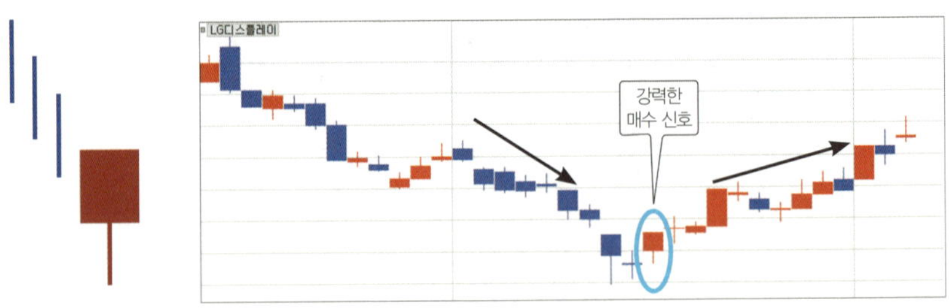

아래꼬리가 달린 음봉-교수형

전날까지는 양봉이 연이어 나오며 매수 우위 시장입니다. 하지만 이날
은 장 초반에 매도가 나오기 시작하여 주가가 크게 하락하면서 장대음봉
이 먼저 만들어집니다. 그러다가 다시 매수세가 유입되며 분위기가 반전
되는 것처럼 보이지만, 시가를 회복하지 못하고 결국 아래꼬리를 단 음
봉을 그리면서 하락으로 마감합니다. 일반적으로 상승세가 끝나는 신호,
즉 주가 하락의 신호로 봅니다.

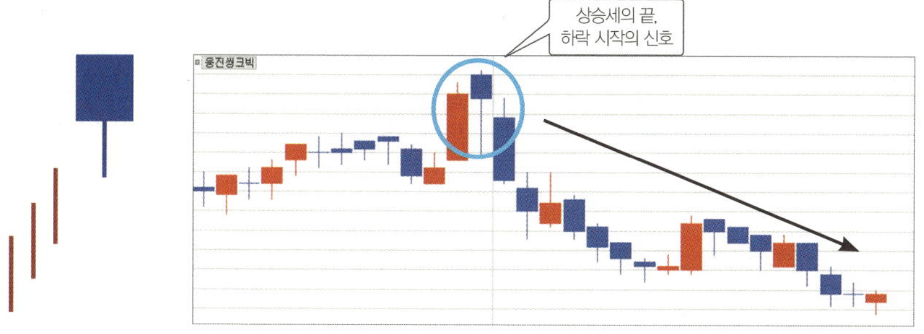

위꼬리가 달린 양봉–역망치형

주가가 연이어 떨어지며 하락세가 뚜렷했습니다. 그런데 이날은 오전부터 상승세가 뚜렷하여 장대양봉이 만들어집니다. 이에 그동안의 주가 하락에 지쳤던 이들의 시장가 매도로 인해 주가가 다시 떨어집니다. 그래서 주가는 위꼬리를 길게 단 양봉으로 마감합니다.

약간의 아쉬움은 있지만, 기존의 매도심리가 매수심리로 전환되는 것으로 볼 수 있습니다. 다음날부터 주가가 바로 급등하지는 않더라도, 봉의 위꼬리 안에서 가격이 형성되면 주가 상승의 신호로 봅니다.

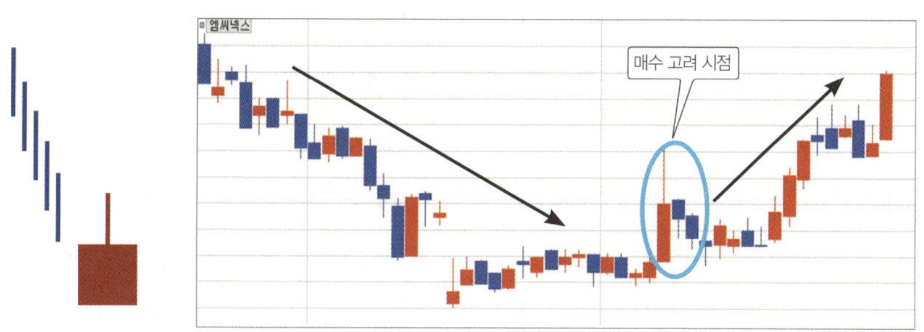

위꼬리가 달린 음봉–유성형

주가가 상승하는 흐름에서 나타납니다. 오전에는 강한 매수세로 인해 주가가 오르며 강력한 양봉이 나타납니다. 하지만 주가 상승에 따른 매도 물량이 나오면서 위꼬리가 생깁니다. 결국은 종가가 시가보다 떨어진 상태에서 음봉으로 마감됩니다.

위꼬리가 달린 음봉은 매수 우위에서 매도 우위로 바뀔 때 나타납니다. 즉, 주가가 상승 흐름을 타다가 하락추세로 바뀔 때 나타납니다.

다음 거래일의 주가가 이날의 저가보다 낮은 경우, 주가 흐름이 하락세로 가는 징후로 볼 수 있습니다.

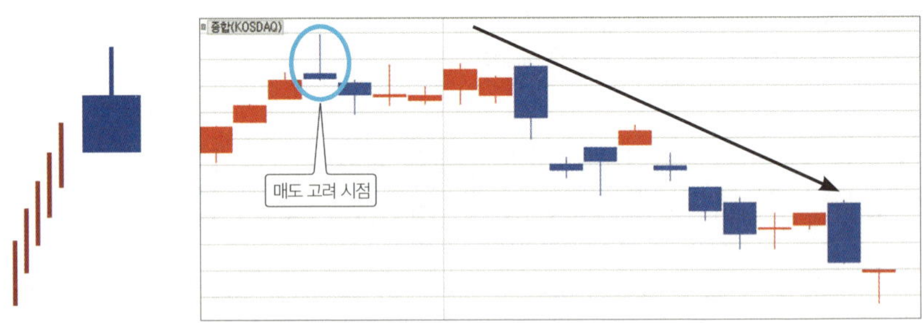

상승장악형–강력한 매수 신호

상승장악형은 일반적으로 '주가 하락의 막바지'에 나타납니다. 연이어 음봉이 나타나다가 강력한 양봉이 출현하는 것입니다. 즉 주가가 계속 내리다가 이날은 강력하게 오르며 전일봉의 고가를 돌파하여 마감됩니다.

❶ 첫 번째 봉은 약한 음봉으로 기존의 하락세가 유지되는 것처럼 보입니다. ❷ 다음날 역시 시가가 전일 종가 아래에서 출발해서 하락세가 지속되는 것처럼 보입니다. ❸ 하지만 장 중에 강력한 매수세로 인해 전날의 고가를 돌파하여 마감됩니다. 시장가 매수가 강력하게 유입되면서 기존의 공포심리를 극복한 것입니다. 주가가 하락하다가 상승할 때 나타나는데 매수 신호로 봅니다.

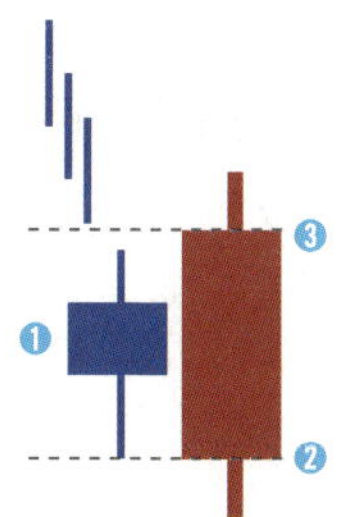
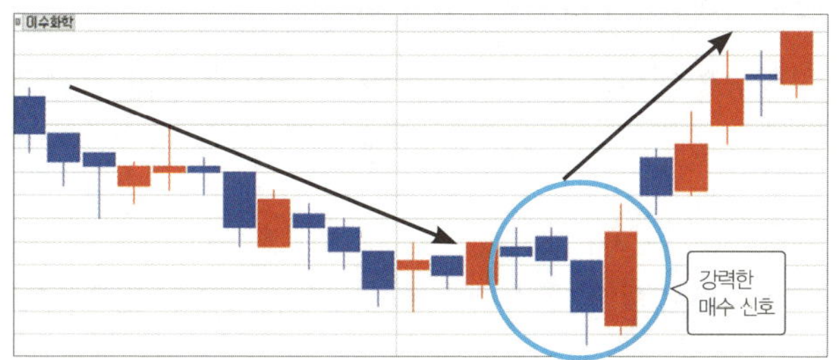

하락장악형 – 강력한 매도 신호

하락장악형은 '주가 상승추세의 막바지'에 나타나는 경우가 많습니다. 양봉이 연이어 나타나다가 강력한 음봉이 나타나는 것입니다. 주가가 계속 오르다가 이날은 크게 내리면서 마감됩니다.

❶ 첫 번째 봉은 이전의 상승을 유지하듯 작은 양봉을 만듭니다. ❷ 다음날의 시가 역시 전일 종가보다 위에서 출발하며 기존의 긍정적인 투자 심리를 반영합니다. ❸ 하지만 장 중에 강력한 시장가 매도가 나타나며, 결국 종가는 전일 저가보다 아래에서 마감됩니다. 주가가 상승하다가 하락하는 반전의 신호로 봅니다.

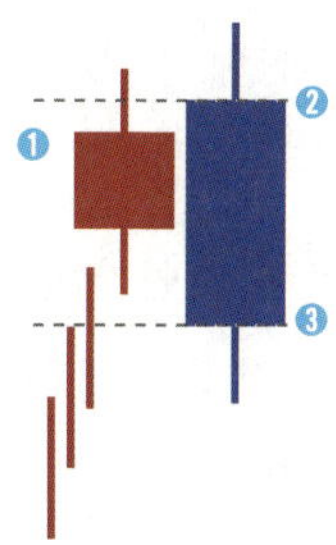
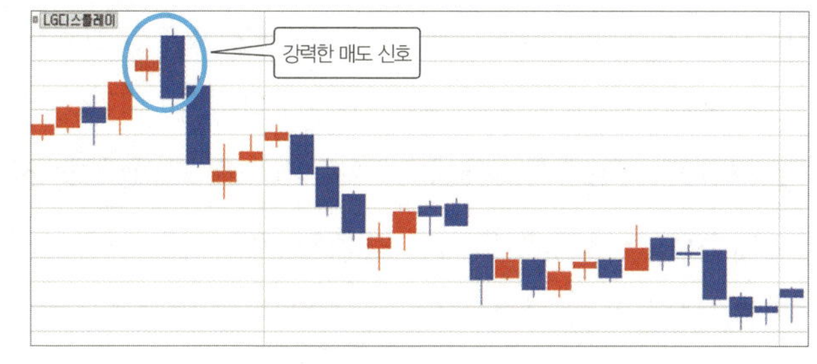

잉태형

몸통이 긴 봉과 짧은 봉이 연이어 나타난 경우입니다. 임신한 엄마의 배 모습과 비슷해서 이런 이름이 붙었습니다. '잉태형'은 장악형보다 더욱 강력한 시장의 반전 신호로 봅니다. ❶ 상승잉태형, ❷ 상승십자잉태형, ❸ 하락잉태형, ❹ 하락십자잉태형이 있습니다.

상승잉태형은 주가가 하락하는 마지막 부근이나 바닥권에서 출현하는 경우가 많습니다. 주가가 하락세를 마감하고 상승세로 돌아서는 강력한 신호로 봅니다.

하락잉태형은 주가 상승의 마지막에 출현합니다. 주가가 계속 상승세였다가 하락잉태형이 출현하면 하락추세로 바뀌는 강력한 신호로 봅니다.

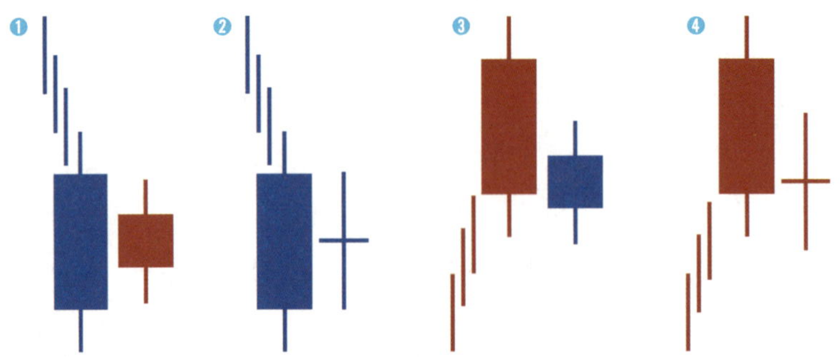

관통형

주가가 하락하고 있거나 주가의 바닥권에서 '관통형'이 출현한 경우 이후의 주가 흐름이 상승으로 전환될 가능성이 높습니다. 첫 번째 봉은 기존의 하락추세에 편승한 음봉이 형성됩니다. 시가는 전일 종가 아래에서 출발하며 기존의 하락세가 지속될 것으로 보입니다. 하지만 강력한 시장가 매수로 인해 종가가 이전 음봉의 50% 지점을 관통하며 마감되는 봉의 형태입니다.

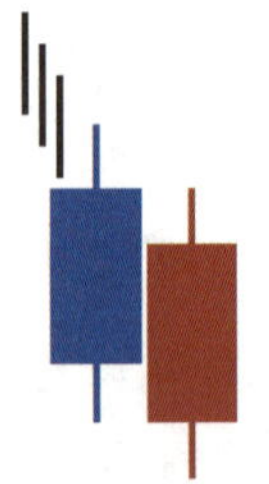

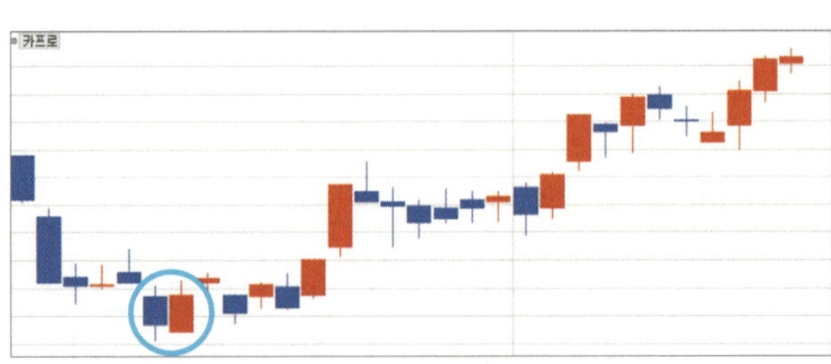

흑운형(먹구름형)

'흑운형'은 관통형과 반대로 주가상승의 마지막 국면에서 출현하며, 이것이 출현하면 주가가 하락으로 반전하는 경향이 있습니다. 첫 번째 봉의 경우 기존의 상승추세에 편승해 양봉이 형성됩니다. 다음날 시가 역시 기존의 상승추세에 편승해 전일 종가 위에서 형성됩니다. 하지만 장 중 강력한 시장가 매도로 인해 음봉이 형성되며, 종가가 전일 양봉의 50% 아래의 가격에서 만들어지며 흑운형이 완성됩니다.

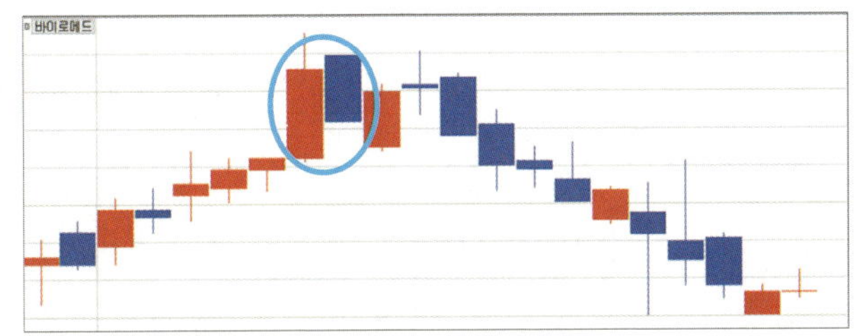

집게형

'집게형'은 집게의 두 다리 길이가 같은 점을 닮아 이름지어진 봉입니다. 2개 이상의 봉이 더 이상 고가나 저가를 돌파 혹은 이탈하지 못하고, 같은 고점 혹은 같은 저점을 형성하는 패턴입니다.

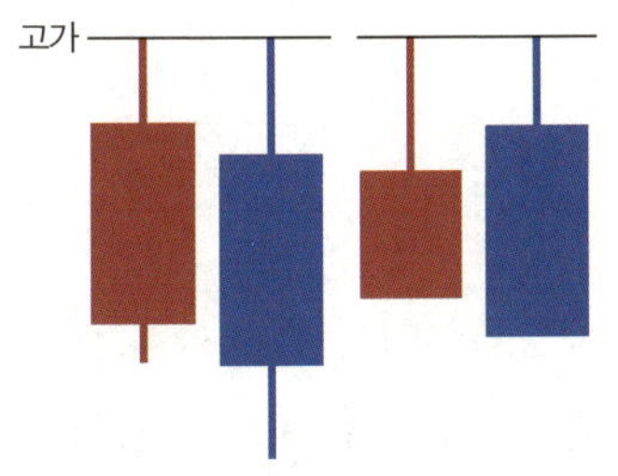

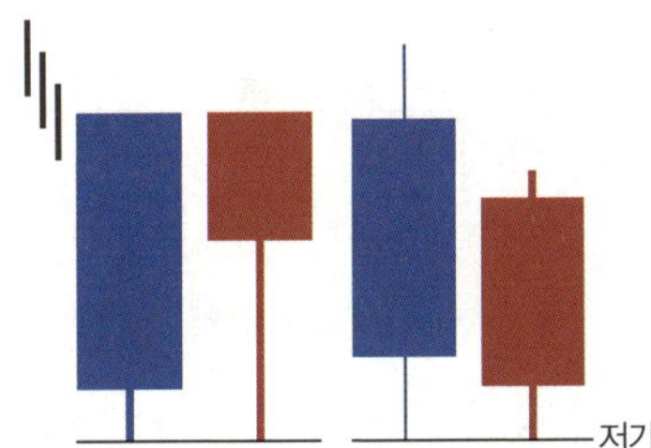

별형

'별형'은 작은 몸통에 짧은 그림자를 가진 형태의 봉입니다. 일반적으로
몸통이 긴 봉이 만들어진 다음에 나타나는 가장 전형적인 전환 패턴입니
다. 별형은 크게 '십자별형(❶ 상승십자별형, ❷ 하락십자별형)', ❸ '샛별형',
❹ '저녁별형'으로 구분됩니다.

　십자별형의 첫 번째 봉은 일반적인 장대봉입니다. 그다음 시가가 '갭
(고가와 저가 사이에 공간이 생기는 것)'으로 상승 혹은 하락하면서 이전의 상
승세나 하락세를 유지하려는 모습을 보입니다. 하지만 시장가 매도와 매
수가 팽팽히 맞서면서 짧은 십자 형태의 별형을 완성합니다. 일반적으로
장대양봉에서 나온 거래보다 별형에서 나온 거래가 많은 경우 신뢰도가
더 높습니다.

　샛별형은 주가 하락의 마지막 국면에 나타나며, 십자별형보다 더 강력
한 반전의 신호로 봅니다. 반면 '저녁별형'은 주가 상승의 마지막 국면에
나타나며, 십자별형보다 신뢰도가 더 높습니다.

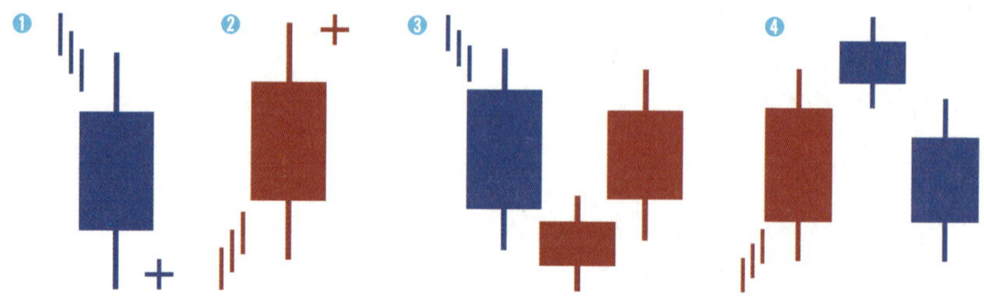

흑삼병과 적삼병

❶ '흑삼병'은 주가의 상승으로 인해 시장가 매도가 3일 연속해서 나오는
형태입니다. 흑삼병은 음봉 3개가 연달아 형성된 것을 뜻합니다. 일반적
으로 상승의 최고점에 나오는 경향이 있죠. 특히 거래물량이 많이 나오
면서 흑삼병이 출현할 경우에는 강력한 하락 전환의 신호로 해석됩니다.

❷ '적삼병'은 음봉이 지속적으로 나온 주가 하락의 마지막 국면에서 출현합니다. 적삼병은 양봉 3개가 연달아 형성됐다는 의미입니다. 향후 주가가 하락에서 상승으로 반전될 가능성을 높게 봅니다.

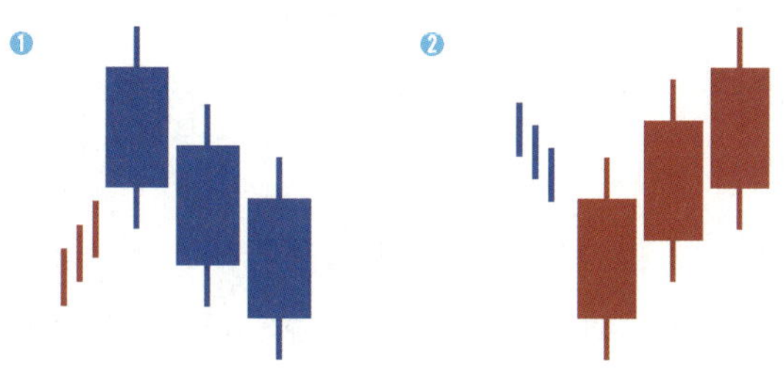

샅바형(벨트홀드라인)

일본 스모 선수들의 샅바 묶은 형태와 비슷하다고 해서 '샅바형' 또는 '벨트홀드라인'이라고 합니다. 일반적으로 시가가 저가가 되는 형태로 전형적인 반전형 봉입니다. ❶ 상승샅바형과 ❷ 하락샅바형이 있습니다.

상승샅바형은 이전의 하락추세를 마무리하는 봉의 형태입니다. 시가는 기존 흐름대로 아래에서 출발하지만 곧 시장가 매수로 반등할 때 형성되며, 특히 오전에 거래가 많을 경우 신뢰도가 높습니다.

하락샅바형은 시가가 기존 상승추세와 같이 전일의 고가보다 높게 형성되어 분위기를 이어가는 모습을 보입니다. 하지만 시가가 고가가 되면서 바로 시장가 매도가 나오는 경우의 봉입니다. 오전에 거래가 많을 경우 신뢰도가 높습니다.

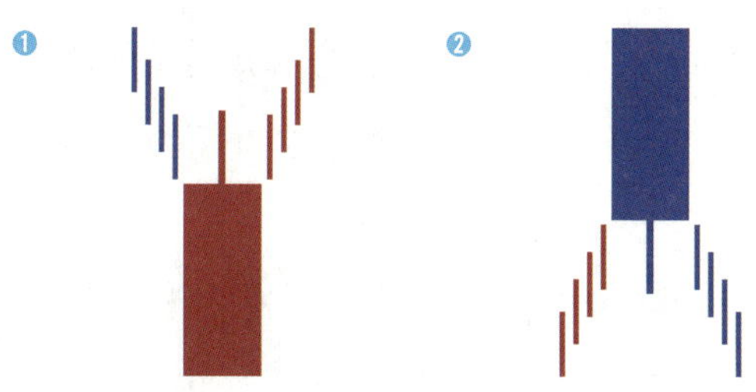

연결봉 사이의 갭

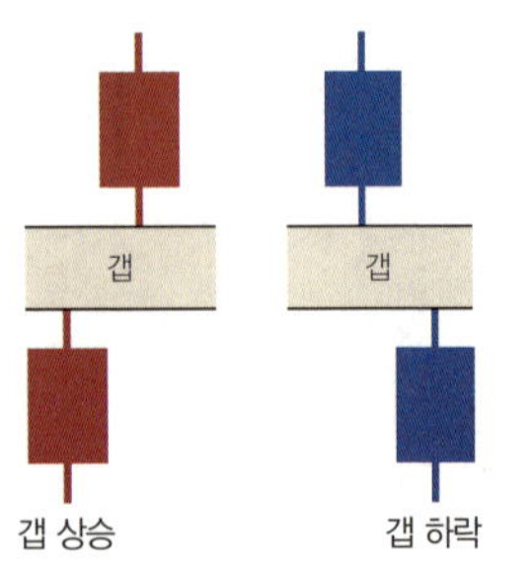

'갭(gap)'이란 사전적 의미로 공간적 틈이나 격차를 뜻합니다. 즉 서로 떨어져 있는 둘 사이의 틈을 말하죠. 갭은 주식시장에서도 많이 등장하는 용어 중 하나입니다. 경제 뉴스나 증시 소식에 자주 등장하는데, 주로 "오늘 삼성전자는 갭 상승하여" 또는 "갭 하락하여" 식으로 나옵니다.

어느 날 주식시장에서 시세가 갑자기 폭등하거나 폭락하여 차트상에 빈 공간이 생기기도 하는데, 이것이 바로 갭입니다. 전날 장이 마감한 후, 다음날 장이 열리기 전까지 시장에 엄청난 호재가 등장합니다. 이에 이날은 장이 열리기가 무섭게 시가가 전날의 고가보다 높은 곳에서 형성됩니다. 특정 가격대에서는 거래가 되지 않았다는 뜻입니다.

보통 주식시장이 열리면 시가는 전날과 비슷한 가격에서 시작됩니다. 하지만 돌발적인 큰 악재나 호재가 생겼을 경우, 전날의 가격을 이탈하여 가격이 형성되는데, 이로 인해 갭이 생기게 됩니다. 갭이 발생할 경우 매수와 매도의 균형이 깨졌다고 볼 수 있습니다.

갭 상승

이것이 발생하는 이유를 알아볼까요?

1. 주식을 보유한 투자자들이 장이 열리기 전인 동시호가 시간에, 전날의 고가보다 높은 가격에만 매도 주문을 내기 때문입니다. 이렇게 가격이 높게 형성된 경우, 시장가 매수가 강하게 들어오지 않는 이상 이날의 시가가 고가가 될 가능성이 높습니다.

2. 그런데 이날은 다릅니다. 시가가 전날 고가보다 높음에도 불구하고 엄청난 호재에 확신을 가진 투자자들에 의해 시장가 매수가 강하게 유입됩니다.

3. 이에 따라 상승추세는 더욱 강해져 이날의 종가가 시가보다 더 높은 가격으로 마감됩니다. 이를 '갭 상승(상승추세 갭)'이라고 합니다.

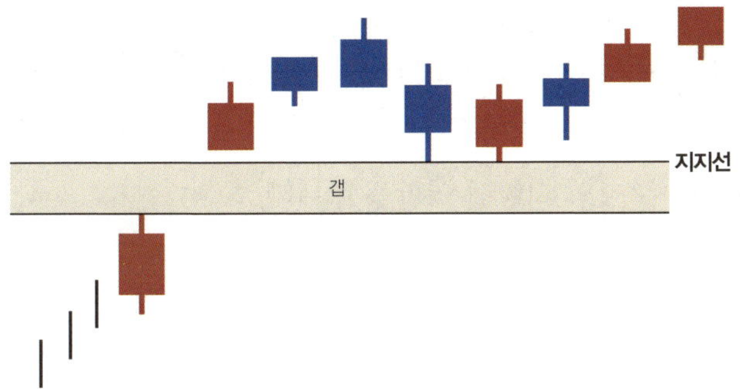

갭 상승이 나온 이후, 주가가 하락하더라도 갭 하단에서는 이전에 매수 타이밍을 놓친 투자자들이 사기 때문에 갭 상단 근처에서는 주가가 반등합니다. 일반적으로 갭 상단이 주가의 지지선 역할을 합니다.

갭 하락

주가가 하락추세일 때, 갭 하락이 나타나면 그 추세는 더욱 강해집니다.

1. 주가가 계속 하락세를 보입니다.

2. 설상가상으로 장이 마감한 후 악재가 터집니다. 주식을 보유한 투자자들이 이러다가 더 큰 손실을 볼 수도 있겠다는 공포에 휩싸입니다.

3. 공포에 휩싸인 투자자들은 이날 장이 열리기 전인 동시호가 시간에 전일 저가보다도 더 낮은 가격으로 주식을 팔려고 내놓습니다.

4. 이로 인해 시가가 전일 저가 아래에서 형성됩니다. 보통 이런 경우 시가가 전날의 저가보다도 낮으므로, 주가가 싸다는 심리로 인해 시장가 매수세가 유입되면서 주가가 반등합니다.

하지만 이날은 다릅니다. 공포심리가 강한 투자자의 매도세가 주가를 주도하면서 결국 주가는 전날보다 크게 떨어져 음봉으로 마감합니다. 이를 '갭 하락(하락추세 갭)이라고 합니다.

이후 주가가 크게 떨어져 싸다고 인식한 일부 투자자들이 매수에 나서서 주가가 약간 오르면 이전에 갭 하단에서 매도 타이밍을 놓친 투자자들의 매물이 나옵니다. 주가가 갭 하단 위로는 오르지 못합니다. 그래서 보통 갭의 하단 부분이 주가의 저항선 역할을 합니다.

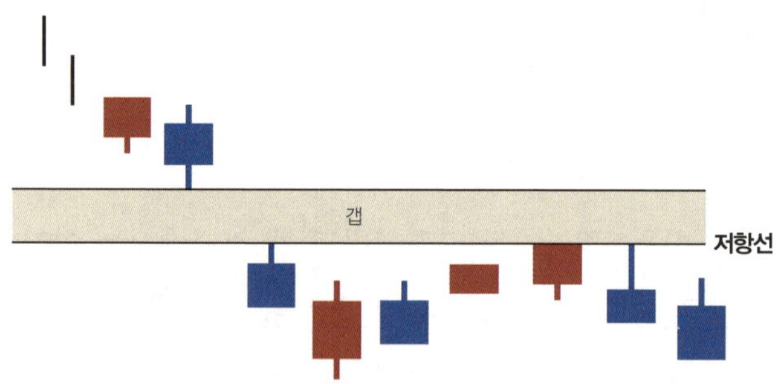

이제 뉴스에서 갭이란 말이 나와도 쉽게 이해할 수 있겠죠? 그럼 이제는 추세선으로 매매 타이밍을 잡는 방법을 알아보겠습니다.

05 >>> 추세선 읽기

우리나라 겨울은 춥기는 하지만, 그래도 삼한사온(三寒四溫)이 있어서 견딜 만하죠. 그런데 1월에 며칠 날씨가 따뜻하다고 해서 겨울옷을 정리하고 봄옷을 꺼내는 사람은 없습니다. 한겨울이라 기온이 떨어지는 추세에 있다는 것을 알기 때문이죠.

주가의 상승추세와 하락추세

주가에도 '추세'가 있습니다. 어떤 종목으로 매수가 꾸준히 유입되는 시기가 있는가 하면, 반대로 매도가 계속 나오면서 주가가 하락하는 시기가 있습니다. 하지만 주가가 상승추세라고 해서 계속 오르기만 하는 것은 아닙니다. 주가가 크게 오른 후 조금 조정을 받아 약간 떨어지고 다시 크게 오르고 조금 조정을 받는 것을 반복하면서 추세적으로 상승합니다.

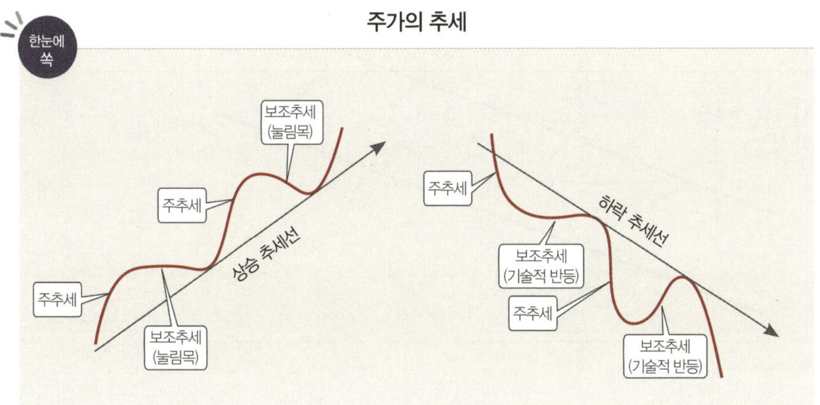

주가의 추세

반대로 주가가 하락추세라고 해서 주야장천 매일 떨어지기만 하는 것은 아닙니다. 주가가 크게 떨어진 후 조금 반등해서 약간 오르고 다시 크게 떨어진 후 조금 조정을 받고를 반복하면서 추세적으로 하락하는 것입니다.

상승추세의 특징

상승추세의 가장 큰 특징은 무엇일까요? 바로 이전 고점을 상향 돌파한다는 것입니다. 그래서 이때는 누구나 수익을 올리고 있는 것처럼 느껴집니다.

하지만 잘 따져보면 고점에 산 사람은 단기적으로 손실을 보고 있을 것입니다. 주가가 내가 산 가격보다 아래로 떨어졌다가 반등하여 오르면, 손실이 났다가 다시 본전이 되는 것이죠. 보통은 손해를 봤다가 본전이 되면 다시 손실을 볼까 두려워하는 사람들이 주식을 팔려고 내놓습니다. 그러면 주가가 밀려서 떨어지게 되죠. 하지만 상승추세일 때는 이런 매물을 소화하고, 결국 주가가 이겨내고 이전 고점을 넘어 상승합니다. 이것이 상승추세의 기본 성격이라는 점을 꼭 기억하세요.

상승추세에서 오르는 파동을 '주추세(주가가 움직이는 주 방향)', 조정받는 파동을 '눌림목'이라고 합니다. 만약 주식투자를 하다가 이전 고점까지 와서 불안해지면 추세를 보세요. 추세는 주식을 계속 가지고 가야 할 것인지, 아니면 팔아야 할 것인지를 판단할 수 있는 근거가 됩니다.

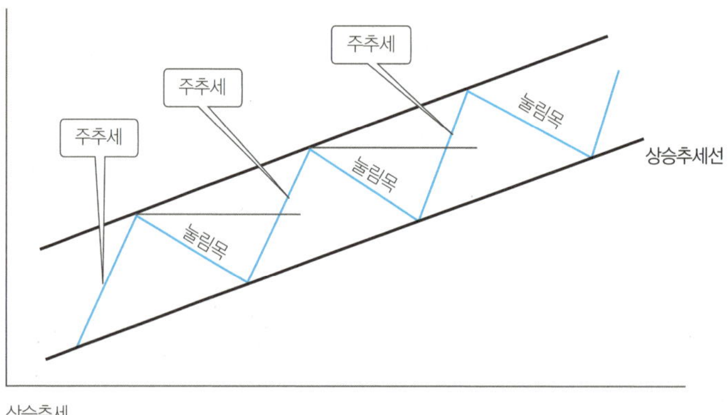

상승추세

하락추세의 특징

하락추세의 가장 큰 특징은 주가가 이전 저점을 하향 이탈하여 떨어진다
는 점입니다. 하락추세에서 내려가는 파동을 '주추세', 반등하는 파동을
'기술적 반등'이라고 합니다. 하락추세일 때는 모든 투자자들이 손실을
보고 있는 것처럼 느낍니다. 하지만 사실 저점에 주식을 산 투자자라면
주가가 반등하면서 단기적으로 수익을 볼 수도 있었을 것입니다.

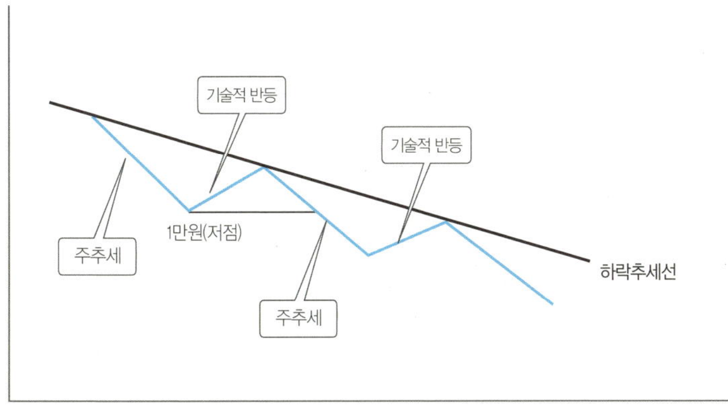

하락추세

만약 이전 저점이 1만 원이라고 가정해보죠. 이때 주식을 산 투자자도 있
을 것이고, 애매해서 관망한 투자자, 심지어 주식을 판 투자자도 있을 것
입니다.

　그 이후 주가가 1만1,500원까지 상승했다면, 이들 각자의 심리는 어떨
까요? 주식을 전 저점인 1만 원에서 산 투자자는 수익을 올렸으니 일단
기분이 좋을 것입니다. 어쩌면 '조금 더 살 걸' 하며 아쉬운 맘이 들지도
모르겠네요. 한편 관망하다가 1만 원에 살 기회를 놓친 투자자, 그리고 1
만 원에 판 투자자는 몹시 아쉬워하겠죠.

　그런데 주가가 다시 1만 원으로 내려온다면 어떨까요? 이 주식을 전에
1만 원에 샀던 투자자는 저점이라 생각하고 추가로 사려고 할 가능성이
있고, 지난번에 이 가격에 살 기회를 놓쳤던 투자자와 일찌감치 팔았던
투자자도 이번에는 매수에 가담할 가능성이 높습니다. 다시 말해 저점이

자꾸 나타날수록 사려는 사람이 늘어나서 매수가 매도보다 강해질 가능성이 높으며, 이에 따라 주가가 반등할 가능성이 높습니다. 그래서 이전 저점의 가격과 비슷한 곳은 양봉이 나타날 가능성이 높은 자리입니다.

그럼에도 불구하고 주가가 하락추세일 때는 이전 저점에서 반 등하지 않고, 오히려 하향 이탈하여 주가가 더 떨어져 버립니다. 이것이 하락추세의 특징입니다. 그런데 초보자들은 하락추세의 특징을 단순히 이전 저점이라고 해서 사는 경우가 많습니다. 그러므로 저점에서 살 것인지, 아니면 주가가 더 떨어지길 기다릴지 판단할 때도 먼저 추세를 확인해야 한다는 것을 꼭 기억하세요.

06 >>> 추세선 그리기

추세선(trend line)은 차트에 장기적인 주가 변동을 그린 직선 또는 곡선을 말합니다. 일정한 범위 내에서 정점과 바닥을 형성하며 움직이는 두 점을 연결하면 추세선이 만들어집니다.

상승추세선 그리기

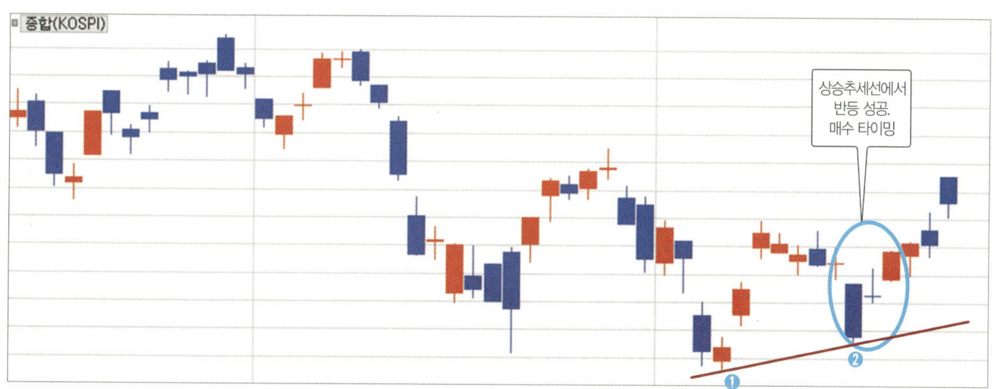

그럼, 상승추세선을 그어보겠습니다.

1. 여러분이 관심을 두고 있는 지수나 종목에서 ❶ 첫 번째 저점이 등장하면 일단 ❷ 두 번째 저점을 기다려봅니다.

2. 두 번째 저점이 등장하면 첫 번째 저점과 연결하면 상승추세선이 만들어집니다. 다음에 주가가 조정받을 때 이 추세선에서 반등에 성공한다면 매수 타이밍이 됩니다.

3. 이제 다음과 같이 ❸ 세 번째 저점이 나왔습니다. 그런데 세 번째 저점
은 추세선보다 높은 상태네요.

4. 이처럼 새로 등장한 저점이 상승추세선보다 높은 경우, 두 번째와 세
번째 저점을 연결하여 추세선을 다시 그어줍니다.

그런데 기존의 상승추세선보다 각도가 더 가팔라졌죠? 일반적으로 추세
선의 각도는 투자자들의 심리를 반영합니다. 상승추세선의 각도가 커질
수록 투자자들의 상승 기대감도 커지고 있다고 볼 수 있습니다. 즉 주가
가 더욱 상승할 가능성이 높습니다.

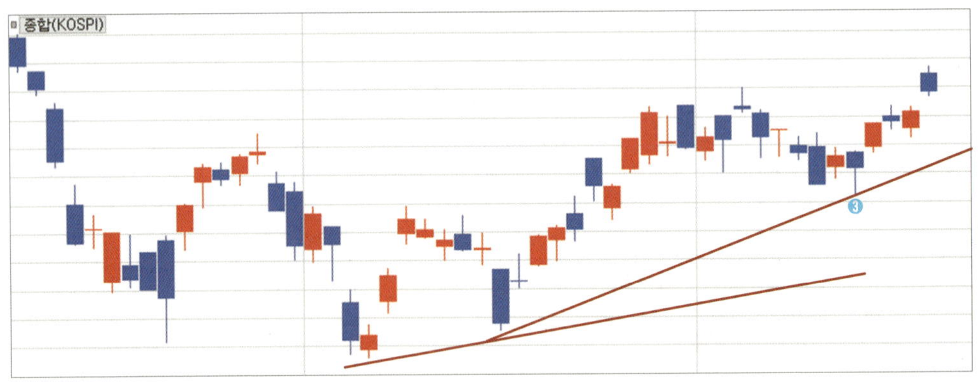

상승추세선의 각도가 45를 넘으면?

단, 주의해야 할 점이 있습니다. 상승추세선의 각도가 45도 이상으로 가
팔라지면 주가가 급락할 가능성이 있습니다.

예를 들어 설명해보죠. 아내에게 "이번 생일선물로 200만 원 줄게"라
고 미리 이야기하면, 아내의 기대가 무척 커지겠죠. 그런데 막상 생일이
되자 20만 원만 준다면, 아내는 기대가 컸던 만큼 몹시 실망하겠죠?

마찬가지로 상승추세선을 볼 때도 "기대가 크면 실망도 크다"는 말이
적용됩니다. 투자자들의 기대가 너무 크기에 그것이 충족되지 못하거나
작은 악재가 생겼을 때, 주가가 크게 하락하는 경우가 있습니다. 이것이
상승추세선의 각도가 45도를 넘으면 주의해야 하는 이유입니다.

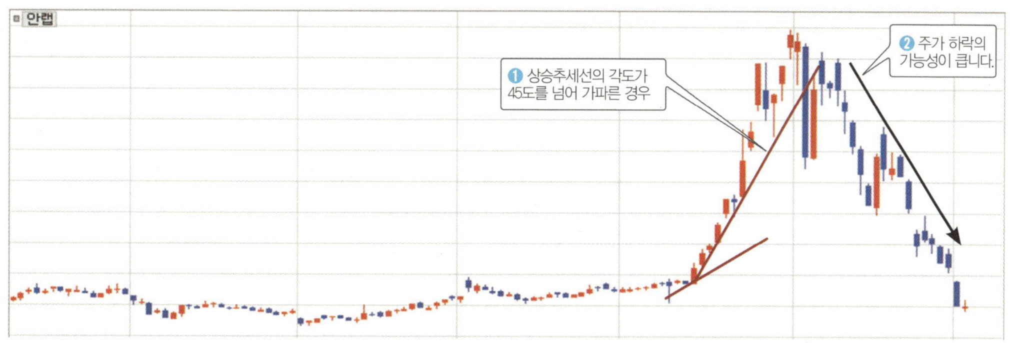

하락추세선 그리기

하락추세선은 '고점과 고점을 연결'해서 그어줍니다. 이렇게 하락추세선
이 만들어지면, 주가가 계속 하락하다가 기술적 반등이 일어날 때 하락
추세선에서 저항을 받아 더 오르지 못하는 경우가 많습니다.

하락추세선의 각도도 투자자의 심리를 보여줍니다. 다음 쪽의 그림을 보
면 하락추세선의 각도가 오른쪽으로 갈수록 높아지고 있죠?(❶→❷) 이처
럼 하락추세선의 각도가 점차 커지면, 투자자들의 심리가 이전보다 긍정
적으로 바뀌고 있다고 판단합니다.

다음은 하락추세선이 오른쪽 위로 3번 정도 돌파(❶→❷→❸)한 모습입니다. 이런 경우 주가가 그 이후에는 하락추세를 멈추고 상승추세로 바뀔 가능성이 높습니다. 주식시장에서는 이를 '부챗살의 원리'라고 합니다.

추세선으로 매매 타이밍 잡기

추세선을 그었을 때, ❶ 하락추세가 계속되면 '관망' 타이밍으로 봅니다. ❷ 그러다가 상승추세로 전환되면 '매수' 타이밍, ❸ 상승추세가 지속되면 '보유', ❹ 상승추세에서 하락추세로 전환될 때를 '매도' 타이밍으로 봅니다.

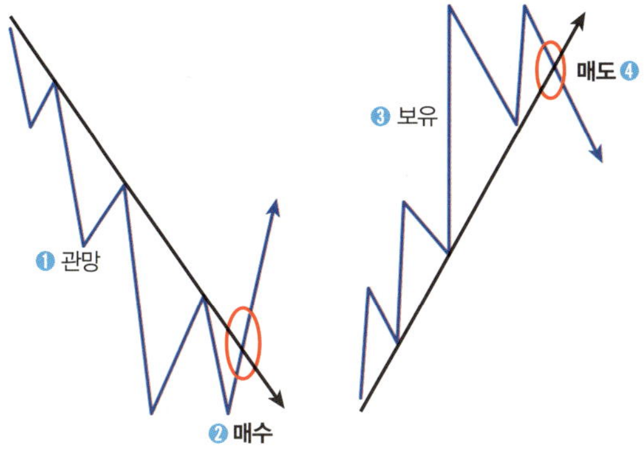

다음의 예에서 추세선을 이용해 매매 타이밍을 잡는 것을 볼 수 있습니다.

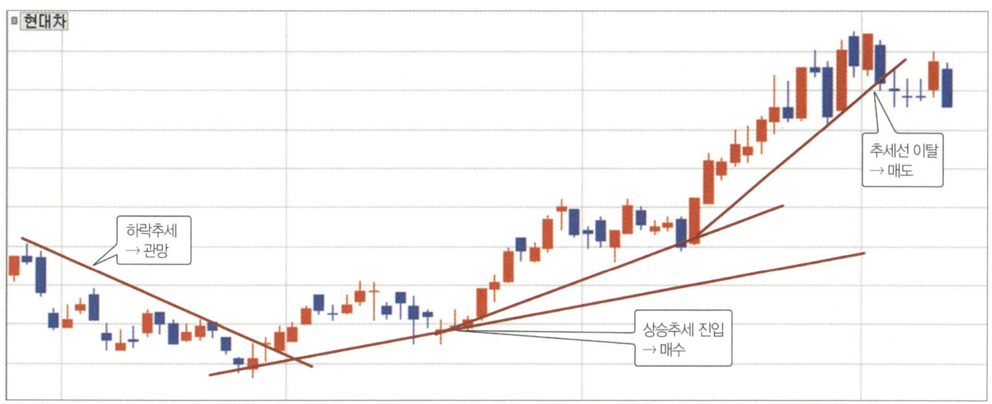

 주가가 추세선을 이탈했을 때, 팔지 못했다면

주가가 추세선을 이탈하게 되면 매도 타이밍이죠. 그런데 이때 팔지 못했다면 '되돌림 현상'을 이용해 팔 수 있습니다. 되돌림 현상이란 주가가 추세선을 이탈한 다음에 나오는 반등을 가르킵니다. 이때 주가가 추세선까지 반등하는 경우가 많으니 참고해서 매매에 활용해보세요.

다음 그래프를 통해 되돌림 현상의 예를 보죠. 보통 되돌림 현상이 나타나면 추세선까지 오른다고 했죠? 어디까지 반등한다고 콕 집어 말하기는 어렵습니다. 따라서 초보투자자는 되돌림에 따른 반등을 노리기보다는, 주가가 추세를 이탈하면 일정 물량을 파는 것이 나을 것입니다.

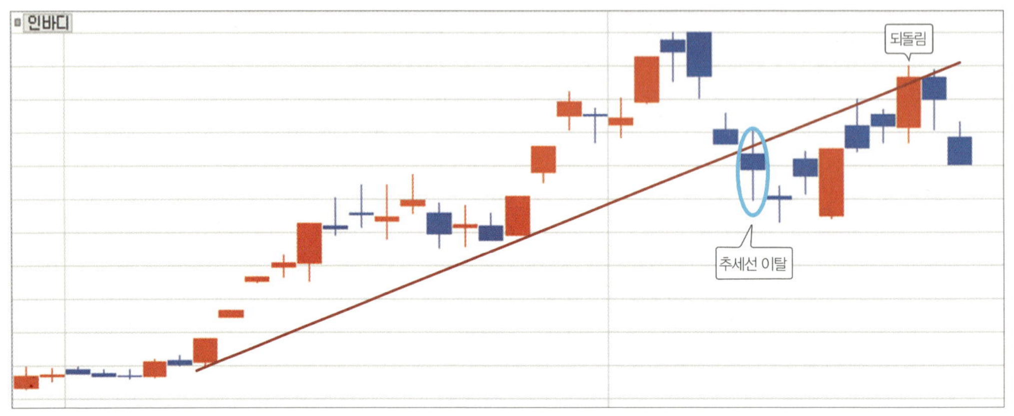

저항선과 지지선에 반영된 심리

주가가 상승하다가 일정 가격대에서 더 오르지 못하고 멈추는 지점을 '저항선', 주가가 하락하다가 더 떨어지지 않고 버티는 지점을 '지지선'이라 합니다. 저항선이나 지지선에는 투자자들의 심리가 담겨 있습니다.

일반적으로 주가가 상승추세에서 저항선을 돌파한 뒤, 저항선 위에서 오르는 경우 저항선이 지지선으로 바뀝니다. 이 경우 상승추세가 더욱 커집니다. 즉 주가가 저항선이나 지지선을 돌파한다면 추세의 방향에 따라 상승과 하락이 큰 폭으로 움직일 수도 있습니다.

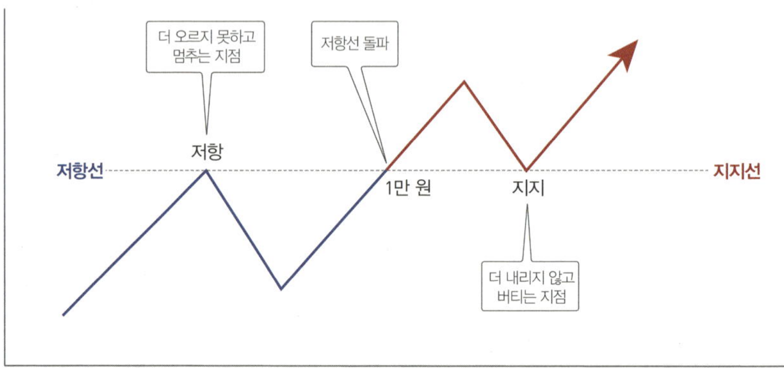

반면 주가가 저항선이나 지지선을 돌파하지 못하는 경우가 여러 번 반복되면, 기존 추세가 바뀔 수 있습니다. 즉 주가가 저항선을 뚫지 못하는 경우 상승세에서 하락세로 바뀔 가능성이 높습니다.

예컨대, 주가가 이전 저항선인 1만 원까지 상승했다고 가정해보죠. 주가 1만 원은 저항선이었으므로, 어떤 투자자들은 1만50원이나 1만100원, 혹은 1만 원 근처에 지정가 매도 주문을 걸어두었을 것입니다. 또 다른 투자자들은 이번에는 1만 원을 돌파할 거라고 믿을 수도 있겠죠. 이들은 1만 원 근처에서 주식을 샀을 것입니다. 단지 이전 고점이라는 점을 알고 있다면, 원래 투자하던 금액만큼을 사기는 힘들 것입니다.

주가가 다시 저항선인 1만 원에서 밀려 조금 하락했다면 어떻게 될까요? 주식을 1만 원에 판 투자자는 '이럴 줄 알았지' 하고 의기양양할 것이고, 고민만 하다 사지 못한 투자자는 '안 사길 잘했지' 안도할 것이며, 1만 원에 산 투자자는 '아직 때가 아닌가' 아쉬워하지만 '주가가 더 밀리면 남은 돈으로 그때 더 사면 돼'라고 할 가능성이 높습니다. 즉 이 경우 크게 불행해질 사람은 없을 것입니다.

그럼 주가가 1만 원의 저항선을 돌파해 1만1,500원까지 상승했다면, 투자자들은 어떤 생각이 들까요? 1만 원에 판 사람은 팔자마자 15%나 급등했으니 못내 아쉬울 것입니다. 1만 원에 산 사람은 더 사지 않은 것을 아쉬워합니다. 고민만 하다가 그 주식을 못 산 사람도 아쉬움이 크겠죠? 그래서 주가가 저항선을 돌파하면 다시금 지지선이 될 가능성이 높습니다.

저항선을 돌파하면서 거래량이 많았다면

저항선을 돌파할 때 거래량이 많았다면, 시장가 매수 주문이 많아서 저항선인 1만 원에 걸린 지정가 매도 주문을 다 체결하고도 상승했다는 것입니다. 다시 말해 그 주식을 1만 원에 팔아버린 투자자들이 많다는 것입니다. 이들은 주가가 상승함에 따라 매우 아쉬워할 것이므로 주가가 다시 내리더라도 이전 저항선에서 지지를 받을 가능성이 높습니다.

저항선을 돌파할 때 거래량이 적었다면

주가가 저항선을 돌파해서 오르는데도 거래량이 적다는 것은 아쉬워하는 투자자도 적다는 의미입니다. 그러므로 주가가 다시 이전 저점까지 밀릴 가능성이 높습니다. 이런 투자자의 심리 방향에 따른 변화는 단순히 수평선으로 그어진 지지선과 저항선 외에 추세선에서도 활용됩니다. 그러므로 잘 이해해두었다가 매매에 활용해보세요.

매매 타이밍 잡을 때 주의할 점

혹자는 기술적인 투자방식으로는 수익을 올릴 수 없다고 주장합니다. 그들은 공통적으로 "과거는 과거일 뿐, 이전의 차트로 현재의 매매 타이밍을 잡을 수 없다"고 합니다. 공감되는 말입니다. 따라서 단순히 차트 형태에 따라 주식을 매매하기보다는 차트에서 투자자들의 심리를 읽어내는 것이 중요합니다.

예를 들어볼게요. 주가가 '상승'한다는 것은, 그 주식을 시장가로 사는 사람이 시장가로 파는 사람보다 많을 때입니다. 반면 주가가 '하락'하는 경우는 시장가 매도자가 시장가 매수자보다 많을 때입니다. 한편 주가가 위아래로 움직이지 않고 옆으로 '횡보'하는 것은 시장가 매도량과 매수량이 거의 같을 때입니다.

추세선과 다르게도 움직이는 주가

앞에서 말했듯, 주가가 상승추세일 때 보통 추세선 근처에서는 반등할 가능성이 높습니다. 이 경우 추세선 근처에서 시장가 매수가 매도보다 많고, 아래꼬리가 긴 봉이나 양봉이 나와야 합니다. 그런데 다음 차트를 보면, 상승추세인데도 강력한 음봉이 나오면서 크게 하락했습니다.

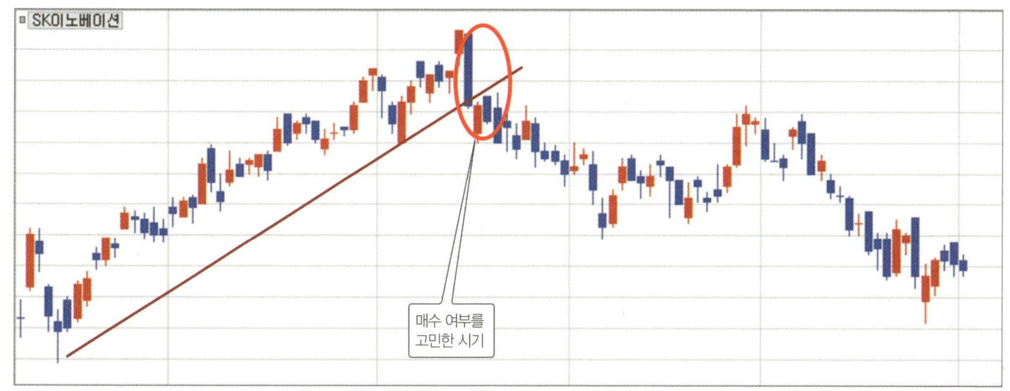

이처럼 추세선과 주가가 다르게 움직이는 경우도 있으니, 앞으로 주가가 추세선 근처까지 내려와 있다는 이유만으로 주식을 사면 안 되겠죠? 단순히 이전의 차트 형태만 믿고 사면 크게 후회합니다.

기술적 분석으로 매매 타이밍을 잡을 경우, 현재 시장가 매수가 강한 자리인지 아니면 매도가 강한 자리인지 생각해야 합니다.

무엇보다 실제로 봉이나 추세의 형태가 내가 알고 있던 상식대로 나타나고 있는지 확인하는 과정이 중요합니다.

07 >>> 등락을 예측하는 패턴 읽기

주가의 움직임을 추적하다 보면 가끔 애매한 국면에 접어드는 경우가 생깁니다. 앞에서 살펴보았듯, 주가가 상승추세선을 이탈하게 되면 보통 하락추세로 바뀝니다. 그런데 주가가 이전 저점을 이탈하지도 않은 채 움직이는 경우도 있습니다.

반면 주가가 하락추세일 때 하락추세선을 뚫고 오르면, 상승추세로 바뀝니다. 하지만 상승추세의 가장 기본적인 특징인 고점을 돌파하지 못하는 경우가 있습니다.

기술적 분석의 이 같은 문제들을 해결하기 위해 사용되는 것 중 하나가 바로 '패턴'입니다. 과거의 데이터를 통해 주가가 오르내리는 몇 가지 형태를 그래프로 정형화한 것입니다. 패턴에는 반전형 패턴과 지속형 패턴이 있습니다. 이런 패턴을 잘 알아두면 상승추세 초기에 매수, 하락추세 초기에 매도를 손쉽게 할 수 있습니다.

추세가 반전되는 패턴(반전형 패턴)

반전형 패턴 중 시장에서 가장 많이 출현하는 패턴들을 위주로 살펴보겠습니다.

머리어깨형

❶ '머리어깨형'은 완성된 모습이 머리와 두 어깨의 모습과 비슷합니다. 이는 상승추세에서 만들어집니다. 이 패턴이 완성되면 상승추세에서 하락추세로 바뀌게 됩니다. 여기에서 주의 깊게 봐야 하는 것은 '거래량'입니다. 거래량은 주추세와 비례하는 경향이 있습니다.

다시 말해 상승추세에서는 주가가 상승할 때 거래량이 증가하고, 반대로 일시적인 하락세(조정, 눌림목)를 보일 때는 거래량이 감소합니다. 마찬가지로 하락추세에서는 주가가 하락할 때 거래량이 증가하고, 반대로 기술적 반등을 보일 때는 거래가 감소하는 경향이 있습니다.

하지만 머리어깨형은 상승추세에서 만들어지므로 주가가 상승할 때 거래량이 증가해야 합니다. ❷ 그럼에도 불구하고 거래량은 왼쪽 어깨보다 머리에서 감소하는 모습을 보입니다. 물론 단순히 거래가 감소했다고 해서 무조건 이 패턴이 만들어지는 것은 아닙니다. 그래도 기존의 상승추세가 붕괴될 수 있는 1차경고 정도로 봐야 합니다.

❸ 이후의 주가 흐름을 보면 상승추세선을 이탈했네요. 이러면 그냥 하락추세로 간다고 생각하지 말고, 지금부터가 본게임이라고 여기고 다음을 고려해야 합니다. 첫째, 추세선의 각도가 완만해지면서 기존 상승추세를 유지할 것인가? 둘째, 지속형 패턴이 나올 것인가? 셋째, 반전형 패턴이 나오면서 추세가 반전될 것인가? 이 세 가지를 확인하세요.

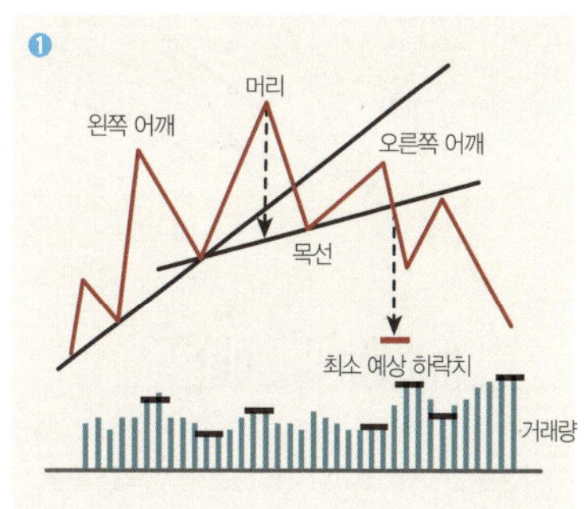

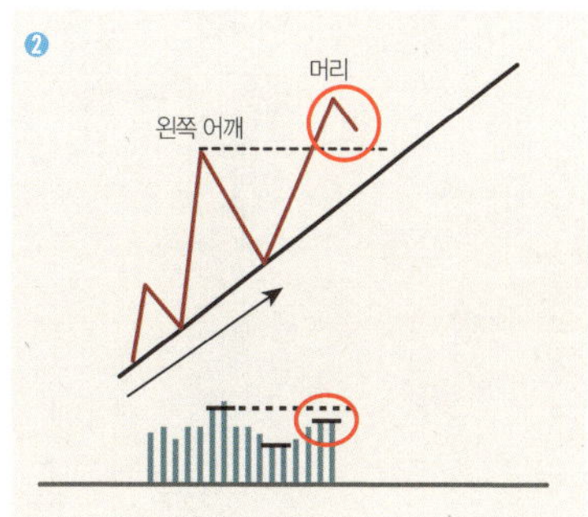

주가가 상승했는데도 거래량은 어깨보다 줄었네요. 거래량을 통해서도 투자심리를 읽을 수 있습니다.

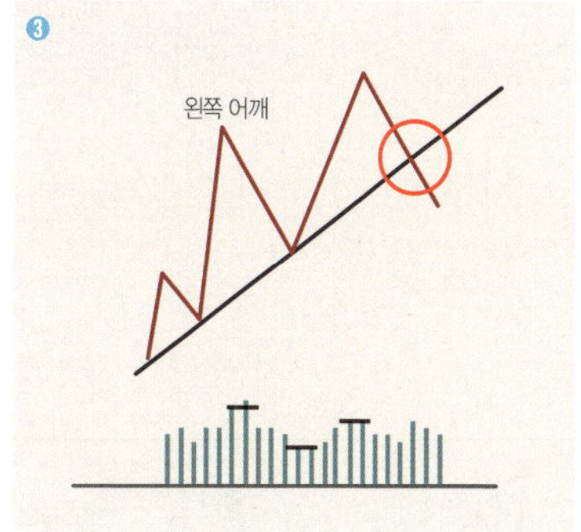

상승추세선을 이탈했네요.

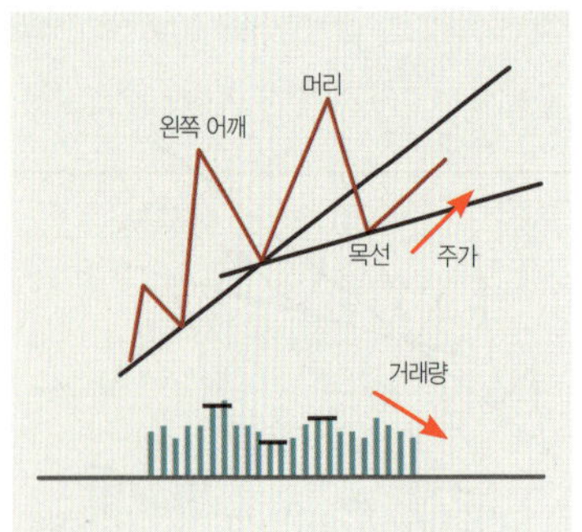

주가가 상승은 하고 있으나 거래량은 줄어드는 모습

일단 주가가 이전 저점을 이탈하지는 않고 반등이 나옵니다. 하지만 결국 주가가 왼쪽 어깨의 저점, 머리와 오른쪽 어깨의 저점을 이은 목선을 하향 이탈하면서 완전히 하락추세로 전환됩니다.

이때 '남은 물량을 모두 정리'가 머리어깨형 패턴 분석의 핵심입니다. 아울러 주가가 목선을 하향 이탈하는 지점에 머리~목선의 수직 길이를 대입하면 주가가 최소 얼마나 하락할지 짐작할 수 있습니다(303쪽 ❶번 그림 참조).

역머리어깨형

'역머리어깨형'은 머리어깨형을 뒤집은 모습으로, 하락추세에서 나타납니다. 역머리어깨형이 완성되면, 상승으로 전환될 가능성이 높아집니다.

주가는 일단 하락추세선을 상향 돌파하는 모습을 보입니다. 이때도 곧장 상승추세로 바뀌었다고 생각하지 말고 경우의 수를 고려해야 합니다. 첫째, 추세가 조정을 받을 것인가? 둘째, 횡보추세로 전환할 것인가? 셋째, 상승추세로 반전할 것인가?

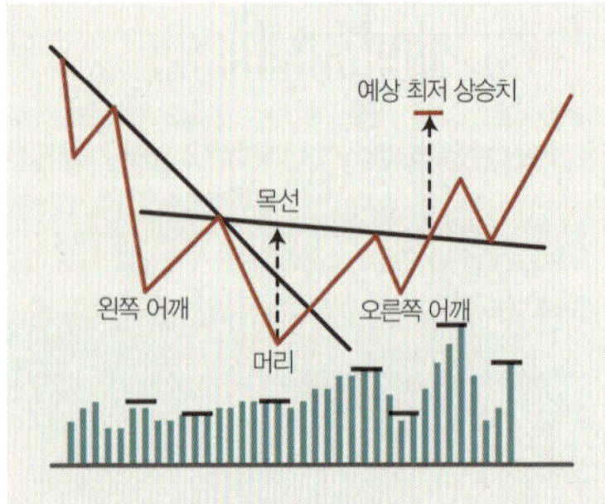

이 패턴이 형성되면 무엇보다 거래량에 주목해야 합니다. 주가가 머리에서 반등을 시작하면서 거래량도 늘어나면 상승추세로 전환될 가능성이 높습니다.

　결국 주가가 왼쪽 어깨의 고점과 오른쪽 어깨의 고점을 상향 돌파하면서 역머리어깨형이 완성되고, 추세가 하락에서 상승으로 전환됩니다. 역머리어깨형의 기본적인 매수 타이밍은 목선을 돌파할 때라는 점을 기억해두세요.

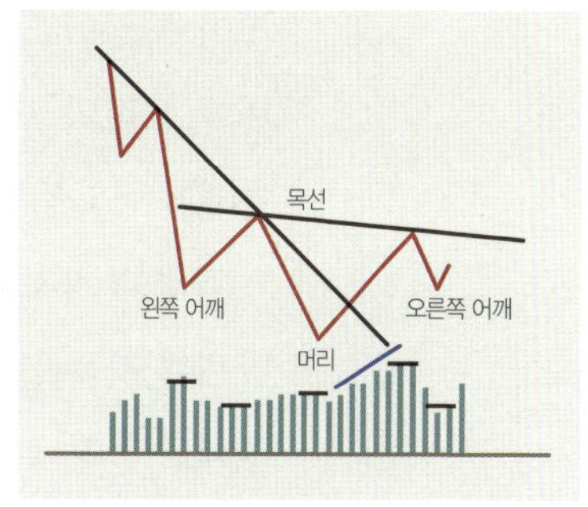

주가가 상승함에 따라 거래량이 늘어나는 모습

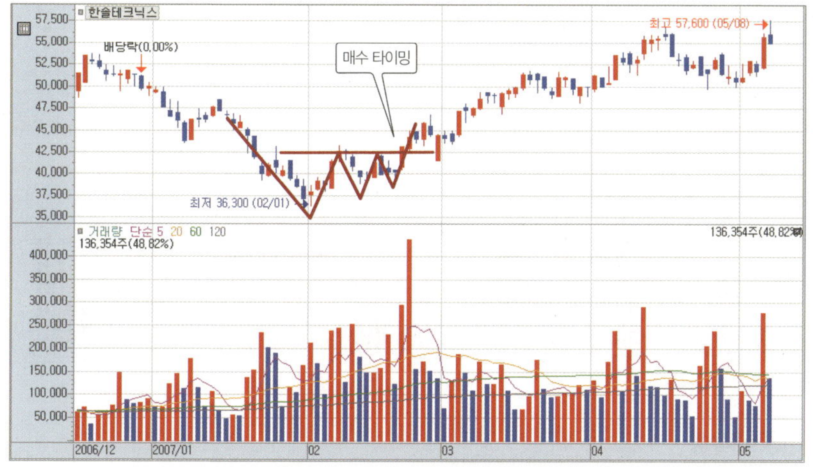

이중천정형

다음 그림을 보면 주가의 고점이 이중으로 형성되어 있죠? 그래서 '이중천정형'이라고 합니다.

　상승추세는 기본적으로 많이 상승하고 조금 조정받고, 또 많이 상승하고 조금 조정받는 과정을 반복하며 상승합니다. 그런데 이중천정형은 많이 오르지 못하고 이전 고점에서 저항을 받는 모습을 보입니다.

　상승추세는 일반적으로 이전 고점의 저항을 그다지 받지 않는데, 이 패턴은 그것을 상향 돌파하지 못하는

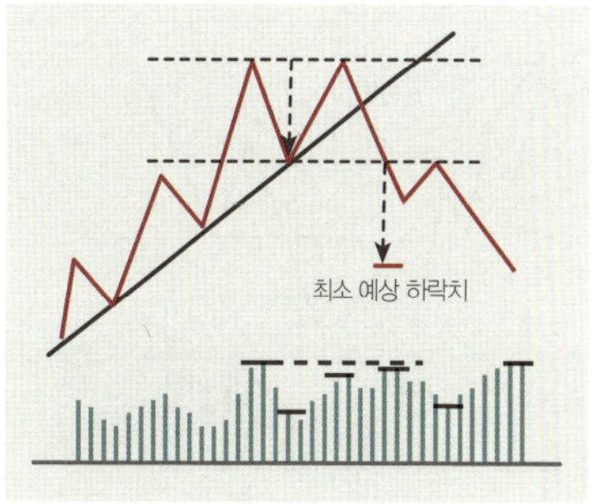

것이 특징이죠. 또 다른 특징은 주가가 이전 고점까지 상승했음에도 두 번째 고점의 거래량은 이전보다 줄어든다는 점입니다. 이는 기존의 상승 추세가 붕괴될 수 있다는 1차경고로 볼 수 있습니다.

결국 투자자들의 불안심리로 인해 저점까지도 이탈하면서 하락추세로 바뀌는 것을 볼 수 있죠. 이 패턴의 기본적인 매도 타이밍은 주가가 하락 추세로 전환되는 시점임을 기억해두세요.

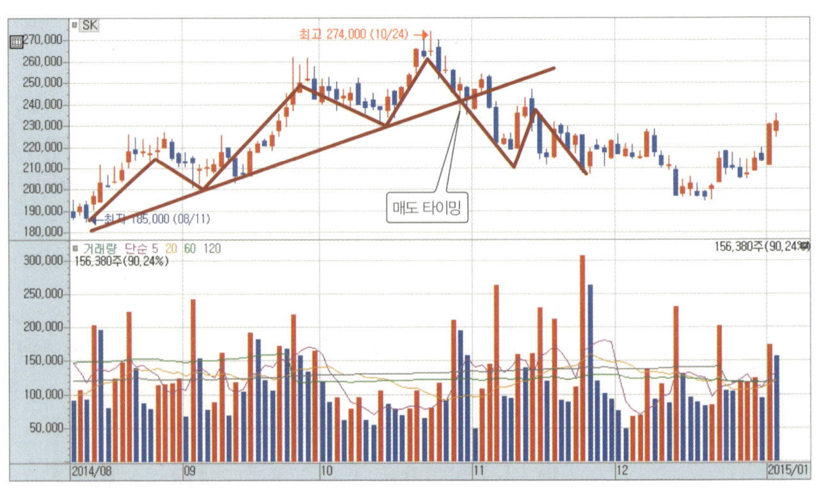

이중바닥형

'이중바닥형'은 주가의 저점이 이중으로 형성되어 있습니다. 설명했듯이 하락추세에서는 주가가 많이 하락하다가 조금 반등하고, 다시 많이 하락 하다가 조금 반등하는 과정을 반복하며 하락합니다. 결국 많이 하락하지

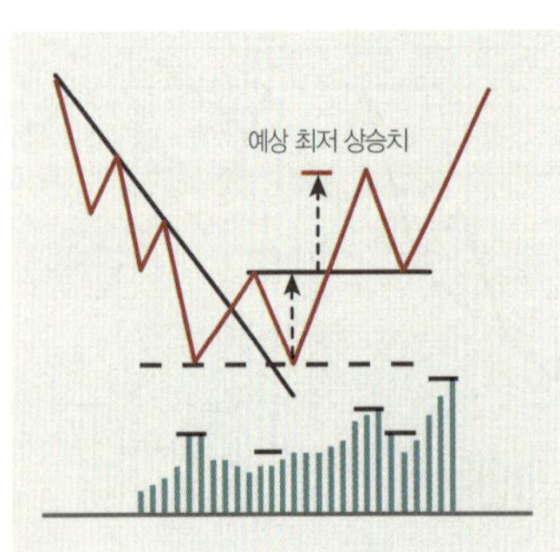

않고, 이전 저점의 지지를 받는 모습을 보입니다. 그러므 로 일단 하락추세가 계속된다고 보기는 힘들겠죠. 이렇게 이전 저점을 이탈하지 않는 종목에 관심을 가지는 것이 중 요합니다.

역시 이 부분에서 중요한 것은 '거래량'입니다. 이 패턴은 주가가 상승하면서 거래량도 증가합니다. 이는 하락추세를 멈추고 상승추세로 전환될 가능성이 있다는 신호입니다.

특히 주가가 이전 고점을 돌파하면 저항이 지지로 전환되면서 완벽하게
상승추세로 돌아섭니다. 따라서 이 패턴은 하락추세를 상향 돌파할 때가
1차 매수 타이밍, 저항을 돌파하고 지지를 받을 때가 2차 매수 타이밍입
니다. 매수 시점에 따라 분할 매수하는 전략을 사용할 수 있습니다.

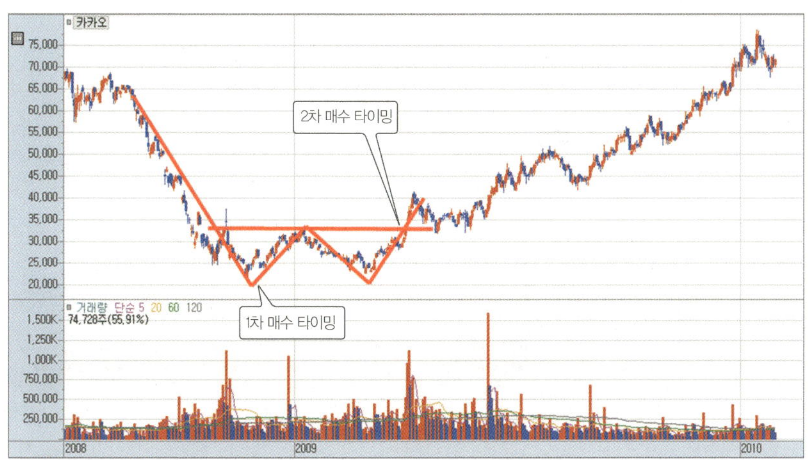

V바닥형

반전형 패턴 중에서도 가장 주목할 만한 패턴입니다. 이 패턴은 주가
가 큰 폭으로 하락하면서 시작됩니다. 이때 대부분의 사람들은 반등하
면 팔 생각을 하게 되죠. 이런 투자심리로 인해 시장가 매도가 잦아들
면, 적은 시장가 매수에도 쉽게 양봉이 형성됩니다. 그런데 하락 추세에
서 상승 추세로의 전환이 일어나고 이전 저점까지 상
향 돌파하면, 그 저점을 보고 산 투자자들의 시장가
매도에 의해 조정을 받기 시작합니다. 하지만 시장가
매수가 워낙 강하기에 매물벽이 뚫리고 전 고점을 돌
파해 상승하게 됩니다.

　이 패턴의 기본적인 매수 타이밍은 패턴이 완성되
는 시점인 오른쪽 고점을 돌파하는 시기입니다. 경험
이 좀 더 있는 투자자라면 주가가 급락하다가 첫 양봉

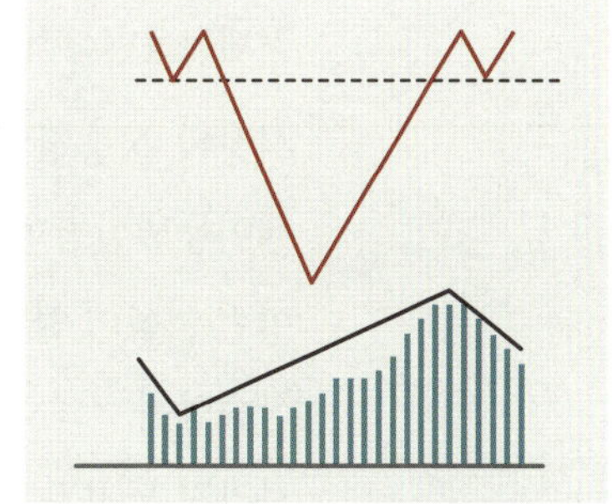
큰 폭으로 하락해 V형을 만들고 이전 고점을
돌파하는 모습

이 형성된 시기를 1차 매수 타이밍, V패턴이 완성되는 시기를 2차 매수 타이밍으로 보고 대응하는 것도 괜찮은 전략입니다. 단, 직전 저점을 돌파하지 못할 때는 매도 전략을 취하는 것이 좋습니다.

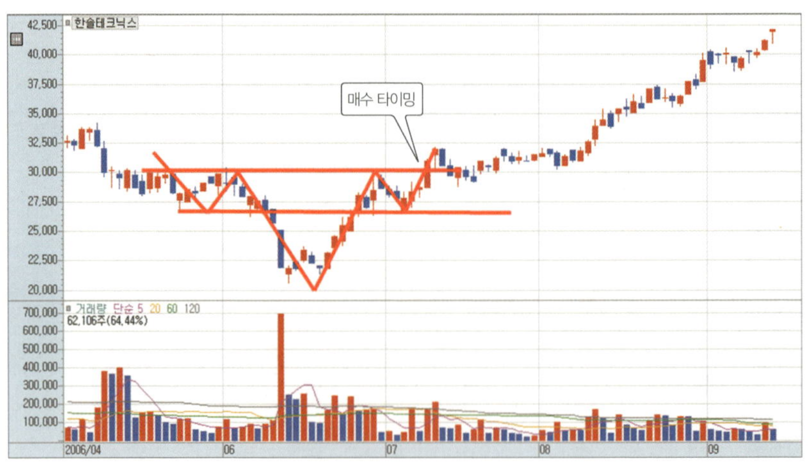

추세가 지속되는 패턴(지속형 패턴)

패턴이 나온 후 기존 추세가 강력하게 유지되는 추세 지속형 패턴은 고점을 돌파하지 못해 상승추세라고 보기 힘들지만, 그렇다고 이전 저점을 이탈한 것도 아니어서 하락추세라고 보기도 힘든 상태입니다. 이 기간 동안 투자자들의 '손바뀜(해당 주식의 투자자가 바뀌는 것)'이 일어납니다. 따라서 패턴의 완성 시점에서는 기존 추세대로 움직이는 경향이 있습니다.

강세이등변삼각형

시장이 상승장일 때를 '강세장', 하락장일 때를 '약세장'이라고 하죠. '강세이등변삼각형'은 강세장에서 나타나며 이등변삼각형처럼 생겼다 해서 이런 이름이 붙었습니다.

상승장이 지속되면 가격 상승에 부담을 느끼는 투자자나 종목에 확신이 사라진 투자자, 단순시세차익을 노린 트레이더들의 시장가 매도가 나옵니다. 이로 인해 주가는 하락하며, 기존에 형성된 상승추세도 무너집니다.

주가가 이렇게 밀리는 경우, 대부분 이전 저점에서 시장가 매수세가 유입되며 주가 반등이 시작됩니다.

그런데 이 패턴의 경우 이전 저점까지 밀리지 않고 반등이 나오기 시작하죠. 이는 이 주식에 대한 긍정적인 시각을 가진 투자자들이 이전 저점까지 기다리지 않고 시장가 매수에 나서기 때문입니다. 하지만 주가가 반등하더라도 이전 고점까지 가지 못하고, 다시 시장가 매도 물량이 나오면서 고점이 이

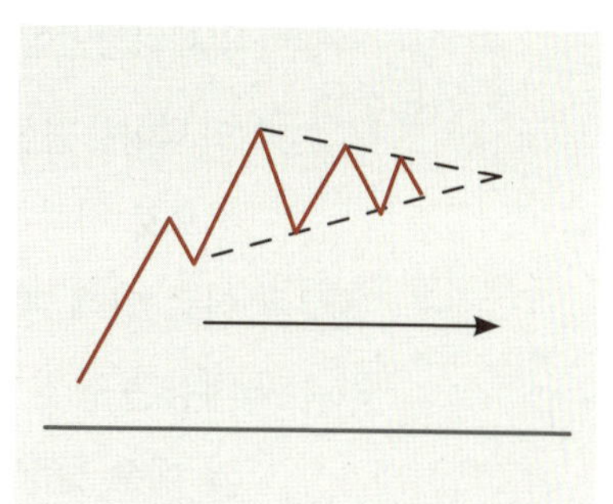

부정적인 기존 투자자들의 보유물량은 감소하고, 긍정적인 투자자들의 보유물량은 증가하면서 손바뀜이 일어납니다.

전보다 낮게 형성됩니다. 이는 주식을 보유하고 있는 투자자들의 불안해하는 심리를 보여줍니다.

쉽게 말해 이 패턴은 부담을 느끼는 투자자들은 팔고, 긍정적으로 보는 투자자들은 사면서 만들어지는 모양이라고 할 수 있습니다. 결국 패턴이 완성되는 시점에는 긍정적인 투자자들이 거의 대부분의 물량을 보유(손바뀜)하게 되면서 주가가 탄력적으로 상승하게 됩니다.

이 패턴이 만들어지는 동안 거래량은 줄어들 수밖에 없습니다. 만약 거래가 늘어나면 이 패턴이 완성될 가능성은 낮아진다는 점을 기억해두세요. 이 패턴의 매수 시기는 패턴이 완성되는 때입니다.

약세이등변삼각형

'약세이등변삼각형'은 약세장에서 나타납니다. 주가가 일정기간 동안 지속적으로 하락하게 되면, 이제 바닥이 아닐까 하는 심리가 생기기 시작하죠. 이로 인해 매수세가 유입되면서 주가가 반등하기 시작합니다. 하지만 거래량은 늘지 않습니다. 이는 일정기간 동안 하락한 다음 반등할 때, 시장가 매수 물량이 주가가 상승할수록 줄어들기 때문입니다. 반면 매도 물량은 증가할 가능성이 높죠.

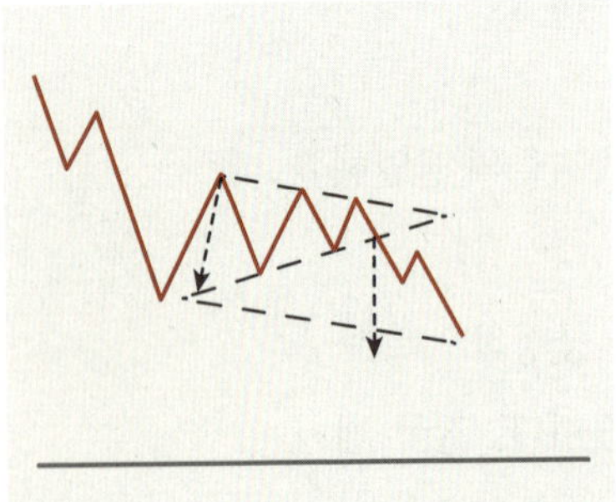

결국 이런 매도세가 매수세를 능가하게 되면 주가는 다시 하락하게 됩니다. 그리고 다시 반등하더라도 이전 고점에 다다르기 전에 다시 하락합니다.

이 패턴이 만들어지는 동안, 바닥에 대한 기대감으로 들어온 매수세에 의해 거래가 증가하는데, 거래량은 패턴을 형성하는 과정에서 줄어드는 특징을 보입니다.

만약 바닥임을 인식하고 매수세에 진입했더라도, 약세이등변삼각형 패턴이 나오면 일단 빠져나올 타이밍을 노리는 것이 좋습니다.

상승삼각형

'상승삼각형'은 상승추세에서 나오는 패턴입니다. 강세
이등변삼각형 패턴처럼 저점을 계속 높이는 모습으로,
이 주식에 대한 긍정적인 시각으로 이전 저점에 오기
도 전에 급하게 시장가 매수를 하는 투자자들이 많다
는 의미입니다.

강세이등변삼각형 패턴이 주식을 보유하고 있는 투
자자들의 부정심리가 악화되어 고점이 계속 낮아지는
모습을 보이는 반면, 이 패턴은 고점을 유지하는 모습을 보입니다. 보유
자들의 투자심리가 더 안정되어 있음을 알 수 있죠.

패턴이 진행되는 동안, 가격부담을 느끼며 이 주식에 확신이 없는 투
자자들과 확신을 가진 투자자들 사이에 손바뀜이 일어납니다. 이로 인해
패턴이 완성된 후 주가는 탄력적으로 상승하게 됩니다.

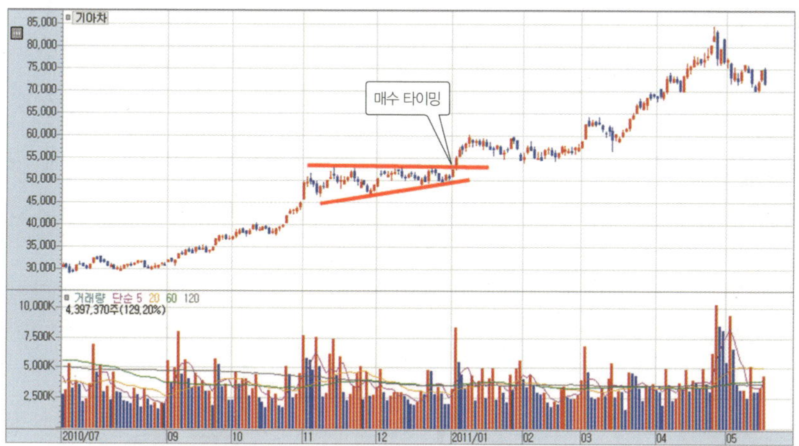

하락삼각형

하락추세에서 나오는 삼각형 패턴입니다. 약세이등변
삼각형 패턴처럼 하락추세에서 고점을 계속 낮추는 것
이 특징이죠. 그러나 약세이등변삼각형이 투자자들의
심리가 호전되어 저점을 높이는 데 비해, 하락삼각형

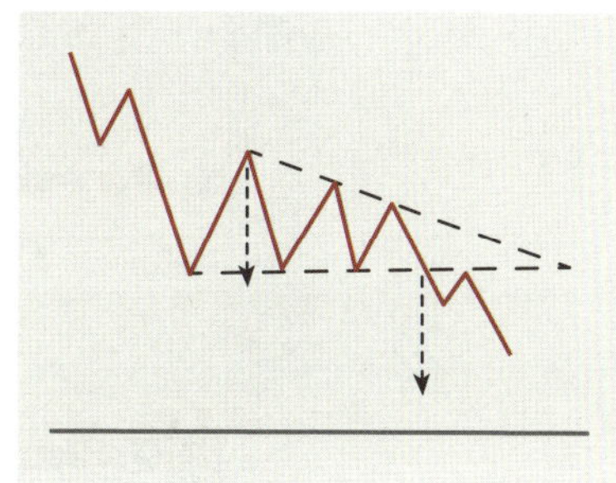

은 투자심리가 악화되어 있습니다. 따라서 이 패턴이 완성되는 시점에 삼각형의 하단 부분을 하향 이탈하면 주가는 크게 하락합니다.

확장삼각형

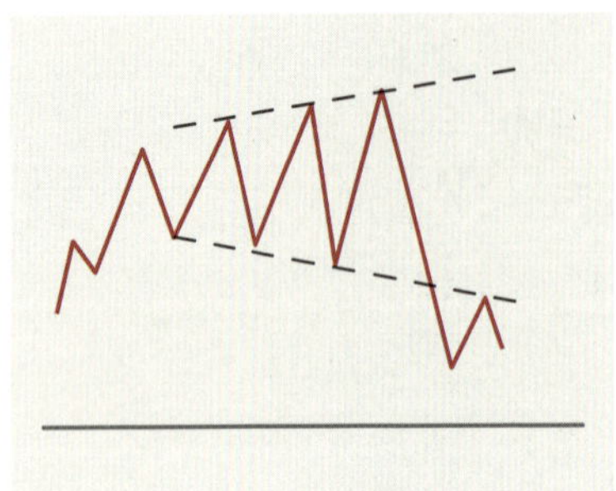

'확장삼각형'은 일반적으로 주가의 상투 부분에서 많이 나타나며, 개인투자자들의 물량이 많은 것이 특징입니다. 보다시피 주가의 저점을 지키지도 못하면서 고점을 높이는 불안정한 모습입니다. 이 패턴은 주가의 변동 폭이 계속 커지면서 투자자들의 심리를 악화시키고, 결국 약세로 반전됩니다.

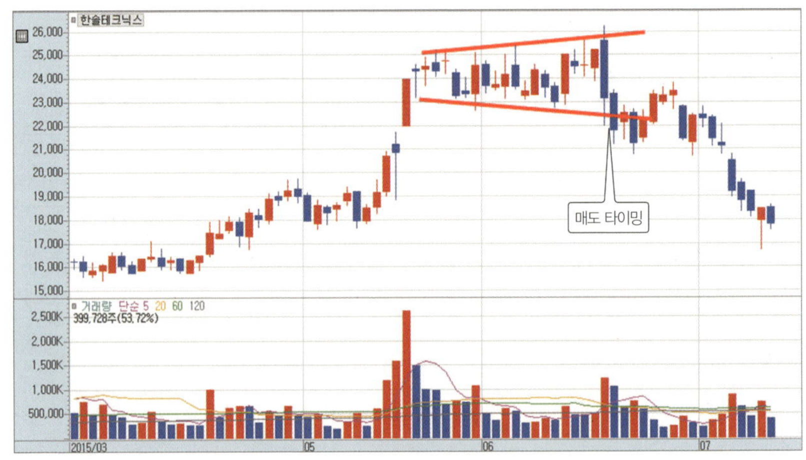

상승박스형

이 패턴은 주가가 상승한 다음 이전 저점까지 밀리지 않고 옆으로 횡보하는 형태를 보입니다.

투자심리는 앞에서 본 강세이등변삼각형과 동일하며, 패턴 형성 중에는 일반적으로 거래량이 감소합니다.

매매 타이밍은 다음과 같습니다. 박스권 하단에서 사고 상단에서 절반을 판 후, 다시 하단에서 판 금액만큼 사고, 상단에서 절반을 파는 것을 번갈아 합니다. 그리고 박스권 돌파 후에는 매매 전략을 취함으로써 수익을 극대화할 수 있습니다.

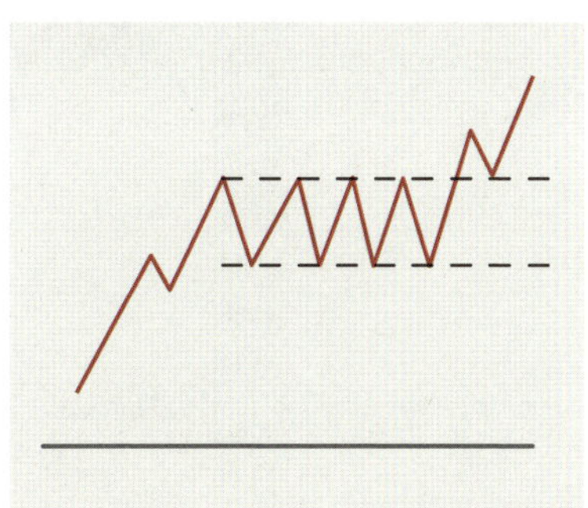

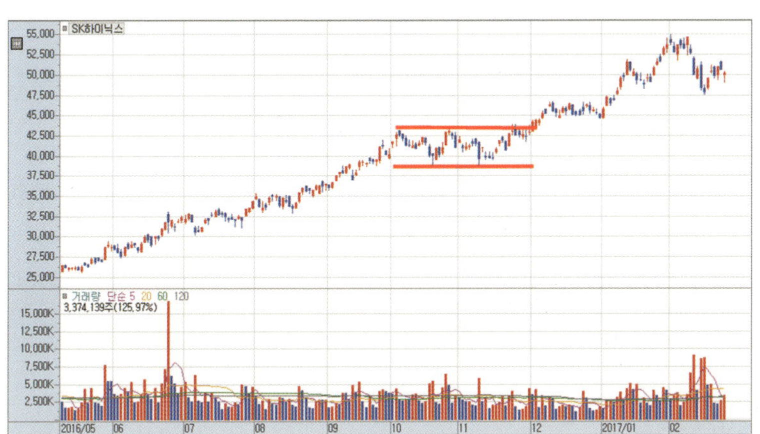

하락박스형

상승박스형 패턴과 마찬가지로 주가가 횡보하는 것은 비슷하지만, 하락한 다음 횡보한다는 것이 다릅니다. 그러므로 횡보하기 전의 추세를 확인하는 과정이 중요합니다. 그리고 이중(삼중, 다중)바닥형 패턴과 헷갈리기도 하지만, 거래량의 흐름이 다릅니다.

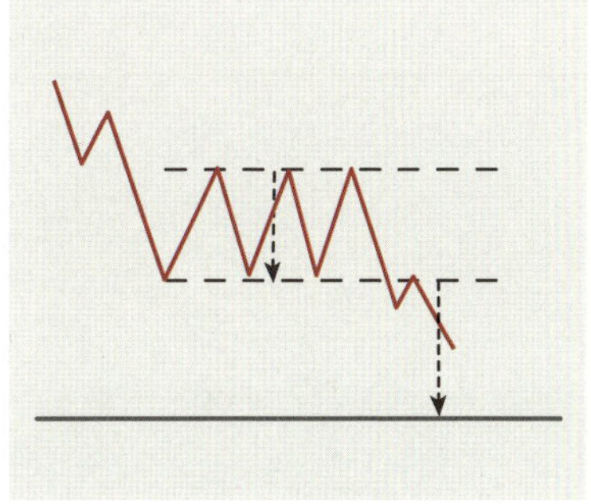

추세 전환을 기대하고 매수세에 진입했더라도 패턴의 하단을 이탈하는 경우 매도 전략을 취해야 합니다.

08
>>>
보조지표로 기술적 분석하기

2010~12년 순매수 상위 10개 종목의 연 평균 수익률을 비교해보면, 외국인은 각각 51.7%, -0.7%, 5.6%, 기관은 각각 60.1%, 12.5%, 16.7%의 수익률을 기록했습니다. 그런데 안타깝게도 개인투자자의 수익률은 각각 9.7%, -34.3%, -28.4%였습니다. 실제로 개인투자자의 약 90%가 손실을 보고 있으며, 시장수익률 정도를 올리는 경우도 10%에도 미치지 못한다고 합니다. 이런 차이는 왜 생기는 걸까요?

가장 큰 원인은 '혹시나' 하는 마음 때문입니다. 주식을 사야 할 시점임에도 불구하고, '혹시 주가가 더 밀리면 사야지' 하다가 매수 타이밍을 놓칩니다. 또는 매도해야 하는 자리임에도 '혹시 오르면 팔아야지' 하면서 기다리다가 매도 타이밍을 놓쳐버립니다. 더 큰 문제는 기술적 분석을 공부하고도 실제 매매는 무원칙적으로 하는 경우가 많다는 것입니다. 그냥 좋아 보여서 사고, 단순히 나빠 보여서 파는 등 원칙이 없는 매매는 손실 폭을 더 크게 만들 뿐입니다.

봉과 추세, 그리고 거래량 분석을 통해 매매하는 것이 '차트의 목소리'를 듣는 바른 투자법입니다. 하지만 그것이 어려운 경우, 명확한 투자원칙을 가지고 매매하기 위해 기술적 분석의 보조지표를 이용하는 것도 좋습니다.

보조지표의 종류

기술적 분석의 보조지표는 크게 4가지로 나눕니다. 이 중 추세추종형 지표와 오실레이터계 지표를 가장 많이 쓰며 종류도 다양합니다. 여기에서는 어떤 것들이 있는지만 짚어보겠습니다.

추세추종형 지표

주가의 추세를 일정기간 정해진 방향으로 나아간다는 특정을 고려한 지표입니다. 가장 많이 쓰이는 것은 'MACD(moving average convergence & divergence) 지표'입니다. 주가가 상승할수록 이 지표도 계속 오릅니다.

오실레이터계 지표(탄력성 지표)

0~100 사이의 범위 안에서 과매수와 과매도 구간을 설정하고 매매 타이밍을 잡아내는 기법입니다. 가장 대표적인 지표는 '스토캐스틱(stochastics)'입니다.

거래량 지표

주식시장의 장세를 판단하기 위해 주가에 선행하는 거래량을 지표화한 것입니다. 가장 많이 쓰는 지표는 'OBV(on balance volume)'입니다. 주가가 횡보할 때의 매집과 분산을 판단하는 데 유용합니다. 또한 주가가 상승할 때, 상승세를 이끄는 주체가 무엇인지 분석하는 데도 편리합니다.

밴드계 지표

주가가 상승과 하락을 반복하며 움직일 때, 항상 일정한 폭을 중심으로 움직인다는 점에 착안해 만든 지표입니다. 가장 보편적인 것은 '볼린저밴드(bollinger band)'입니다. 세 개의 선이 저항선, 기준선, 지지선의 작용을 합니다.

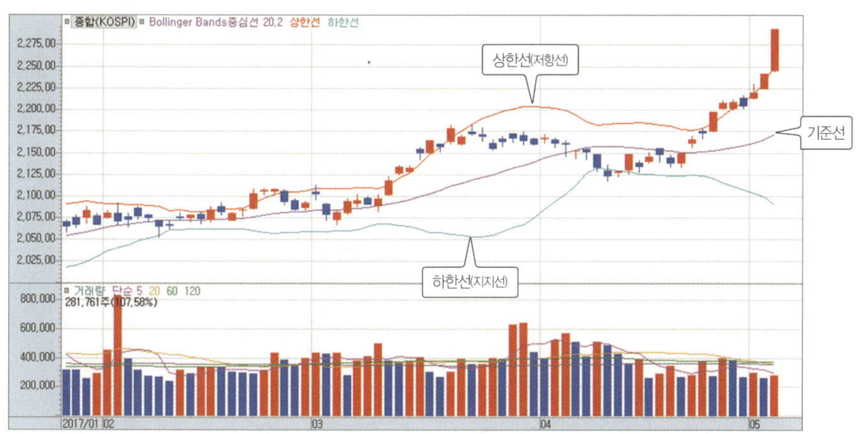

지표를 읽는 방법

대표적인 추세추종형 지표와 오실레이터계 지표를 읽는 방법을 알아보겠습니다.

추세추종형 지표

이 지표에서는 기준선인 '0선을 돌파하면 매수 시점', '0선을 이탈하면 매도 시점'으로 판단합니다. 대표적인 추세추종형 지표인 MACD 지표도 마찬가지입니다.

다음은 2016년 9월~2017년 5월까지의 주가차트입니다. 차트에서 하단에 있는 MACD 지표를 보면, 0선을 돌파한 경우가 3번 나옵니다. 매수 신호가 3번 나온 것이죠. 반면 0선에서 이탈한 경우, 즉 매도 신호는 2번 나왔습니다. 첫번째 매수 신호와 두번째 매수 신호 사이에 소폭 손실로 인한 매도 신호가 나왔지만, 마지막 매수 신호가 발생한 후에는 지수가 추세를 타고 오르고 있으며 아직 매도 신호가 나오지 않고 있습니다.

오실레이터계 지표

오실레이터계 지표 중 대표인 스토캐스틱 지표는 주가의 탄력성을 이용한 것입니다. 주가의 탄력성이란 주가의 강도, 즉 주가가 추세가 바뀐 후 얼마나 강하게 움직이는지를 보여줍니다.

스토캐스틱 지표는 특정 가격(과매수, 과매도) 구간 안에 도달하면 주가 탄력성이 강화됩니다. 이것을 이용해 매매 타이밍을 잡을 수 있습니다. 쉽게 말해, 스토캐스틱 지표가 일정수준 이하로 떨어져 침체권(과매도권)이었다가 상승 쪽으로 반전할 때는 사고, 과열권(과매수권)에서 하향 이탈할 때는 팝니다.

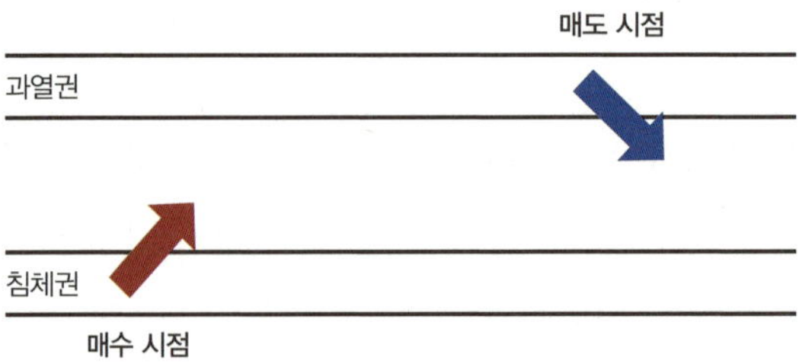

스토캐스틱 지표는 주가가 횡보할 때 유용한 방법입니다. 주가가 상승
또는 하락추세일 때는 매수나 매도 신호가 연속으로 나올 수 있습니다.
이 경우 바로 매매를 하기보다는 다른 지표도 살펴보는 것이 좋습니다.

09 >>> 이동평균선으로 추세 파악하기

앞서 소개한 지표 중에서도 이동평균선을 이용한 방법들이 있지만, 이번에는 이동평균선 그 자체로 주가의 추세를 파악하는 방법을 알아보겠습니다.

'이동평균선'은 일정기간 동안의 주가, 거래량 등의 평균적인 수치를 그래프 위에 선으로 연결해놓은 것입니다. 예를 들어 오늘이 금요일이고 이번주 최근 5일간(월~금)의 주가가 12,000원, 12,300원, 12,500원, 11,800원 11,500원과 같이 변했을때 오늘의 5일 평균은 (12,000+12,300+12,500+11,800+11,500)/5=12,020이 됩니다. 이런 식으로 매일 최근 5일 이동평균을 계산해서 선으로 연결한 것이 5일 이동평균선입니다. 이동평균선을 보통 줄여서 '이평선'이라고 합니다.

이평선은 전체 주가의 흐름이 상승인지 하락인지 쉽게 파악할 수 있습니다. 봉을 하나하나 볼 때는 흐름이 다소 불규칙해 보이지만, 이평선을 통해 보면 '평균'을 이용해서 보므로 규칙성을 파악하는 데 도움이 됩니다.

이평선이 없는 차트를 보면, 주가가 그냥 상승하고 하락하는 흐름을 반복하는 것처럼 보입니다. 여기에 20일이평선을 넣어보면, 주가가 하락하다가 20일이평선에서는 반등을 시도하는 것을 볼 수 있습니다. 이처럼 이평선을 이용하면 매매를 위한 타이밍을 찾기가 쉬워집니다.

보통 5일, 20일, 60일이평선을 가장 많이 사용하는데, 일주일의 거래일 수가 5일, 한 달은 평균 20일, 한 분기는 평균 60일이기 때문입니다.

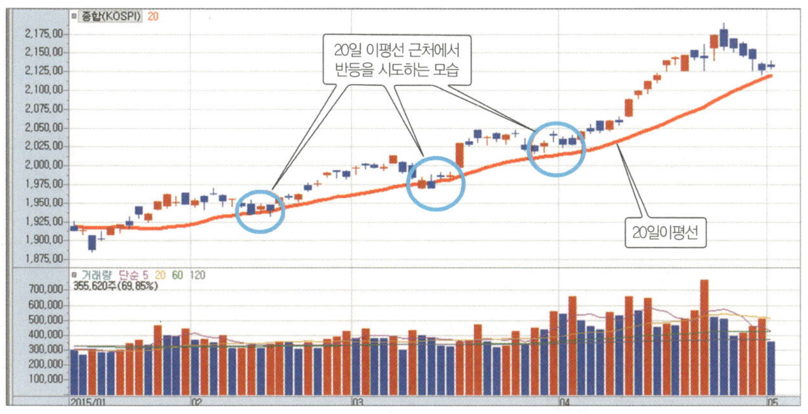

추세에 따른 이평선의 움직임

추세가 바뀔 때 이평선은 어떻게 움직이는지 알아보겠습니다.

상승추세로 바뀔 때의 이평선

일반적으로 주가가 상승추세로 바뀌면, 그 다음에 5일이평선이 상승추세로 바뀌고 이어서 20일이평선과 60일이평선이 상승 쪽으로 바뀝니다. 이처럼 단기이평선과 장기이평선이 위부터 순서대로 있는 경우를 '정배열'이라고 합니다.

하락추세로 바뀔 때의 이평선

반면 주가가 하락할 때는 주가가 떨어져 5일이평선을 하향 이탈하고, 그 다음에는 주가와 5일이평선이 20일이평선을 하향 이탈하며, 마지막으로 주가와 5일이평선 및 20일이평선이 장기이평선을 하향 이탈합니다. 따라서 주가가 하락기에 접어들면 일반적으로 장기이평선, 단기이평선, 주가의 순서대로 정렬됩니다. 이를 '역배열'이라고 합니다.

정리하면, 일반적으로 주가 상승기에는 정배열, 주가하락기에는 역배열이 됩니다.

이평선을 이용한 매매기법

한 개의 이평선을 활용할 때

투자기간에 맞춰 특정 이평선 하나로 매매 타이밍을 잡는 방법입니다. 이 경우 매수와 매도 신호가 빈번하게 나오며, 매수 신호가 나온 후 곧장 매도 신호가 발생하기도 합니다. 세밀하게 매매할 수 있는 장점이 있지만 매매가 잦다는 것이 단점이죠.

두 개의 이평선을 활용할 때

이평선 두 개로 매매 타이밍을 잡는 방법입니다. 단기이평선이 장기이평선을 상향 돌파하면 매수 타이밍, 하향 이탈하면 매도 타이밍으로 봅니다.

예를 들어 5일이평선과 20일이평선을 이용한다고 해보죠. 5일이평선이 20일이평선을 상향 돌파할 때 주식을 사고, 하향 이탈하면 팔면 되겠죠? 이 방법을 실제 차트에 적용시켜보겠습니다.

다음의 차트를 보면, 2013년 9월에 5일이평선이 20일이평선을 상향 돌파하고 있습니다. 이때 8,500원 근처에서 주식을 샀다면 11,000원까지 팔지 않고 보유하여 수익을 극대화할 수 있었겠네요.

아주 간단한 방법이지만, 매수나 매도 타이밍이 조금 늦게 나온다는 단점이 있습니다.

5일과 20일이평선으로 잡은 매매 타이밍

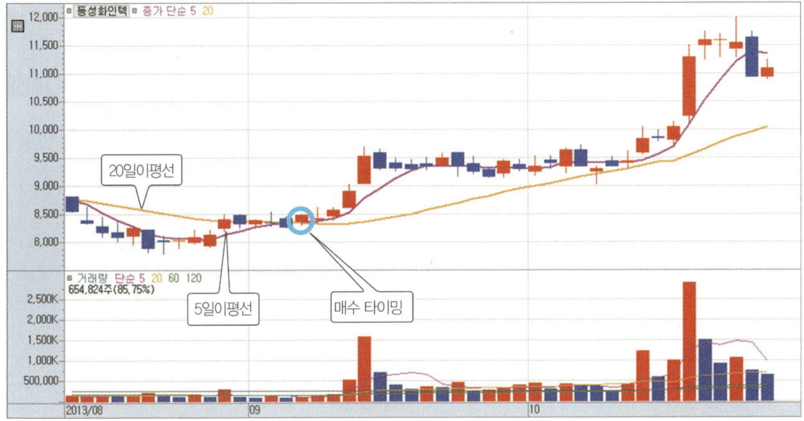

10 >>> 모멘텀으로 추세 파악하기

'모멘텀(momentum)'은 주가가 현재의 추세로 얼마나 가속을 붙여 움직일 수 있는지 측정하는 지표입니다. 주가의 상승 폭과 하락 폭을 비교해서 나타낸 지표로서, 주가가 n일(자신이 비교하고자 하는 날로 지정할 수 있음) 전보다 비싸졌는지 싸졌는지 매일 시간의 흐름에 맞춰 그려본 것입니다. 다음과 같이 구할 수 있습니다.

$$\text{주가의 모멘텀} = \frac{\text{최종일 종가}}{\text{n일 전 종가}} \times 100$$

모멘텀 지표 읽는 방법

그럼 모멘텀 지표는 어떻게 읽을까요? 왼쪽 그림은 주가와 모멘텀을 설명하기 쉽게 그려본 그래프입니다. 윗선이 모멘텀, 아랫선이 주가입니다.

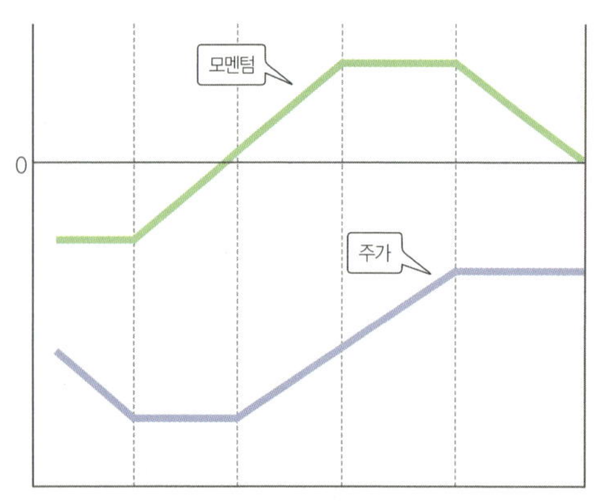

모멘텀은 주가의 상승 폭을 나타낸 것이므로 주가가 하락하면 수치가 마이너스가 되므로 0 이하에 위치합니다. 반대로 상승한 경우에는 0 위에 있습니다.

주가가 동일한 폭으로 내리거나 오르면 모멘텀을 나타내는 선은 평행한 모습을 보입니다. 그리고 0 위에서 선이 올라가면 주가의 상승 폭이 커지면서 상승하는 것이고, 0 위에서 선이 내려가면 주가는 상승해도 상승 폭은 줄어들고 있음을 알려줍니다. 이럴 때 "모멘텀이 약해졌다"고 표현합니다.

주가차트에서 보여지는 모멘텀

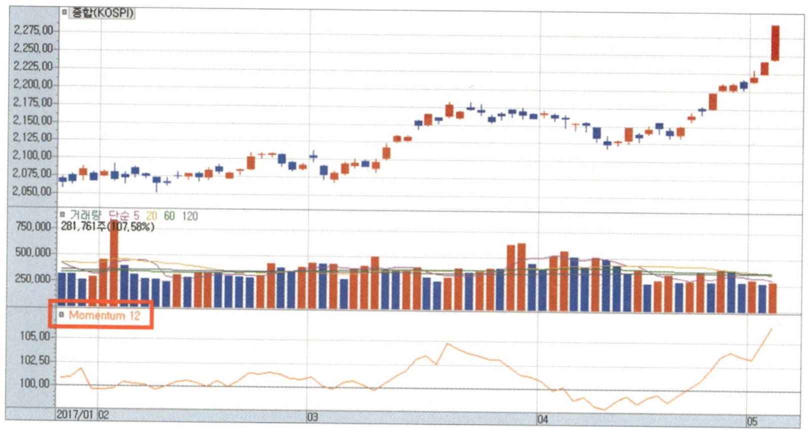

모멘텀 지표 옆의 '12'는 n을 12로 지정했다는 뜻입니다. 즉 기존의 주가들을 모두 12일 전의 주가와 비교한 것입니다. HTS에는 일반적으로 12일로 지정되어 있습니다.

그럼 모멘텀이 위치별로 나타내는 의미들을 간단히 정리해보겠습니다.

모멘텀이 0 위에서 상승

주가의 상승 폭이 이전보다 커지고 있다는 뜻입니다. 즉 상승추세가 강화되는 중입니다.

모멘텀이 0 위에서 횡보

주가가 이전과 같은 폭으로 상승하고 있다는 의미입니다. 이런 경우 상승추세가 지속된다는 것을 나타냅니다.

모멘텀이 0 위에서 하락

주가는 상승하고 있지만 상승 폭이 줄어들고 있다는 의미입니다. 다시 말해 상승추세가 약해지는 중입니다.

모멘텀이 0 이하에서 상승

주가가 하락하고 있지만 하락 폭이 줄어들고 있음을 나타냅니다. 즉 하락추세가 약화되는 중입니다.

모멘텀이 0 이하에서 횡보

주가가 이전과 같은 폭으로 하락하고 있는 상태입니다. 하락추세가 지속된다는 의미입니다.

모멘텀이 0 이하에서 하락

주가의 하락 폭이 이전보다 커지고 있는 것입니다. 다시 말해 하락추세가 강해지는 중입니다.

모멘텀 지표 해석법

모멘텀의 위치	모멘텀의 방향	추세 전망
모멘텀 > 0	모멘텀의 상승	상승추세 강화
	모멘텀의 횡보	상승추세 지속
	모멘텀의 하락	상승추세 약화
모멘텀 = 0	0	횡보
모멘텀 < 0	모멘텀의 상승	하락추세 약화
	모멘텀의 횡보	하락추세 지속
	모멘텀의 하락	하락추세 강화

보조지표를 이용할 때 주의할 점

보조지표를 매매에 활용할 때는 미리 알아둬야 할 점이 있습니다.

첫째, 지표가 모든 종목에 최적화되어 있지는 않다는 점입니다. 그러므로 그 종목의 과거 1~2년 정도의 데이터를 근거로, 선택한 지표가 얼마나 잘 맞는지 검증하는 과정이 필요합니다.

둘째, 여러 개의 지표에서 똑같은 매수 신호가 나오면 정확도가 높다고 생각하기 쉽지만, 원래 지표가 주가나 거래량을 이용해 만들어서 후행적인데다 매수 신호의 동시발생까지 기다리면 시간적으로 더 늦은 감이 있다는 것을 알아야 합니다.

주식투자에 보조지표를 활용하면서 가격의 흐름보다 지표를 더 중시하는 실수를 저지르는 경우가 많습니다. 견지망월(見指忘月), 즉 달을 가리켰더니 손가락만 보는 과오를 범하지 않도록 주의하세요.

크로스 전략

크로스 전략은 매매 타이밍을 잡는 방법 중 하나입니다. 지표가 이동평균선을 상향 돌파하면 사고, 하향 이탈하면 파는 아주 간단한 방법입니다. 앞서 소개한 두 개의 이평선을 활용한 매매기법이 기본 원리입니다.

여기에서 골든크로스는 '단기이평선이 장기이평선을 상향 돌파하는 것'으로, 황금십자가라고 불리울 정도로 좋은 매수 타이밍을 뜻합니다.

　반면, 데드크로스는 '단기이평선이 장기이평선을 하향 이탈하는 것'으로 절호의 매도 기회입니다. 다음의 MACD지표처럼 대부분의 지표에서 이 전략을 사용할 수 있습니다.

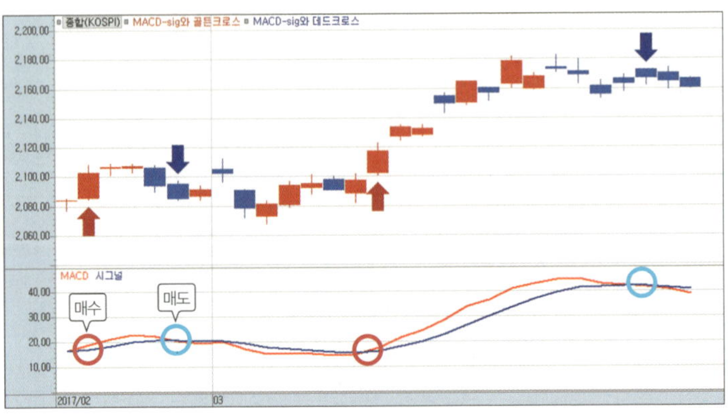

참고로 오실레이터계 지표에서는 과열권의 골든크로스는 주가가 추가로 강하게 상승할 것으로 보고, 침체권의 데드크로스는 주가가 추가로 하락할 것으로 예상합니다.

Q1 봉차트, 어떻게 읽을까?

다음의 봉차트와 그날의 시가, 고가, 저가, 종가를 알아보고, 그날의 마감까지 가격 흐름이 어떠했을지 각각 설명해보세요.

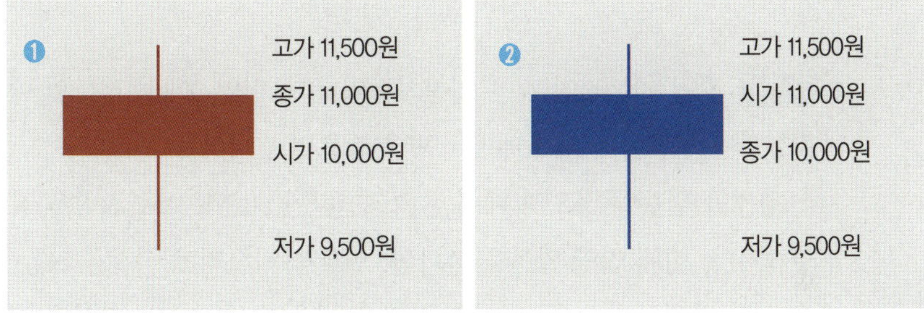

처방전 둘의 가격 흐름은 다음과 같습니다.

❶ 장이 열렸을 때의 시가는 10,000원이고, 한때 9,500원까지 내렸다가 11,500원까지 올랐으나, 결국 11,000원으로 상승 마감했습니다.

❷ 시가는 11,000원이었으나 9,500원까지 내렸다가, 한때 11,500원까지 올랐으나, 결국 10,000원으로 하락 마감했습니다.

Q2 봉차트는 종류별로 다 봐야 될까?

동건 씨는 요즘 차트 공부에 집중하고 있습니다. 하지만 들여다볼수록 세부사항이 너무 많아서 '일봉, 주봉, 월봉, 년봉, 분봉을 다 봐야 하나?'라는 의문이 듭니다. 어떻게 해야 할까요?

처방전 가장 기본적인 것은 일봉차트입니다. 만약 3개월 정도의 매매를 생각한다면 일봉을 통해서 매매 전략을 잡으면 됩니다.

하지만 일주일 정도의 매매를 고려한다면 60분봉으로 전략을 잡는 것이 좋습니다. 이때 만약 일봉을 본다면, 연필을 깎으려고 식칼을 드는 것과 같습니다. 당연히 크기에 맞는 작은 칼을 이용해야 됩니다. 자신의 매매 스타일에 맞게 활용하세요.

Q3 여러 보조지표의 매수 신호, 좋을까?

A종목을 분석하던 동건 씨는 보조지표들에 여러 개의 매수 신호가 있음을 발견했습니다. 그렇다면 여러 개의 보조지표에서 매수 신호가 4개 이상 나오는 경우가 좋을까요, 아니면 1개의 보조지표 신호를 보고 사는 것이 좋을까요?

처방전 1개의 보조지표를 기준으로 사는 것이 유리합니다. 대부분 1개보다는 3~4개의 보조지표에서 매수 신호가 뜨면 더 신뢰가 간다고 생각하죠.

하지만 여러 개의 보조지표에서 신호가 나올 경우, 앞서 배웠듯 보조지표가 원래 가지고 있는 후행성이 더 강해질 뿐입니다. 차라리 지지와 저항, 거래량을 함께 분석하는 편이 더 나은 매수 신호를 얻을 수 있습니다.

Q4 일봉 그리기 ①

다음 경우의 봉을 빈칸에 그려보세요. 오늘 아침은 동시호가 때 전날보다 주가가 상승하여 시가 10,000원에 시작했습니다. 장 중 12시쯤에는 주가가 11,000원까지 올랐으나, 곧 상승에 따른 매도세가 유입되어 2시에는 9,800원까지 내렸습니다. 하지만 장 막판에 다시 매수세가 몰려서 3시 30분에는 10,200원으로 마감했습니다.

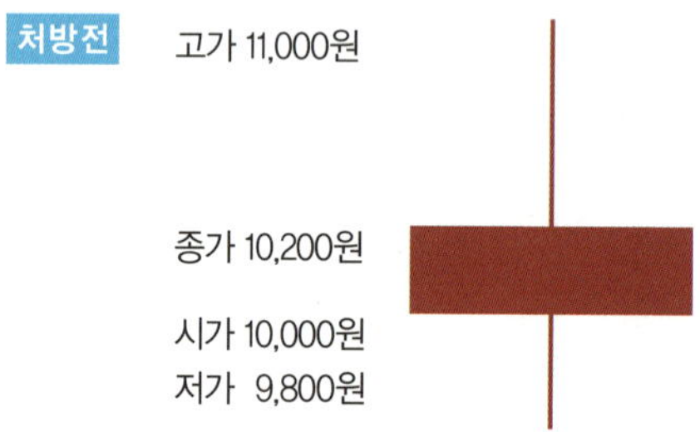

시가는 10,000원, 저가는 9,800원, 고가는 11,000원, 종가는 10,200원입니다.

Q5 일봉 그리기 ②

다음 경우의 봉을 빈칸에 그려보세요. 시가가 전날보다 낮은 9,700원으로 시작되었는데
시장의 매도세가 강해서 한때 8,500원까지 큰 폭으로 떨어졌습니다. 하지만 하락에 따른
매수가 유입되어 결국 9,000원에 장이 마감했습니다.

처방전

장 내내 주가가 시가보다 낮았으므로 고가선은 따로 그리지 않아도 됩니다.

Q6 봉과 거래량의 관계, 어떻게 읽을까?

동건 씨는 아침부터 차트를 보며 매매 타이밍을 노리고 있습니다. 그런데 주목하고 있던 종목의 차트에 다음과 같이 변동성이 크고 거래량이 동반된 봉이 나왔습니다. 이런 경우 어떻게 해야 할까요?

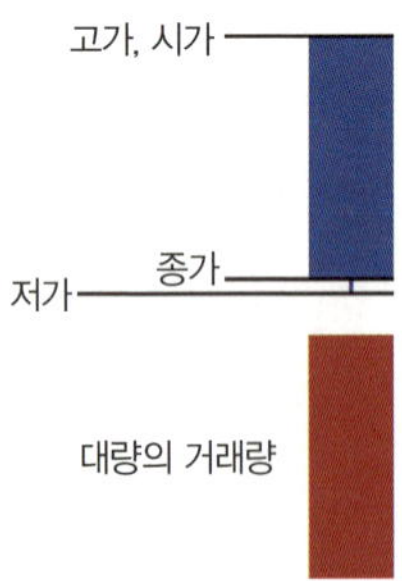

처방전 이론적으로는 음봉에 대량의 거래가 동반된 형태로 매도 타이밍입니다. 하지만 이렇게 변동성이 큰 봉이 나온 경우에는 분봉에서 거래가 어느 가격에서 형성되었는지를 유심히 봐야 합니다.

만약 분봉의 거래를 확인해봤는데 ❶처럼 시가부터 대량으로 거래가 형성되면서 주가 조정을 받은 경우에는 원래 해석대로 매도가 맞습니다. 매도 물량이 강하게 형성됐기 때문이죠.

하지만 ❷처럼 주가가 밀릴 때는 거래가 많지 않은데, 반등하거나 종가에 거래량이 몰려 있다면 너무 부정적으로 보지 않아도 됩니다. 다음날 시가가 종가 위에서 출발한다면 주가가 밀리기보다는 반등의 가능성이 높기 때문입니다.

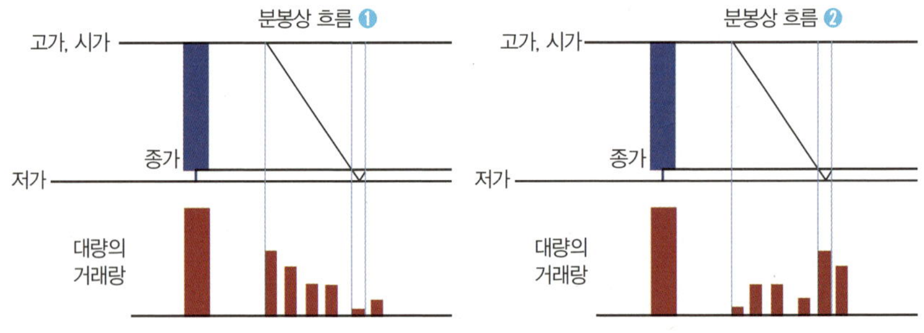

동건 씨는 다음과 같이 반전형 봉이 나와서 주식을 샀습니다. 그런데 다음날 바로 상승하지 못했습니다. 이런 경우 어떻게 해야 할까요?

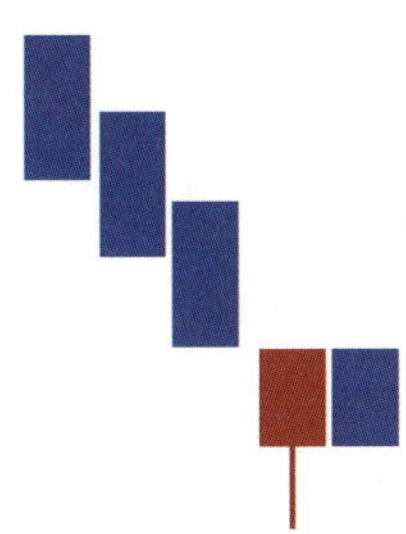

처방전 반전형 봉에서 매수 신호가 보여서 샀는데, 다음날 반등하지 않고 옆으로 봉이 나오는 경우는 실제로 흔합니다. 그래서 연결봉 분석 등으로 이를 해결하려고 하는 거죠.

팁을 하나 드리자면, 봉이 이렇게 이전 저점을 이탈하지 않거나 고점을 돌파하지 못하는 경우에는 봉을 합쳐서 분석해보는 것이 좋습니다.

여기에서는 이틀 동안의 봉을 합쳐서 그려보겠습니다. 참고로 일봉 두 개를 합칠 때는 첫째 날의 시가와 둘째 날의 종가, 첫째 날과 둘째 날의 저가와 고가를 합칩니다. 그러므로 둘째 날 음봉이 떴더라도 합쳐서 그려보니 십자형 봉으로 여전히 반등의 가능성이 높은 모양이네요. 이런 경우 너무 불안해할 필요 없습니다. 이때는 보유가 답입니다.

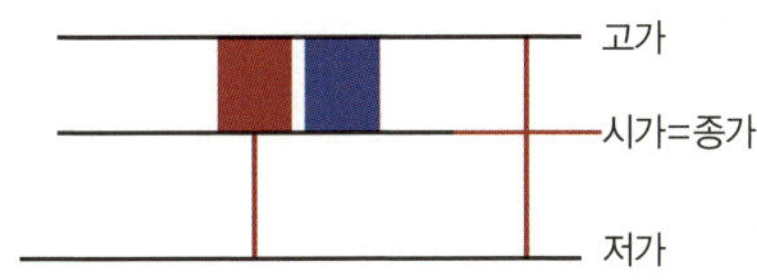

분석자료는 참고만,
맹신은 금물!

봉은 분석보다는 감상을

봉차트를 분석할 때 중요한 것은 이 비법을 만들어낸 시대를 고려해봐야 한다는 점입니다. 생각해보면 200년 전에는 컴퓨터가 당연히 없었겠죠. 그럼 시세를 알려면 어떻게 했을까요?

예를 들어 집의 머슴에게 "똘똘아, 오늘 시장이 어떻게 시작했는지 한번 가보고 오너라"라고 하면, 그가 열심히 시장에 뛰어갔다 와서 상황을 보고해줬을 것입니다. 시장이 끝나면, 또 "똘똘아, 시장에 가서 오늘 저가와 고가 그리고 종가를 알아오너라"라고 하면 또 열심히 뛰어가서 가격을 알아왔겠죠. 그런데 요즘처럼 60분봉, 10분봉, 더 나아가 1분봉을 봤다면, 똘똘이를 수시로 열심히 불렀을 것입니다. 그렇게 계속 뛰어갔다 왔다 하다보면 똘똘이는 제명대로 못 살았겠죠.

이 이야기를 하는 이유는, 그 시대에 봉의 기본은 '일봉'이란 것을 강조하기 위해서입니다. 대부분의 봉은 일봉을 기준으로 만들어져 있습니다. 그런데 매매 타이밍을 좀 더 빨리 잡기 위해 60분봉, 10분봉, 1분봉을 보기 시작하면, 기존의 봉 분석이 맞지 않을 가능성이 높아집니다. 그리고 봉이 만들어지고 있는 오늘 매매를 하는 것이 아니라, 종가를 보고 그 다음날 매매를 어떻게 할지 결정해야 합니다.

그러니 봉차트로 분석할 때는 '일봉'으로, 매매는 오늘 봉을 확인하고 전략을 세운 후 '다음날'에 임하는 것이 기본입니다.

매수 신호가 뜬 것은 좋은 패가 들어온 것

주가가 추세를 돌파하거나 이중바닥과 같은 반전형 패턴이 나오면 "이 종목은 무조건 간다!"고들 예상합니다. 하지만 그렇게 생각해서는 큰 손실을 입는 경우가 많습니다.

기술적 분석에서 수익을 올릴 수 있는 패턴이나 신호가 나올 때, 좋은 패가 들어온 것 정도로만 여기는 것이 좋습니다. 좋은 패가 들어오더라도 다음에 받은 카드가 그렇지 못해서, 게임이 예상한 방향대로 흘러가지 않는다면 당연히 카드를 덮어야겠죠.

유럽의 전설적인 투자자 앙드레 코스톨라니는 "성공투자를 위해서는 자신이 옳다는 고집도 필요하지만, 유연성도 필요하다"고 했습니다. 주식투자 중에 차트에서 수익을 올릴 확률이 높은 패턴을 발견한다면, 수익에 대한 확신을 가지며 들뜨지 말고, '한번 해볼 만하겠는데?' 정도의 마음만 갖는 게 좋습니다.

보조지표는 보조지표일 뿐 맹신하지 마세요

강의를 하다 보면 많은 사람들을 만나게 됩니다. 그 중 보조지표를 맹신하는 분들을 보면 안타깝습니다. 한번 생각해보죠. 기업을 분석하는 애널리스트 외에 자산을 운용하는 펀드매니저라는 직업이 있다는 것은 다 아는 사실입니다. 만약 단순히 투자자들에게 공개하는 이동평균선, 스톡캐스틱, MACD만으로 고수익을 올릴 수 있다면, 왜 운용사에서는 높은 임금을 줘야 되는 펀드매니저를 고용할까요?

보조지표는 보조지표일 뿐입니다. '매수와 매도 신호가 자동으로 나온다'는 말, 듣기에는 무척이나 달콤한 이야기입니다. 하지만 명심하세요! 투자에는 정답이 없습니다. 보조지표는 참고로 보고 결론은 투자자 자신이 내리는 것이지, 무조건 믿는 자세는 매우 위험합니다.

주식으로 목돈 모으기

배당투자, ETF, 해외 주식

강샘의 DVD특강 포인트

제12~14강

- 배당 VS 부동산 임대
- 우량종목에 장기투자가 어려운 이유
- ETF투자의 장점
- 우리 시장의 역사를 알면 해외투자가 보인다
- 장기투자가 가능한 중국투자
- 해외 주식을 선택하는 방법와 관련 종목

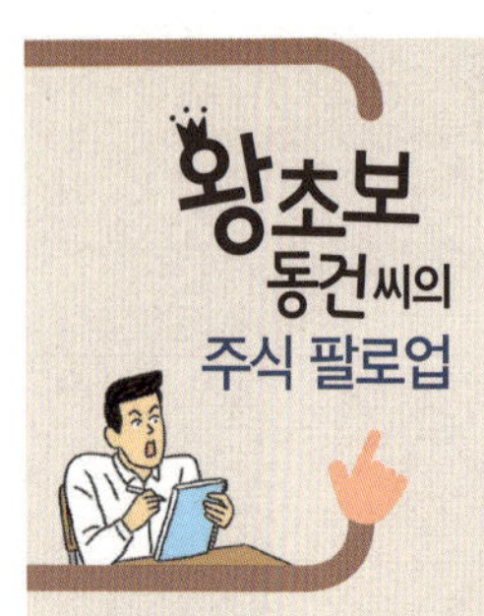

황금알을 낳는 거위,
어디 없을까?

주식투자를 하던 동건 씨는 또 다른 고민이 생겼습니다. 200만 원을 가지고 10%의 수익을 올려도 20만 원밖에 안 되니, 이렇게 해서 언제 여윳돈을 불려서 집을 사고 차를 살지 갑갑합니다. 1억 원으로 10%의 수익을 올리면 금세 1,000만 원을 벌 수 있을 텐데, 운용자금이 부족하다는 게 한없이 아쉽게 느껴집니다.

대부분의 초보자들이 동건 씨와 비슷한 고민을 합니다. 그래서 쉽게 신용이나 대출의 늪에 빠지곤 하죠. 하지만 자신만의 투자원칙이 생기지 않은 상태에서 돈을 빌려 단기매매를 하면, 남은 평생을 그 돈을 갚는 데 허비할 가능성이 높습니다. 절대 해서는 안 될 일 중 하나죠. 그럼 어떻게 해야 할까요?

목돈을 모아야 됩니다. 그러려면 무엇보다 원금을 잃지 않는 것이 중요합니다. 그래서 대부분의 투자자들이 은행예금에 주력하지만, 연봉이 얼마 안 되면 월급의 상당 부분을 아껴 모아도 이자가 낮아서 모으는 돈도 한계가 있습니다. 하지만 다행히 저축 외에 목돈을 모으는 방법이 있죠. 바로 '배당투자'입니다. 동건 씨는 또 강샘에게 문의해봤습니다.

배당투자가 안전하게 적금을 모으는 것보다 좋은 방법일까요?

그럼요. 알기 쉽게 예를 들어 설명해줄게요. 만약 동건 씨가 2,000만 원을 배당률이 7%인 배당주에 투자했다고 가정해보세요. 계산해보면 10년 뒤에는 4,000만 원이 됩니다. 다시 10년 뒤에는 8,000만 원, 그다음 10년 뒤에는 1억6,000만 원, 그 다음 10년 뒤에는 3억2,000만 원이 될 것입니다. 물론 배당금을 재투자하는 경우에 말이죠.

실제로 7% 배당수익률로 자산을 2배로 늘리려면 약 10.3년이 걸리지만 알기 쉽게 설명해봤습니다.

그럼 빨리 시작할수록 유리하겠네요?

30대에 배당률이 7%인 배당주에 투자를 시작해서 계속 재투자를 하면 40대에 자산이 2배로 불어나게 됩니다. 만약 10대에 시작했다면 50대 즈음에는 10배가 넘는 자산을 형성할 수 있습니다. 그래서 투자 명인들은 "주식투자를 조금이라도 빨리 시작해야 한다"고 하는 거죠. 특히 배당투자는 빨리 시작할수록 복리의 마법에 의해 수익률이 크게 달라집니다. 저금리시대에 목돈을 만들 수 있는 최고의 방법 중 하나입니다.

나중에 노후자금으로 아주 쏠쏠하겠네요. 사실 배당투자에 대해 잘 몰라서 관심이 없었어요. 차라리 노후대책으로는 부동산 쪽을 염두에 뒀죠. 이제 생각을 바꿔봐야겠네요.

"주식투자로 돈을 벌면 무엇을 할 생각인가요?"라고 초보자들에게 물으면 대다수가 부동산을 사서 건물주가 되고 싶다고 합니다. 모두들 오피스텔이든 주상복합이든, 따박따박 월세가 나오는 부동산을 가지고 있으면 나이 들어도 돈 걱정 없이 편히 살 거라 생각하죠. 하지만 오피스텔의 임대수익률이 4%대라는 것을 아는 사람은 많지 않습니다. 또 공실이 생기면 수익은 커녕 골치만 아프죠. 그런 의미에서 7%의 배당수익률을 목표로 투자하는 것은 알짜배기 투자입니다. 이제 정년퇴임을 앞두고 있는 동건 씨 부모님의 노후를 위한 투자 방편도 될 수 있겠네요.

그럼 이번 장에서는 부동산보다 더 큰 수익을 올릴 수 있는 배당투자와 ETF, 해외 주식에 대해 자세히 설명하겠습니다.

01

복리의 마법, 배당투자

'투자의 귀재'로 불리우는 워런 버핏. 시장이 폭락해 종목의 주가가 급락했을 때 매수하는 투자 기법으로 유명합니다.

시장에서는 대부분 워런 버핏을 가치투자자라고 생각하지만, 저는 그가 배당투자를 정말 잘하는 투자자가 아닌가 생각합니다.

그는 "10년 동안 보유하지 않을 종목은 10분도 가지고 있지 마라"라고 했습니다. 이 외에도 잘 알려진 그의 투자원칙을 한번 볼까요?

첫째, 절대로 손해보지 마라.

둘째, 첫 번째 원칙을 무조건 지켜라.

배당투자의 진면목을 보여준 워런 버핏

그는 과거에 위와 같은 원칙을 가지고 코카콜라에 투자해 엄청난 수익을 거뒀습니다. 그가 코카콜라 주식을 매수한 시점은 1987년 10월 19일 월요일, 다우지수가 22.6% 급락한 '블랙먼데이(black monday)' 사태 이후였습니다.

당시 3달러가 넘던 코카콜라의 주가가 40% 이상 급락하자 버핏은 이 종목을 매수하기 시작했습니다. 정확한 매수단가를 알기는 어렵지만,

1987년 10월부터 이듬해 2월까지 매수했다고 하니, 평균 매수단가는 2.3달러 정도였을 것입니다.

'증시 508포인트 급락' 1987년 미국 블랙먼데이 사태 당시의 신문기사 헤드라인입니다. 미국은 양봉을 흰색이나 녹색, 음봉을 검은색이나 붉은색으로 표시하여 음봉이 가득한 이날에 '블랙먼데이'라는 이름이 붙었습니다.

물론 주가가 블랙먼데이 때문에 실적 대비 저평가되었으니 가치투자를 한 셈이죠. 하지만 1996년 코카콜라의 주당 배당금이 약 0.25달러였으므로 배당수익률이 10.8%에 달합니다. 이것은 이 종목을 10년 가지고 있으면 배당만으로도 원금이 나온다는 뜻입니다.

또 2017년에는 주당 배당금이 1.48달러로 무려 64.3%의 수익률에 달했으니, 1천만 원을 투자했다면 643만 원을 배당으로 받는 셈입니다. 그것도 한 번이 아니라 매년 꼬박꼬박말입니다. 배당투자의 진면목을 보여준 사례라고 할 수있죠.

이처럼 배당주를 제대로 선택하고 장기적으로 보유하면 주식투자에서 손해보는 일은 없을 것입니다. 물론 연 10% 배당 종목을 찾는 것이 쉽지 않죠. 블랙먼데이처럼 주식시장이 폭락하지 않는다면 말입니다.

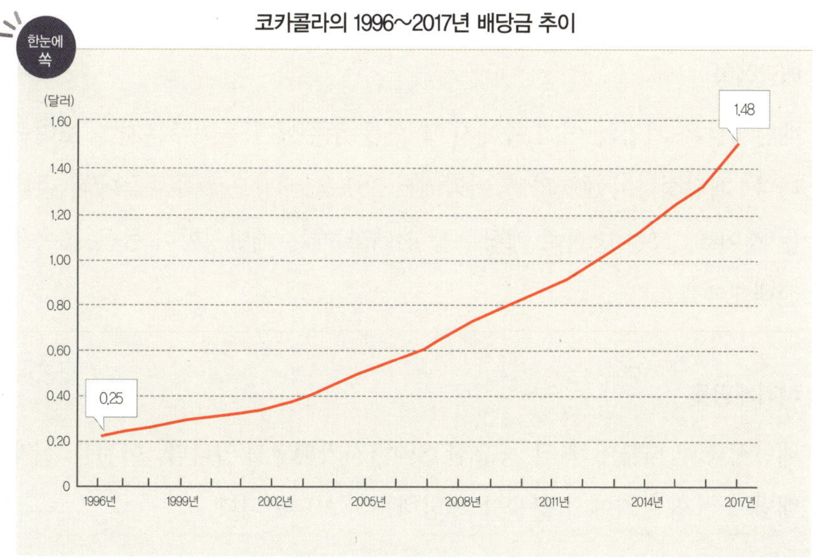

질문 **배당투자는 채권투자와 비슷한 건가요? 아니면 차이점이 뭔가요?**

배당을 받는 것과 채권에 투자해 이자를 받는 것은 비슷해 보이지만 사실은 다릅니다. 회사채에 투자하는 것은 쉽게 말해 '기업에 돈을 빌려주고 이자를 받는 것'입니다. 그 기업이 빌린 돈으로 사업을 해서 예상보다 더 큰 수익을 올려도 처음 약속한 이자 이상을 주지는 않습니다. 반면 배당은 기업에 투자해 그들이 낸 영업이익의 일부를 받는 것이죠. 그래서 기업의 성장과 더불어 배당이 커질 가능성이 있습니다.

배당투자할 때 꼭 알아야 할 용어

배당금

'배당금'은 기업이 벌어들인 이익에서 얼마를 투자자들에게 배당하는지 그 전체 금액의 규모를 말합니다. 해당 기업이 배당을 얼마나 중요하게 생각하는지에 대해 판단할 수 있는 근거가 됩니다. 그런데 배당금만으로는 전체 이익 중에서 몇 %를 배당으로 주는지 알기 어렵겠죠? 다음의 배당성향은 이를 보여줍니다.

배당성향

배당성향은 기업의 이익 중에서 몇 %를 주주에게 돌려주는지를 보여줍니다. 배당성향이 30%라면 이익에서 30%를 배당으로 주주들에게 준다는 것이죠. 그럼 당연히 배당주를 선택할 때는 배당성향이 높은 종목을 선택해야겠죠?

시가배당률

배당성향과 더불어 가장 중요한 것이 '시가배당률'입니다. 이것은 실제 배당이 현재 주가에서 몇 %에 해당하는지 보여줍니다.

 그럼 시가배당률은 어떻게 구하나요?

예를 들어, 올해 주당 200원의 배당을 한 메리츠종금증권 주식을 3,400원에 샀다고 치죠. 그럼 시가배당률은 얼마일까요?

시가배당률은 배당이 해당 기업 주가의 몇 %인지를 보여주는 것이므로, '배당÷주가×100'으로 구합니다. '200원÷3,400원×100'을 계산하면 올해 메리츠종금증권의 시가배당률은 5.88%로 나오는군요.

한편 배당률은 '1주당 액면금액에 대해 지급되는 배당의 비율'을 말합니다. 그런데 시가배당률은 현재 주가를 기준으로 하죠. 그러므로 배당투자를 할 때는 배당률보다 시가배당률이 중요하다는 것을 기억해두세요.

 시가배당률은 어디에서 보나요?

시가배당률은 한국예탁결제원 증권정보 사이트(www.seibro.or.kr)에서 확인 가능합니다. 상단 메뉴에서 [주식]으로 들어가면 왼쪽 항목 중 배당정보가 있습니다. 여기에서 배당순위로 들어가면 '시가배당률' 기준으로 종목 검색이 가능합니다. 2016년 기준, 시가배당율 순위를 보면 코스닥에서는 푸른상호저축은행이 8.2%로 가장 높고 그 다음으로 이라이콤이 8%를 기록했네요.

세이브로 배당순위 화면

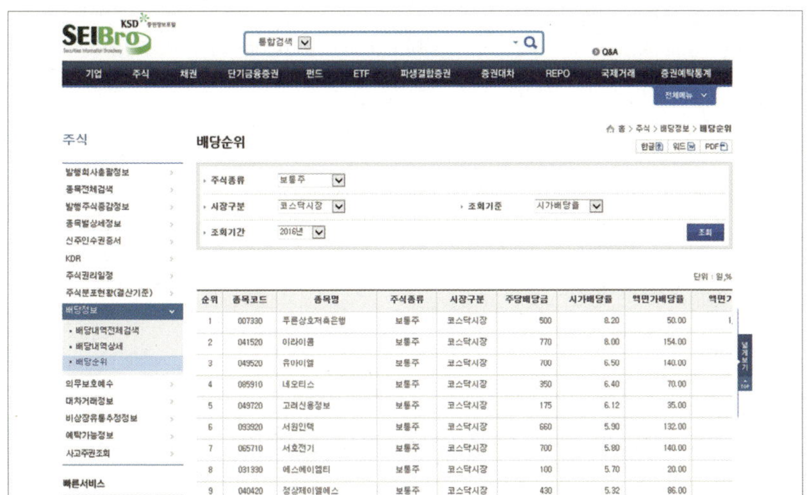

순위	종목코드	종목명	주식종류	시장구분	주당배당금	시가배당율	액면가배당율	액면가
1	007330	푸른상호저축은행	보통주	코스닥시장	500	8.20	50.00	1,
2	041520	이라이콤	보통주	코스닥시장	770	8.00	154.00	
3	049520	유아이엘	보통주	코스닥시장	700	6.50	140.00	
4	085910	네오티스	보통주	코스닥시장	350	6.40	70.00	
5	049720	고려신용정보	보통주	코스닥시장	175	6.12	35.00	
6	093920	서원인텍	보통주	코스닥시장	660	5.90	132.00	
7	065710	서호전기	보통주	코스닥시장	700	5.80	140.00	
8	031330	에스에이엠티	보통주	코스닥시장	100	5.70	20.00	
9	040420	정상제이엘에스	보통주	코스닥시장	430	5.32	86.00	

배당투자할 기업, 어떻게 고를까요?

그런데 잠깐! 단순히 시가배당률이 높은 주식이라고 덥석 사면 안 됩니다. 어느 기업에 배당투자를 할 건지 고민할 때는 다음 3가지에 주목해야 합니다.

❶ 이익 일부를 주주에게 돌려줄 가능성이 높은 기업

❷ 성장과 더불어 배당금을 높일 가능성이 높은 기업

❸ 성장성보다 안정성이 높은 기업

사실 어떤 기업은 주주를 위한 정책을 펴서 배당을 잘 주지만, 어떤 곳은 그렇지 않습니다. 즉 배당을 주는 스타일도 각기 다릅니다. 그러므로 기업의 배당정책이 어떤지 사업보고서의 '배당에 관한 사항'에서 확인해봐야 합니다.

사업보고서 찾아보는 방법은 4장에서 배웠듯, HTS의 화면 상단 메뉴 중 [투자정보]→기업분석→기업분석으로 들어가 '금감원공시'를 선택하면 볼 수 있습니다. 그럼 다음 사례를 보며 설명하겠습니다.

 2017년에 일어난 사건들입니다. 단기투자자들은 이것을 어떻게 활용할까요?

지역난방공사의 배당 추이

구분	주식의 종류	당기 제32기	전기 제31기	전전기 제30기
주당액면가액(원)		5,000	5,000	5,000
(연결)당기순이익(백만 원)		126,707	115,819	70,686
(개별)당기순이익(백만 원)		–	–	–
(연결)주당순이익(원)		10,943	10,003	6,105
현금배당금총액(백만 원)		43,999	41,915	24,431
주식배당금총액(백만 원)		–	–	–
(연결)현금배당성향(%)		34.7	36.2	34.6
현금배당 수익률 (%)	보통주식	5.3	5.9	3.5
	종류주식	–	–	–

주식배당	보통주식	–	–	–
수익률(%)	종류주식	–	–	–
주당	보통주식	3,800	3,620	2,110
현금배당금(원)	종류주식	–	–	–
주당	보통주식	–	–	–
주식배당(주)	종류주식	–	–	–

지역난방공사의 배당지표를 보면 주당 현금배당금이 2017년에는 3,800원, 2016년에는 3,620원, 2015년에는 2,110원입니다. 배당금이 매해 다른 것처럼 보이지만, 현금배당성향을 보면 각각 34.7%, 36.2%, 34.6%로 거의 비슷합니다.

이처럼 '배당성향'이 일정한 기업은 순이익이 증가할 가능성이 높을 때 배당금도 커지는 경향이 있습니다.

참고로 금융사나 지역난방공사처럼 상장폐지 위험이 적은 기업의 주가는 이익이 최저이고 배당도 최저인 시점이 절호의 매수 타이밍입니다. 또 다른 사례를 보죠.

사례 POSCO의 사업보고서에서 배당에 관한 사항입니다. 이 기업은 어떤 배당 스타일을 가지고 있을까요? 또 이런 스타일의 기업은 언제 배당투자를 하는 것이 유리할까요?

POSCO의 배당 추이

| 구분 | 주식의 종류 | 당기 | 전기 | 전전기 |
		제49기	제48기	제47기
주당액면가액(원)		5,000	5,000	5,000
(연결)당기순이익(백만 원)		1,363,310	180,647	626,099
(개별)당기순이익(백만 원)		1,785,046	1,318,271	1,138,958
(연결)주당순이익(원)		16,627	1,845	7,432
현금배당금총액(백만 원)		639,978	639,961	639,527

주식배당금총액(백만 원)		–	–	–
(연결)현금배당성향(%)		46.9	354.3	102.1
현금배당 수익률(%)	보통주	3.1	4.5	2.8
	우선주	–	–	–
주식배당 수익률(%)	보통주	–	–	–
	우선주	–	–	–
주당 현금배당금(원)	보통주	8,000	8,000	8,000
	우선주	–	–	–
주당 주식배당(주)	보통주	–	–	–
	우선주	–	–	–

POSCO의 배당 추이를 보면 매년 배당이 8,000원으로 일정합니다. 이런 종목들은 시장의 악재로 인해 주가가 급락하는 경우가 바로 배당주 매수의 적기입니다. 워런 버핏이 블랙먼데이 당시 코카콜라의 주식을 산 것과 같은 이치죠.

당시의 POSCO 주가차트를 보면, 주가가 최고 363,500원일 때 배당금 8,000원을 기준으로 배당수익률을 계산하면 2.2%밖에 되지 않습니다 (8,000원÷363,500원×100). 배당주로는 크게 매력이 없죠. 하지만 악재

POSCO 주가 추이

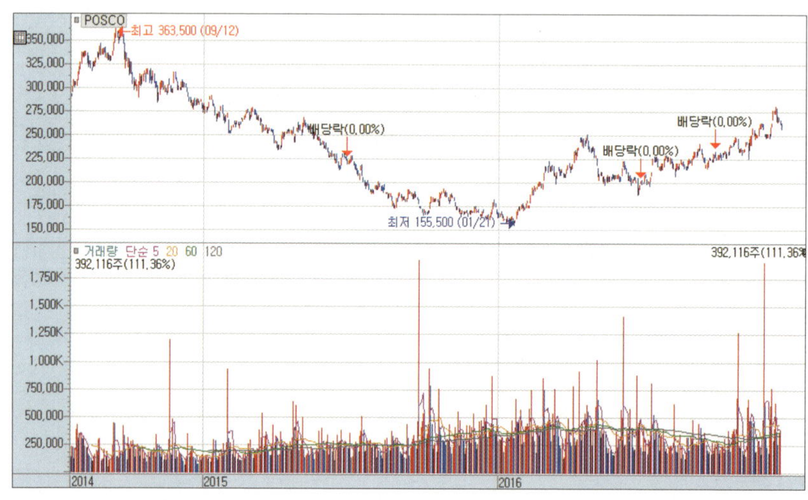

로 인해 155,500원까지 하락하더라도 매년 배당을 8,000원으로 일정하게 주므로 이 경우에는 배당수익률이 5.1%로 양호한 편입니다.

단순히 주식을 사서 파는 입장이라면 주가의 급락은 너무 피곤하겠지만, 배당을 보고 투자하는 입장이라면 큰 기회로 보기 마련입니다. 아쉬운 점은 코카콜라의 경우 기업의 실적이 좋으면 배당을 늘리지만, 포스코는 실적이 좋아도 1만 원을 넘는 경우가 적다는 점입니다. 그럼 이번에는 다른 기업을 볼까요?

사례 다음은 한국전력의 사업보고서에서 배당에 관한 사항입니다. 이 기업의 배당 스타일은 투자할만 할까요?

한국전력의 배당 추이

구분	주식의 종류	당기 제56기	전기 제55기	전전기 제54기
주당액면가액(원)		5,000	5,000	5,000
(연결)당기순이익(백만 원)		7,048,581	13,289,127	2,686,873
(개별)당기순이익(백만 원)		4,261,986	10,165,653	1,039,887
(연결)주당순이익(원)		10,980	20,701	4,290
현금배당금총액(백만 원)		1,271,089	1,990,089	320,982
주식배당금총액(백만 원)		–	–	–
(연결)현금배당성향(%)		18.0	15.0	11.9
현금배당 수익률(%)	보통주	4.3	6.2	1.1
	우선주	–	–	–
주식배당 수익률(%)	보통주	–	–	–
	우선주	–	–	–
주당 현금배당금(원)	보통주	1,980	3,100	500
	우선주	–	–	–
주당 주식배당(주)	보통주	–	–	–
	우선주	–	–	–

한국전력의 배당 추이를 보면, 배당금이 54기에 500원, 55기에 3,100원, 56기에 1,980원으로 일정하지 않습니다. 배당성향도 마찬가지로 11.9%,

15%, 18%로 들쑥날쑥합니다. 심지어 한국전력은 적자를 기록한 해에는 배당을 주지 못하는 경우도 많았습니다.

2017년 한국전력이 고배당주로 시장에서 관심을 받았지만, 이런 기업은 배당주 투자종목으로 선택하기에는 고민이 필요합니다.

배당투자할 때 주의할 점

배당투자를 할 때는 앞에서 말했듯, 단순히 시가배당률이 높은 종목에 투자하기보다 반드시 기업의 배당 스타일을 확인하는 것이 중요합니다. 또한 가능하면 10년 정도의 배당 추이를 살펴보는 것이 투자 실패를 막기 위해 꼭 필요한 과정입니다.

그리고 또 중요한 것이 본인의 '마인드'입니다. 주가의 등락에 신경 쓰지 않는 것이 배당투자의 원칙이죠. 주가가 등락하든 말든, 내가 원하는 배당을 받는지, 못 받는지에 더 의미를 두어야 합니다.

배당투자는 황금알을 낳은 거위를 사서 그 거위가 낳은 황금알로 수익을 얻는 것입니다. 주가가 좀 떨어진다고 대뜸 그 거위의 배를 갈라서는 안 되겠죠? 반드시 기억해둘 점입니다.

질문 그럼 유망해 보이는 배당주를 사면 되나요? 어떤 기업을 골라야 될까요?

배당주가 유망할 것 같아서 투자를 하려고 해도, 어떤 배당주를 사야 할지 고민되죠. 다음은 보통 시장에서 배당 관련해서 편입하는 종목들입니다.

배당 관련 편입주	삼성전자, 맥쿼리인프라, GS, LG, KT&G, 한국전력, 기업은행, 현대모비스, LG디스플레이, LG전자우선주 등

그런데 2018년 4월 6일 종가 기준으로 삼성전자는 2,420,000원, 현대모비스 262,000원, KT&G 100,500원 등 가격이 비싼 경우가 많습니다. 배당주를 다 사려니 돈이 많이 들겠죠?

이런 경우 이들 종목이 포함되어 있는 지수를 사버리는 방법이 있습니다. 바로 주식형펀드에 가입하는 방법이죠. 예를 들어, '신영밸류고배당증권투자신탁(주식)C형'이라는 펀드를 살펴보죠. 여기서 '고배당'은 직전 회계연도의 배당수익률이 코스피와 코스닥시장의 평균 배당수익률 이상인 주식을 말하며, 이런 고배당주식으로 포트폴리오를 구성한 펀드입니다. 삼성전자, 맥쿼리인프라, GS, KT&G, 기업은행, LG와 같은 종목들이 펀드에 구성되어 있으니, 초보자들은 이런 종목을 고려해보는 게 안전합니다.

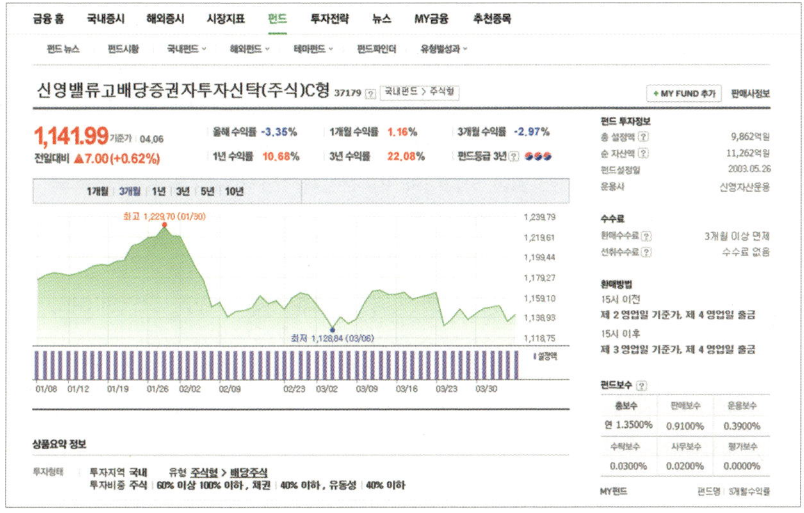

N포털사이트 상단 메뉴 중 [증권]을 클릭하면 나오는 검색란에 원하는 주식 종목이나 펀드명을 입력하면 상세한 정보를 얻을 수 있습니다.

기업의 이익과 배당의 관계

회사를 처음 설립할 때 '법정 자본금'을 정합니다. 이후 액면가보다 높은 가격으로 주식을 상장하면서 자본상 이익이 발생합니다. 예를 들어 액면가가 5,000원인데 주당 1만 원으로 주식시장에 상장하면, 액면가인 5,000원은 자본금으로 처리되고 나머지 5,000원은 주식발행초과금으로 '자본잉여금'이 됩니다. 자본잉여금은 이처럼 영업활동이 아닌 상장, 감자차익, 자기주식처분이익, 합병차익 같은 자본활동으로 생긴 잉여금을 말합니다.

이익이 늘어나면 배당금도 계속 오를까요?
그럼 기업이 영업활동으로 이익을 계속해서 내면 이 이익은 어떻게 해야 할까요? 주주들에게 모두 배당해야 한다고 생각할 수도 있겠지만, 미래의 불확실성을 고려하면 그러기는 힘들 것입니다. 따라서 회사는 이익의 일정 부분을 보유하는데 이것이 바로 '이익잉여금'입니다.

참고로 자본잉여금과 이익잉여금을 함께 일컬어 '사내유보금'이라고 합니다. 배당은 재무제표상 이익잉여금의 범위 안에서만 할 수 있죠. 당연히 이익잉여금이 없는 경우에는 배당을 할 수 없습니다.

02

ETF 매매법

ETF, 주식투자보다 쉬운걸!

ETF란 무엇일까요?

코스피시장이 상승할 것 같은데, 어떤 종목을 사야 할지 또는 삼성그룹의 혁신으로 삼성 관련주가 오를 것 같은데, 삼성전자, 삼성전기, 삼성물산 등 그 많은 삼성 그룹주 중에서 어떤 종목을 선택해야 할지 골치 아플때가 많죠. 이럴 때는 관련 주식을 다 사버리는 것도 방법입니다. 다시말해, 개별 종목을 선택하는 것이 아니라 사고 싶은 종목들이 포함된 지수 전체를 사는 거죠.

이런 상품이 바로 지수를 주식처럼 매매할 수 있는 ETF(exchange traded fund)입니다. ETF는 '상장지수펀드'로, 기존 인덱스펀드의 변형된 형태입니다. 그럼 자세히 알아볼까요?

ETF의 장점

펀드가 주식처럼 상장되어 있다면 어떨까요? 주식을 매매하듯이 HTS 혹은 MTS를 통해 매매할 수 있다면 정말 편하지 않을까요? 그래서 만들어진 것이 ETF 상품입니다. 그럼 ETF의 장점을 알아볼까요?

첫째, ETF는 펀드와 달리 주식시장에서 매매되기 때문에 쉽게 사고팔수 있습니다.

둘째, 투자방식이 배당주만큼 쉬워서 초보자도 얼마든지 투자가 가능

일반 펀드와 ETF의 차이점

펀드는 오늘 가입한다고 해도 오늘 종가가 기준가격이 되지 않습니다. 장이 출발하자마자 펀드에 가입해도, 가입한 오늘이 아니라 다음날의 기준가격이 반영되죠.
반면, 9시~3시 30분 내에 언제든지 사고팔수 있는 ETF는 시초가 매수가 가능합니다.

합니다. 1만 원 내외의 소액투자가 가능하고, 주식보다 변동성이 낮아 리스크가 상대적으로 적습니다.

셋째, 국내 ETF 상품에는 '세금'이 거의 붙지 않습니다(예외인 상품은 357쪽 '여기서 잠깐'에서 설명). 국내 주식의 매매차익에 대해서는 원래 비과세이고, 일부 배당에 대한 과세만 되기 때문에 비과세로 봐도 무방합니다. 그러므로 수수료가 낮은 증권사를 이용할 경우 매매비용이 거의 들지 않습니다.

 그런데 ETF의 이름은 왜 이리 복잡한가요?

다음은 HTS에서 검색한 코스피200지수와 관련된 ETF 상품입니다. 이름이 복잡해보이죠? 여기에 다음의 정보들이 들어 있습니다.

	종목명	종가	대비	대비(%)	거래량	NAV	추적오차율	괴리율	과표기준	배당전기준	전일배당금	추적지수명	배수	추적지수
편	KODEX 인버스	6,355 ▼	45	-0.70	11,303,878	6,372.58	1.24	-57.36	10,827.20	0	0	F-KOSPI200	-1.0x	1,494.45
편	TIGER 인버스	6,840 ▼	75	-1.08	984,829	6,849.37	1.25	-54.17	10,933.92	0	0	F-KOSPI200	-1.0x	1,494.45
편	KINDEX 인버스	7,625 ▼	95	-1.23	23,296	7,643.13	1.25		10,802.69	0	0	F-KOSPI200	-1.0x	1,494.45
편	KOSEF 200 선물	13,325 ▲	85	+0.64	16,703	13,324.57			11,105.81	0	0	F-KOSPI200	1.0x	1,494.45
편	KBSTAR 200선물레	14,490 ▲	235	+1.65	65,334	14,491.05	-0.65		10,041.80	0	0	F-KOSPI200	2.0x	1,494.45
편	KBSTAR 200선물인	8,215 ▼	60	-0.73	2,064	8,217.65	1.25		10,027.78	0	0	F-KOSPI200	-1.0x	1,494.45
편	KBSTAR 200선물인	6,610 ▼	100	-1.49	368,504	6,611.28	1.86		10,020.96	0	0	F-KOSPI200	-2.0x	1,494.45
편	KODEX 200선물인버	6,605 ▼	100	-1.49	11,954,501	6,615.62	1.86		10,020.93	0	0	F-KOSPI200	-2.0x	1,494.45
편	TIGER 200선물인버	6,650 ▼	80	-1.19	4,463,018	6,652.29	1.91		10,057.42	0	0	F-KOSPI200	-2.0x	1,494.45
편	ARIRANG 200선물레	28,540 ▲	380	+1.35	227	28,584.40	-0.63		20,134.10	0	0	F-KOSPI200	2.0x	1,494.45
편	ARIRANG 200선물인	13,140 ▼	195	-1.46	6,983	13,127.29	1.88		20,083.07	0	0	F-KOSPI200	-2.0x	1,494.45
편	KOSEF 200선물인버	6,615 ▼	110	-1.64	101,065	6,611.84	1.86		9,989.87	0	0	F-KOSPI200	-2.0x	1,494.45
편	KOSEF 200선물인버	8,200 ▼	85	-1.03	5,811	8,202.78	1.24		9,999.08	0	0	F-KOSPI200	-1.0x	1,494.45
편	KOSEF 200선물레버	14,455 ▲	205	+1.44	449	14,464.39	-0.61		10,002.63	0	0	F-KOSPI200	2.0x	1,494.45
편	TIGER 200선물레버	11,960 ▲	145	+1.23	2,857,097	12,003.19	-0.62		10,014.52	0	0	F-KOSPI200	2.0x	1,494.45

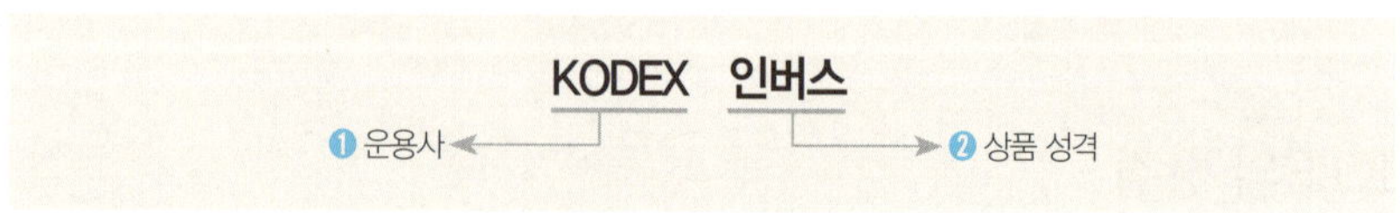

종목명을 보면, ❶ 이름 맨 앞에 붙은 KODEX(코덱스), TIGER(타이거), KINDEX(킨덱스) 등은 ETF 상품의 운용사가 어디인지 나타냅니다. 'KODEX'가 붙어 있으면 삼성자산운용이며, 'TIGER'는 미래에셋자산운용, 'KINDEX'는 한국투자신탁운용입니다.

운용사 뒤에는 ❷ 상품의 성격을 알 수 있는 명칭이 붙습니다. '인버스'는 기초자산과 반대 방향으로 이익을 취하는 상품입니다. 이를테면 'KODEX 인버스'의 경우 코스피200지수가 1% 하락하면 1% 수익을 거둡니다. 시장이 하락할 것으로 예상되면 인버스 ETF에 투자하는 거죠.

'레버리지'는 2배로 움직이는 것을 의미합니다. 만약 코스피200지수가 1% 상승 또는 하락한다면, 200레버리지 상품은 2배인 2% 상승 또는 하락합니다. 해외에는 더 많은 배수로 움직이는 상품도 있지만, 국내 레버리지는 규정상 2배 이상 움직이지 못하게 되어 있습니다.

인버스ETF와 달리 시장이 상승할 것을 예상한다면 레버리지ETF에 투자하는 것이 현명하겠죠? 단, 코스피200지수가 2% 하락하면 레버리지는 4% 하락한다는 점을 명심하세요.

ETF 매매하는 방법

ETF 매매는 일반 주식을 매매할 때와 같습니다. '현재가'나 '차트', '매수', '매도' 창 역시 주식 매매 화면과 같습니다.

ETF 상품을 분석하고 싶다면, 기존에 주식투자에서 사용하는 '현재가' 창을 띄어보세요. 그 창에서 ETF 종목을 선택하면 됩니다. 그럼 순서대로 볼까요?

1. HTS 화면의 상단 메뉴 중 [주식]→키움현재가를 클릭하세요.

2. 현재가 창에서 종목을 선택하는 🔍 아이콘을 클릭합니다.

3. 그러면 '주식종목검색' 창이 열립니다. 여기서 상단의 [ETF]를 클릭하세요.

4. 여기에서 매매할 ETF 상품을 고르고 클릭하면 본인이 고른 상품의 '현재가' 창으로 바뀝니다.

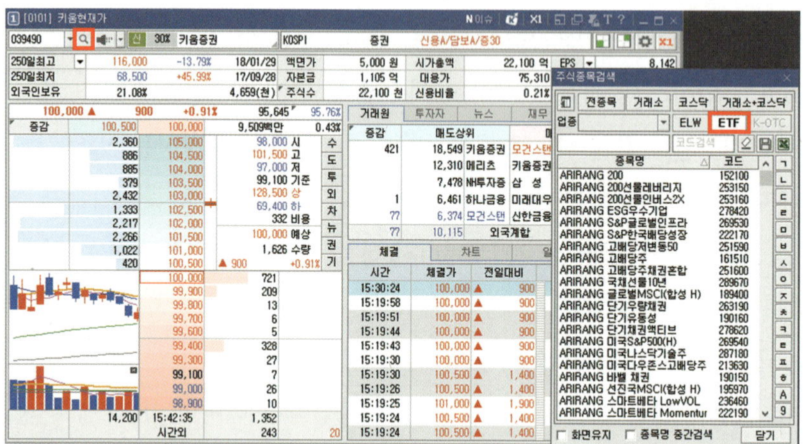

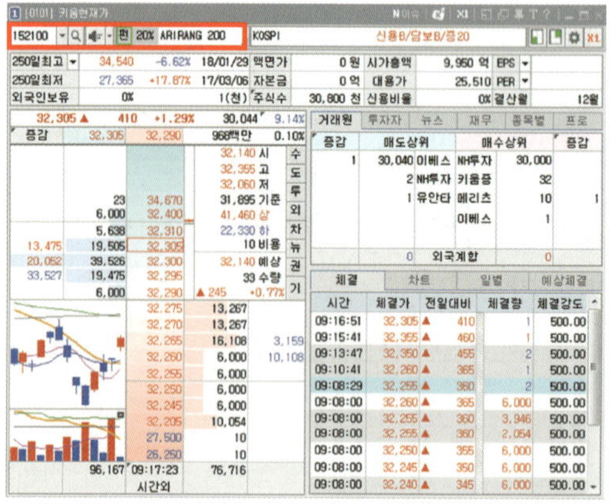

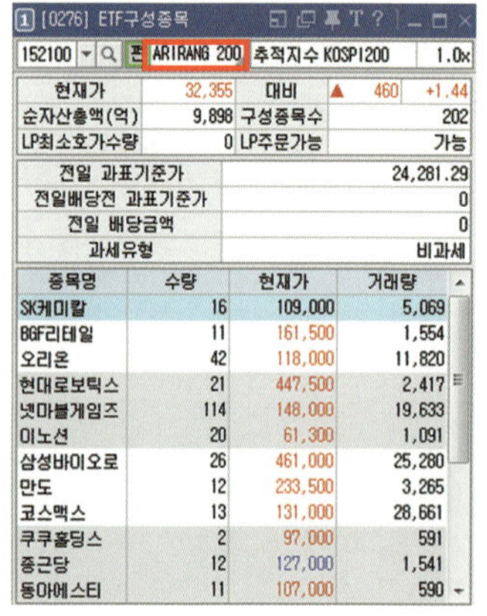

5. 이제 'ETF구성종목' 창을 통해 그 ETF가 어떤 종목으로 구성되어 있는지 살펴봐야 합니다. 이 창을 여는 방법은 HTS 메뉴 중 [ETF/ETN]을 클릭하세요. 그러면 보이는 항목 중 ETF구성종목을 선택합니다. 그럼 앞서 '주식종목검색' 창에서 선택했던 ETF가 어떤 종목으로 구성되어 있는지 보입니다. 내가 원하는 종목군이 있는지도 알 수 있으니, 매매하기 전에 항상 체크하는 습관을 가져보세요.

ETF의 종류와
매매할 때 주의할 점

ETF는 종류에 따라 시장지수, 업종 · 섹터지수, 스타일·테마지수로 나뉩니다. 다양한 포트폴리오가 있으므로 원하는 지수에 투자할 수 있습니다.

주식 ETF의 종류

시장지수	코스피200지수, 코스피50지수, 배당성장지수, 코스닥150지수 등
업종 · 섹터지수	IT·소프트웨어, 하드웨어, 경기소비재, 반도체·보험, 에너지·화학 등
스타일 · 테마지수	삼성그룹, 중국소비테마, 중소형가치 등

하지만 배당투자 때와 마찬가지로 투자할 때 다음과 같이 두 가지의 주의할 점이 있습니다.

첫째, ETF는 주식과 비슷하여, 거래가 많지 않으면 원하는 가격에 원하는 수량을 사거나 팔 수 없습니다. 보통 주식의 경우, 일평균 거래량이 15만 주 아래면 투자는 가능해도 시세차익을 노리는 매매는 어렵습니다. ETF도 마찬가지입니다. 그러므로 투자상품을 선택할 때는 거래량을 체크해두는 것이 중요합니다.

둘째, ETF가 어디에 투자하는 상품인가에 따라 세금이 달라집니다. 대부분 투자자들은 ETF가 매매차익에 대해 세금이 부과되지 않는 것으로 알고 있지만, 'KODEX단기채권PLUS' 같은 채권이나 'KODEX China H' 같은 해외지수, 또 원자재 관련 ETF의 경우에는 매매차익에 대해 15.4%의 배당소득세율이 적용됩니다. 해외에 상장된 ETF에 투자하는 경우에는 22%의 양도소득세가 부과된다는 점도 기억하세요.

03 >>> 어느 나라에 투자하면 좋을까?

해방 이후 우리나라는 급속한 성장을 하여 현재 수출 순위 6위(2017년 말 기준)로 무역대국이 되었습니다. 우리나라 1인당 GDP(국내총생산)는 1981년 1,870달러에 불과했는데, 그 이후 급속히 성장하여 다가오는 2020년에는 36,749달러를 전망하고 있습니다(출처: IMF세계경제전망).

1985∼95년 종합주가지수

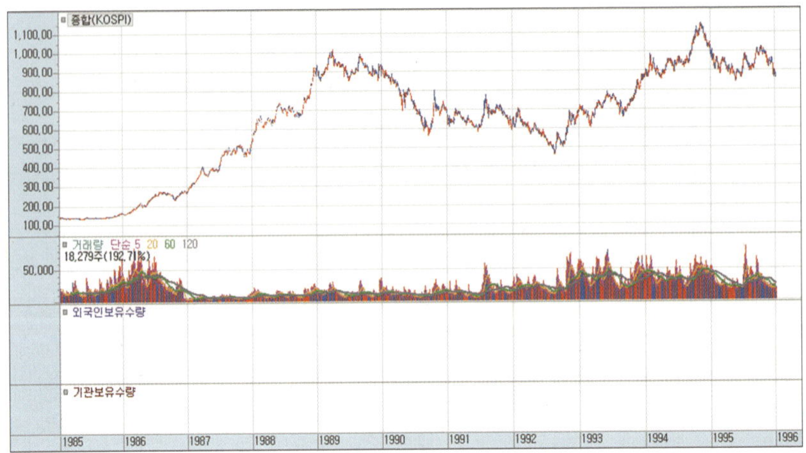

코스피시장이 현재와 같은 시가총액제를 도입한 것이 1985년인데, 1995년 종합주가지수는 10년 전에 비해 10배나 상승했습니다. 하지만 이런 주가 상승이 성장에 기인한 것이라면, 이미 경제강국에 올라선 우리나라가 앞으로도 과연 이전과 같은 속도로 성장할 수 있을지가 투자자들의 큰 고민 중 하나일 것입니다.

우리나라의 경제성장률은 1982~1994년 평균 9.4%였고, 그 기간 세계의 경제성장률은 평균 3.3%였습니다. 이는 그 기간 동안 우리나라에 주식투자를 했을 경우 전 세계 평균 기대수익의 3배 정도를 벌어들일 수 있었다는 의미죠. 하지만 2018년 우리의 경제성장률 예측치는 3.0%인데, 전 세계 평균 경제성장률은 3.9%로 예상되고 있습니다. 다시 말해 우리나라에 투자할 경우 기대할 수 있는 수익률은 전 세계 평균에도 못 미친다는 거죠. 그럼 어떻게 해야 할까요?

투자할 나라를 선정하는 기준

이제는 코스피, 코스닥에만 투자하기보다, 경제성장률이 급상승 중인 나라나 이미 성장해 있지만 금융시장의 규제로 인해 자금이 아직 본격적으로 유입되지 않은 나라, 또는 이미 선두에 있고 세계경제를 이끌고 가는 나라에 투자를 고려해보는 것이 좋지 않을까 합니다.

질문 **그럼 구체적으로 어떤 나라들을 고려해보면 좋을까요?**

경제성장률이 높은 나라들에 주목해야 합니다. 대표적으로 중국과 인도가 그렇죠. 증권사에서 이처럼 고성장국가들에 투자를 권유하는 것도 이런 이유 때문입니다. 그럼 특히 어느 나라를 살펴봐야 하는지 설명해보죠.

저평가된 중국

중국은 세계 2위의 경제대국임에도 불구하고, 금융시장이 해외에 개방된 지 얼마 안 됐습니다. 2018년에야 비로소 MSCI지수에 중국 A주가 편입됐죠. 그래서 아직 해외자금이 본격적으로 유입되지 않아 저평가된 시장으로 볼 수 있습니다. 당연히 투자대상으로 고려해봐야겠죠?

신기술을 선도하는 미국

인공지능이라든지 스마트자동차, 4차 산업혁명 등 지구촌 기술은 나날이 발전하고 있습니다. 우리나라의 삼성전자 역시 그 한 축을 차지하고 있지만, 세계를 선도하는 기업이 많은 곳은 다름 아닌 미국일 것입니다. 향후 성장을 생각한다면 미국에 대한 투자는 여전히 매력적입니다.

신흥시장(이머징마켓)에 속하는 국가

6%대 중반의 경제성장을 보이고 있는 중국과, 7%대인 인도 사이에 있는 '인도차이나반도'도 역시 지리적으로 향후 성장성이 높은 국가들이 모여 있는 신흥시장입니다. 실제로 이 국가들의 2017~19년 예상 경제성장률은 라오스 7.4%, 미얀마 7.3%, 캄보디아 7.0%, 베트남 6.7%, 말레이시아 5.0%로 상대적인 고성장을 이어갈 것으로 보입니다.

    특히 청년인구가 많고 교육열이 높은 '베트남'은 1980년대 초의 대한민국을 보는 듯한 착각이 들기도 합니다. 이머징마켓이라 리스크가 다소 있지만, 우리는 이미 고성장의 시기를 지나왔기 때문에 1980~90년대 어떤 기업들이 한국의 고성장기를 주도했는지 뒤집어본다면, 이런 나라들에 대한 투자는 생각보다 쉬울 수도 있습니다.

질문 **해외 주식을 사려면 현지 증권회사에 계좌를 만들어야 하나요?**

미국, 중국, 일본, 말레이시아 등의 해외 주식을 거래하기 위해 해외 증권사 계좌를 개설할 필요는 없습니다. 한국에서 해외 주식 중개가 가능한 증권사에 계좌를 개설하면 쉽게 거래할 수 있습니다. 예컨대, 키움증권의 경우 사이트에 들어가 로그인을 하면 다음과 같이 하단 중앙에 [계좌계설안내]가 있습니다.

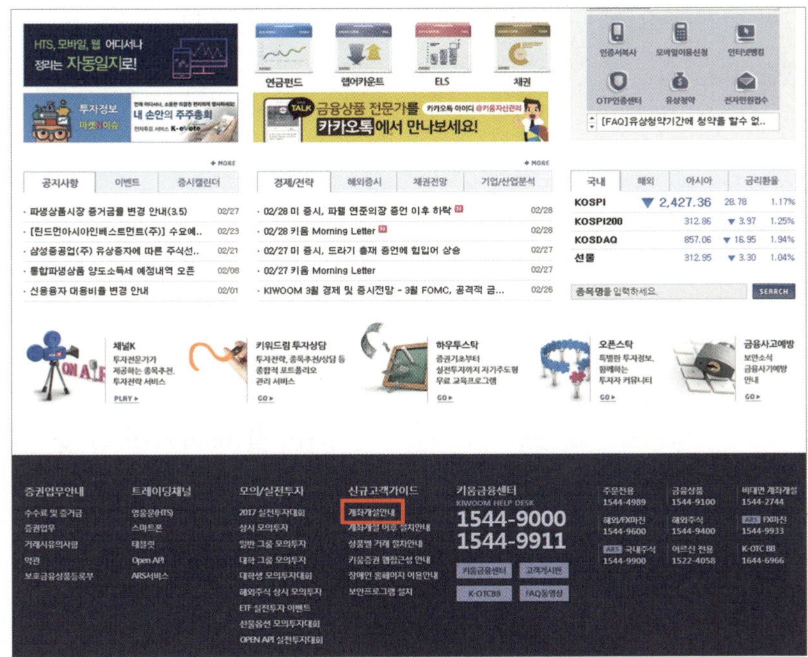

이것을 클릭해 나온 화면의 메뉴에서 연결 계좌를 누르면 아래와 같은 화면이 보입니다. 여기에서 '해외주식'란의 〈개설신청〉을 누르면 나오는 메뉴대로 따라가면 됩니다. 자세한 방법은 HTS 화면의 상단 메뉴 중 [해외주식]→해외주식 안내를 클릭하면 볼 수 있습니다.

그럼 이제 주요국인 미국과 중국에 투자할 때 알아야 할 것들을 살펴보겠습니다.

나라별 주식시장 규칙

나라별로 주식시장의 규칙이 조금씩 다르니 반드시 확인하고 숙지해야 합니다.

주식시장 시간과 휴장일

우리나라 주식시장은 정규장이 오전 9시에 시작해 오후 3시 30분에 마감합니다. 우리 시간으로 미국은 22시 30분에 시작해 새벽 5시에 마감합니다. 중국은 정규 오전장이 오전 10시 30분에 시작해 낮 12시 30분, 오후장은 오후 1시 55분에 시작해 4시에 마감합니다.

휴장일 또한 다릅니다. 우리나라는 삼일절에 국내 증시가 휴장하지만 미국은 독립기념일인 7월 14일, 중국은 건국절인 10월 1일에 휴장합니다. 이렇듯 나라별로 휴장일이 다르니 반드시 체크해두기 바랍니다.

이용 화폐

코스피나 코스닥은 '원화'로 거래하지만, 미국 주식에 투자하려면 '달러', 중국 본토시장에 투자하려면 '위안화'로 투자해야 합니다. 미국에서 물건을 사려면 달러를 사용해야 하고, 중국에서는 위안화를 사용해야 하는 것과 같은 이치죠. 해외주식에 직접투자하려면 환전을 해야 한다는 것을 기억해두세요.

결제제도

우리나라는 결제제도가 D+3일이지만, 중국은 D+1일, 미국은 D+4일입니다. 상한가, 하한가의 경우에도 코스피와 코스닥은 ±30%이지만, 우리보다 역사가 짧은 중국 본토시장은 ±10%이고, 미국은 상한가, 하한가 제도가 없습니다.

04 >>> 미국 주식투자 포인트

나라마다 다른 주식시장의 대표주

우리나라는 GDP 성장에서 수출이 많은 비중을 차지합니다. 즉 수출이 잘되면 대한민국의 GDP가 성장할 가능성이 높다는 말입니다. 그래서 증시의 대표적인 종목도 수출주인 '삼성전자'랍니다. 그런데 다른 나라들도 다 수출이 중요할까요?

미국은 GDP에서 가장 높은 비중을 차지하는 것이 '민간소비지출'입니다. 그래서 우리나라에서는 '삼성전자'나 '현대차' 등의 수출주가 중요하지만, 미국은 민간소비 관련주들이 중요합니다. 개인소득의 증가가 IT소비의 증가로 이어지는 경우가 많아 '애플'이 대표적인 소비주입니다.

한편 중국은 GDP에서 '고정자본투자'의 비중이 큽니다. 이 투자는 중국공산당의 정책에 따라 이루어지므로, 중국시장에 대한 투자에서는 정책이 가장 중요합니다.

이처럼 해외 주식투자를 하기 전에 해당 국가의 GDP 비율을 보면, 그 나라에 투자할 때 무엇을 중요하게 생각해야 할지 알 수 있습니다(GDP 자료는 KOSIS국가통계포털(http://kosis.kr)에서 검색하면 볼 수 있습니다).

그럼 미국에 투자할 때 알아야 할 것들을 먼저 살펴보겠습니다.

고정자본투자란?

고정투자는 기업의 생산과정에서 사용되어 없어진 자본시설을 보충하는 대체투자, 그리고 생산량을 늘리기 위해 자본시설의 규모를 확장하는 순고정자본 형성으로 구성됩니다.

미국 주식투자 전 해야 할 것들

외국인들은 우리나라에 투자할 때 어떤 방식을 쓸까요? 일반적으로 업종 대표주 위주로 투자합니다. 정보가 그만큼 투명하고, 회사의 성장성이나 모멘텀을 분석하기 쉽기 때문입니다. 우리가 미국에 투자할 때도 이와 다르지 않습니다.

그럼 미국 주식시장의 시가총액 10위권 안에 드는 기업을 한번 볼까요? 우리에게도 친숙한 기업이 많습니다.

미국 주식시장 시가총액 10위 기업

기준: 2018년 4월

시가 총액	1위	2위	3위	4위	5위	6위	7위	8위	9위	10위
기업	애플	구글	마이크로 소프트	아마존	버크셔 해서웨이	페이스북	JP모건 체이스	존슨앤 존슨	21세기 폭스	쓰리엠

하지만 단순히 시가총액상위 종목에 투자하기보다, 우리 증시에서처럼 외국인이나 기관이 사는 종목에 투자하고 싶다면 어떻게 해야 할까요? 그런데 아쉽게도 미국 주식시장에서는 개인, 기관, 외국인의 매매 정보를 실시간으로 제공하지 않습니다. 그래서 한국처럼 매매 정보를 통해 투자하는 것은 어렵죠. 하지만 투자 명인이나 유명 펀드매니저의 보유 종목을 확인해볼 수 있으니 투자에 참고하면 유용합니다.

투자 명인의 보유종목 참고하기

그럼 워런 버핏의 포트폴리오를 참조하여 종목을 구성해볼까요?

1. 우선 www.relationalstocks.com에 접속해보세요. 이 사이트에서 워런 버핏 외에도 투자 명인들이 보유한 종목을 쉽게 확인할 수 있습니다.

2. 상단 메뉴에서 [Gurus/Institutions(전문가/기관)]를 클릭하면 'Famous Gurus(유명 전문가)' 창이 열립니다. 여기에서 Warren Buffett을 선택합니다.

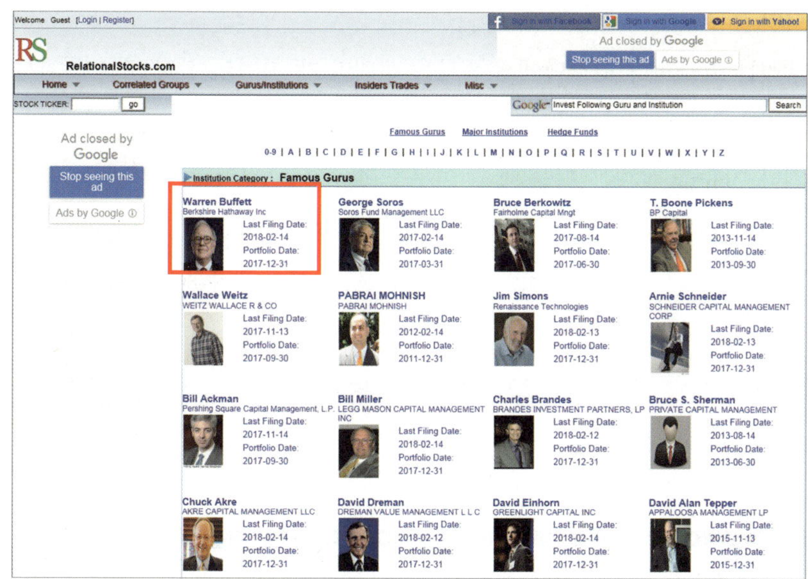

3. 그러면 그가 보유하고 있는 종목의 리스트를 다음과 같이 볼 수 있습니다.

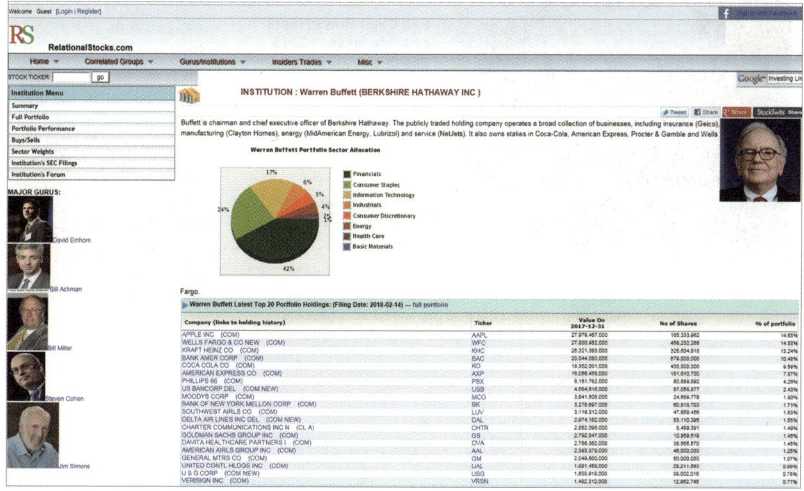

현지 증권사의 의견 살펴보기

우리는 코스피나 코스닥에서 종목을 선택할 때 기업의 실적 또는 증권사 의견을 참고합니다. 미국 주식에 투자할 때도 현지 증권사의 투자 의견, 최근 이슈를 살펴본 다음 매수 여부를 결정하는 것이 현명하겠죠. 특히 장기투자자라면 반드시 주식의 배당도 확인해야 합니다.

1. 미국 주식에 투자할 때 가장 많이 쓰는 '야후파이낸스(http://finance. yahoo.com)' 사이트에 접속합니다.

2. 검색 창에 관심 있는 회사의 이름을 넣어보세요. 여기서는 '애플(영어로 apple이라고 치세요)'을 찾아볼게요.

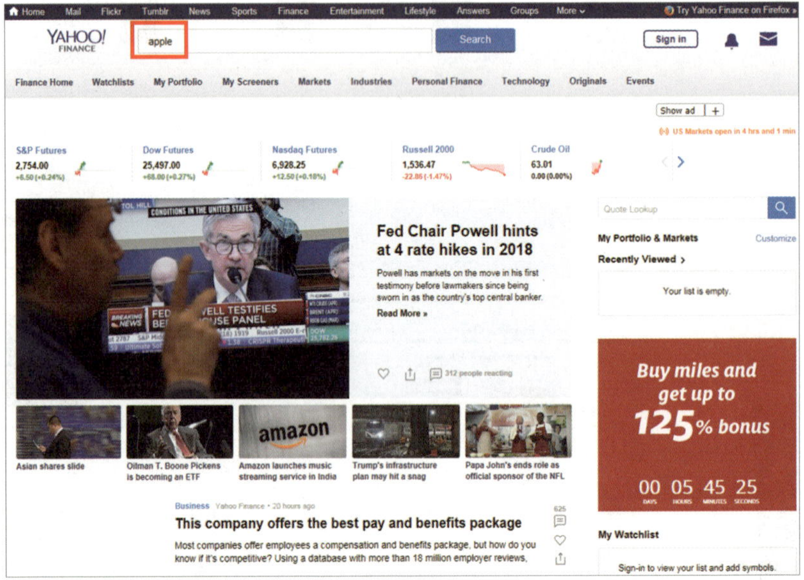

3. 다음과 같이 '애플'과 관련된 화면이 열립니다. 스크롤을 내려 화면 오른쪽을 보면, 애플에 대한 '월별 추천 의견'과 '증권사 의견'을 볼 수 있습니다.

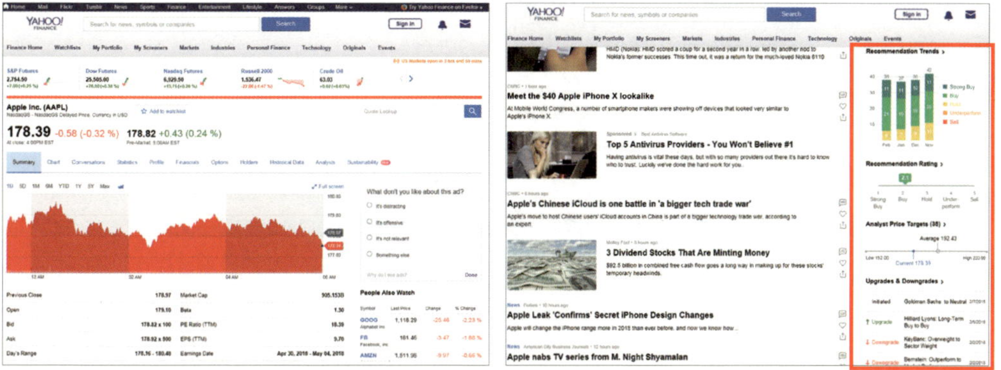

이렇게 투자 전에 현지의 투자 명인이 보유한 종목과 증권사의 의견을
참고하는 것이 좋습니다. 그럼 중국 주식투자 전에 알아야 할 것들을 살
펴보겠습니다.

05
>>>

중국 주식투자 포인트

미국 주식에 투자하는 이유는 전 세계의 첨단사업을 주도하고 있는 곳이라서, 혹은 안전한 투자처 중 하나이기 때문이겠죠. 그렇다면 중국 주식에 투자하는 가장 중요한 이유는 무엇일까요? 바로 자본시장의 개방 때문입니다.

중국 주식에 투자해야 되는 이유

중국 주식시장은 홍콩시장과 상해시장, 심천시장(선전시장)으로 구분할 수 있습니다. 이 중에서 '홍콩시장'은 이전부터 외국인의 매매가 가능했지만, 상해와 심천처럼 중국 본토에 있는 주식시장에 대한 투자는 2014년 11월 '후강퉁제도'와 2016년 12월 '선강퉁제도'를 통해 본격적으로 시작됐습니다.

주가는 기본적으로 사는 사람이 많으면 상승합니다. 하지만 중국시장의 경우 양상이 조금 다른데요, 경제는 지속적으로 성장하고 있으나, 해외에서의 수급을 막아놨기 때문입니다. 그래서 지수나 주가의 상승이 제한적일 수밖에 없죠. 실제로 중국의 성장은 지속되고 있지만, 중국 주식시장은 GDP 성장에 미치지 못하고 있습니다.

하지만 이전에 일본이나 우리나라의 경우 금융개방 이후부터 외국인들의 매수로 인해 지수나 종목이 크게 상승했습니다. 이런 점을 감안한다면 지금 중국 주식투자는 '금융개방'에 포커스를 맞춰야 할 것입니다.

후강퉁과 선강퉁제도

'후강퉁제도'는 외국인이 홍콩시장을 통해 상해시장에 투자하는 제도이며, '선강퉁제도'는 외국인이 홍콩시장을 통해 심천시장에 투자하는 제도입니다.
둘 다 외국인투자자에게 중국 본토 주식을 살 기회를 제공하는 제도입니다.

중국 주식투자 전 해야 할 것들

외국인 기관투자자들이 사는 종목 확인하기

앞서 말했듯, 중국 시장에서는 금융개방이 주요 모멘텀입니다. 그렇다면 어떤 종목에 관심을 가져야 할까요? 쉽게 생각하면 중국 주식시장에서 외국계 기관들이 사는 종목에 주목해야 합니다.

외국인이 중국 주식을 살 수 있는 방법은 앞서 말한 후강퉁과 선강퉁, 그리고 QFII를 이용하는 방법입니다.

예전 우리나라의 금융개방 당시 삼성전자, 삼성화재 등의 주요 종목 시세를 상승시켰던 주체는 외국인 기관투자자였습니다. 중국 주식투자에서도 먼저 외국인 기관투자자가 사는 종목이 무엇인지 살펴봐야 합니다.

후강퉁이나 선강퉁제도로 인해 A주를 사는 외국인이 개인인지 기관인지 파악하기가 모호합니다. 이때 QFII를 통해 외국계 기관투자자들이 어떤 종목을 사고파는지 확인이 가능합니다.

질문 QFII가 무엇인가요?

QFII(qualified foreign institutional inverstor)는 '적격외국기관투자자'라는 의미입니다. 중국의 증권감독관리위원회가 일정자격을 갖춘 외국인에게 중국 주식이나 채권 등의 투자를 허용하는 제도입니다. 자격을 취득한 외국계 기관투자자는 상해 및 심천주식시장에서 A주에 직접 투자할 수 있습니다.

HTS 초기 화면 상단 메뉴 중 [해외주식]을 눌러보세요. 나오는 항목 중 **홍콩/중국 투자정보**에 마우스를 가져가면 (홍콩/중국)뉴스/공시, 경제지표, 리서치리포트, 종목분석 등의 정보를 얻을 수 있는 항목들이 나옵니다. 이 중 **(홍콩/중국)뉴스/공시**를 클릭해 나오는 검색란에 'QFII'를 쳐보세요. 관련 시황과 정책을 날짜순으로 볼 수 있습니다.

HTS의 [해외주식] 메뉴에서 미국과 중국 외에 일본 시장의 정보도 얻을 수 있습니다.

코드번호	종목명		코드번호	종목명	
600585	海螺水泥	안휘해라시멘트	600066	宇通客车	정주우통버스
600009	上海机场	상해국제공항	600739	辽宁成大	요녕성대
000858	五粮液	오량액	000709	河钢股份	하북철강
600519	贵州茅台	귀주모태주	600332	白云山	백운산제약
002304	洋河股份	양하양조	601633	长城汽车	장성자동차
600276	恒瑞医药	항서제약	000402	金融街	금융가홀딩스
600690	青岛海尔	칭다오하이얼	600104	上汽集团	상해자동차
600660	福耀玻璃	복요유리	600867	通化东宝	통화동보제약
000651	格力电器	격력전기	601857	中国石油	페트로차이나
002241	歌尔股份	가이	601333	广深铁路	광심철도
002470	金正大	금정대생태	002081	金螳螂	금당랑
002415	海康威视	하이크비전	002475	立讯精密	입신정밀
601888	中国国旅	중국국제여행	601800	中国交建	중국교통건설
000333	美的集团	메이디그룹	002152	广电运通	광전금융전자
600498	烽火通信	봉화통신	002074	国轩高科	국헌하이테크
600309	万华化学	만화화학	002292	奥飞娱乐	알파애니메이션
600820	隧道股份	상해터널공정	002466	天齐锂业	천제리튬
600535	天士力	천사력제약	002299	圣农发展	성농발전
600827	百联股份	상해백연그룹	002142	宁波银行	영파은행
600188	兖州煤业	연주석탄채굴	601928	凤凰传媒	풍황미디어
600196	复星医药	복성제약	601169	北京银行	북경은행
000895	双汇发展	쌍회개발	002008	大族激光	대족레이저과기
600019	宝钢股份	보산철강	603993	洛阳钼业	녹양몰리브덴
600688	上海石化	시노펙석화	601611	中国核建	중국핵전
000423	东阿阿胶	동아아교	601127	小康股份	소강주식

HTS와 중국 사이트를 통한 투자정보 확인하기

중국 종목의 투자정보는 우리나라 증권회사의 HTS를 통해서 쉽게 얻을
수 있습니다. 예를 들어 키움증권 HTS 메뉴 중 [해외주식]→홍콩/중국 투자
정보에 마우스를 가져가면 중국 리서치 리포트나 종목분석 자료 등을 볼

수 있습니다. 그러므로 종목을 사기 전에 반드시 참고하세요.

HTS에서 중국 종목의 내용 대부분을 한글로 확인할 수 있지만, 서비스가 안 되는 부분이 하나 있습니다. 바로 종목의 향후 실적 추정치입니다. 이는 '동방재부망' 같은 중국 현지 사이트를 통해 살펴볼 수밖에 없습니다.

포털사이트에서 '동방재부망'을 검색하면 사이트(www.eastmoney.com) 이름 오른쪽에 [번역보기] 탭이 있습니다. 이것을 클릭해 들어가면 어느 정도 가늠이 가능한 우리말 내용으로 볼 수 있습니다. 여기에서 기업실적 추정이나 중국 증권사의 투자의견을 살펴본 후에 종목에 접근하는 것이 좋습니다.

우리말로 번역된 동방재부망 사이트 화면입니다. 중국 증시 상황을 실시간으로 확인할 수 있습니다.

해외 주식을 매매할 때 고려할 점

환율

투자하기 전에 '환율의 움직임'을 반드시 체크해야 합니다. 해외 주식을 살 때 원화가 투자하려는 나라의 통화 대비 약세를 보인다면 시세차익을 노릴 수 있습니다. 반면 원화가 강세를 보인다면, 그 주식의 가격이 상승하더라도 환손실 때문에 수익이 감소할 수 있죠.

환율은 일반적으로 해당 국가의 성장이나 금리 이슈에 의해 움직이는 경향이 있습니다. 예를 들어 미국이 금리를 인상하면 달러가 강세를 보일 가능성이 높죠. 그러면 원화는 약세를 보일 가능성이 높아집니다. 이런 경우 미국 주식에 투자하면 시세차익뿐만 아니라 환율에 의해서도 수익을 올릴 수 있습니다.

다시 말해 원화가 투자하는 나라의 통화에 비해 약세를 보일 경우 주식투자로 올리는 수익 외에도 환이익을 얻을 수 있습니다.

사례 원화가 약세를 보일 때 미국 주식에 투자하여 수익을 본 경우를 보죠.

동건 씨는 1,000만 원으로 미국에 투자하기로 결심하고 먼저 환전을 합니다. 1달러에 1,000원이라면 1,000만 원을 환전하면 1만 달러가 됩니다. 이 돈으로 한 주당 100달러인 A주식을 100주 샀습니다.

시간이 지나도 주가는 오르지도 빠지지도 않았습니다. 그동안 원화 약세를 보이며 1달러에 1,000원에서 1,200원으로 환율이 변했습니다.

동건 씨는 주당 100달러에 A주식 전량을 팔았습니다. 결국 주식으로는 전혀 수익을 얻지 못했지만 원화로 바꾸니 1만 달러는 1,200만 원으로 환전됐습니다. 결과적으로 200만 원, 즉 20%의 수익을 올린 셈이죠.

세금

해외 주식은 세금도 다릅니다. 만약 해외 주식투자에서 현금배당이나 주식배당을 받은 경우에는 각각 14%와 10%를 주민세로 내야 합니다.

미국 주식은 현금배당을 실시한 경우 현지에서 세금 15%가 원천징수되기 때문에 국내에서 별도로 징수하지 않습니다. 하지만 우리나라와 달리, 양도소득세를 내야 합니다. 손실이 발생한 경우에도 신고는 해야 합니다.

대부분의 증권사 사이트에서 '세금자동계산프로그램'을 제공하며 세금정산 서류까지 출력할 수 있습니다.

Q1 다음 기업의 배당 스타일은?

배당투자를 하려는 동건 씨. 메리츠종금증권의 자료를 조회해보니 다음과 같은 배당금 추이가 보입니다. 이 기업은 어떤 배당 스타일을 가지고 있을까요?

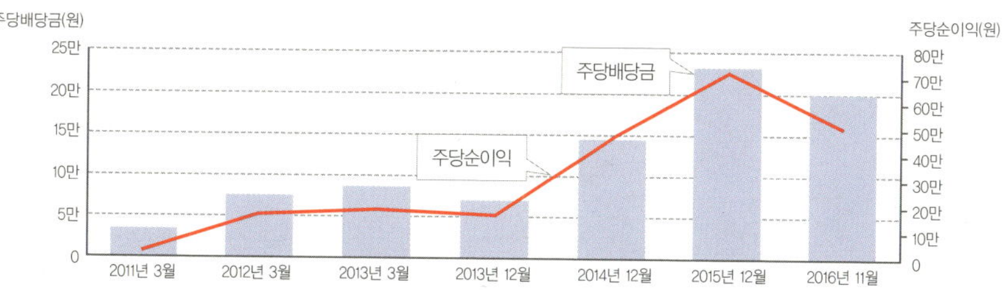

처방전 메리츠종금증권은 주당순이익이 오를수록 주당배당금도 오르고 있습니다. 말했듯이 배당투자의 가장 큰 리스크는 기업이 성장하느냐 성장하지 못하느냐의 문제가 아닙니다. 배당금을 주지 않거나 줄이는 것, 심지어 이익을 많이 거두었음에도 배당금이 늘리지 않는 것입니다. 그런 면에서 메리츠종금증권은 배당투자에 유리할 것입니다.

이처럼 배당투자를 할 때는 기업의 배당금 추이를 반드시 확인해야 합니다. 그리고 가능한 긴 기간, 예를 들어 10년 정도의 배당금 추이를 살펴보면 배당 스타일을 쉽게 알 수 있습니다.

Q2 배당주투자, 언제가 좋을까?

다음은 10년 동안의 SK텔레콤 배당금 추이입니다. 이와 같은 배당 스타일을 보면 투자할만 할까요? 그렇다면 언제가 투자 적기였을까요?

SK텔레콤 주당배당금과 주당순이익 추이

기준: 국제회계기준(IFRS) 연결재무제표

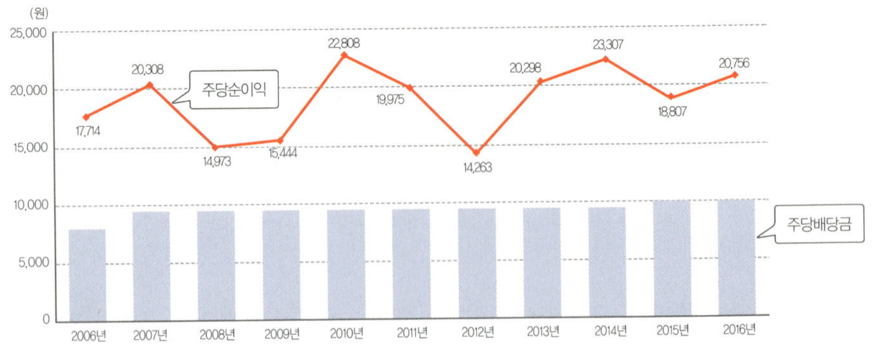

처방전 SK텔레콤의 주당순이익은 이 정도면 큰 등락 없이 일정한 편입니다. 배당금 역시 거의 같습니다. 만약 이런 사실을 미리 알고 있었다면, SK텔레콤의 주가가 크게 하락했을 때(예를 들어 2012년 12만 원) 시가배당률 8%를 보고 투자할 수 있었을 것입니다. 배당이 일정한 경우 주가가 하락할수록 배당수익률은 높아지기 때문입니다.

Q3 다음 기업에 투자해도 좋을까?

동건 씨가 배당주들을 검색해보니 그중 한국쉘석유의 배당수익률이 3%대 중반이었습니다. 배당금 추이도 다음과 같았죠. 이런 경우 투자할만 할까요?

한국쉘석유의 주당배당금과 주당순이익 추이

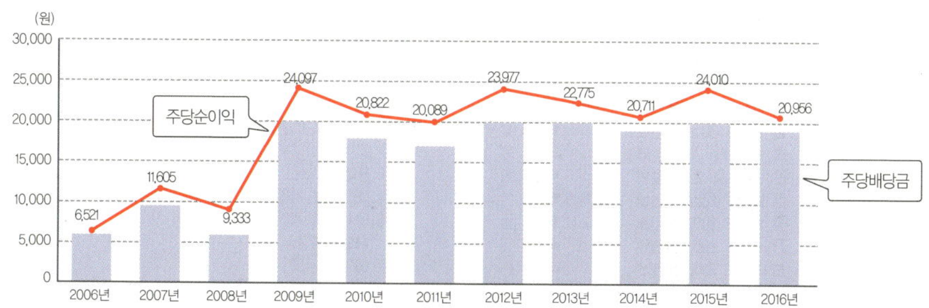

처방전 배당수익률이 3% 중반이면 괜찮은 편입니다. 배당금 추이도 괜찮고요. 한국쉘석유의 배당수익률은 한때 30%가 넘기도 했습니다. 그런데 최근 몇 년간 배당수익률이 많이 떨어졌는데, 이는 주가가 상승함에도 불구하고 기업의 이익이 크게 증가하지 않아 배당금이 늘어나지 못했기 때문으로 보입니다. 일반적으로는 3% 중반의 배당수익률이 괜찮다고 하더라도, 한국쉘석유의 경우에는 최소 4% 후반을 노려야 한다고 생각합니다.

물론 배당투자에서 가장 중요한 것은 사업을 지속적으로 성장시키며 안정적으로 이익을 내고, 그 이익의 일정 부분을 배당으로 지급하는 것이죠. 이런 점을 고려하며 다음 배당수익률을 보고 조금이라도 올랐으면 그때 투자를 결정하는 것이 현명합니다.

Q4 ETF 상품 중 어느 것을 살까?

다음은 동건 씨가 검색한 ETF 상품의 시세입니다. 어떤 상품을 사야 될까요?

	종목명	종가	대비	대비(%)	거래량	NAV	추적오차율
편	KODEX 인버스	6,355 ▼	45	-0.70	11,303,878	6,372.58	1.24
편	TIGER 인버스	6,840 ▼	75	-1.08	984,829	6,849.37	1.25
편	KINDEX 인버스	7,625 ▼	95	-1.23	23,296	7,643.13	1.25
편	KOSEF 200 선물	13,325 ▲	85	+0.64	16,703	13,324.57	
편	KBSTAR 200선물레	14,490 ▲	235	+1.65	65,334	14,491.05	-0.65
편	KBSTAR 200선물인	8,215 ▼	60	-0.73	2,064	8,217.65	1.25
편	KBSTAR 200선물인	6,610 ▼	100	-1.49	368,504	6,611.28	1.86
편	KODEX 200선물인버	6,605 ▼	100	-1.49	11,954,501	6,615.62	1.86
편	TIGER 200선물인버	6,650 ▼	80	-1.19	4,463,018	6,652.29	1.91
편	ARIRANG 200선물레	28,540 ▲	380	+1.35	227	28,584.40	-0.63
편	ARIRANG 200선물인	13,140 ▼	195	-1.46	6,983	13,127.29	1.88
편	KOSEF 200선물인버	6,615 ▼	110	-1.64	101,065	6,611.84	1.86
편	KOSEF 200선물인버	8,200 ▼	85	-1.03	5,811	8,202.78	1.24
편	KOSEF 200선물레버	14,455 ▲	205	+1.44	449	14,464.39	-0.61
편	TIGER 200선물레버	11,960 ▲	145	+1.23	2,857,097	12,003.19	-0.62

처방전 화면을 보니 'TIGER 200선물인버스'의 거래량은 400만 주가 넘는 반면, 'KBSTAR 200선물레버리지'의 거래량은 6만5,000주 정도이며, 'KOSEF 200선물레버리지'는 449주, 'ARIRANG 200선물레버리지'는 227주에 불과하네요.

만약 'KOSEF 200선물레버리지'나 'ARIRANG 200선물레버리지'를 100주 정도 샀다면 거래량이 적어서 팔 때 힘들 수 있습니다. 심지어 일중 거래량보다 더 많은 물량을 보유하고 있다면, 급하게 현금화해야 할 땐 곤란하겠죠? 따라서 ETF 상품을 사려면 거래량이 적지 않은지부터 체크해야 합니다.

투자의 시야를 넓히세요

역사를 공부하면 글로벌 투자 마인드가 생깁니다

우리는 "항상 사람은 때를 기다려야 한다"는 말을 많이 합니다. 그런데 로마에는 "때는 항상 좋은 것과 나쁜 것을 함께 가져온다"라는 말이 있더군요. 주식투자에서는 후자의 말이 더 가슴에 다가옵니다.

1960~90년대 사이 한국, 대만, 홍콩, 싱가포르를 '아시아의 4마리 용'이라고 불렀습니다. 그 시기 이 나라들은 연평균 7%가 넘는 경제성장률을 보여줬습니다. 아마 그때 주식투자를 했다면 우량주를 사서 큰 수익을 올릴 수 있었겠죠.

중간에 대한민국 경제는 IMF라는 큰 시련을 겪었습니다. 그 시기 삼성전자의 주가는 3만 원대까지 하락했고, 포스코는 4만 원대, 현대차는 6,000원대까지 하락했죠. 모두가 힘든 시기였지만 주식투자자 입장에선 큰 기회를 놓친 거죠.

그리고 2007년에는 '서브프라임 모기지' 사태로 우리 금융시장이 또 한 번 흔들렸습니다. 이때도 기회였지만 당시에는 보이지 않았죠.

이런 기회들을 우리나라에서 다시 찾기는 쉽지 않습니다. 하지만 1980년도의 우리나라처럼 지금은 인도차이나반도의 국가들이 7%의 경제성장률을 보이며 무섭게 성장하고 있습니다. 그리고 우리나라의 금융개방 시기에는 투자 기회를 놓쳤지만, 중국이 차츰 금융개방을 해오고 있습니다. 또 IMF 시기에는 삼성전자나 포스코, 현대차에 투자할 기회를 놓쳤지만, 지금 유럽의 그리스, 이탈리아, 프랑스 등의 국가들이 그 위기를 극복하고 있는 중입니다.

이렇듯 역사를 알아야 시야가 넓어지고 각각의 타이밍들이 보입니다.

언어가 투자의 장벽?

제가 학창시절 중국에서 유학할 때의 이야기입니다. 어느 날, 한문학과 후
배 한 명과 시장에 갔는데, 그가 물건을 흥정하는 모습을 보고 깜짝 놀랐습
니다. 중국어밖에 못하던 상인과 한국어로도 흥정이 가능하다는 것과 중국
어를 잘하는 나보다 후배가 물건 값을 더 잘 깎는 것을 보고 대단하다는 생
각을 했죠. 어찌 보면 흥정은 언어에 있는 것이 아니라 흥정하고 말겠다는
마음에 달려 있는지도 모르겠습니다.

해외 투자도 마찬가지가 아닐까 합니다. 보통 해외 주식투자에 대한 이야
기가 나오면 "국내에서도 잘하지 못하는데, 해외 투자는 무슨…."이라면서
말꼬리를 흐리는 경우가 많습니다. 사실 미국 주식을 사기에는 영어가 두렵
고, 중국 주식을 사기에는 한자가 꺼려지기 때문이 아닐까요?

만약 지금 언어가 두려워서 해외 투자를 하고 싶어도 엄두를 못 내고 있
다면 그럴 필요 없습니다. 무엇보다도 하려고 하는 의지가 중요한 거죠. 어
떤 종목이 저평가되었는지 아닌지를 구별할 때는 일단 만국공통어인 숫자를
사용하고, 뉴스를 체크할 때도 한국어로 번역된 정보를 찾는 것은 그리 어
려운 일이 아닙니다.

또한 해외 역시 '실적이 좋은 기업은 단기적인 뉴스로 인해 크게 하락하
더라도 시간이 문제지 결국은 상승한다'라는 통상적인 논리가 통합니다. 기
술적 분석 역시 주가가 오르면 흥분되고, 하락하면 공포에 휩싸이는 투자자
들의 심리 역시 다를 바 없습니다.

'시작이 반'이라는 말이 있듯이, 이 장을 읽은 여러분들은 이미 해외 투자
를 위한 자격을 충분히 갖춘 거랍니다.

생각보다 어려운 장기투자

주식 강연회에서 젊은 투자자들을 보면 "매매를 하기보다는 투자를 하라"는
말을 많이 합니다. 또 "너무 높은 수익률에 현혹되지 말고 장기투자에 임하

기를 바란다"는 당부도 합니다. 이렇게 이야기하면, 그들은 저평가된 좋은 종목에 장기투자를 해야 되겠다고 생각하곤 합니다. 하지만 그게 생각처럼 쉬운 일이 아닙니다. 보통 장기투자라고 하면 10년 이상의 투자를 말하는데, 현재 우량한 기업이 나중에는 어떻게 될지 아무도 모르기 때문이죠.

혹시 개인용 컴퓨터를 처음 만든 회사가 어딘지 아나요? '제록스'라는 복사기를 만드는 기업입니다. 이 하드웨어를 참고해서 만들어진 기업이 그 유명한 애플이고, 소프트웨어를 참고해서 만들어진 기업이 마이크로소프트입니다. 그런데 제록스는 예전의 명성을 뒤로 하고 현재는 후지필름의 자회사가 되었습니다. 이렇듯 예측 불가능한 기업의 미래에 장기투자하는 것은 생각보다 어려운 일입니다.

거듭 말하지만, 장기투자의 기본은 충분한 배당을 줄 수 있는 기업에 투자하는 '배당투자'와 지수에 투자하는 'ETF'라고 할 수 있습니다. 주식투자가 너무 어렵다는 생각이 든다면, 배당과 ETF투자로 먼저 한걸음 내딛어보는 것은 어떨까요.

초보딱지 완전 떼기

선물, 옵션 등 파생상품

강샘의 DVD특강 포인트

제15강

- 조심해야 하는 투자 방식
- 선도거래와 선물거래
- 선물거래와 옵션거래
- 위칭데이란?

알면 겁날 것 없는 파생상품

시장도 연일 상승 중이고 투자한 종목들도 한껏 수익을 올리고 있어 기분이 업된 동건 씨! 시황을 보다 "웩더독(Wag the dog)"이라는 모르는 표현을 접했습니다. 내일이 선물·옵션 동시만기일, '네 마녀의 날'이라 시장이 요동을 친다고 합니다. 선물, 옵션이라는 파생상품이 있다는 것은 알지만, 파생상품에 투자하기에는 아직 두렵기만 한 동건 씨는 이번 기회에 제대로 알고 가야겠다는 생각이 들었습니다.

선물이나 옵션에 투자하는 사람들은 주식은 주가가 올라야 수익을 올리는 데 비해, 파생상품은 시장이 하락세라도 수익을 올릴 수 있다는 것을 장점이라고 이야기합니다. 하지만 이를 바꿔 말하면 파생상품은 주가가 올라도 손실을 볼 수 있고 내려도 손실을 볼 수 있다는 말로 풀이됩니다.

또한 주식의 경우에는 매수 이후에 주가가 하락해도 오를 때까지 기다릴 수 있지만, 파생상품은 만기 이전에 내가 투자한 방향으로 시장이 움직여야만 수익을 올릴 수 있다는 단점이 있죠. 다시 말해 만기가 하루라도 지난 다음부터 오르는 것은 의미가 없다는 뜻입니다.

이처럼 파생상품은 방향성과 시간에 있어 주식보다 리스크가 더 큽니다. 그래서 개인적으로 투자원칙이 확립되지 않았다면 권하지 않는 상품이죠. 하지만 요즘 시장은 앞의 예시처럼 선물(지금 계약해 놓고 나중에 물건과 돈을 바꾸는 것)과 현물(지금

물건과 돈을 바꾸는 것)이 서로 얽혀 있는 경우가 많아 외면할 수는 없습니다. 선물이 어떻게 거래되는지 기본적인 개념과 흐름 정도는 알고 있어야 주식 시황에 대한 경제기사도 막힘없이 읽을 수 있고, 경제 흐름을 파악할 수 있습니다.

고속도로를 운전하다 갑자기 엔진 경고등이 켜진 적이 있습니다. 도로 위에서 차가 갑자기 서버리는 것은 아닌지 무척이나 두려웠죠. 후에 알고 보니, 셀프 주유를 이용한 후 주유구를 잘 닫지 않아 그런 것이었습니다. 간단히 조치를 취하고 나니 경고등이 꺼졌습니다. 정말 알고 보면 별 이유 아니었는데, 지식이 없다보니 작은 사건에도 두려웠던 사례입니다.

자동차 정비공이 될 생각이 없더라도 자동차를 운전한다면 간단한 정비상식 정도는 당연히 알아야 하듯이, 주식투자자라면 선물, 옵션에 투자하지 않더라도 파생상품에 대한 기본상식 정도는 알아야 합니다.

알고 보면 별 것 아니지만 모르면 괜히 겁이 나는 파생상품시장, 일단 원리와 상식을 쌓는다는 생각으로 가볍게 가보겠습니다.

01

파생상품의 기본은 선물과 옵션

파생상품이란 나중에 특정한 날에 정해진 금액으로 물건과 돈을 거래한다는 계약을 지금 정하는 상품으로, 그 계약의 종류에 따라 선물, 옵션, 스왑, 선도로 나뉩니다. 이 중 가장 많이 하는 것이 '선물'과 '옵션'입니다. 파생상품의 가장 기본이므로 자세히 알아보겠습니다.

선물과 옵션의 기본 원리

원래 선물은 헷징 때문에 만들어졌습니다. '헷징(hedging)'은 현물의 가격변동 위험을 선물거래로 피하는 것을 말합니다. 좀 더 쉽게 설명해볼게요.

만약 지금 계란 한 개가 100원인데, 한 빵집 사장이 앞으로 350원으로 오를 것이라고 예상했다고 치죠. 그는 계란장수에게 "3개월 동안 150원에 구매하겠다"고 제안합니다. 반면 계란장수는 가격이 크게 안 오를 거라 예상하여 그 제안을 받아들이고 "3개월 동안 그렇게 팔겠다"고 약속합니다. 이런 식으로 빵집 사장은 계란 값이 크게 올라도 150원에 안정적으로 공급받을 수 있었습니다. 이런 방식이 거래소 안으로 들어와 '선물거래'라는 이름으로 불리게 됐습니다.

이를 대입해, 수출기업이나 원자재 수입기업이 환율 변동으로 인한 리스크를 줄이기 위해 원화나 달러를 선물거래하기도 하고, 주식 포트폴리오의 수익률 하락을 막기 위해서 주가지수선물을 거래하기도 합니다.

한편 옵션은 선물과 달리 선택권이 있습니다. 선물은 계약을 하면 정해진 시점에 무조건 거래를 해야 하지만, 옵션은 먼저 소액의 금액을 주고 선택권을 산 뒤 나중에 그 권리를 행사할지 안 할지 결정합니다.

파생상품을 왜 공부해야 할까요?

파생상품시장은 최근 현물시장과 서로 영향을 주고받을 정도로 크게 성장했습니다. 파생상품을 거래하지 않고 현물거래만 한다고 해도, 이제는 파생상품에 대해 기초지식을 쌓아야 현물시장을 제대로 분석할 수 있습니다.

주식시장에서는 선물과 현물의 가격 차이를 이용한 프로그램 매매로 인해 현물시장이 크게 출렁거리는 모습을 심심찮게 볼 수 있습니다. 따라서 파생상품을 거래하지 않더라도 주식시장을 제대로 분석하려면 그에 대한 기본 개념들을 이해해야 합니다.

파생상품 거래 전 꼭 알아야 할 점

투자자들은 우량주로 수익이 날 가능성이 낮다고 판단해 변동성이 큰 테마주나 이른바 동전주를 매매하기도 합니다. '동전주'란 2,000원 미만의 저렴한 주식을 말하죠. 위험한 방식이지만 꼭 나쁘다고만은 할 수 없습니다. 하지만 정작 큰 문제는 이렇게 투자하면서 입은 손실이 커지면, 선물이나 옵션에서 대박을 노리다가 모든 자산을 잃는 사람들이 종종 있다는 것입니다.

"주식은 오를 때만 수익이 나지만, 선물은 오를 때도 내릴 때도 수익이 날 수 있다"는 말에 현혹되지 말아야 합니다. 말했듯이 이는 '오를 때도 내릴 때도 손실이 날 수 있다'는 의미이기 때문입니다.

파생상품이 일반 주식보다 위험한 이유는 '만기가 있다'는 점입니다. 시장이 오를 것으로 판단해 ETF를 산 다음 계속 보유했다고 치죠. 주가가 3개월 동안 하락했다고 해도 3개월이 지난 후 급등하면 수익을 얻을 수 있을 것입니다. 하지만 선물의 경우에는 3개월이 지나면 만기가 끝났기 때문에 오르든 말든 손실로 마무리됩니다.

그래서 선물투자나 옵션투자를 고려한다면 정말 많은 내공을 쌓아야 합니다. 수익이 큰 시장은 항상 리스크도 크다는 점을 꼭 기억하세요.

02 선물거래 전 알아야 할 것

선물의 종류

다른 분야에서 우리가 쉽게 볼 수 있는 선물거래는 신규 아파트를 분양받을 때입니다. 보통은 아파트가 지어지기 전에 모델하우스를 살펴보고, 일정기간 후 인수받는 조건으로 계약을 합니다. 이렇게 아직 현물이 없는 상태에서 하는 것을 '선물거래'라고 합니다. 그럼 선물 상품에 대해 알아보겠습니다.

주가지수선물

주가지수선물이라고 해서 실제로 종합주가지수를 거래하는 것은 아닙니다. 미리 정한 만기일에 코스피200지수가 오를지 내릴지에 돈을 거는 선물거래이며, 현재의 가격으로 계약하면 만기일에 주가지수선물을 그 가격으로 사거나 팔 수 있습니다.

즉 이 상품은 코스피200지수 1포인트당 50만 원을 곱해 나온 수치를 1개의 값으로 정해 사고파는 거래입니다.

388쪽의 코스피200지수 차트에서 선물현재가는 307.33입니다. 하지만 이는 현재가가 307원이라는 뜻이 아닙니다. 주가지수선물거래 1계약의 금액은 '코스피200지수×50만 원'이므로, 현재 지수인 307.33에 50만 원을 곱해 계산한 선물현재가는 1억5,385만 원입니다. 즉 한 계약의 가격이 1억5,385만 원인 것이죠.

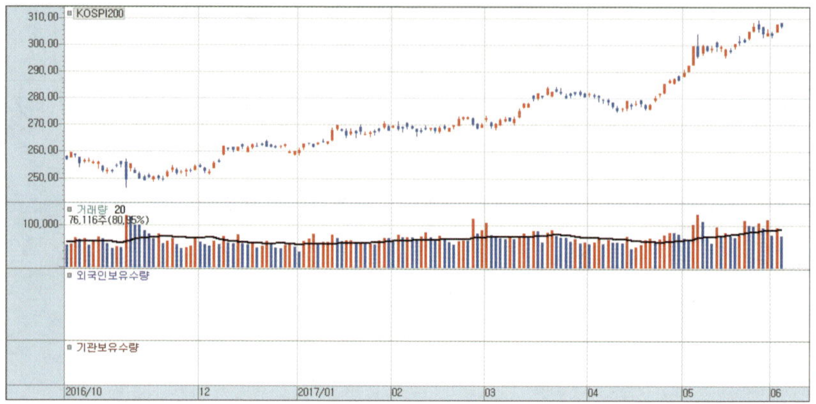

코스피200지수(2016년 10월~2017년 6월)

이때 계약을 하기 위해 금액이 다 필요한 것은 아니고, 15%의 금액만으로 살 수 있습니다. 이렇게 선물거래는 레버리지(부채 의존도)를 사용하며 할 수 있다는 특징이 있습니다. 하지만 이런 방식은 적은 비용으로 큰 수익을 얻을 수 있다는 장점이 있지만, 이는 곧 작은 변동성에도 자산을 모두 잃을 수 있다는 단점을 뜻하니 주의해야 합니다.

개별주식선물

현대차, 삼성전자 등의 개별 주식이 미래 시점에 오를지 내릴지에 돈을 거는 거래입니다. 시장의 모든 종목을 거래할 수 있는 것은 아니고, 국내 대표 우량주 125종목(2017년 기준)이 그 대상입니다.

레버리지란?

금융에서는 '수익을 극대화하기 위해 돈을 빌리는 비율'이라는 뜻으로 쓰입니다. 만약 자기자본이 1억 원일 때 1,000만 원을 빌리면 레버리지 비율이 10%입니다.

예를 들어, 1억 원짜리 오피스텔의 임대수익이 연 500만 원이라면 수익률은 5%입니다. 그런데 오피스텔 가격의 50%까지 금리 3.5%로 대출을 받는 경우, 1억 원을 대출받아 2채를 구입하면 임대수익은 '1,000만 원(2억원×5%)'이고, 비용은 350만 원(은행에서 3.5% 금리로 대출받은 1억 원에 대한 이자)입니다. 결국 임대수익에서 이자비용을 뺀 최종 수익은 650만 원으로, 대출을 받지 않았을 때의 예상수익인 500만 원보다 150만 원 더 이익을 거둘 수 있습니다.

이처럼 빚을 이용해 수익을 극대화하는 것을 '레버리지'라고 합니다. 하지만 투자는 가급적 자기자본만 가지고 하는 것이 좋습니다.

선물거래 전 해야 할 것들

사전교육과 모의거래 이수하기

선물거래는 보통의 주식거래보다 위험성이 크기 때문에 개인투자자는 최초로 선물계좌를 개설하려면 20시간의 '파생상품 사전교육'(옵션거래의 경우 10시간 추가)과 50시간의 '파생상품 모의거래'를 이수해야 합니다. 우선 사전교육을 받으려면 다음의 과정을 거쳐야 됩니다.

1. 금융투자교육원 사이트(www.kifin.or.kr)에 접속하세요.

2. 상단 메뉴 중 [이러닝]을 클릭하면 왼쪽과 같은 화면이 나옵니다.

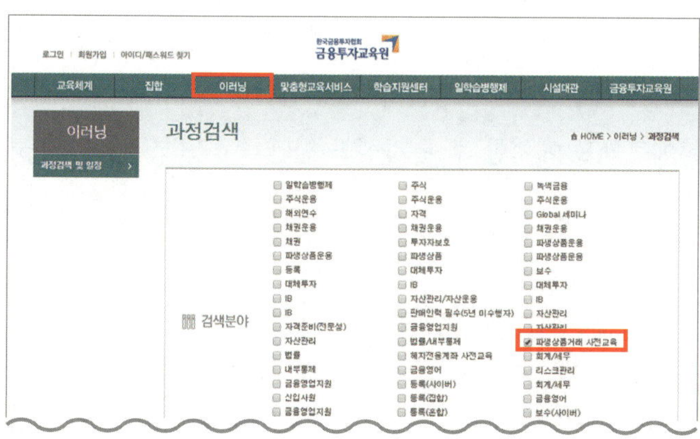

3. 이때 '검색분야'에서 표기한 '파생상품거래 사전교육'을 선택하고 하단의 〈검색〉 탭을 누르면 오른쪽과 같이 하단에 '사이버 파생상품거래 사전 교육'을 수강신청할 수 있는 바가 뜹니다. 로그인 후에 이용할 수 있습니다.

4. '파생상품 모의거래'는 KRX(파생상품 모의거래인증시스템) 사이트(http://trn.krx.co.kr)에서 회원가입 후에 할 수 있습니다.

5. 과정을 모두 이수한 다음, 증권사에 '파생상품 적격투자자 등록'을 하면 선물투자에 대한 기본 자격을 갖추게 됩니다. 그리고 계좌를 개설하고 기본예탁금을 예치한 후 투자성향 진단을 하면 거래가 가능해집니다.

이렇게 많은 절차를 거쳐야 하는 이유는 앞에서 말했듯, 초보자가 쉽게 여기고 했다가는 손실을 볼 가능성이 크기 때문입니다.

선물/옵션계좌 만들기

파생상품을 거래하려면 선물/옵션계좌를 만들어야 합니다. 그 방법은 다음의 3가지가 있습니다.

증권사 지점에 가서 개설하기

신분증(주민등록증이나 운전면허증)을 가지고 방문하면 개설이 가능합니다.

휴대폰 또는 증권사 홈페이지에서 개설하기

키움증권의 경우, 신분증을 준비하고 '키움 계좌개설' 앱을 설치하면 편리하게 개설할 수 있습니다(3장에서 설명한 주식계좌 개설 방법 참고).

은행에 방문하여 개설하기

신분증을 가지고 거래은행을 방문하면 개설이 가능합니다.

계좌를 만들고 나면 기본 예탁금 3,000만 원을 걸어야 합니다. 또한 선물을 사고판 경우에는 유지증거금을 지켜야 하는데, 이는 계약의 일방적인 파기를 막기 위해서입니다. 유지증거금은 가지고 있는 선물거래 계약 평가금의 10% 이상을 유지해야 합니다.

현물은 D+3의 결제제도를 가지고 있지만 선물은 일일정산을 합니다. 만약 선물을 샀는데 일일정산 후 선물의 평가금액이 10% 이하로 하락하면, 다음날 오전 12시까지 평가금의 15%를 추가로 입금해야 합니다. 그러지 못할 경우 자동으로 반대매매가 되어 '청산'(만기 전에 이익이나 손실을 확정짓고 거래를 종료하는 것)됩니다.

참고로 '롤오버'는 만기를 연장하거나 만기 이전에 선물을 팔고 다음 선물로 갈아타는 것을 말합니다.

선물현재가 창 이해하기

주가지수선물거래를 하지 않더라도 현재가 창은 볼 줄 알아야 합니다. HTS에서 '선물현재가' 창을 열어보죠. 초기 화면의 상단 메뉴에서 [선물옵션]→[선물현재가]를 누르면 창이 뜹니다.

HTS의 '선물현재가' 창

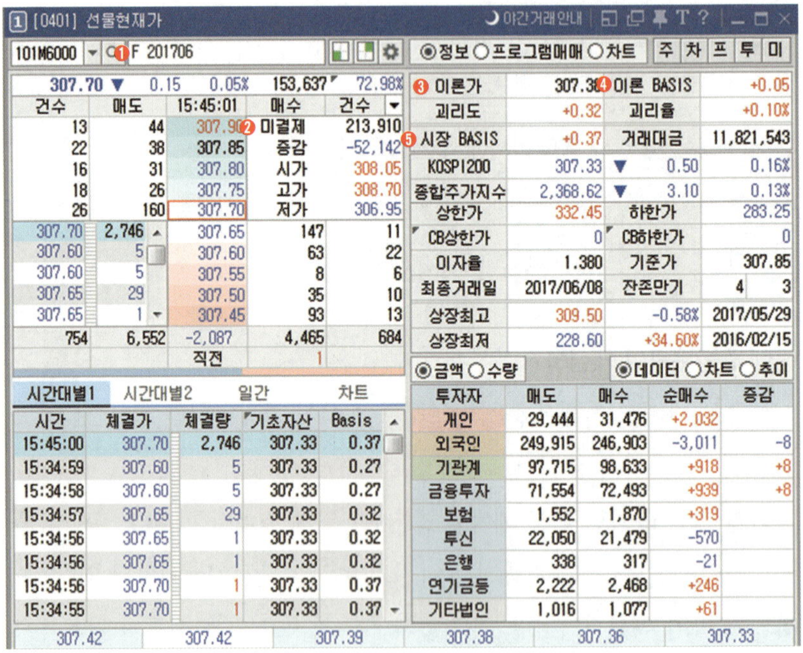

[0401] 선물현재가				
101M6000 ▼ ❶ F 201706				

307.70 ▼	0.15	0.05%	153,637	72.98%

건수	매도	15:45:01	매수	건수
13	44	307.90	❷ 미결제	213,910
22	38	307.85	증감	-52,142
16	31	307.80	시가	308.05
18	26	307.75	고가	308.70
26	160	307.70	저가	306.95
307.70	2,746	307.65	147	11
307.60	5	307.60	63	22
307.60	5	307.55	8	6
307.65	29	307.50	35	10
307.65	1	307.45	93	13
754	6,552	-2,087	4,465	684
		직전	1	

시간대별1 　 시간대별2 　 일간 　 차트

시간	체결가	체결량	기초자산	Basis
15:45:00	307.70	2,746	307.33	0.37
15:34:59	307.60	5	307.33	0.27
15:34:58	307.60	5	307.33	0.27
15:34:57	307.65	29	307.33	0.32
15:34:56	307.65	1	307.33	0.32
15:34:56	307.65	1	307.33	0.32
15:34:56	307.70	1	307.33	0.37
15:34:55	307.70	1	307.33	0.37
307.42	307.42	307.39		

◉정보 ○프로그램매매 ○차트 　 주 차 프 투 미

❸ 이론가	307.38	❹ 이론 BASIS	+0.05
괴리도	+0.32	괴리율	+0.10%
❺ 시장 BASIS	+0.37	거래대금	11,821,543
KOSPI200	307.33 ▼ 0.50		0.16%
종합주가지수	2,368.62 ▼ 3.10		0.13%
상한가	332.45	하한가	283.25
CB상한가	0	CB하한가	0
이자율	1.380	기준가	307.85
최종거래일	2017/06/08	잔존만기	4　3
상장최고	309.50	-0.58%	2017/05/29
상장최저	228.60	+34.60%	2016/02/15

◉금액 ○수량 　 ◉데이터 ○차트 ○추이

투자자	매도	매수	순매수	증감
개인	29,444	31,476	+2,032	
외국인	249,915	246,903	-3,011	-8
기관계	97,715	98,633	+918	+8
금융투자	71,554	72,493	+939	+8
보험	1,552	1,870	+319	
투신	22,050	21,479	-570	
은행	338	317	-21	
연기금등	2,222	2,468	+246	
기타법인	1,016	1,077	+61	
307.38	307.36	307.33		

맨 위에 있는 ❶ 'F 201706'은 2017년 6월물이라는 뜻입니다. 선물은 만기가 3월, 6월, 9월, 12월의 두 번째 목요일입니다. 가령 지금이 2018년 9월 5일이라면, 9월 두 번째 목요일인 9월 13일 만기가 되는 선물을 거래하는 것입니다('둘째 주 목요일'이 아니라는 점을 반드시 기억하세요).

선물에서는 현물에서와 달리 ❷ '미결제'라는 것이 있습니다. 선물은 산 다음에는 '매수청산'을 해야 하고, 판 다음에는 '매도청산'을 해야 합니다. 이것을 하지 않은 것을 미결제라고 합니다.

선물을 사는 것은 향후 지수의 상승을 예측하기 때문일 것입니다. 반대로 하락할 것을 예측하면 팔겠죠. 그런데 미결제 수량이 증가하는 것은 이런 신규 매수, 매도가 많아진다는 의미입니다. 반면 미결제 수량이 감소한다는 것은 매수나 매도가 청산되는 것이므로 시장의 방향성이 기존과 달라질 가능성이 높다는 의미입니다.

❸ '이론가'에 대해서도 알아보죠. 이론가는 곧 선물이론가격입니다. 이는 '최종 결제일의 선물가격을 사전에 미리 계산해낸 값'이라고 할 수

있습니다.

현재의 1만 원과 3개월 뒤의 1만 원은 가치가 같을까요? 그냥 주머니에 넣어둔다면 별반 차이가 없을 것입니다. 하지만 금융기관에 맡긴다면 3개월 뒤에 이자가 붙습니다. 이처럼 이자율 등으로 인해 현물가격과 선물가격은 차이가 생기는데, 이 차이를 '베이시스(basis)'라고 합니다. ❹ '이론 BASIS'는 선물이론가격과 현물가격의 차이를 의미하고, ❺ '시장 BASIS'는 선물시장가격과 현물가격의 차이를 의미합니다.

> 이론 BASIS = 선물이론가격 − 현물가격
> 시장 BASIS = 선물시장가격 − 현물가격

시가총액상위 종목 확인하기

선물이라는 이름 때문인지, 선물이 움직이는 방향대로 현물이 따라 움직인다고 오해하는 투자자들이 많습니다. 하지만 선물이 위로 움직인다고 주식시장도 위로 움직이는 것은 아닙니다. 코스피200지수의 경우 예외적으로 코스피시장보다 먼저 움직이는데, 이는 코스피시장이 시가총액 산출방식이기 때문입니다.

예를 들어, 삼성전자 주식이 우리 증시에서 차지하는 비중은 20%가 넘습니다. 그래서 삼성전자가 강세를 보이면, 많은 종목들이 약세를 보이더라도 코스피시장이 상승으로 마감하는 경우가 있습니다. 우리 증시에서는 이처럼 시가총액 비중이 높은 종목들이 시장을 끌고 올라가거나 내려가는 경우가 종종 있습니다.

따라서 코스피200지수가 시장을 이끌어가는 것처럼 보이고, 이는 코스피200지수를 기초자산으로 하는 선물지수가 코스피시장을 좌지우지하는 것처럼 착시현상을 불러일으킵니다. 그러므로 오늘 시장이 오를지 내릴지 판단하고 싶다면, 시가총액상위 50위 안에 드는 종목들이 어느 방향으로 움직이는지 체크하는 것이 효과적입니다.

기준: 2018년 3월 1일 | 단위: 원

순위	종목명	시가총액	순위	종목명	시가총액
1	삼성전자	302조934억	26	기아차	13조9,242억
2	SK하이닉스	55조9,105억	27	S-Oil	13조9,040억
3	셀트리온	43조3,012억	28	KT&G	13조7,018억
4	삼성전자우	36조547억	29	삼성화재	13조6,913억
5	현대차	35조5,746억	30	넷마블게임즈	12조5,415억
6	POSCO	31조5,180억	31	삼성SDI	11조7,587억
7	삼성바이오로직스	29조7,742억	32	우리은행	11조2,216억
8	LG화학	27조368억	33	LG디스플레이	10조6,808억
9	KB금융	26조7,591억	34	아모레G	10조3,897억
10	NAVER	26조4,690억	35	카카오	9조7,598억
11	삼성물산	24조3,752억	36	고려아연	9조6,614억
12	삼성생명	24조3,000억	37	기업은행	9조6,316억
13	신한지주	22조4,771억	38	이마트	8조4,742억
14	현대모비스	22조1,944억	39	엔씨소프트	8조2,271억
15	한국전력	21조2,490억	40	현대중공업	7조4,232억
16	SK	20조175억	41	한국타이어	7조3,086억
17	SK텔레콤	19조3,790억	42	KT	7조2,850억
18	SK이노베이션	19조17억	43	현대로보틱스	7조2,068억
19	삼성에스디에스	18조4,159억	44	현대제철	7조1,527억
20	LG생활건강	17조1,800억	45	삼성전기	6조9,166억
21	아모레퍼시픽	16조4,561억	46	한온시스템	6조6,725억
22	LG전자	16조3,484억	47	코웨이	6조4,792억
23	롯데케미칼	15조7,324억	48	KODEX200	6조2,271억
24	LG	14조8,744억	49	미래에셋대우	6조1,834억
25	하나금융지주	14조5,486억	50	강원랜드	6조1,722억

선물거래의 장점

큰 리스크에도 불구하고 선물거래는 어떤 점이 유리한지 알아보겠습니다.

첫째, 최소 증거금만으로도 투자할 수 있기 때문에 레버리지를 이용해 수익을 극대화하는 전략을 펼 수 있습니다.

예를 들어, 2017년 6월 5일, 236만1,000원으로 마감한 삼성전자 10주를 매입하려면 2,361만 원이 듭니다. 하지만 개별 주식선물로 투자하는 경우 이 금액의 14.25%(2017년 기준)인 336만4,425원만 있으면 됩니다. 레버리지가 7배에 달하기 때문에 주가가 오를 경우에는 큰 수익을 얻을 수 있지만, 하락할 경우 큰 손실을 입을 수도 있죠.

각 상품별 증거금률은 한국거래소 사이트(www.lcrx.co.kr)에 접속해 메뉴검색란에 '증거금률'을 입력하면 볼 수 있습니다.

둘째, 거래세가 없다는 것입니다. 그래서 보유한 주식이 하락할 가능성이 높을 때는 주식을 팔지 않고 개별 주식선물을 팔면 적은 비용으로 거래할 수 있다는 것이 장점입니다.

셋째, 선물과 현물의 가격 차이를 이용한 차익거래(프로그램 매매)가 가능합니다. 거래하는 순간 이미 이익이 확정되어 '무위험거래'라고도 합니다. 증권사, 은행 등의 기관투자자들이 주로 하는 방법으로, 컴퓨터 프로그램에 이미 입력된 조건에 따라 주식을 대량으로 사거나 팝니다.

예를 들어, 주식시장이 상승추세면 선물이 현물보다 비쌉니다(베이시스가 +, 콘탱고). 이때 비싼 선물은 팔고 싼 현물은 삽니다(베이시스가 −, 백워데이션). 그로 인해 현물의 매수세가 강해져 주가가 상승하게 됩니다. 반면 주가가 하락추세면 선물이 현물보다 쌉니다. 이때는 싼 선물은 사고 비싼 현물은 팝니다. 그러면 현물의 매도세가 강해져 주가는 하락하게 됩니다. 결국 시장이 오르든 내리든 수익을 얻을 수 있습니다.

하지만 선물은 현물과 달리 만기가 있다는 점과 과도한 레버리지로 인해 큰 손실을 입을 수 있다는 점을 반드시 기억해야 합니다.

옵션에 대한 기본 지식

옵션까지 알아야 초보탈출

옵션거래란?

그럼 이제 선물과 비슷하면서도 다른 옵션에 대해 알아보겠습니다. 옵션을 쉽게 설명하기 위해 옵션거래와 유사한 부동산거래를 예로 들어보죠.

만약 4개월 뒤 이사를 하기 위해 3억 원짜리 적당한 집을 발견했는데, 집주인이 팔지 않으려고 하면 거래를 위해 웃돈을 얹어줄 수도 있습니다. 만약 100만 원의 웃돈을 더하고 10일 뒤 계약하기로 약속했다면, 10일 뒤 3억 원을 주고 집을 구매할 권리를 100만 원으로 산 것과 같습니다.

그런데 부동산에 대한 정보를 더 알아보니 이 집이 위치한 지역의 집값이 앞으로 크게 빠질 것 같다면, 100만 원을 포기하고 계약하지 않을 수도 있겠죠. 그럴 리는 없지만 반대로 10일 뒤 집값이 4억 원으로 훌쩍 오르더라도 이미 그 집을 3억 원에 살 권리를 가지고 있기 때문에 약속한 날짜에 약속한 돈을 주고 이사를 들어갈 수도 있습니다. 이처럼 집에 들어갈 권리를 사는 것이 '옵션거래'입니다.

옵션의 종류

옵션 상품은 선물처럼 '주가지수옵션'과 '개별주식옵션'이 있습니다.

주가지수옵션

코스피200지수가 만기 시점에 오를 것을 예상하는 사람은 '콜옵션(call option), 내릴 것을 예상하는 사람은 풋옵션(put option)을 삽니다. 콜옵션은 만기일에 미리 정한 가격으로 살 수 있는 권리를 주는 것이며, 풋옵션은 팔 수 있는 권리는 주는 것입니다.

개별주식옵션

대상이 주가지수가 아니라 개별 주식이란 점만 다르고 나머지는 주가지수옵션과 같습니다.

옵션은 권리행사 시점에 따라 다음과 같이 나뉘기도 합니다. 만기에만 권리행사가 가능한 '유러피안옵션'과 만기일 이전에 언제든지 권리행사가 가능한 '아메리칸옵션'이며, 우리나라에서는 유러피안옵션만 거래됩니다.

옵션 거래시간과 매매 방법

옵션의 거래시간

거래시간은 선물이든 옵션이든 만기일이냐 아니냐에 따라 조금 다릅니다. 일반적으로 오전 9시에 개장해 오후 3시 20분에 마감합니다. 다만 만기일에는 시작시간은 같지만 주식시장보다 15분 늦은 3시 45분에 마감합니다.

콜옵션과 풋옵션 매매법칙

콜옵션과 풀옵션에 대해 좀 더 알아보겠습니다. '콜옵션'은 앞서 설명했듯 행사가격(미리 정한 가격)에 살 수 있는 권리를 말합니다.

만약 행사가격이 307.50인 코스피200지수의 콜옵션을 산 경우, 만기 시점에 지수가 307.50보다 오른 만큼 이익을 봅니다. 312.50이 되면 5포인트만큼 이익을 얻는 것이죠.

1포인트당 10만 원으로 환산되므로 5포인트면 50만 원, 10포인트면 100만 원의 이익입니다. 만기일에 지수가 행사가격 아래로 내려가면 콜옵션을 산 비용만 손실 처리됩니다.

반대로 행사가격이 307.50인 코스피200지수의 콜옵션을 판 경우, 만기시점에 지수가 307.50 아래면 콜옵션 비용만큼 수익이 생깁니다. 하지만 만기일에 지수가 307.50 위로 상승할수록 손실은 계속해서 커지게 됩니다.

콜옵션과 반대로 풋옵션을 산 경우, 지수가 하락할수록 유리합니다. 매도한 경우에는 지수가 상승할수록 유리합니다. 옵션은 살 때는 증거금제도가 없지만, 팔 때는 증거금제도를 운영하고 있습니다. 다시 말해, 옵션을 발행하기 위해서는 옵션 프리미엄보다 훨씬 큰 규모의 증거금이 필요합니다. 그래서 옵션 매도는 대부분 기관들이 하는 경우가 많습니다.

옵션거래 전 해야 할 것들

선물과 옵션의 차이 파악하기

선물거래와 옵션거래를 헷갈리는 초보자들이 많습니다. 기억할 점은 옵션은 그 옵션 소유자에게 무엇인가 할 수 있는 권리를 부여한다는 것입니다. 권리는 행사할 수도 있지만 불리하면 포기한다고 해서 누가 뭐라고 할 수 없죠. 이 점이 선물거래와의 가장 큰 차이입니다.

선물거래는 혹시 거래 상대방이 그 거래를 행사하지 않을 경우의 리스크를 줄이기 위해 일일정산을 합니다. 다시 말해 선물계약을 한 사람은 미래의 만기일에 미리 정한 가격으로 상품을 사야 할 의무가 있습니다. 하지만 콜옵션을 보유하고 있는 투자자는 미래에 정한 만기일에 그 계약이 불리할 경우에는 매입해야 할 의무가 없습니다.

단, 선물계약은 계약 체결을 위한 비용이 없지만 옵션계약을 체결한 투자자는 매입비용을 지급해야 합니다.

또한 선물의 경우 선물 매수자와 선물 매도자, 이렇게 두 종류의 시장 참여자만 있습니다. 하지만 옵션의 경우 4종류의 시장 참여자인 콜옵션 매수자, 콜옵션 매도자, 풋옵션 매수자, 풋옵션 매도자로 구분됩니다.

옵션도 선물과 같은 파생상품입니다. 파생상품은 기본적으로 레버리지를 사용할 수 있다는 장점을 가진 반면 큰 손실을 입을 수도 있습니다. 다소 위험한 거래이므로, 신규로 옵션거래를 하기 위해서는 사전교육 30시간과 모의거래 50시간을 이수해야 합니다. 또한 옵션거래의 경우 최초 계좌 개설 후 1년이 지나야 매매할 수 있습니다.

앞에서 선물의 만기는 3월, 6월, 9월, 12월 두 번째 목요일이라고 했는데, 옵션의 만기는 매월 두 번째 목요일입니다. 만약 목요일이 휴일이면 수요일이 만기일입니다.

선물과 옵션의 차이

	선물	옵션
행사권포기	불가능	가능
계약체결비용	없음	있음
시장참여자	매수자와 매도자	콜옵션 매수자/매도자 풋옵션 매수자/매도자
사전교육시간	20시간	30시간
만기일	3, 6, 9, 12월 두 번째 목요일	매월 두 번째 목요일

옵션현재가 창 이해하기

이제 HTS에서 '옵션현재가' 창을 열어보죠. 선물 때와 같이 상단 메뉴에서 [선물옵션]→옵션현재가를 클릭하면 됩니다.

HTS의 '옵션현재가' 창

[0451] 옵션현재가				
201M6307 ▼ ❷ ❶ C 201706 307.5			주문 차트 ⚙ 월물별	

1.64 ▼ 0.18	9.89%	168,076	67.67%		KOSPI200	307.33 ▼	0.50	0.16%
건수	매도	호가	매수	건수	선 물	307.70 ▼	0.15	0.05%
7	12	1.68	미결제	32,908	상한가	25.00	하한가	0.01
7	78	1.67	증감	+382	❸ 이론가	1.15	❹ 역사적변동	9.48
4	7	1.66	시가	2.04	괴리도	0.49	괴리율	42.61
6	44	1.65	고가	2.39	❺ 내재변동성	13.25	델타	48.5813
2	39	1.64	저가	1.32	감마	13.0857	베가	0.1283
1.64	717	1.63	6	3	쎄타	-0.1574	로	0.0162
1.60	8	1.62	9	2	❻ 내재가치	0	시간가치	1.64
1.61	2	1.60	13	8	최종거래일	2017/06/08	잔존일	4 3
1.61	2	1.59	2	2	상장최고	+5.19	-68.40%	2017/05/10
1.61	3	1.58	11	4	상장최저	0.04	+4000.00%	2017/04/20
1.61	2							
416	1,578	+6,189	7,767	318				
	17	직전						

시간대별1	시간대별2	일간	차트		투자자별		프로그램매매	
시간	체결가	대비	체결량	미결제	◉금액(억) ○수량		○차트 ◉텍스트	
15:45:00	1.64 ▼	0.18	717	33,216	전체	개인	외국인	기관계
15:34:59	1.60 ▼	0.22	8	33,218	거	43	2,740	3,277
15:34:59	1.61 ▼	0.21	2	33,218	코	4	526	523
15:34:58	1.61 ▼	0.21	2	33,218	선	2,032	3,011	918
15:34:58	1.61 ▼	0.21	3	33,218	콜	59	120	10
15:34:57	1.61 ▼	0.21	2	33,218	풋	14	66	13
15:34:56	1.60 ▼	0.22	1	33,218				
15:34:55	1.61 ▼	0.21	9	33,218				
307.42	307.39	307.38		307.36	307.33	307.33		

콜옵션 '현재가' 창

맨 위에 있는 ❶ 'C 201706 307.5'는 2017년 6월 만기인 행사가격 307.5의 콜옵션이라는 뜻입니다. 참고로 ❷ 상단의 아이콘을 클릭하면 같은 행사가격의 풋옵션 현재가를 확인할 수 있습니다.

질문 옵션에도 가격제한폭이 있나요?

주식은 전일비 가격제한폭이 30%, 선물은 10%입니다. 그런데 옵션은 가격제한폭이 없습니다. 이는 코스피200지수를 거래하는 것이 아니라 그 권리를 사고팔기 때문입니다. 하지만 기초자산인 코스피200지수의 가격제한폭이 있기 때문에, 전일비 30% 변동할 경우의 옵션이론가격을 기준으로 설정됩니다. 따라서 실제로 가격제한폭이 있는 것과 마찬가지죠.

'이론가'와 '내재변동성', 그리고 '역사적변동'은 옵션이 저평가 또는 고평가되어 있는지에 대한 기초적인 판단을 하는 데 쓰입니다.

먼저, ❸ 이론가가 시장가보다 높으면 저평가되어 있다고 봅니다. 이론가가 1.15인데 시장가가 1.64이면 고평가 가능성이 높다고 볼 수 있습니다.

그리고 ❹ 역사적변동에 비해 ❺ 내재변동성이 낮을 경우 저평가되었을 가능성이 높습니다. 그림과 같이 내재변동성이 13.25, 역사적변동이 9.48이면 고평가되었을 가능성이 높습니다.

여기서 주의해야 할 점은 역사적변동에서 '역사적'의 기간을 얼마로 두느냐에 따라 저평가 수준이 달라질 수 있다는 것입니다.

❻ '내재가치'는 곧 행사가치입니다. 지금 권리를 행사하는 경우 받을 수 있는 금액입니다. 현재 코스피200지수가 307.33이고 콜옵션 행사가격이 307.50이면 지금 콜옵션을 행사할 이유가 없겠죠? 307.50에 권리를 행사해 산 후 307.33에 판다면 손실이기 때문입니다. 이렇게 주가가 행사가격보다 높은 경우에는 내재가치가 0입니다. '얻을 수 있는 이익이 없다'는 뜻이죠.

풋옵션 '현재가' 창

📌 아이콘을 눌러 풋옵션을 불러와보니 ❶ 내재가치가 0.17입니다. 307.50에 팔 권리가 있다면, 코스피200지수가 307.33인 현재 이를 사서 권리를 행사하면 당연히 수익을 얻을 수 있습니다. 이렇게 내재가치가 있는 옵션을 '내가격옵션'이라고 합니다.

콜옵션의 경우 지수가 307.50 이상으로 상승하면 외가격옵션에서 내가격옵션으로 바뀔 수 있을 것입니다. 이밖에 코스피200지수와 행사가격이 일치하는 옵션은 '등가격옵션'이라고 합니다.

❷ '시간가치'는 옵션의 현재가에서 내재가치를 뺀 값입니다. 이것은 만기가 다가올수록 가치가 감소하는 경향이 있습니다. 예를 들어 기초자산의 가격변동이 거의 없는 가운데 만기가 다가오면, 옵션 매입자는 시간가치

풋옵션 '현재가' 창

KOSPI200	307.33 ▼	0.50	0.16%
선　물	307.70 ▼	0.15	0.05%
상한가	24.25	하한가	0.01
이론가	1.28	역사적변동	9.48
괴리도	0.15	괴리율	11.72
내재변동성	10.65	델타	-51.4187
감마	13.0857	베가	0.1283
쎄타	-0.1458	로	-0.0175
❶내재가치	0.17	❷시간가치	1.26
최종거래일	2017/06/29	잔존일	4　3
상장최고	+28.65	-95.01%	2017/04/07
상장최저	1.09	+31.19%	2017/06/05

의 감소로 인한 손실을 입을 수 있습니다.

이제 옵션에 대한 개념이 어느 정도 잡혔나요? 마지막으로 ELW까지 이해하면 파생상품에 대한 기본적인 지식은 갖췄다고 할 수 있습니다.

'델타, 감마, 베가, 쎄타, 로'란?

'옵션현재가' 창의 오른편을 보면 '델타, 감마, 베가, 쎄타, 로'라는 것이 있습니다. 각각 무엇인지 알아보겠습니다.

델타 기초주식 가격의 변화에 대한 '주식옵션 가격의 변화'를 나타냅니다. 만약 콜옵션의 델타가 0.5라면 기초자산의 변화에 대해 옵션 가격이 약 50%만큼 변한다는 뜻입니다.

감마 기초자산의 가격 변화에 대한 '기초자산의 델타 변화'를 나타냅니다. 만약 감마의 수치가 작으면 델타는 천천히 움직이며, 감마의 수치가 높으면 델타는 기초자산의 가격 변화에 민감해집니다.

베가 기초자산 변동성의 변화에 대한 '옵션가치의 변화'를 말합니다. 만일 베가의 절대값이 크면 변동성의 작은 변화에도 옵션은 민감하게 반응합니다. 절대값이 작으면 변동성의 변화가 옵션가치에 미치는 영향은 비교적 작아집니다.

쎄타 옵션 만료 시까지 시간이 '1일 경과함에 따른 옵션 가격의 변화'를 말합니다. 즉, 옵션의 시간가치 하락을 의미합니다. 옵션의 경우 쎄타는 거의 대부분 음수입니다. 왜냐하면 만기일까지의 기간이 감소하거나 만기일에 접근할수록 옵션의 가치가 감소하는 경향이 있기 때문입니다.

로 이자율에 대한 옵션가치의 변화를 나타냅니다.

파생상품의 성격을 가진 ELW

옵션과 비슷하지만 다른 ELW

'ELW(Equity Linked Warrant, 주식워런트증권)'는 옵션과 마찬가지로 주식이나 지수 같은 자산을 미리 정한 시점과 행사가격으로 사고 팔 수 있는 권리를 매매합니다. 권리를 매매한다는 점에서 옵션과 매우 유사하지만, ELW는 주식처럼 투자할 수 있도록 만든 상품입니다.

ELW와 옵션의 차이점

옵션은 발행할 수 있는 주체가 꼭 기관이 될 필요는 없습니다. 하지만 ELW는 장외파생상품 영업인가를 받은 증권사만 발행할 수 있습니다.

ELW는 특히 발행사가 무척 중요합니다. '유동성공급자(Liquidity Provider)'인 LP의 호가 제시에 따라 가격의 효율성이 정해지기 때문입니다. 공급자가 따로 정해져 있기 때문에 ELW는 투자자가 사는 것만 가능합니다.

주식시장에 상장되어 있으므로 증권계좌만 있으면 누구나 살 수 있습니다. 지수가 오를 것으로 생각하면 '콜 워런트', 내릴 것으로 생각하면 '풋 워런트'를 삽니다.

어쩌면 ELW는 옵션보다는 개인투자자들을 위한 상품이라고도 할 수 있습니다. 옵션과 달리 소액으로도 투자할 수 있고, 만기도 옵션에 비해 상대적으로 길기 때문입니다. 옵션과 성격이 비슷하다는 점에서 고수익을 얻을 수도 있습니다. 하지만 투자전략이 예상과 다르게 흘러갈 때는 자산이 0이 될 수도 있습니다. ELW는 이처럼 '하이 리스크, 하이 리턴'의 고위험·고수익 상품입니다.

ELW에 투자할 때 주의할 점

ELW를 살 때 반드시 주의해야 할 점이 있습니다. 레버리지를 최대한 이용하려는 ELW 투자자들은 보통 만기가 얼마 남지 않은 상품에 주목합니다. 하지만 일단 잔존기간이 1개월이 남지 않은 ELW를 살때는 조심해야 합니다. 앞서 ELW는 LP가 안정적으로 유동성을 공급한다고 했는데, 만기 1개월 전부터는 LP 거래물량이 없기 때문입니다.

지난 10년 동안 연평균 87%의 복리수익을 이뤄낸 유명한 투자자 브루스 코브너는 이자 선물시장계의 큰손인 파생상품에 대해 "개인투자자들이 이 시장에서 실패하는 가장 큰 요인은 너무 큰 리스크를 부담하기 때문"이라고 했습니다. ELW 역시 개인에게 최적화된 파생상품이지만, 준비되지 않은 경우 큰 피해를 줄 가능성이 높습니다. 그러므로 투자를 고려하더라도 자산의 5~10% 수준으로 제한하는 것이 좋습니다.

이제 선물과 옵션, ELW까지 알아봤습니다. 파생상품은 반복해서 말했듯이, 리스크가 큰 상품이므로 투자 전에 정확한 이해가 필요합니다. 일반적인 주식 종목을 통해 어느 정도 노하우가 생기면 그때 파생상품에 투자해도 늦지 않습니다. 많은 경험과 자신만의 투자스타일을 쌓은 후에 도전해보기 바랍니다.

위칭데이란?

선물과 옵션의 동시만기일을 '위칭데이(witching day)'라고도 합니다. 마녀(witch)의 변덕이 어떻게 될지 모르는 것처럼, '주식시장의 방향성이 어디로 움직일지 알기 어렵다'는 뜻이죠. 그만큼 만기일은 예측하기 어렵다는 것입니다.

이유는 프로그램 차익거래 때문인데요, 일단 기관투자자들이 선물을 매도하고 현물을 매수함으로써 프로그램 차익잔고가 쌓입니다.

그런데 차익거래는 이미 그 당시에 이익이 발생했기 때문에, 이 쌓여있는 현물을 시장에서 매도할지 매수할지 알 수가 없죠. 지수의 방향성과는 다르게 손익이 구성되기 때문입니다. 그만큼 예측하기 어려워서 붙여진 이름입니다.

네 마녀의 날

주가지수선물, 개별주식선물, 주가지수옵션, 개별주식옵션이 동시에 만기를 맞는 날은 마녀가 한 명이 아니라 4명입니다. 그래서 선물과 옵션이 동시에 만기가 돌아오는 3월, 6월, 9월, 12월 두 번째 목요일을 '4'를 뜻하는 '쿼드러플(quadruple)'을 붙여 '쿼드러플 위칭데이'라고 합니다.

Q1 선물의 증거금률에 따른 보유현금

동건 씨의 아버지는 선물 1억 원을 사며 거래대금의 15%인 1,500만 원을 증거금으로 납부했습니다. 이때 10% 수익을 올렸다면 보유 현금은 얼마일까요?

처방전 증거금이라는 이름 때문에 초보자들 중 그것을 무조건 나가는 돈으로 인식하는 경우가 있습니다. 1,500만 원을 증거금으로 납부하고, 1억의 10%인 1,000만 원을 벌었으니 마이너스 500만 원이 된다고 이해하는 경우도 간혹 있죠.

중요한 건 선물에서 증거금은 납부하는 금액이 아니라 1억 원의 선물거래를 위해 1,500만 원만 있어도 거래가 가능하다는 의미입니다. 따라서 보유 현금은 2,500만 원(1,500만 원+1,000만 원=2,500만 원)입니다.

동건 씨는 행사가격이 302.33일 때 코스피200지수의 콜옵션을 샀습니다. 만기일에 '옵션현재가' 창을 통해 지수를 확인해보니 다음과 같았습니다. 이때 동건 씨는 얼마의 이익을 얻게 될까요?

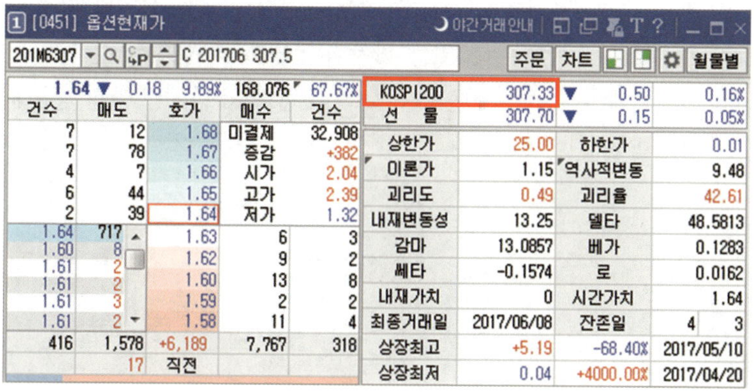

① [0451] 옵션현재가			🌙 야간거래안내 🖿 🖿 T ? _ □ ×
201M6307 ▾ 🔍 ⅏P ⬍ C 201706 307.5			주문 차트 🖿 🖿 ⚙ 월물별

건수	매도	호가	매수	건수				
1.64 ▼ 0.18 9.89% 168,076 67.67%					KOSPI200	307.33 ▼	0.50	0.16%
					선 물	307.70 ▼	0.15	0.05%
7	12	1.68	미결제	32,908	상한가	25.00	하한가	0.01
7	78	1.67	증감	+382	이론가	1.15	역사적변동	9.48
4	7	1.66	시가	2.04	괴리도	0.49	괴리율	42.61
6	44	1.65	고가	2.39	내재변동성	13.25	델타	48.5813
2	39	1.64	저가	1.32	감마	13.0857	베가	0.1283
1.64	717	1.63	6	3	쎄타	-0.1574	로	0.0162
1.60	8	1.62	9	2	내재가치	0	시간가치	1.64
1.61	2	1.60	13	8	최종거래일	2017/06/08	잔존일	4 3
1.61	2	1.59	2	2				
1.61	3	1.58	11	4				
1.61	2							
416	1,578	+6,189	7,767	318	상장최고	+5.19	-68.40%	2017/05/10
	17	직전			상장최저	0.04	+4000.00%	2017/04/20

처방전 코스피200지수 콜옵션을 산 경우, 만기시점에 지수가 오른 만큼 이익을 보게 됩니다. 만기시점에 코스피200지수가 307.33이므로 5포인트가 올랐습니다. 1포인트당 10만 원으로 환산되므로, 동건 씨는 총 50만 원의 수익을 얻었네요.

참고로 매수가 아니라 매도를 했다면 결과가 어땠을까요? 콜옵션 매도는 지수가 살 때보다 내려가야 이익이라고 배웠죠? 이 경우 5포인트가 올랐으니 총 50만 원의 손실을 보게 됩니다.

Q3 위칭데이에 지수가 크게 떨어진다면?

선물과 옵션의 동시만기일에 지수가 큰 폭으로 하락했습니다. 이 현상을 어떻게 봐야 할까요?

처방전 이런 경우 일반적으로 다음날 종가에 하락한 폭만큼 되돌리는 경우가 많습니다. 실제로 만기일로 인한 영향은 지수의 변동성을 키울 뿐 기존의 추세를 반전시키는 경우는 드뭅니다. 그러니 만약 기존 지수가 상승추세라면 너무 겁먹을 필요 없습니다.

Q4 2019년 6월의 위칭데이는?

2019년 6월, 선물과 옵션의 동시만기일은 언제일까요? 달력을 참고하여 답하세요.

처방전 선물의 만기일은 3, 6, 9, 12월의 두 번째 목요일, 옵션은 매월 두 번째 목요일입니다. 그러므로 6월의 동시만기일은 두 번째 목요일인 13일입니다. 만기일은 둘째 주 목요일이 아니라 두 번째 목요일이므로 동시만기일은 6월 13일이죠. 자주 헷갈리는 부분이니 반드시 기억해두세요. 둘째 주가 아니라 '두 번째' 목요일입니다.

기회를 알아보는
혜안을 키우세요

중국의 고서에는 "천리마를 알아볼 수 있는 눈이 없다면, 사방에 천리마가 가득해도 천리마 한 필을 찾아내지 못한다"는 말이 있습니다. 이는 주식투자에도 적용할 수 있는 명언입니다. 좋은 투자 기회가 있음에도 불구하고 그것을 알아보지 못하면 결코 그것을 잡을 수 없습니다. 시장이 오르든 내리든 그 안에서 주식으로 수익을 얻을 수 있는 기회는 많습니다. 무엇보다 그것을 볼 수 있는 혜안이 필요합니다. 투자의 혜안을 얻기 위해 몇 가지 알아둘 것이 있습니다.

1. 여러 사람의 말에 휘둘리지 마세요

먼저 주변 사람들의 말에 현혹되지 말아야 합니다. 주식투자라는 것이 산삼을 캐는 일과 같다면, 여러분은 온통 산삼이 가득한 산삼밭에 있는 것이나 다름없습니다. 대부분의 투자자들은 산삼을 캐고 싶어 하지만, 다음과 같은 문제가 있습니다.

첫째, 산삼이 어떻게 생겼는지는 알고 싶어 하지 않는다.
둘째, 산삼을 캐는 방법에 관심도 없다.

마치 "심봤다!"는 외침만 듣고 전부 그 말이 들려온 장소로 뛰어가는 형국입니다. 그곳에 가봤자 산삼이 남아 있을 리 없다는 것은 누구나 아는데도 말입니다.

많은 투자자들이 매체에서 어느 주식이 유망하다고 하면 전부 그 주식을 사버립니다. 하지만 이런 주식은 이미 많이 올라 있는 경우가 많죠. 수익으로 이어지기보다 손실로 이어질 가능성이 높습니다. 뚝심을 갖고 본인이 분석하여 지켜본 종목의 매수 타이밍을 노리세요.

2. 매매 경험을 많이 하세요

주식에서는 경험이 중요합니다. 많이 투자해봐야 합니다. 이제 주식투자를 시작한 지 1년인데 10년이 된 사람과 경쟁을 하는 곳이 주식시장입니다. 당연히 경험이 적은 사람이 많은 사람을 이기기는 쉽지 않겠죠. 그래서 하루에 30분이라도 차트를 보는 훈련이 필요합니다. 과거 시점으로 차트를 돌려 하단 바 왼쪽의 화살표 버튼을 한 번씩 누르면 봉이 하나씩 보입니다. 이렇게 차트를 통해 연습하면서 자신이 생각하는 투자기법이 시장에서 통하는지 아닌지 확인해보는 작업이 중요합니다.

시스템으로 자신의 매매가 효용성이 있는지 없는지 살펴보는 것은 별로 의미가 없습니다. 봉과 거래량, 그리고 자신이 보려는 기술적 분석상의 지표를 넣고 테스트해보는 것이 중요합니다. 이렇게 차트를 돌려보면서 매수, 매도를 낸 승률이 높아질수록, 실제로 매매했을 때의 이익도 그만큼 증가할 것입니다.

여러 가지 시행착오와 그 속에서 뼈저리게 얻은 지식과 깨달음이 진짜 좋은 기회를 알아볼 수 있는 눈을 만들어줍니다. 시간이 꽤 걸리는 일이겠죠?

이제 동건 씨는 양질의 재료를 얻은 요리사와 다름없습니다. 이 재료를 어떻게 요리해 맛있는 음식을 만들 것인지는 이제 스스로에게 달렸습니다. 세상의 모든 동건 씨의 성공적인 주식투자를 열렬히 기원합니다.